문맥으로 보는
잠언 강해 III

잠언 19~31장

문맥으로 보는
잠언 강해 III

초판 1쇄 발행   2023년 3월 2일

지은이	신 혁
펴낸이	김진우
펴낸곳	생명나무
전화	02) 977-2780
팩스	02) 977-2780
등록일	2016. 10. 20.
등록번호	318-93-00280
주소	서울특별시 노원구 수락산로(상계동) 258, 502호
홈페이지	www.rcw.kr
총판	(주)비전북출판유통 경기도 고양시 일산서구 덕이동 1347-7 전화: 031) 907-3927 팩스: 031) 905-3297
디자인	토라디자인(010-9492-3951)
ISBN	979-1-19593-068-5 03230
가격	20,000원

생명나무 출판사는
위대한 종교개혁의 정신을 계승하고, 개혁신앙의 유산을 이 시대에 적용하고 확산시키며 후손들에게 상속하기 위해 설립되었습니다. 이러한 거룩한 도전과 모험을 통해서 주께서 영광을 받으시고 주의 백성들이 새롭게 되며, 교회가 참된 권능을 회복하도록 최선을 다하겠습니다.

문맥으로 보는
잠언 강해 III

잠언 19~31장

서문   8

잠언 19장

1. 거짓 증인(잠언 19:1-5)   12
2. 자기 영혼을 사랑하는 자(잠 19:6-9)   20
3. 어울리는 일(잠 19:10-15)   27
4. 맺어야 할 열매들(잠 19:16-19)   35
5. 권고를 들으며(잠 19:20-23)   43
6. 망령된 증인(잠 19:24-29)   52

잠언 20장

1. 포도주와 독주(잠 20:1-4)   62
2. 지혜로운 입술(잠 20:5-15)   69
3. 타인을 위한 보증(잠 20:16,17)   78
4. 모략을 베풀고(잠 20:18-23)   86
5. 인자와 진리가(잠 20:24-30)   94

잠언 21장

1. 보의 물과 같아서(잠 21:1-8)   104
2. 뇌물 공여자(잠 21:9-14)   112
3. 명철의 길(잠 21:15-18)   120
4. 입과 혀를 지키는 자는(잠 21:19-25)   127
5. 이김은 여호와께(잠 21:26-31)   135

잠언 22장

1. 빈부가 섞여 살거니와(잠 22:1-4)   144
2. 여호와의 눈(잠 22:5-12)   152
3. 깊은 함정(잠 22:13-16)   160
4. 구조용 사다리(잠 22:17-29)   167

잠언 23장

1. 헛된 부요(잠 23:1-8) — 178
2. 옛 지계석(잠 23:9-11) — 186
3. 훈계에 착심하며(잠 23:12-21) — 194
4. 부모와 진리(잠 23:22-28) — 202
5. 재앙이 뉘게 있느뇨(잠 23:29-35) — 210

잠언 24장

1. 부러워하지 말며(잠 24:1-10) — 220
2. 악인의 등불은(잠 24:11-20) — 228
3. 집 지을 준비(잠 24:21-34) — 236

잠언 25장

1. 대인의 자리(잠 25:1-7) — 246
2. 교만의 두 얼굴(잠 25:8-14) — 254
3. 이웃 사랑의 균형(잠 25:15-23) — 262
4. 성읍이 무너지고(잠 25:24-28) — 270

잠언 26장

1. 미련한 자(잠 26:1-12) — 280
2. 횃불을 던지며 화살을 쏘아서(잠 26:13-22) — 289
3. 낮은 은을 입힌 토기(잠 26:23-28) — 297

잠언 27장

1. 친구의 책망(잠 27:1-10) — 306
2. 물에 비친 얼굴(잠 27:11-19) — 314
3. 소떼에 마음을 두라(잠 27:20-27) — 323

잠언 28장
1. 의인은 사자같이(잠 28:1-6)   332
2. 의인이 득의하면(잠 28:7-18)   340
3. 토지를 경작하듯(잠 28:19-28)   349

잠언 29장
1. 반드시 임할 나라(잠 29:1-7)   360
2. 영원히 있을 나라(잠 29:8-14)   368
3. 손익계산서(잠 29:15-20)   376
4. 당연한 결과(잠 29:21-27)   384

잠언 30
1. 필요한 양식으로(잠 30:1-9)   394
2. 무리가 있느니라(잠 30:10-20)   403
3. 부조리한 세상에서(잠 30:21-33)   412

잠언 31장
1. 왕의 권력(잠 31:1-9)   422
2. 누가 현숙한 여인을 찾아 얻겠느냐
   (잠 31:10-31)   430

문맥으로 보는
잠언 강해 III

잠언 19~31장

서 문

잠언 강해 3권은 2016년 12월 18일부터 2018년 9월 9일까지 교인들과 나눈 말씀이다. 1권에서는(1장-9장) 지혜롭게 사는 인생에 입문하는 과정에 관하여, 2권에서는(10장-18장) 지혜로운 자로 장성해가는 과정에 관하여, 3권에서는(19장-31장) 장성해가면서도 주의하고 경계하며 염두에 두어야 할 사항들에 관하여 주신 말씀으로 볼 수 있다. 단순히 격언이나 속담의 무의미한 나열이 아니라 비유로 이루어진 각 구절이 합쳐져 문단을 이루어 문맥 안에서 영적인 원리를 말씀하심은 처음부터 끝까지 일관적이다.

세상에는 지혜를 논하는 사람들과 이론들이 수없이 많으나 하나님은 잠언을 통해 친히 지혜가 무엇인지를 알려주신다. 특히 이 지혜와 명철이 **"하나님의 신이 감동한"** 자요 **"하나님이 모든 것을 보여주시어 그보다 더 지혜롭고 명철한 사람이 없다"**고 여김받은 요셉(창 41:38,39)과 **"신들의 영이 있으며 명철과 총명과 비상한 지혜가 있는"** 자로 인정된 다니엘(단 5:14)에게 허락된 것과 같은 지혜와 명철로 불린다는 점을 생각하면 놀라움을 금할 수 없다. 잠언을 받고 따르는 모든 성도는 요셉과 다니엘에게 허락되었던 것과 같은 무게와 본질의 지혜와 명철을 갖는 것이며 또 그래야 한다는 의미이기 때문이다.

잠언에는 요셉과 다니엘이 경험했던 놀라운 꿈이나 이적이 등장하지 않으며 또 성도들에게 그 일을 경험해야 한다는 요구도 없다. 그런데도 요셉과 다니엘이 들었던 지혜와 명철이라는 말을 사용한다. 이는 잠언 역시 하나님의 감동으로 주신 것이요 그 무게는 요셉과 다니엘이 받았던 계시와 전혀 다르지 않으며, 더 나아가 모든 성도가 필연적으로 가져야 하는 지혜는 바로 잠언에서 가르치신 길을 따라 사는 것 자체임을 알게 한다. 곧 3권 후반부에서 밝힌 대로 '장차 반드시 있을 영원한 심판 때 구원받을 자로 사는' 자가 하나님께서 지혜롭다고 하시는 자요, 성도는 누구나 다 이 지혜를 얻기 위해 애써야 한다는 것이다.

그 의미를 드러내고자 하였으나 부족한 부분이 많다. 하지만 말씀을 살피며 교회에서 나누는 가운데 주시는 하나님의 은혜와 깨달음은 무엇과도 바꿀 수 없을 만큼 크다. 바라기는 하나님께서 잠언을 묵상하는 모든 성도에게 참된 지혜와 명철을 허락하시는 과정에서 조금이나마 보탬이 되는 책이 되는 것이다.

말씀을 함께 나누며 책으로 나오기까지 사랑과 지원을 아끼지 않은 교회 식구들과 책을 엮느라 수고하신 노천상 목사와 김진우 성도에게, 그리고 어설픈 문장을 간결하고 명쾌하게 다듬어준 이종섭 목사와 모든 과정에 함께 수고하며 지원해준 아내에게 큰 고마움을 전한다. 그리고 여기까지 인도하신 하나님께 감사와 찬송을 올려드린다.

지은이 신 혁
2023. 2. 23.

Proverbs

문맥으로 보는
잠언 강해 Ⅲ

19장

1. 거짓 증인
(잠언 19:1-5)

1. 성실히 행하는 가난한 자는 입술이 패려하고 미련한 자 보다 나으니라
2. 지식 없는 소원은 선치 못하고 발이 급한 사람은 그릇하느니라
3. 사람이 미련하므로 자기 길을 굽게 하고 마음으로 여호와를 원망하느니라
4. 재물은 많은 친구를 더하게 하나 가난한즉 친구가 끊어지느니라
5. 거짓 증인은 벌을 면치 못할 것이요 거짓말을 내는 자도 피치 못하리라

잠언은 자주 '말'을 매개로 하여 지혜를 논합니다. 10장 이후에서도 마찬가지였습니다. 말은 결국 마음을 드러내는 표시요 행위로 받는 것과 같은 결과를 얻기 때문입니다. 말은 사람의 인격 전체를 대표하는 증표입니다. 따라서 말에 죄가 배어있으면 그 마음이 부패하며 악을 행한 증거로 취급받음을 우리가 확인했습니다.

그처럼 전 인격을 대표하는 말이 생명과 어떤 연관이 있는지를 밝힌 후, 말에서 실패하지 않은 자가 아무도 없으므로 친구요 형제 되어주신 분에게 정직하게 고백하고 용서를 구하는 것이 구원을 위한 지혜라 하였습니다. 그러나 미련한 사람들은 그런 도움도 무시하고 배척하였습니다. 일그러진 심령에서 자라난 교만이 누구의 도움을 받기 싫어하는 자가 되게 하였기 때문입니다. 그들은 능욕과 수치의 형벌을 당할 수밖에 없습니다. 그와 관련하여 하나님께서는 구원과 심판을 사람이 어떤 길을 선택하느냐와 긴밀한 연관이 있게 하셨습니다. 18장의 제비뽑기에 관한 말씀이 그 의미였습니다. 모두가 죄를 짓고 심판받을 수밖에 없는 처지에서도 여전히 교만하여 자기를 높이고 도움을 거부하는 길을 택한 자는 심판을 면할 수 없는 반면, 자기 힘으로는 절대 구원 얻을 수 없는 줄 알고 위에서 내리시는 도우심을 구하는 길을 택한 자는 구원 얻게 된다는 것입니다. 18장 후반부에서 나를 위해 죽어주시기까지 하심으로 친구가 무엇인지 사랑이 무엇인지를 보여주신, 형제보다 친밀하신 그분을 신부를 찾는 자의 신중함으로 찾아 선택하는 자가 소망이 있음을 알려주신 이유가 그것입니다. "**많은 친구**"(잠 18:24)도 해 줄 수 없는 죄사함의 은혜를 예수님께서 십자가에 못 박혀 죽으심으로 내려주시니 예수님을 친구요 형제처럼 사귀고 의지하는 길을 선택하는 것이 참된 지혜라는 말씀이었습니다.

이와 같은 흐름에서 본문이 이어집니다. 여기부터는 예수님을 가장 귀한 친구요 형제로 택하는 일, 곧 예수님을 믿는 문제와 관련하여 주의해야 할 교훈이 주어지고 있습니다. 예수님을 믿는 일에도 주의해야 할 점이 있습니다.

먼저 "**성실히 행하는 가난한 자는 입술이 패려하고 미련한 자보다 나으니라**"(1)고 합니다. '성실하다'는 말의 기본적인 뜻은 '완전하다, 충분하다'입니다. 예수님을 상징하는 말이나 하나님을 가리킬 때는 그 뜻이 맞습니다. 그러나 자체적으로 완전할 수 없는 사람에게 이 말이 사용될 때는 그 완전함을 얻을 수 있는 상태를 가리킵니다. 죄인이 하나님의 의를 받아 누릴 수 있게 되는 유일한 길로 행하는 것을 말합니다. 그것을 '성실'로 묘사하고 있습니다.

"**가난한 자**"란 자기 스스로 완전할 수 없는 사람입니다. 자기 의가 없기 때문입니다. 그러한 자가 "**완전하게**", 또는 "**성실히**" 행한다는 것은 죄인이 하나님의 의를 받는 길로 행한다는 뜻입니다. 자기가 완전하지 못해도 정직하게 하나님 앞에 나아갈 때 하나님은 그를 완전하다고 여겨주십니다. 죄인이 완전한 의를 거저 얻는 자세가 바로 정직입니다.

그 길을 성실하게 걸어가는 사람을 "**입술이 패려하고 미련한 자**"와 비교하고 있습니다. '패려하다'는 말은 '구부러졌다, 비뚤어졌다'는 뜻으로, 거짓말하고 위선적인 사람을 가리킵니다. '성실하다, 완전하다'와 대조되는 말로, 정직하게 죄를 고백하지도 않으며 교만하게 하나님 앞에서 자기를 자랑하고 높이는 사람을 가리킵니다. 자기를 높이는 마음이어서 정직하게 죄를 고백하지 못하는 자입니다. 그런 사람을 미련하다고 합니다. 남들과 비교해서 좀 더 나은 경건을 가진 것 같은데도 결국 하나님께서 기대하시는 완전에 이르지 못하여 멸망에 빠지기 때문입니다. "**가난한 자**"와 병행된다는 점이 그 사실을 분명히 알려줍니다.

이 말씀은 단지 '가난해도 정직하게 살자'라는 의미가 아닙니다. 18장에서 이어지는 맥락에 비추어 보면, 예수님을 믿는 일에서도 그와 같은 원리가 중요하다는 말입니다. 간단히 말하면 이렇습니다. 성경에서 '정직'은 무엇보다 자기 죄를 숨기지 않고, 있는 그대로 고백하는 모습을 가리킵니다. 그리고 가난하다는 것은 살아가는 데 필요한 무엇이 없다는 뜻입니다. 하나님 나라에서는 그것이 돈이 아닙니다. 의와 거룩입니다. 의가 없어서 죽을 수밖에 없는 상태를 두고 "**심령이 가난한 자**"(마 5:3)라고 하신 말씀과 같습니다. 결국 이 말씀은, 하나님 나라에 들어갈 만한 의가 없는 자라도 정직하게 자신의 상태를 인정함으로 주님께서 주시는 의를 받는 자가, 누구보다 많은 의를 가졌어도 그것을 자랑하며 예수님 앞에 나오는 자보다 더 낫다는 것입니다. 즉 어떤 자세로 예수님 앞에 나아와야 지혜로운지를 이야기하고 있습니다.

세리와 바리새인의 비유가 여기에 해당합니다(눅 18:9-14). 드러난 모습은 바리새인이 훨씬 경건해 보입니다. 누구보다 깨끗하게 살았고, 하나님의 일에 열심이었습니다. 반면 세리는 정의롭지 못하게 살았고, 하나님의 일에도 바리새인의 열심에 미치지 못했습니다. 그러나 하나님은 바리새인보다 세리를 의롭다고 하셨습니다. 이유는 단 한 가지밖에 없습니다. 바리새인은 하나님 앞에서 자기의 의를 내세우며 그것으로 하나님 앞에 충분히 나아갈 수 있다고 생각했지만 세리는 정직하게 자기 죄를 고백하며 자기는 도저히 하나님의 나라에 들어갈 수 없음을 알고 주님의 도우심을 구했기 때문입니다. 바리새인은 사람이 하나님 나라에 들어가는 데 필요한 의로움이 얼마나 완전해야 하는지를 알지 못했습니다. 그저 사람들 수준에서 상위권에 있으면 되는 줄 알았습니다.

그러나 하나님 나라는 그럴 수 없습니다. 의와 거룩에서 완전해야 들어갈 수 있습니다. 완전한 의는 하나님께서 예수 그리스도의 피를 통해 나눠주실 때만 얻을 수 있습니다. 그리고 그 완전한 의를 받을 수 있는 자들은 정직하여 자기 죄를 인정하고 겸손하게 구하는 자들입니다. 그들이 성실한 자입니다. 그들에게 하나님은 얼마든지 의를 나눠 주십니다. 하나님은 '가난하지만 성실히 행하는 자', 곧 의가 없어도 정직하게 의를 구하는 일에 성실한 심령을 구원하기로 하셨습니다. 1절은 바로 그 사실을 알려주고 있습니다. 예수님을 믿는 일, 예수님을 친구로 택하는 일이 그런 방식, 그런 믿음이어야 한다는 말씀입니다. 가난하여도 정직하게, 의가 없어도 진실한 자세로 자기 죄를 인정하고 하나님의 도우심이 필요하여 나아왔다고 고백하는 것이 바른 믿음의 길입니다.

하지만 그렇지 못한 사람들이 많습니다. "**지식 없는 소원은 선치 못하고 발이 급한 사람은 그릇하느니라**"(2). "**소원**"으로 번역된 말은 기본적으로 '생명'이나 '혼'이라는 의미의 단어입니다. 인생 자체를 뜻합니다. '지식 없는 인생은 선하지 않다, 결말이 좋지 않다'는 의미입니다. "**지식**"은 앞에서 이야기한 바에 따르면, 의가 없는 죄인이 완전한 의를 얻을 수 있는 길을 알아 행하는 것을 가리킵니다. 진리를 아는 지식이요 구원 얻는 지식입니다. 그 삶을 발이 급한 사람과 대조합니다. "**발이 급한 사람은 그릇하느니라**", 서둘러 가긴 하는데 잘못된 길로 간다는 말씀입니다. 생각 없이 열심만 있는 상태를 가리킵니다. 어디를 가겠다는 마음만 가지고는 제대로 갈 수가 없습니다. 가는 길과 목적지를 알고 가는 것은 지극히 상식적인 일입니다. 운전자가 내비게이션의 안내를 받아서 가는 것과 유사합니다. 길도 모르면서 '가다 보면 나오겠지'라고 무작정 나서는 사람처럼 미련한 사람도 없을 것입니다.

그런데 신앙적인 면에서는 있습니다. 길도 모르면서 열심히 가려고만 하는 사람들입니다. "**입술이 패려하고 미련한 자**"(1)라고 했던 그런 자들을 일컬어 "**발이 급한 사람**"이라고 합니다. 생각 없이, 곧 정직함이 없이 그저 열심만 가지고 주님 앞에 나오는 자를 가리킵니다. 어떻게 해야 하늘에 들어갈 수 있는지에 대해 정확히 알아보지도 않고 지레 '이리 가면 나오겠지' 하는 자세를 가진 자들이 많습니다. 바리새인들이 그랬고, 그 외에도 많은 사람이 그리할 것을 주님께서 말씀하셨습니다. "**그날에 많은 사람이 나더러 이르되 주여 주여 우리가 주의 이름으로 선지자 노릇하며 주의 이름으로 귀신을 쫓아 내며 주의 이름으로 많은 권능을 행치 아니하였나이까 하리니**"(마 7:22). 천국에 들어가지 못하는 많은 사람이 이렇게 주장한다는 것입니다. 다 자기가 종교적인 면에서 누구보다 핵심적인 일에 종사했고 열심히 했다는 사실을 내세웁니다. 이들의 주장에는 정직함이 없습니다. 지혜가 가르치는 길로 행하지 않는 모습입니다. 목적지인 하늘로 향하게 하는 올바른 네비게이션을 사용하지 않고, '이리 가면 나오겠지' 하는 생각으로 그저 열심히만 달려온 자들이라 할 수 있습니다.

그러면서도 책임을 하나님께 돌립니다. **"사람이 미련하므로 자기 길을 굽게 하고 마음으로 여호와를 원망하느니라"**(3). 자기가 하나님께서 인도하시는 길로 가지 않았으면서, 성경에서 누누이 알려준 것을 전혀 듣지 않고 그저 자기 나름의 열심만 내고 왔으면서 자기가 잘못했다고 생각하지 않고 원망을 하나님께 돌립니다. '내가 이렇게 열심히 했는데 왜 들여보내 주지 않으시냐'며 책임을 하나님께 돌리는 것입니다. 죄인들의 일반적인 특징이 그렇습니다. 마태복음 7장에 나타난 자들도 그렇게 항변한 자들입니다. '우리가 이렇게 열심히 했으니 천국에 들어가는 것이 당연하지 않습니까?' 이런 식입니다. 그런 모습이 바로 길도 모르면서 '열심히 가기만 하면 목적지에 들어가겠지' 하고, 그냥 나서서 무작정 달리기만 한 사람입니다. 잠언은 그것이 참 미련한 일임을 가르쳐주고 있습니다.

왜냐하면 그것은 절대 목적지에 도달할 수 없는 교훈이기 때문입니다. 땅에서는 사람들에게 추앙받을지 모르나 하나님께는 인정받지 못하는, 일시적인 만족만 얻을 뿐입니다. **"재물은 많은 친구를 더하게 하나 가난한즉 친구가 끊어지느니라"**(4). 간혹 자기가 잘나갈 때는 사람들이 항상 곁에 있더니 권력 잃고 돈 떨어지니까 그 많던 사람들이 어디로 갔는지 아무도 없다, 재물이 없어지니 진정한 친구가 누군지 알 수 있더라는 말을 듣습니다. 자신 때문이 아니라 재물 때문에 사람들이 곁에 있었다는 사실을 알게 되었다는 말입니다. 그런 현실을 반영하여 영적 진실을 말하고 있습니다. 곧 재물이 사람을 많이 모이게 하듯이 '자기 의가 뛰어난 사람'을 칭찬하는 사람이 많다는 것입니다. 열심히 하는 모습이나 남들보다 뛰어난 경건을 보며 많은 사람이 칭찬합니다. 그것을 보며 자기도 만족하며 누구의 도움이 없어도 하늘에 들어갈 수 있다고 생각하는 자들이 많습니다. 자기가 가진 의만으로도 충분히 구원 얻을 수 있다고 확신합니다. 그러나 조만간 그 확신은 어김없이 무너지게 될 것입니다. 자기 의는 영원한 구원이라는 목적지까지 자기를 인도해 주지 못합니다.

반면에 가난한 사람에게는 친구가 끊어진다고 합니다. 가난하여도 정직하게 행하는 사람 곁에는 함께하려 하거나 그들을 칭찬하는 자가 많지 않음을 상징합니다. 자기 열심과 자기 의가 많아야 하늘에 이를 수 있다고 생각하는 사람들은 많지만, 사람은 죄인이니 정직하게 자기 죄를 인정하고 죄인임을 고백하여 하나님께서 주시는 의로만 배부름을 얻을 수 있다고 믿는 사람들은 소수에 지나지 않습니다. 친구가 떠나간 가난한 자와 같습니다. '좁은 문, 좁은 길'의 비유와 같은 뜻입니다. 하나님께서 보내주신 지도를 보고 오는 사람들은 얼마 되지 않고, 막연히 '이리로 가면 되겠지' 하는 마음으로 열심만 가지고 달려가는 무리는 많습니다. **"멸망으로 인도하는 문은 크고 그 길이 넓어 그리로 들어가는 자가 많고 생명으로 인도하는 문은 좁고 길이 협착하여 찾는 이가 적음이니라"**(마 7:14,15)라는 말씀이 그 점을 나타냅니다. 안타깝게도 남들보다 많은 의와 거룩을 가지고 있어야 한다는 교훈을 따르는 자들이, 자신의 노력으로는 불가능하니 하늘의 도우심을 받아야 한다는 가르침을 따르는 자들보다 훨씬 많습니다. 땅에서만 높임 받고 인정받는 경건과 의를 전부인 줄 알고 그것을 얻기 위해 열심을 내는 것입니다.

그러나 지혜자는 우리에게 분명히 선언합니다. **"거짓 증인은 벌을 면치 못할 것이요 거짓말을 내는 자도 피치 못하리라"**(5). 일반적으로 거짓 증인은 범죄자 못지않게 처벌받는 현실을 비유로 하고 있습니다. 위증죄도 만만치 않습니다. 잘못을 직접 저지르지 않았어도 거짓으로 증언한 것이 발각되면 처벌받게 되어 있습니다.

여기서 말하는 거짓 증인은 입술이 패려하고 미련한 자를 가리킵니다 (1절). 또 지식 없이 열심만 있는 사람이며(2절), 재물이 많은 사람을(4절) 의미합니다. 곧 자기가 쌓은 의가 많다고, 자기가 열심히 했기 때문에 하나님 앞에 설 수 있다고 생각하는 자를 가리킵니다. 자기에 대해 거짓증언 했다는 의미입니다. 자기 자신에 대해 하나님 앞에 정직하지 않은 것입니다. 성경은 그런 자들을 거짓 증인이라고 정의합니다. 자기 실체를 제대로 파악하지도 못하고 인정하지도 않는 거짓말쟁이라는 의미입니다. 그런 사람은 형벌을 피할 수 없습니다.

거짓 교훈을 가르치는 사람들도 마찬가지입니다. **"거짓말을 내는 자"**란 그렇게 가르치는 자들을 말합니다. 거짓 교훈으로 사람들을 잘못 인도하는 자들입니다. 그저 열심만 있으면 굳이 성경을 잘 알지 못해도 괜찮은 것처럼, 또는 예수 믿는다고 말만 하면 힘들게 자기 죄를 찾아 회개하는 법 없어도 구원 얻는 일이 가능하다는 식으로 가르칩니다. 가난해도 정직하기만 하면 하나님께 받아들여진다는 지혜자의 가르침과 전혀 다른 교훈을 내는 것입니다. 그런 자들은 모두 심판을 피할 수 없습니다.

본문은 이러한 사실을 알려주십니다. 하나님 앞에 서기 위해서는 반드시 가난해도 정직한 자로 서야 한다는 것입니다. 많은 사람이 가지 않는 좁은 길이지만 오히려 그것이 하나님께서 가르쳐주신 참된 구원의 길입니다. 그와 달리 자기 의를 자랑하고 무작정 열심만 가지고 달려가는 자들은 거짓 증인처럼 하나님의 법정에서 형벌을 피할 수 없습니다. 오직 주님께서 가르쳐주신 대로, 성경에서 인도하시는 그 길로 갈 때만 하나님 앞에 서는 은혜를 누립니다. 그 길을 올바로 선택하여 가는 것이 지혜입니다.

2. 자기 영혼을 사랑하는 자

(잠 19:6-9)

6 너그러운 사람에게는 은혜를 구하는 자가 많고 선물을 주기를 좋아하는 자에게는 사람마다 친구가 되느니라
7 가난한 자는 그 형제들에게도 미움을 받거든 하물며 친구야 그를 멀리 아니하겠느냐 따라가며 말하려 할지라도 그들이 없어졌으리라
8 지혜를 얻는 자는 자기 영혼을 사랑하고 명철을 지키는 자는 복을 얻느니라
9 거짓 증인은 벌을 면치 못할 것이요 거짓말을 내는 자는 망할 것이니라

잠언 10장 이후 18장까지 이르는 몇 장에서는 말과 마음의 관계가 어떠한지, 그것이 생명과 어떤 연관이 있는지를 이야기한 후 그 점에 대해 아무도 완전하지 못하므로 모두가 예수님을 의지해야 잘못을 용서받고 형벌을 면할 수 있음을 알려주셨습니다. 그리고 19장부터는 예수님을 믿는 일과 관련하여 주의할 점에 대해 말씀하여 주십니다. 구원 얻는 교훈도 참과 거짓으로 나뉜다는 것입니다. 그런 점에서 5절까지는 거짓 증인에 대한 일반적인 현상을 비유로 하여 '하나님 앞에 서기 위하여 가난해도 정직

한 자로 서야 한다'는 사실을 알려주셨습니다. 그 길은 비록 많은 사람이 가지는 않으나 오히려 하나님께서 가르쳐주신 참된 구원의 길이요, 반면 자기 의를 자랑하고 의지하는 자들은 거짓 증인처럼 하나님의 법정에서 형벌을 피할 수 없으리라는 뜻이었습니다.

본문에서는 예수님을 믿는 문제와 관련하여 그와 유사하면서도 또 다른 측면에서 잘못된 신앙을 이야기합니다. 우선, 9절 말씀이 우리를 주목시킵니다. 5절과 중복되기 때문입니다. 둘 다 거짓 증인이 형벌을 면하지 못하고, 거짓말하는 자도 멸망 당한다는 사실을 이야기하고 있습니다. 유사한 결과를 말하고 있음을 짐작하게 합니다. 5절까지의 말씀에서 마치 거짓 증인처럼 예수님을 믿는다고 하지만 실은 믿지 않는 자들이 누군지에 대해 한 부류를 이야기했고, 여기서 또 한 부류를 이야기하고 있습니다. **"너그러운 사람에게는 은혜를 구하는 자가 많고 선물을 주기를 좋아하는 자에게는 사람마다 친구가 되느니라"**(6).

4절과 비슷합니다. 4절의 전반부를 6절에서, 후반부를 7절에서 나눠 말하는 형식입니다. 6절에서는 너그러운 사람, 은혜를 많이 베푸는 사람 주변에 많은 사람이 몰려드는 세상의 일반적인 모습을 이야기하고 있습니다. **"너그러운 사람"**은 **"존귀한 자"**(잠 17:7), **"귀인"**(잠 17:26)과 같은 단어로 **"가난한 자"**(잠 19:7)와 대조되어 사용될 때는 힘과 부요를 가진 자를 뜻합니다. 그런 점에서 6절은 힘과 권력이나 재물을 가진 사람 곁에 많은 이들이 모여드는 현상을 비유로 하는 말씀임을 알 수 있습니다. 힘 있는 자나 부요한 자에게 호의를 바라며 많은 사람이 가까이하는 모습을 보는 것은 어렵지 않습니다. 꼭 대단한 권력이나 재물이 아니더라도 작은 선물이라도 나눠주기를 좋아하는 사람 주변에는 가까이하려는 사람들이 많습니다. 사람들은 대개 자기에게 뭔가를 주는 사람을 좋아하는 법입니다. 자연스럽고 일상적인 일이라 하겠습니다. 이 말씀이 구체적으로 무슨 의미인가는 다음 구절까지 살펴보면 명확해집니다.

7절은 그와 반대되는 현상을 이야기합니다. **"가난한 자는 그 형제들에게도 미움을 받거든 하물며 친구야 그를 멀리 아니하겠느냐 따라가며 말하려 할찌라도 그들이 없어졌으리라"**(7). 4절 후반부를 확장해 놓은 듯한 이 구절은 일반적으로 사람들이 가난한 사람을 멀리하는 현실을 반영하고 있습니다. 뭔가 얻을 게 있는 사람 주변에는 사람들이 많이 몰리지만, 얻을 게 없고 처음부터 내가 주기만 해야 하는 가난한 사람은 만나기 부담스러워하는 모습을 흔히 볼 수 있습니다. 일부는 아예 가난한 사람들 자체를 멀리하고 부자들하고만 인연을 맺으려고도 합니다. 심지어 가난한 사람이 다른 사람들과 함께 지내려고 애를 써봐도 돌아오는 것은 사람들의 외면과 멸시와 따돌림뿐일 때가 많습니다. 그만큼 가난한 사람 주변에는 사람들이 적습니다. 가난한 자들과 가까이해 봤자 본인에게 돌아오는 혜택이 많지 않아서일 것입니다. 이처럼 6, 7절은 자신이 원하는 것을 가지고 있느냐 아니냐에 따라 누군가와 가까워지기도 하며 멀어지기도 하는 현실을 반영하고 있습니다.

이러한 말씀이 어떤 의미인지 그 해석의 방향을 8절에서 확인할 수 있습니다. **"지혜를 얻는 자는 자기 영혼을 사랑하고 명철을 지키는 자는 복을 얻느니라"**(8). 자기들이 원하는 것을 갖고 있다고 생각하는 대상에게 사람들이 몰리는 현상에 이어 여기서는 어떤 이들이 얻고자 하는 품목에 관해 말씀합니다. 앞에서는 선물이나 부요함을 찾아 사람들이 몰려가는 현상을 이야기하였다면 여기서는 복된 사람들이 추구하는 내용물을 언급합니다. '지혜와 명철'을 다룹니다. 여기서 **"지혜"**로 번역된 단어는 다른 데서 주로 '마음'으로 번역되는 말로 사람의 본질을 의미합니다. 외적인 선물이나 부요함이 아니라 사람 자체, 사람의 마음을 얻는 경우를 가리킵니다. 재물을 얻기 위해 큰 열심을 갖고 추구하는 모습과 달리, 사람 자신이 구원과 복으로 풍성해지기 위해 열심을 내는 자들도 있다는 것입니다. 병행구에 의하면 그 일은 **"명철을 지키는"** 일과도 같습니다. 명철을 지키는 일은 마음을 얻는 일입니다. 마음을 얻는 것은 **"자기 영혼을 사랑"**하는 것이며, 그것은 또한 복을 얻는 일입니다. 생명 자체를 얻는 일이자 자신에게 가장 선한 일이라는 의미입니다.

이처럼 8절은 사람이 명철을 따라 살려고 애를 쓰는 복된 모습에 관해 이야기하고 있습니다. 선물이나 재산을 받는 것보다 사람 자신이 생명을 얻고 명철을 지키기 위해 애쓰는 것처럼 복된 모습은 달리 없다는 것입니다. 지혜로운 자는 무엇보다 생명 자체를 얻는 명철을 지키는 일에 열심을 내며, 그들이 곧 자기 영혼을 사랑하는 자들임을 알 수 있습니다.

이러한 말씀이 주어진 이유는 이어지는 말씀에서 확인할 수 있습니다. 처벌을 면치 못하는 거짓 증인에 관한 내용으로 연결됩니다. **"거짓 증인은 벌을 면치 못할 것이요 거짓말을 내는 자는 망할 것이니라"**(9). 맥락에 따르면 이 말씀은 많은 사람이 누군가를 찾아가서 무언가를 얻으려고 해도 그들이 찾는 것이 생명과 명철이 아니라면 그들은 위증죄로 처벌받을 거짓 증인과 같다는 말입니다. 예수님을 믿는다고 해도 거짓말일 수 있습니다. 예수님을 열정적으로 찾아도 정작 지혜와 명철을 원하지 않는 자들이 그들입니다. 예수님께서 오병이어의 기적을 베푸셨을 때 있었던 일과 같습니다.

예수님은 자신이 사람들의 죄를 사하고 영생을 나눠주는 분이심을 알리는 표적으로 그 이적을 베푸셨습니다. 사람들은 예수님께서 자신을 영생하는 떡이라고 설명하실 때 믿어야 했습니다. 그들이 진정 지혜와 명철을 구했다면 그 말씀이 들렸을 것이고, 주님을 믿어 구원의 복을 얻었을 것입니다. 그러나 예수님께 육신의 떡만 기대하고 왔던 많은 사람은 예수님 자신이 자기 피와 살로 영생을 가능하게 하는 생명의 떡이라고 설명하는 이야기를 듣고는 다 떠나버렸습니다. 그들이 원하는 것을 주시는 분이 아님을 알았기 때문입니다.

  그 사실을 몰랐을 때는 얼마나 열심을 냈는지 모릅니다. 전날 예수님께서 오병이어의 기적을 일으킨 것을 보고 얼마나 놀라고 좋아했는지, 다음날 예수님을 일찍이 찾아 나섰을 때 예수님이 바다 건너편으로 가셨다는 말을 듣고는 거기까지 찾아오는 열심을 보였습니다. 그러나 그들은 그 표적의 본질적인 의미에 관해서는 관심이 없었습니다. 그리고 이제는 일하지 않아도 먹을 수 있도록 떡을 만드는 이적을 예수님께서 행할 의사가 없어 보이자 그런 메시아는 필요 없다면서 떠나버렸습니다. 그들은 지혜와 교훈이 필요하지 않았습니다. 떡을 제공해 주는 주님의 능력이 좋았을 뿐입니다. 그 표적 자체에 마음이 동했던 사람들이 그렇게 많았습니다. 본문은 그럴 목적으로 예수님을 찾아 나온 사람들이 '내가 예수님을 믿습니다. 예수님을 사랑합니다'라고 말하는 그 고백은 위증죄로 처벌받을 거짓 증언과 같음을 이야기하고 있습니다. 주님을 떠나간 자들은 자기가 거짓 증인과 같아서 구원의 복을 잃고 심판의 저주에 떨어졌다는 사실을 몰랐습니다.

  그런 자들은 이후로도 많을 것입니다. 일반적으로 재물 많은 사람 곁에 사람들이 많이 몰리듯이 예수님은 부를 주시는 분이라고 소개하는 자를 많은 사람이 따를 것입니다. 지혜와 명철이 아닌 다른 뭔가를 준다는 말에 넋 놓고 순종하며 영혼을 바치는 것입니다. 반면 사람의 영혼을 살리고 명철을 따라 지키는 복을 찾는 자들은 소수일 것입니다. 많고 크다고 다 나쁘다거나 작고 힘들기만 해야 옳다는 뜻이 아닙니다. 단순히 사람들의 취향이 다르다거나 신앙생활 하는 방식이 다르다는 차원에서 하는 말도 아닙니다. 생명을 담보로 하는 제비뽑기, 곧 선택과 관련된 이야기입니다. 외형적인 모습과 상관없이 과연 생명을 얻기 위한 열심에서, 영혼을 구원하는 길을 찾아 예수님 앞에 나왔는지를 묻는 것입니다.

5절까지의 말씀이, 비록 좁은 길이라도 정직하게 자기를 내려놓고 주님만 의뢰하는 것이 예수를 바르게 믿는 것이라고 했다면, 본문은 예수를 믿는다는 문제는 거기에 사람들이 많다거나, 다른 부수적인 이익을 많이 얻을 수 있다는 것 따위로 결정해서는 안 될 중요한 문제임을 가르쳐주고 있습니다.

물론 남에게 은혜를 베풀고 나눠주기를 좋아하는 사람이 된다거나, 그 곁에 많은 사람이 모이는 그 자체는 절대 나쁜 일이 아닙니다. 그러나 그런 일은 예수 믿지 않는 사람들도 잘할 수 있는 일입니다. 때로는 악한 사람들이 더 잘하는 것처럼 보일 수도 있습니다. 자기 조직을 유지하기 위해 아낌없이 돈을 주는 사람들이 그런 자들입니다. 자신에게 이익이 되면 독재자의 주변에도 사람들이 몰리기 마련입니다. 예수님은 돈을 나눠 주신 적이 없습니다. 구원과 관계없는데도 사람들이 원한다고 해서 그것을 나눠주는 방식으로 환심을 사려 하지 않으셨습니다. 그러니 재물을 나눠주는 사람을 고민 없이 그저 좋은 사람이라고만 생각하면 곤란합니다. 선물도 지혜롭게 줘야 하고, 또 사심 없이 줘야 합니다. 그렇지 않으면 뇌물이 됩니다. 사회에만 그런 자들이 있지 않습니다. 교회 안에서도 돈이나 다른 무엇으로 사람들의 환심을 사려는 자들이 있습니다. 거짓말을 하는 자입니다(잠 19:5,9). 따라서 나눠주기를 잘하는 사람이 꼭 좋은 사람이라고만 생각해서는 안 됩니다. 문제는 무엇을 목적으로 하는 베풂이며, 또 무엇을 얻으려는 목적으로 열심을 내는가입니다.

성경은 신앙과 관련된 모든 열심을 칭찬하지 않습니다. 헛된 것을 구하기 위해 큰 열심을 내는 자들도 많기 때문입니다. 우리의 열심은 구원을 얻지 못하는 허망한 목적 대신 구원이라는 영원한 복을 얻기 위한 올바른 열심이어야 합니다. 무엇보다 생명 자체와 명철을 위한 열심이어야 합니다. 그 길이 자기 영혼을 사랑하는 길이요, 마지막에 복을 누리는 선한 길임을 분명히 선언합니다. 사람들의 인기나 엄청난 규모나 명성, 육신을 만족시키는 데 급급한 부요함을 얻기 위해 예수 믿는 자들은 그야말로 위증죄로 처벌받는 거짓 증인과 같아서 형벌을 면치 못할 것입니다.

그런 점에서 본문은 우리가 예수님을 찾는 열심을 내는 가장 큰 목적이 어디 있는지를 확인해보게 합니다. 그 올바른 목적이 무엇인지에 관한 구체적인 내용은 이후의 본문에서 알려주실 것입니다. 우리의 목적이 분명히 올바르다면 주변에 함께할 자가 많거나 적은 문제는 부수적입니다. 오히려 좁은 문이고 좁은 길이라 하셨습니다. 올바른 목적을 가지고 주님을 찾는 일에 열심을 내는 이들이 소수일 뿐이라는 말씀입니다. 다른 조건으로 우리의 목적이 휘둘리지 않도록 해야 합니다. 어떤 목적을 가지고 주님을 찾아 나아가는 열심을 내는지 확인해야 합니다. 그 목적이 올바름을 확인한 후엔 어렵고 힘들어도 묵묵히 가야 합니다. 그것이 구원의 복을 얻은 자들의 특징이며 자기 영혼을 사랑하는 일입니다.

3. 어울리는 일
(잠 19:10-15)

10 미련한 자가 사치하는 것이 적당치 못하거든 하물며 종이 방백을 다스림이랴
11 노하기를 더디하는 것이 사람의 슬기요 허물을 용서하는 것이 자기의 영광이니라
12 왕의 노함은 사자의 부르짖음 같고 그의 은택은 풀 위에 이슬 같으니라
13 미련한 아들은 그 아비의 재앙이요 다투는 아내는 이어 떨어지는 물방울이니라
14 집과 재물은 조상에게서 상속하거니와 슬기로운 아내는 여호와께로서 말미암느니라
15 게으름이 사람으로 깊이 잠들게 하나니 해태한 사람은 주릴 것이니라

19장에서는 예수님을 믿는 일에도 주의해야 할 점이 있음을 이야기하고 있습니다. 9절까지의 간략한 내용은 어렵고 힘들더라도 좁은 길로 갈 것과, 열심을 내는 목적이 올바른지 확인해야 한다는 의미입니다. 대다수는 규모가 크거나 많은 사람이 동조하는 주장이나 교리를 옳은 줄 알고 따라가며, 또한 생명과 명철 외에 다른 것을 얻으려는 목적으로 주님을 찾는 열심을 내지만 그러한 자들의 결국은 심판일 뿐이라 하였습니다. 그들이

예수 믿는다고 하는 말은 거짓 증인의 위증과 같을 뿐이기 때문입니다.

본문부터는 그와 관련하여 올바른 목적이 구체적으로 무엇인지를 알려주십니다. 무엇을 위한 열심을 갖는 것이 참된지를 말씀하시는 것입니다. 어떤 사람이 거짓 증인과 같은지, 예수 믿는다고 말은 하지만 실은 거짓말하는 자가 구체적으로 누구인지에 대해 말씀합니다. 그것을 위해 먼저 어울리지 않는 일을 하는 사람을 언급합니다. "**미련한 자가 사치하는 것이 적당치 못하거든 하물며 종이 방백을 다스림이랴**"(10).

미련한 자가 사치하는 것, 종이 관리를 다스리는 것은 있어선 안 되는 일, 어울리지 않는 일이라고 합니다. 미련한 자는 재물이 주어져도 그것을 어떻게 사용하는 것이 자기에게 유익한지 모르는 자를 가리킵니다. 재물을 유익하게 쓸 지혜가 없어서 오히려 어리석고 죄된 것에 사용하는 자입니다. 잘 쓰면 유익한 것을, 악하고 무익한 것에 사용함으로 자기를 파멸로 이끄는 것입니다. 그런 점에서 미련한 자가 부유하여 사치하는 것만큼 적절치 않은 일이 없다는 의미입니다.

종이 방백을 다스린다는 말도 마찬가지입니다. 통치는 높은 사람이 낮은 사람들을 다스리는 것입니다. 직책도 낮으면서 높은 직책에 있는 사람들을 다스리려고 한다거나, 통치자로서 소양을 갖추지 못했으면서 자신보다 더 탁월한 사람을 다스리려고 하는 것처럼 어울리지 않는 일은 없습니다. 마치 초등학교 1학년 아이가 선생님을 모아 놓고 수업하겠다고 나서는 것과 같습니다. 내가 아는 것으로 충분히 가르칠 수 있다고 믿는 것입니다. 올바른 목적이 아닌 다른 의도로 예수님을 찾는 열심을 내는 자들을 가리켜 이같이 말씀하고 있습니다.

그러면 올바른 목적은 어떤 열심을 가집니까? 그것은 신자들에게 어울리는 모습입니다. "**노하기를 더디하는 것이 사람의 슬기요 허물을 용서하는 것이 자기의 영광이니라**"(11). 노하기를 더디하는 것이 지혜로운 일이고 사람에게 어울리는 일이라, 다시 말하면 다른 사람의 허물을 용서하는 것이 곧 자기를 빛나게 하는 길이라고 합니다. 적절하게 어울리는 일이라는 말입니다.

왜 그게 어울리는 일입니까? 자기가 먼저 죄를 용서받은 사람이기 때문입니다. 주님께서 말씀하신 일만 달란트 빚진 자의 비유와 같습니다(마 18장). 베드로가 예수님께 '형제를 몇 번이나 용서해 주어야 합니까?'라고 질문을 드리자 '일흔 번씩 일곱 번이라도' 용서해 주어야 한다는 말씀에 대한 설명으로 주신 말씀입니다. 한 사람이 임금에게 일만 달란트라는 빚을 탕감받았습니다. 한 달란트는 보통 노동자의 일 년 치 월급입니다. 일만 달란트는 만 년 동안 일해서 받은 월급을 한 푼도 안 써야 모을 수 있는 금액입니다. 그렇게 엄청난 빚입니다. 셀 수 없이 많은 죄를 상징합니다. 임금은 그처럼 엄청난 빚을 탕감해 주었습니다. 그런데 이 사람이 궁궐 밖에 나가서는 자기에게 백만 원 정도 빚진 사람을 모질게 멱살 잡고 끌고 가서 감옥에 가두어버렸습니다. 자기에게 잘못한 사람에 대해서는 추호도 용서하지 않은 것입니다. 이 사실을 알게 된 임금이 진노하여 그 사람을 다시 옥에 가둔다는 비유입니다. 그 비유는 이렇게 마무리됩니다. **"너희가 각각 중심으로 형제를 용서하지 아니하면 내 천부께서도 너희에게 이와 같이 하시리라"**(마 18:35).

이 말씀은 우리가 다른 사람을 용서하는지 안 하는지 봐서 하나님께서 우리를 용서해 주신다는 뜻이 아닙니다. 하나님은 이미 우리의 그 수많은 죄, 무섭도록 깊은 죄를 다 용서해 주셨습니다. 그걸 아는 그리스도인들은 다른 사람을 용서하게 되어 있다는 의미입니다. 그 모습이 용서받은 사람에게 어울립니다. 자기의 무한한 죄를 용서받았다는 사실을 아는 사람은 다른 사람이 나에게 잘못했을 때 하루에 일흔 번씩 일곱 번이라도, 무한히 용서해 주는 것이 당연함을 인정하게 되어 있습니다. 다른 사람을 용서하지 않는 자는 자기가 용서받은 적이 없는 자임을 증명할 뿐입니다. 그는 하나님께 심판받을 것입니다.

본문에서 "왕의 노함은 사자의 부르짖음 같고 그의 은택은 풀 위에 이슬 같으니라"(12)는 말씀은 그 사실을 드러냅니다. 자신이 먼저 하나님께 그 수많은 죄를 용서받은 자로 다른 사람을 용서하는 일을 기꺼이 수행하려는 사람에게 하나님은 풀 위에 이슬 맺히듯 은혜를 계속 내려주시지만 그렇지 않은 자에게는 젊은 사자의 포효 같은 두려움으로 심판하시리라는 말씀입니다. 이런 사람이 위증죄로 심판을 면치 못할 거짓 증인과 같습니다. 단순히 용서라는 문제 하나만으로 결정하는 일이 아닙니다. 주님께서 주신 모든 계명과 관련 있습니다. 용서는 그 대표적인 예로 사용되었을 뿐입니다. 곧 거짓 증인은 하나님께 죄를 용서받은 자기 신분이나 처지에 어울리는 이러한 모습을 가지려고 전혀 애쓰지 않으면서도 자신을 하나님의 백성이라, 예수님을 믿는다고 말하는 사람을 가리킵니다. 주님의 말씀을 지키려는 열심을 내본 적이 없습니다.

그러나 좁은 길을 가는 사람은 어렵고 힘들어도 자기 신분에 어울리는 일을 하려고 열심을 내는 사람입니다. 말로만 예수 믿는다고 하지 않고 그 마음부터 행실에 이르기까지 자기가 받은 신분에 어울리는 사람이 되려고 힘쓰게 되어 있습니다. 악한 본성대로 행하면 되는 그런 쉬운 길을 택하지 않고, 어렵고 힘들어도 자기 신분에 어울리는 말과 행실을 가지려고 하는 것입니다. 그 열심을 나타내기 위해 애쓰는 모습에서 예수 믿는 사람이 가진 올바른 목적을 볼 수 있습니다.

그러나 그렇지 않은 사람들이 있습니다. **"미련한 아들은 그 아비의 재앙이요 다투는 아내는 이어 떨어지는 물방울이니라"**(13). 파괴적인 한 집안을 묘사하고 있습니다. 아들은 자기 계발을 위해 노력하거나, 어떤 목적을 가지고 일하는 것 없이 놀기만 하면서 도박을 즐기다가 돈 떨어지면 돈 달라고 성질이나 냅니다. 아내는 따뜻하고 배려심 있는 말 한마디 건네는 법 없이 남편을 인정하지 않고 허구한 날 싸우기만 하는 집은 안식처가 아니라 재앙 자체일 것입니다.

"떨어지는 물방울"이란 "물은 돌을 닳게 하고 넘치는 물은 땅의 티끌을 씻어 버리나이다 이와 같이 주께서는 사람의 소망을 끊으시나이다"(욥 14:19)라는 말씀과 유사합니다. 소망이 없다는 사실을 이렇게 표현하고 있습니다. 끊임없이 떨어지는 물방울이 바위를 뚫기도 하고 먼지를 다 쓸어 가버리기도 하는 것처럼 하나님께서 자기에게서 소망을 빼앗아 가셨다는 뜻입니다. 미련한 아들과 다투는 아내가 있는 집은 끊임없이 떨어지는 물로 지붕이 뚫려 비가 새는 집처럼 소망이 없다는 의미입니다. 자기 신분에 어울리는 행실이 무엇인지 알지 못하거나 또 알면서도 그걸 취하려고 하지 않는 사람은 여기 미련한 아들과 다투는 아내를 둔 사람과 같은 재앙을 당한 자라는 의미를 이렇게 나타내고 있습니다. 주님께서 말씀하신 믿음의 길이 힘들고 어려워, 가는 사람들이 많지 않은 그 좁은 길로 가지 않고, 쉽고 편하며 또 많은 사람이 가는 넓은 길로 가는 사람은 이미 재앙을 품고 있는 자요 소망이 없는 자라는 것입니다. 분명히 예수 믿는다고, 예수님을 사랑한다고 말은 했는데, 또 예수 이름으로 많은 일을 한다고 했는데 그 신분에 어울리는 삶이 무엇인지 전혀 고민도 없고 노력도 없는 자들은 구원에 있어서 아무 소용이 없는 거짓 믿음을 가진 자들입니다. 재앙을 품고 사는 자와 같습니다.

그러면, 소망이 있는 자는 자기 신분에 어울리는 모습을 취하는 일에서 완벽해야 합니까? 그건 아닙니다. 다만 진지하게 노력하는 모습을 보여야 한다고 합니다. 14절과 15절은 자기 신분에 어울리는 그 길을 가는 것이 쉽지 않으나 지혜로운 자는 그 힘든 길을 가기 위해 애쓰는 특징을 보인다는 사실을 말하고 있습니다. **"집과 재물은 조상에게서 상속하거니와 슬기로운 아내는 여호와께로서 말미암느니라"**(14).

집이나 재물을 상속받는 데에는 미련한지 지혜로운지가 문제 되지 않습니다. 누구나 자식이면 상속할 수 있습니다. 상속은 시험 봐서 주는 것이 아닙니다. 미련해도 자식에게 넘어가게 되어 있습니다. 그러나 슬기로운 아내는 그렇지 않습니다. 누구나 다 아내를 맞이할 수는 있지만 슬기로운 아내는 하나님의 특별한 섭리 안에서 이루어지는 일이라고 합니다. 자기에게 어울리는 모습을 갖는다는 것은 저절로 되는 일이 아니라는 말입니다. 갖기 위해 애를 쓰고 수고해야 가질 수 있습니다. 특별히 여호와 하나님께 구해야 합니다. **"아내를 얻는 자는 복을 얻고 여호와께 은총을 받는 자니라"**(잠 18:22)는 말씀과 같습니다. 이 말이 원문으로는 '아내를 찾는다, 선을 찾는다, 그는 여호와께 은총을 받는다'는 뜻이라고 했습니다. '얻는다'는 것보다 '찾는다'는 뜻이 강합니다. 아내를 찾는 것과 선을 찾는 것을 동등한 위치에 두고 있습니다. 청년이 이상형의 여인을 찾아 아내로 삼으려고 수고하는 것처럼 애써 선을 찾는 것이 하나님께 복을 받는 길이라는 말씀입니다.

마찬가지로 죄사함 받아 그리스도인 된 자기 신분에 어울리는 모습을 가진다는 것은 집과 재물을 상속받는 것처럼 가만히 있어도 저절로 되는 일이 아닙니다. 신중하게 구해야 하고, 특별히 여호와 하나님께 구해야 합니다. 잠언에서 **"슬기로운 아내"**나 31장에 나오는 **"현숙한 아내"**는 실제 아내를 향한 말이 아니라 바로 그 지혜를 비유한 말입니다. 사람이 지혜를 가진다는 것은 어떤 남자가 지혜로운 아내를 맞아들일 일과 같다는 뜻입니다. 남편이 미련해도 아내가 지혜롭고 현숙하면 그 집안이 살아나는 것처럼 지혜를 얻는 자도 생명을 얻게 되리라는 말씀입니다.

지혜는 자기에게 어울리는 말과 행실을 이루려고 애쓰게 되어 있습니다. 하나님께 열심을 가지고 구하게 되어 있습니다. 그런 차원에서 누가복음 13장에서는 **"좁은 문으로 들어가기를 힘쓰라 내가 너희에게 이르노니 들어가기**

를 구하여도 못하는 자가 많으리라"(눅 13:24)고 하셨습니다. 분명히 사람이 '힘쓰고' 노력해야 할 부분이 있다는 말입니다. **"들어가기를 구하여도 못하는 자가 많으리라"** 는 말씀은 좁은 문으로 들어가려는 노력은 없이 그저 들어갈 것이라고 믿는 자들이 있다는 의미입니다. 세상 사람들이나 바리새인과 서기관들같이 살면서, 즉 자기 신분에 어울리는 행실을 가지려는 노력은커녕 전혀 고민도 하지 않으면서 천국엔 들어가려고 하는 자들을 말합니다. 그런 자들이 의외로 많고, 그들은 천국에 들어가지 못합니다. 좁은 문으로 들어가려고 힘쓴 적이 없었기 때문입니다. 완벽하지 않은 것을 책망하시는 말씀이 아닙니다. 올바른 목적을 가지고 주님을 찾지 않았으며 그런 점에 대해 전혀 고민하지도 않았다는 말입니다.

15절이 그 이야기입니다. **"게으름이 사람으로 깊이 잠들게 하나니 해태한 사람은 주릴 것이니라"** (15). **"해태"** 하다는 말은 '태만하다', '해이하다'는 뜻으로 게으르고 태만한 사람을 말합니다. **"깊이 잠들게"** 한다는 말은 기운이 없고 무기력한 상태에 빠지게 한다는 뜻입니다. 게으른 농부는 추수 때에 먹을 양식이 없어 굶주릴 수밖에 없습니다. 가족들이 생존할 수 없는 처지를 비유로 한 말씀입니다. 온 가족이 먹고살기 위해서는 봄부터 가을까지 열심히 일해야 합니다. 하나님께서 그런 이치를 만들어 놓으셨습니다. 그리고 신자들에게도 유사한 원리를 주셨습니다. 영적인 일에도 부지런함이 필요합니다. 좁은 문으로 들어가기를 힘써야 합니다. 자기 신분에 어울리는 행실을 가지려고 애쓰는 것입니다. 자기 죄에 대한 용서를 구하고, 남을 용서할 힘을 구하고, 사랑과 거룩과 순종을 구하고, 지혜를 구하고, 남들이 다 가는 길이라고 따라가지 않고, 좁고 어려운 길이어서 가기에 힘들더라도 주님께서 말씀하신 그 길을 가려고 힘써야 합니다. 그 일을 이루기 위해 열심을 내는 자들이 올바른 목적으로 주님을 찾는 사람입니다. 신분에 맞는 일을 추구하는 열심은 당연한 모습입니다. 거짓 증인은 그 일에 게으르되 그 외 다른 것을 얻으려고 열심을 내는 자입니다.

완벽히 해내라는 말씀이 아닙니다. 그걸 이루려고 애쓰는지, 남자가 슬기로운 아내를 구하려는 것같이 신중한 자세로 선을 구하려는 모습이 있는지를 본다는 말씀입니다. 지혜는 주님이 말씀하시는 그 좁은 길을 가는 모습에서 완벽해야 한다고 하지 않습니다. 가야할 길이라면 아무리 어렵고 힘들어도, 또 완벽하게 할 수는 없어도 가려고 애써야 마땅하다는 뜻입니다. 반면 자기 신분에 어울리지 않는 길이라면 아무리 쉽고 편하게 보여도 가지 않아야 합니다. 그것이 하나님 나라에서 생존하는 복을 얻는 지혜입니다.

4. 맺어야 할 열매들

(잠 19:16-19)

16 계명을 지키는 자는 자기의 영혼을 지키거니와 그 행실을 삼가지 아니하는 자는 죽으리라
17 가난한 자를 불쌍히 여기는 것은 여호와께 꾸이는 것이니 그 선행을 갚아 주시리라
18 네가 네 아들에게 소망이 있은즉 그를 징계하고 죽일 마음은 두지 말지니라
19 노하기를 맹렬히 하는 자는 벌을 받을 것이라 네가 그를 건져 주면 다시 건져 주게 되리라

지난 본문은 예수를 믿는 자들은 자기에게 어울리는 일이 무엇인지를 알고, 그 일을 이루려는 데서 게으르지 않아야 한다는 내용이었습니다. 무한한 죄를 탕감받은 자로서 힘들고 어려워도 그 주어진 신분에 어울리는 행실을 위해 부지런히 애쓰는 자가 지혜롭다는 의미였습니다.

본문도 그와 연결된 내용입니다. 24절이 15절과 거의 같은 말로 이루어져 있는 것은 이 부분이 연결되어 있음을 의미합니다. 앞에서 그리스도인은 자기 신분에 어울리는 행실을 가지려 하는 일에 게으르지 않아야 한다고 말했습니다. 예수 믿는 자가 부지런히 추구해야 할 모습이 있다는 것입니다. 이제 본문을 포함하여 23절까지는 긍정적인 면에 관해 이야기하고, 24절 이후로는 부정적인 면을 이야기합니다. 23절까지는 적극적으로 가져야 할 것을, 24절 이후는 버려야 할 것을 말한다고 할 수 있습니다. 사람이 해야 할 일이 있고 하지 말아야 할 것이 있듯이 그리스도인은 자기 신분에 어울리는 일이 있고 그렇지 않은 일이 있습니다. 그런 일들에 관해 여러 가지를 이야기합니다.

그중 몇 가지만 살펴보려고 합니다. 구원받은 자들, 예수 믿는 자들에게 어울리는 행실의 옷은 어떤 것들입니까? 농부가 열매를 얻기 위해 부지런히 수고하는 것처럼 그리스도인들이 열매 맺기 위해 부지런히 힘써야 하는 모습은 무엇입니까?

첫 번째로 성도들이 열매를 얻으려고 부지런히 애를 써야 할 내용은 계명을 지킴으로 주어진 생명을 보존하는 것입니다. **"계명을 지키는 자는 자기의 영혼을 지키거니와 그 행실을 삼가지 아니하는 자는 죽으리라"**(16). 농부가 어떤 열매를 얻으려고 한다면 과일나무든지, 벼든지 우선은 살려놓고 봐야 할 것입니다. 사는 게 우선입니다. 마찬가지로 그리스도인으로 부름 받았으면 그리스도인의 생명을 유지해야 합니다. 그리스도인으로 살아있어야 합니다. 그리스도인으로 산다는 것은 계명을 지키는 것입니다. 계명을 지키면 살려준다는 말이 아니고 그리스도인으로, 하나님의 백성으로 부름 받았기 때문에 그 신분에 어울리는 모습으로 살아있어야 한다는 말입니다. 하나님의 계명을 지키려고 애쓰는 것, 자기 행실을 자기 마음대로 하지 않고 계명을 따르려고 애쓰는 것, 이것이 주어진 생명을 살려내는 방식입니다. 이 일에 게으르지 않아야 한다는 말씀입니다.

세상 사람들은 이와 정반대의 모습으로 자기가 살아있다는 사실을 확인하려고 합니다. 곧 계명을 무시하고 죄를 지으면서 그렇게 해도 누가 뭐라 할 수 없다는 가치관에서 인간 된 존재 의미를 확인합니다. 주변을 한번 살펴보십시오. 세상 사람들은 계명과 상관없이 사는 데서 즐거움을 누립니다. 하나님의 뜻을 두려워하며 그 뜻대로 살아야 한다는 말에 아무 관심이 없습니다. 도적질하고, 음란하고, 거짓말하고, 강도질해도 들키지만 않으면, 남에게 피해만 주지 않으면 된다는 생각으로 인생을 삽니다. 거기서 희열을 느낍니다.

심지어 기독교인이라고 하는 자들 가운데서도 그런 자들이 있습니다. 예수 믿으면 의롭다함을 얻었기 때문에 이제 더는 다른 일을 할 필요가 없다고 합니다. 특히 계명을 지키는 일 같은 것은 어차피 제대로 다 지킬 수도 없는 일이기 때문에 신경도 쓰지 말라고 공공연히 가르칩니다. 그냥 믿기만 하라고, 계명을 지키려는 시도조차도 불필요한 일이라 하면서 오로지 십자가의 자유를 누리라고 말합니다.

그것은 자기를 죽이는 일입니다. 주어진 생명을 지키는 길은 하나님의 계명을 지키는 것입니다. 자기 행실을 계명에 맞추려고 애쓰는 것입니다. 그건 죽은 생명을 살리려고 하는 일이 아니고, 살아 있는 자이기 때문에 산 생명을 죽지 않게 유지하려는 일일 뿐입니다. 썩어 문드러진 과일을 정상으로 되돌리려 하는 것이 아니고, 주님께서 새 생명을 주셨으니 그 생명을 유지하려고 애쓰는 모습일 뿐입니다. 그리스도인이 계명을 지키려고 하는 이유는 그겁니다. 하나님께서 살려주셨기 때문에 살아 있는 자로 사는 것입니다. 육신의 생명과 마찬가지입니다. 내가 태어나고 싶어서 이 세상에 온 것은 아니지만, 사람으로 태어난 이상 사람답게 살려고 애쓰는 모습을 당연히 여깁니다. 그게 사람답게 사는 일입니다. 마찬가지로 하나님의 계명을 지켜 자기에게 주어진 영적 생명을 보존하려고 애쓰는 것이 그리스도인의 신분에 어울리는 모습입니다.

두 번째는, 다른 사람을 살리려고 애쓰는 모습도 신분에 어울리는 열매라고 합니다. "**가난한 자를 불쌍히 여기는 것은 여호와께 꾸이는 것이니 그 선행을 갚아 주시리라**"(17). 가난한 자를 불쌍히 여긴다는 것은, 내가 가진 무엇을 다른 사람은 갖고 있지 못하여 고통당하는 모습을 볼 때 나눠주는 모습을 말합니다. 재물이나 정신적 도움이든지, 시간이나 정성도 나눠주는 것입니다. 돌려받기를 기대해서가 아닙니다. 돌려받기를 기대할 수 없는 사람에게 내가 줄 수 있는 무엇을 주는 것입니다. 그렇게 하면 마치 하나님께서 자신이 빌린 것처럼 계산서에 적어 놓으신다고 합니다. 하나님께 빌려주는 것과 같습니다. 하늘나라 은행에 저축하는 것과 같습니다. 원래 하나님의 소유가 아닌 것이 어디 있습니까? 사람이 날 때부터 자기 스스로 만들어서 가진 것은 하나도 없습니다. 모든 것의 주인이 하나님이십니다. 생명이든지, 재주든지, 재물이든지 다 하나님의 소유입니다. 단지 그것을 사람에게 맡겨 주셨을 뿐입니다. 아이들에게 용돈 주는 일과 닮았습니다. 다 부모 지갑에서 나온 것입니다. 그런데 아이가 만일 용돈을 줘도 고맙다는 말도 안 하고, 부모가 장난삼아 만 원만 달라고 할 때 자기 돈이라며 주기 싫어한다든가, 빌려줄 테니 이자를 달라고 한다면 얼마나 웃기는 일입니까?

하나님께서 사람에게 주신 은사가 다 그와 같습니다. 세상에서는 저축하는 방식이 자기 금고에 많이 담아 놓는 것이지만 하나님 나라에서는 그렇지 않습니다. 가난한 사람을 긍휼히 여기고 나눠주는 일이 하늘에 저축한 것이며, 마치 하나님 자신이 빌리신 것처럼 여기시고 훗날 갚아 주신다고 하셨습니다. 그런 점에서 하나님은 이 세상에 많은 은행 지점들을 두셨다고 할 수 있습니다. "**가난한 자들은 항상 너희와 함께 있으니 아무 때라도 원하는 대로 도울 수 있거니와 나는 너희와 항상 함께 있지 아니하리라**"(막 14:7)는 말씀 그대로입니다. 세상 끝날까지 가난한 자들이 있을 것입니다. 누가 아무리 많은 돈으로 도와준다고 해도 가난한 사람은 사라지지 않을 것입니다. 가난한 사람들이 다 사라지기를 기대하면서 도우라는 말씀이 아닙니다. 그저 도와야 합니다. 가난하여 고통당하는 자들을 그냥 도와야 합니다. 그런 도움을 하나님께서 자신이 받으신 것처럼 계산해 놓으신다는 말씀입니다. 이 은행은 죽은 다음에 하늘에 가서 찾는 보험과 같습니다. 그런 의미의 보험을 들라, 곧 다른 사람을 살리려고 힘쓰라는 말씀입니다. 그런 행실을 입으려고 부지런히 애쓰는 것이 그리스도인의 신분에 잘 어울리는 옷입니다.

세 번째는, 자기 위치를 지키는 일입니다. **"네가 네 아들에게 소망이 있은즉 그를 징계하고 죽일 마음은 두지 말찌니라"**(18). 할 수 있는 일과 그렇지 못한 일을 분별하여 그 한계 안에서 행하라는 뜻입니다. 그것을 자녀교육을 비유로 하여 알려주고 있습니다. 자녀가 잘되게 하기 위해서는 적당한 징계를 통해 잘못을 바로잡아 주는 것은 필요하지만, 그 징계의 정도가 죽음에 이를 정도로 심해서는 안 되는 법입니다. 왜냐하면 아들이라 할지라도 죽이고 살리는 것은 부모가 아니라 하나님의 소관이기 때문입니다. 그러니까 '자식이 잘못하면 두들겨 패서라도 교육하되 죽지 않을 만큼만 패자', 이런 뜻이 아닙니다. 할 수 있는 일이 무엇인지, 내가 해야 할 일이 어디까지인지, 자기에게 주어진 권한의 한계를 잘 알고, 그것을 모자라지도 않고 넘치지도 않는 선에서 행해야 한다는 의미입니다. 그것을 아이들을 교육하는 문제에 비유한 것입니다. 아이들이 잘못하고 무례하게 구는데도 자율성을 보장한다고 하고 싶은 대로 다 하도록 내버려 두는 모습은 부모의 직무유기고, 그렇다고 한번 잘못할 때마다 매질하고 감금하고 하는 것은 권한 남용입니다. 기록에 의하면 로마제국 시대까지만 해도 자녀들의 생명에 대해 부모들이 절대적인 권한을 갖고 있었다고 합니다. 죽일 수도 있었다는 이야기입니다. 그런데 그보다 수백 년 전에 이미 솔로몬은 이와 같은 교훈을 내놓고 있습니다. 소망이 있으니 징계는 하되 무모하게 행하지 말라고 하였습니다. 단지 자식에게만 국한된 문제가 아닙니다. 모든 일에 늘 지혜롭게 생각하여 자기 한계, 자기 본분에 모자라지도 않고 넘어서지도 않는 길로 행하라는 말씀입니다. 한 사람이 보통 여러 역할을 맡게 되어 있습니다. 교회에서, 직장에서, 가정에서, 혹은 다른 모임에서 각각 다른 모습을 가집니다. 그럴 때 자기 본분이 무엇인지를 지혜롭게 판단하고 그 본분을 지키려고 힘쓰는 것이 그리스도인의 신분에 어울린다는 말입니다. 마치 합창하는 것과 같습니다. 각 파트가 서로 보완하며 조화를 잘 이루어 노래하는 합창단이 잘한다는 칭찬을 듣습니다. 베이스가 소프라노 멜로디가 맘에 든다고 소프라노 멜로디를 노래하면 그 합창은 엉망이 되고 말 것입니다. 고린도전서 12장에서 교회 안에 다양한 은사가 있으며, 모두가 같은 은사를 받으려고 할 필요가 없다고 하신 말씀과 유사합니다. 자기에게 맡겨 주신 일이 무엇이며 다른 사람에게 주어진 은사가 무엇인지를 잘 살펴 자기 본분에 맞는 일을 하려고 애쓸 때 그리스도인에게 어울리는 열매를 맺을 수 있습니다. 신자들에게 잘 어울리는 일입니다.

네 번째로 신자들이 맺기 위해 애써야 하는 일은, 명백하게 잘못된 것은 편들지 않아야 한다는 점입니다. "**노하기를 맹렬히 하는 자는 벌을 받을 것이라 네가 그를 건져 주면 다시 건져 주게 되리라**"(19). 벌 받을 자리에서 구해 줘도 계속해서 똑같은 죄를 짓는 사람을 예로 들고 있습니다. 어떤 것은 포기해야 할 것도 있다는 말입니다. 가령 사울 같은 사람을 옹호하는 것과 같습니다. 여기에 해당되는 장면이 있습니다. "**사울이 요나단에게 노를 발하고 그에게 이르되 패역부도의 계집의 소생아 네가 이새의 아들을 택한 것이 네 수치와 네 어미의 벌거벗은 수치 됨을 내가 어찌 알지 못하랴 이새의 아들이 땅에 사는 동안은 너와 네 나라가 든든히 서지 못하리라 그런즉 이제 보내어 그를 내게로 끌어오라 그는 죽어야 할 자니라**"(삼상 20:30,31). 사울이 자기 아들 요나단이 다윗을 위하는 것을 보고 분노하는 장면입니다. '다윗을 죽이면 네가 왕이 될 텐데, 왜 다윗을 살려주려고 하느냐, 네가 왕권을 이어받으려면 다윗을 반드시 처단해야 한다'면서 하나님께서 택하신 자를 죽이지 못해 안달하고 있습니다. 이런 사울 같은 사람을 편들고 추종하며 그가 하자는 대로 해서는 안 된다는 말입니다. 명백하게 부당한 일을 주장하는 사람을 편들거나 도와주어서는 안 된다는 것을 가리키고 있습니다.

요나단 입장에서 생각해 보면 그 점이 분명해집니다. 만일 요나단이 권세에 욕심이 있거나 하나님을 두려워하지 않는 사람 같았으면 자기 아버지인 사울이 자기를 왕위에 앉히기 위해 다윗을 죽이려고 애쓰는 것을 보면서 '아버지가 저리도 원하시는데 눈 감고 순종해야 하지 않는가' 하는 말로 스스로 위로하면서 사울 편을 들거나 시키는 대로 했을 것입니다. 그러나 요나단은 하나님께서 다윗을 택하신 줄 알았습니다. 그래서 아무리 자기 아버지라도 부당한 요구에 대해서는 불순종하고 하나님의 뜻에 순종하기로 하였습니다. 그것이 잘하는 일입니다. 아버지를 위한다면서 하나님의 뜻에 반하는 불의에 동조하지 않는 것입니다.

물론 사울 같은 자라고 해도 사람이 마음대로 처단하려고 해서는 안 됩니다. 아들을 징계할지언정 죽일 마음은 갖지 말라고 하신 말씀처럼, 불의한 사람을 편들지 않는다는 것과 그런 자를 자기가 어떻게 처리하겠다고 나서는 것은 전혀 다른 문제입니다. 어떤 사람은 스스로 불의를 처단할 권세자가 되려고 합니다. 그러나 아무리 잘못한 사람이라고 해도, 잔혹한 살인을 저지른 자라고 해도 개인이 직접 처형할 수는 없습니다. 그건 위법입니다. 합법적인 재판에 맡겨야 합니다. 다윗이 그에 대해 본을 보였습니다. 다윗은 사울이 자기를 죽이려고 쫓는 도중 자기가 숨어 있는 동굴에 모르고 들어와서 잠들었을 때도 그를 죽이지 않았습니다. 그 문제는 철저히 하나님께 맡겼습니다. 자기 손으로 다 해결하려고 하지 않았습니다.

세상 사람들 같으면 '기회다'라고 생각해서 당장이라도 죽였을 테지만 다윗은 그 문제는 절대적으로 하나님의 권한이라는 사실을 알았기 때문입니다. 다윗이 그런 점에서 현명했습니다. 하나님의 사람다웠습니다. 그처럼 성도는 자기가 할 수 있는 일, 해야 하는 일이 무엇인지를 파악하고, 또 넘어서는 안 되는 선이 어디인지를 살펴서 그렇게 살려고 해야 합니다.

절대 쉽지 않습니다. 농부의 수고가 어찌 쉽고 편하겠습니까? 마찬가지로 이 열매를 맺는 일도 참으로 어렵습니다. 사실은 제일 어려운 일이라 할 수 있습니다. 왜냐하면 사람 자체가 변해야 하는 인격적인 문제이며, 성령의 도우심이 없으면 절대 이루어질 수 없는 일이기 때문입니다. 그러나 하나님 말씀은 그러한 수고를 아끼지 않고 이같은 열매를 맺으려고 열심을 내는 자들, 이 일을 이루는 데 게으르지 않은 자들을 지혜로운 사람이라고 하시며, 그런 점에서 이 지혜가 바로 성도의 신분에 제일 잘 어울리는 옷이요, 열매라고 합니다.

5. 권고를 들으며
(잠 19:20-23)

20 너는 권고를 들으며 훈계를 받으라 그리하면 네가 필경은 지혜롭게 되리라
21 사람의 마음에는 많은 계획이 있어도 오직 여호와의 뜻이 완전히 서리라
22 사람은 그 인자함으로 남에게 사모함을 받느니라 가난한 자는 거짓말하는 자보다 나으니라
23 여호와를 경외하는 것은 사람으로 생명에 이르게 하는 것이라 경외하는 자는 족하게 지내고 재앙을 만나지 아니하느니라

지난 본문에서는 예수님을 믿는 자들이 게으름 없이 시행해야 할, 자기 신분에 어울리는 일이 무엇인지에 대해 몇 가지 알려주었습니다. 농부가 열매를 얻기 위해 부지런히 수고하는 것처럼 그리스도인들은 어떤 열매를 맺기 위해 힘써야 하는 점들이 있었습니다. 계명을 지킴으로 주어진 영적 생명을 보존하고, 다른 생명도 살리려고 하며, 자기에게 주어진 위치를 분별하여 그 한계에 맞게 행하고, 명백하게 악한 일에는 편들지 않는 것이었습니다. 그와 같은 일을 이루려고 부지런히 애쓰는 것이 예수를 믿

는 자들에게 어울리는 일이라 했습니다. 그렇게 해야 비로소 구원을 준다는 말이 아니고, 이미 예수님을 믿는 자들은 자기 안에 살아 있는 생명을 그와 같은 방식으로 증명하며 또 보존하게 되어 있다는 의미였습니다.

이어지는 본문도 믿는 자가 열매 맺기 위해 부지런히 힘써야 할 점들에 대해 알려주고 있습니다. 직전에 이야기했던 것들을 이룰 수 있는 구체적인 길에 관한 말씀입니다.

먼저, "너는 권고를 들으며 훈계를 받으라 그리하면 네가 필경은 지혜롭게 되리라"(20)고 합니다. 최종적으로 지혜롭다고 인정받기 위해서는 권고를 듣고 훈계를 받아야 한다는 말씀입니다. 앞에서 이야기했던, 영적 생명을 보존하기 위해 계명을 지킨다든가 다른 사람의 생명을 살리는 일, 자기가 어디까지 물러서야 하고 어디까지 나서야 하는지, 어디까지 징계하고 어디까지 잘 해줘야 하는지, 어떻게 수많은 유혹과 난관을 물리치고 악을 편들지 않을 수 있는지, 어디까지가 악이고 어디까지가 허용되는 선인지 하는 것들은 사실 사람이 스스로 정할 수 있는 일이 아닙니다. 계명을 지키라, 자기 한계를 알고 그 안에서 지혜롭게 행하는 일에 게으르지 말라, 모자라지도 않고 넘치지도 않는 균형 잡힌 생각과 말과 행실로 살려고 애를 쓰라고 하였지만 자기 지혜와 능력으로 그렇게 할 수 있는 사람은 아무도 없습니다. 사람은 그만한 능력이나 재주를 가지고 있지 못합니다. 옛날에 선택한 것을 돌아봤을 때 만족스러운 것만 있는 사람은 없습니다. 처음엔 잘한 것처럼 보이는 일들도 시간이 지난 뒤에 보면 어설프고 부끄럽기 짝이 없는 일들이 대부분입니다. 인생이 다 그렇습니다. 사람은 자기 지혜와 능력으로 하나님 백성의 이름에 어울리는 모습으로 살아낼 수 없습니다.

그래서 필요한 것은 겸손히 들으려 하는 자세입니다. 권고를 듣고 훈계를 받는 것입니다. 잘하기 위해서는 먼저 들어야 합니다. 사람이 스스로 영적 생명을 지킬 수 있는 길이나 삶을 자기 위치에 딱 맞게 균형 잡힌 채로 말하거나 행하는 수준을 생각해 낸다거나 이룰 수 없기 때문입니다. 먼저 들어야 합니다. 들어온 것만 내보낼 수 있는 주전자처럼 우리도 마찬가지입니다. 끊임없이 들어야 항상 좋은 것을 내보낼 수 있습니다. 그렇지 않으면 타락한 본성에서 오염된 것들만 내보낼 수밖에 없습니다. **"필경은 지혜롭게 되리라"** 는 말씀은 나중에도 지혜로운 자로 남을 수 있다는 뜻입니다. 어떤 사건이 일어났을 때나 어느 시기에만 위기를 모면하고 칭찬받은 것에 그치지 않고, 죽음 뒤에 지혜로운 인생이었다고 평가받을 길이 그것이라는 말입니다.

그러면 어떤 권고, 누구의 훈계를 들어야 합니까? 21절에서 가르쳐줍니다. **"사람의 마음에는 많은 계획이 있어도 오직 여호와의 뜻이 완전히 서리라"**(21). '사람의 마음에 있는 많은 계획'이란, 단순히 앞으로 뭐를 어떻게 하겠다는 '스케줄'을 이야기하는 것이 아니라 소위 '지혜가 이것이다'라고 말할 수 있는 사상이나 교훈을 말합니다. 사람들은 지혜에 대해 많은 것을 제시합니다. '이렇게 해야 한다, 저렇게 해야 한다', '이렇게 하는 것이 현명한 일이고, 저렇게 해야 안전하다' 등 나름대로 가지고 있는 사상이나 교훈을 제시합니다. 아마도 사람들 수만큼이나 지혜의 종류도 많을 것입니다. 특히 많은 인기를 누리는 자 같으면 큰 확신 속에서 자기 생각과 교훈을 제시하고 가르치기도 할 것입니다. 다른 종교의 가르침부터 시작하여 오고 오는 시대에 현자로 인정받은 자들의 책, 그리고 오늘날에도 쉬지 않고 쏟아져 나오고 있는 지혜롭고 성공적인 삶에 대한 제안들이 그것입니다. 고심 끝에 내놓는 제안들이어서 나름대로 다 일리가 있어 보이고, 때론 인간이 이룰 수 있는 가장 높은 봉우리에 올라 세상을 내려다보며 전해주는 지혜인 것처럼 보이기도 합니다. 인간의 위대함, 인간 지혜의 특별함을 엿볼 기회이기도 합니다.

그러나 사람이 아무리 많은 지혜를 쌓는다고 해도 그건 땅에 속한 것입니다. 명백히 한계가 있다는 말입니다. 예를 들면 걸어서 에베레스트산에 오른 것과 인공위성에서 내려다보는 것과의 차이입니다. 사람이 똑똑한 머리를 가지고 자기 나름대로 열심히 연구해서 어떤 원리를 발견하고, 지혜로운 삶의 방식을 이야기한다는 것은 마치 에베레스트 정상을 걸어서 오른 것과 같습니다. 그게 얼마나 위대한 일입니까? 아무나 할 수 없는 일이고 아무나 갈 수 없는 곳입니다. 거기서 보는 세상의 모습은 일반인들이 보지 못한 특별한 것임이 틀림없습니다. 그것을 본 사람들의 이야기가 신기하고 들을 가치가 있는 것이 사실입니다.

그러나 지구에서 가장 높은 산에 올랐다고 해도 지구에 대해 모든 것을 다 봤다고 말할 수는 없습니다. 자기가 직접 에베레스트 정상에 오르지 못했어도 그렇게 오른 사람보다 더 많은 정보, 더 정확한 지식을 얻을 수 있는 길이 있습니다. 인공위성이 더 높은 곳에서 지구 전체를 비추는 사진을 보는 것입니다. 하다못해 비행기를 타고 올라가서 보는 것도 더 많은 정보를 얻을 수 있는 길입니다. 등산하는 것이 비행기를 타고 가는 것보다 못하다는 이야기가 아닙니다. 만일 지구를 좀 더 넓게 보고 전체를 볼 수 있는 방식이 있다면 사람이 스스로 애써서 가질 수 있는 것보다 더 많은 것을 얻을 수 있는 길이 있다는 것입니다. 사람이 스스로 수고하고 연구해서 도출해 낸 지혜의 방식은 정말로 인류 역사상 가장 위대한 지혜로 손꼽을만한 것이라 해도, 하늘에서 내려다보시고 전해주시는 교훈에 결코 비할 수 없습니다. 이 구절이 그런 의미라는 증거가 **"여호와의 뜻이 완전히 서리라"**고 했을 때 **"뜻"**이라는 말은 20절의 **"권고"**와 같은 단어라는 점에서도 확인됩니다. 여호와께서 권고하시고 충고하시는 그대로 행하는 것만이 마지막까지 유효한 지혜라는 말입니다. 사람이 올라갈 수 있는 최고점까지 아무리 힘들게 걸어서 올라갔다고 해도, 하늘에서 내려다보시며 인도해 주시는 지혜를 결코 능가할 수 없습니다.

그러니까 여호와 하나님의 권고를 들으라, 주님께서 주시는 훈계를 기꺼이 받으라, 그러면 영원히 지혜로운 자로 평가받으리라, 인생에서 가장 의미 있는 열매를 맺은 자로 여겨지리라는 말입니다. 먼저, 그리고 항상 하나님의 뜻이 온전하다는 사실을 기억하고, 그 뜻을 알려고 하는 것이 지혜입니다. 그거 없이 자기 생각대로 하는 것은 아무리 현명한 사람의 지혜라고 해도, 나중에 반드시 무너지게 되어 있습니다. 어디 한구석엔가는 함정이 있어서, 이 세상의 삶을 의미 있고 가치 있게 살아가는 데 도움을 주지 못합니다. 천국을 올바르게 준비할 수 있는 믿음을 제공하지 못하는 가르침들일 뿐입니다. 사람은 상황에 따라 이것이 옳은지 저것이 옳은지 판단이 흔들릴 수밖에 없습니다. 어제 옳았던 것이 오늘 틀린 것으로 판명 나기도 합니다. 그러나 하나님의 지혜는 다릅니다. 하나님의 지혜는 영원히 달라지지 않습니다. 그래서 그 뜻을 살펴 내 것으로 만들려고 하는 자세가 필요한 것입니다. 하나님께 들으려고 하는 것이 지혜입니다. 예수 믿는 사람은 하나님의 권고와 훈계를 겸손히 받으려고 하는 것이 가장 어울리는 일이며 그 일에 부지런해야 합니다.

22절은 우리말 성경이 조금 이해하기 어렵게 번역되어 있습니다. 우리말 성경은 **"사람은 그 인자함으로 남에게 사모함을 받느니라 가난한 자는 거짓말 하는 자보다 나으니라"**(22)고 되어 있지만 앞부분이 차이가 납니다. **"사람은 그 인자함으로 남에게 사모함을 받느니라"**는 말씀은 마치 '사람이 인자를 베풀면 그것으로 다른 사람에게 사모함을 받는다'는 의미로 이해되지만, 원문은 '자기 인자'가 아니고, '그의 인자'이며, 또 '남에게'라는 단어가 없습니다. '사모함을 받는다'고 번역된 말도 그저 '갈망, 바람'이라는 명사입니다. '사람의 갈망은 그의 인자다', 이렇게 번역됩니다. '사람의 갈망은 그의 인자요 따라서 거짓말쟁이보다 가난한 자가 나으니라', 이런 뜻입니다.

'그의 인자'는 하나님의 인자를 가리킵니다. 사람이 바라는 것은 하나님의 인자하심이라는 말입니다. '인자'라는 말은 성경에서 폭넓은 의미로 사용되는 말로, 주로 언약에 기초한 하나님의 변함없이 크신 은혜와 사랑을 표현할 때 사용됩니다. 은혜와 긍휼과 자비와 사랑 등 죄인을 향하여 자발적으로 내시는 하나님의 선한 성품을 가리킨다고 생각하면 됩니다.

그렇게 볼 때 이 구절은, 지혜로운 사람은 하나님의 인자를 갈망하는 자요, 가난한 자가 그 인자를 얻을 것이라는 말입니다. 가난한 자는 뭔가를 제대로 갖지 못하여 죽음의 고통에 놓인 사람입니다. 이 문맥에서 보자면 가난한 자는 자기 신분에 어울리는 수고를 다 이루어내지 못하여 거둘 열매가 없는 사람을 가리킨다고 할 수 있습니다. 또 자기가 생각해도 흡족할 만한 열매를 맺지 못한 자, 정신 차리고 보니 어느덧 추수 때가 되어 아무것도 거둘 것이 없는 인생을 말합니다. 그런 사람이 거짓말하는 사람보다 낫다고 할 수 있는 이유는 자기 실체를 인정하고 하나님께 도움을 구하면 하나님께서 인자를 베풀어주시기 때문입니다. 거짓말하는 자는 참되고 신령한 열매를 거두지 못했으면서 많은 열매를 거둔 사람처럼 자부하는 사람을 말합니다. 자기가 수고한 것을 자랑하는 사람입니다. 마치 에베레스트에 자기 발로 걸어서 올랐다는 것을 자랑하며 자기가 이룩한 공로가 하늘에 들어가기에 부족함이 없게 한다고 생각하는 자를 말합니다. 성경은 세상 사람들이 말하는 대로, 진실을 왜곡하는 상식적인 거짓말쟁이들은 말할 것도 없이 자기 자랑 하는 자들을 거짓말쟁이라고 부릅니다. 도덕적으로나 종교적으로 가장 훌륭하고 모범적인 사람이라 할지라도 자기를 자랑하면 거짓말쟁이라, 정직하지 못한 자라고 부릅니다. 왜냐하면 하늘 영광에 이를 만큼 온전히 거룩하지 않으면서 마치 자기 수준이면 넉넉히 하나님의 마음에 드는 자로 생각하기 때문입니다. 하나님의 정결하신 시각으로 보면 더러운 것 천지인데도 불구하고 자기 눈으로 보기에 깨끗하다고 우기는 것 외에 아무것도 아닙니다.

그런 점에서 보면, 이 구절은 자기 스스로 모든 열매를 흡족하게 만들어낼 수 없는 것을 알고 하나님의 인자를 구하는 자가 영원히 지혜롭다고 인정받는다는 뜻입니다. 마치 농부가 수확하기 전까지 늘 수고하고 땀 흘려 일하면서도 하늘의 해와 비를 구하는 것과 같습니다. 열매를 얻기까지는 절대 자기 힘으로 안 되는 일이 있다는 사실을 아는 것입니다. 마찬가지로 성도의 모습에 어울리는 생각과 행실을 가지려고 애쓰면서도 늘 하나님의 인자를 구하는 자가 지혜로운 자입니다. 오직 가난한 사람이 하나님의 인자를 구합니다. 성도는 그런 모습을 가진 자들입니다.

그처럼 여호와 하나님의 인자를 구하는 것과 동시에 성도들이 잊지 말고 구해야 하는 것이 있습니다. 여호와를 경외하는 것입니다. **"여호와를 경외하는 것은 사람으로 생명에 이르게 하는 것이라 경외하는 자는 족하게 지내고 재앙을 만나지 아니하느니라"**(23). 하나님의 인자를 구하는 모습에서도 균형을 이루라는 뜻입니다. 보잘것없어도 정직한 자라면, 즉 자기에 대해 거짓말하지 않고 하나님 앞에서 자기 죄와 부족함과 볼품없는 수준을 인정하는 자라면 하나님은 그의 무한하신 인자를 아무 조건 없이 나눠 주십니다. 악인들에게도 해와 비를 동시에 내려주시어 저들이 생존할 수 있도록 해주시는 하나님은, 가난하지만 정직하게 나아오는 심령들을 결코 외면하지 않으십니다. 하나님의 인자하심은 말할 수 없을 만큼 크고 무한하십니다.

그런 점은 세상에서 흔히 일어나는 일과 비교해보면 더욱 분명합니다. 일반적인 어떤 회사라면 조직에서 필요로 하는 일을 처리할 능력이 없으면 해고를 당연하게 여깁니다. 혹시 잘못이라도 저질렀으면 더 쉽게 해고합니다. 그렇게 하는 것이 일반적입니다. 그 회사의 상품을 만들 능력이 없거나, 능력이 있어도 죄를 저지르면 어떤 회사도 그런 사람을 고용하지 않을 것입니다. 그러나 하나님은 다르십니다. 하나님은 능력이 없는 자를 부르셔서 능력을 갖출 기회를 주십니다. 죄를 지은 자를 쫓아내지 않고 정직하게 고백하기만 하면 다 용서하시고 다시 시작할 수 있도록 기회를 주십니다. 한두 번 해 보고 세 번째도 실패하면 쫓아낸다, 이런 것이 없습니다. 무한히 용서하시고 무한히 기회를 주십니다. 일흔 번씩 일곱 번이라도 그리하십니다. 그 인자가 무한하십니다. 얼마나 고마운 일인지 모릅니다. 믿는 사람들에게는 기회가 무한정 허락됩니다.

 23절은 그런 사실을 아는 자들이 빠질 수 있는 함정에 주의하라는 뜻입니다. 그 함정은 바로 하나님의 인자를 이용하자는 악한 생각입니다. 세상에는 그런 사람들이 많습니다. 상대방의 호의를 고마워하지 않고 이용하는 것입니다. 법적으로 걸리지 않을 만큼만 악하게 굽니다. 잘해 주는 사람을 오히려 우습게 보고, 착한 사람을 이용하려는 사람들이 많습니다. 그래서 겸손하게 잘해 주는 것이 필요 없는 시대가 되었다고, 그렇게 사는 건 바보 같은 짓이요, 남에게 이용당하지 않을 만큼 영악하게 사는 것이 지혜라고 말하곤 합니다. 세상이 악하다 보니 옳고 좋은 일이 자꾸 위축되는 것입니다. 세상은 그럴 수밖에 없는 구조와 속성이 있습니다. 신자들은 그 안에서 지혜롭게 균형이 있는 삶을 고민해야 합니다.

 문제는 하나님의 인자하심도 이용하려는 마음을 가진다는 것입니다. 무슨 말이냐면, 하나님을 두려워함이 전혀 없이 마음 놓고 죄를 짓는다는 것입니다. 하나님의 권고나 훈계를 들으려고 하지 않습니다. 그에게는 오직 자신이 부족하고 악하고 오염되고 죄를 지어도 하나님은 무조건 용서해 주시는 분이라는 지식만 있습니다. 그래서 회개할 줄도 모르고, 다시 거룩하게 살 수 있게 해주시라고 기도하는 것도 없습니다. 인자의 풍성하심은 좋아하면서도 거룩함을 명하신 분이라는 점에 대해서는 고민하는 법이 없습니다. 구원해 주시는 분이라는 사실은 믿으면서도 죄를 심판하시는 분이라는 사실에는 관심을 두지 않습니다. 지혜 없는 자들이 보이는 공통적인 특징이 그것입니다.

그러므로 여호와 경외하기를 게을리하지 말아야 합니다. 인자의 풍성하심을 이용하려는 간사한 인간의 본성을 죽이고, 가난한 심령으로 주께 풍성한 은혜를 구하되 여호와 하나님을 경외함이 있는지를 살펴야 합니다. 그것이 생명을 보존하며 죽은 뒤에도 재앙을 당하지 않을 수 있는 길입니다. 영원히 지혜로운 자로 인정받을 수 있는 유일한 길입니다.

여호와를 두려워하는 마음이 없으면 죽은 신앙입니다. 인자의 풍성함을 즐거워하며 늘 갈망하면서도, 용서해 주시기를 기뻐하시는 여호와 하나님을 거룩한 두려움으로 두려워하고 있는지 자기 마음을 살펴야 합니다. 그 일에 게으르지 않아야 합니다. 그것이 참된 신앙의 특징입니다. 하나님의 권고만이 영원히 유효한 지혜인 줄 알아서 주님의 권고를 들으려 하고, 가난하지만 정직한 자가 되어 그의 인자하심을 늘 갈망해야 합니다. 또한 하나님은 심판하실 권세가 있는 분이심을 알고 그를 경외하기를 중단하지 않는 자로 살고 있는지를 항상 점검해야 합니다. 그것이 믿는 자가 부지런히 해야 할 일입니다. 영원히 지혜로운 자로 인정받을 길이 거기 있습니다.

6. 망령된 증인
(잠 19:24-29)

24 게으른 자는 그 손을 그릇에 넣고도 입으로 올리기를 괴로와하느니라
25 거만한 자를 때리라 그리하면 어리석은 자도 경성하리라 명철한 자를 견책하라 그리하면 그가 지식을 얻으리라
26 아비를 구박하고 어미를 쫓아 내는 자는 부끄러움을 끼치며 능욕을 부르는 자식이니라
27 내 아들아 지식의 말씀에서 떠나게 하는 교훈을 듣지 말지니라
28 망령된 증인은 공의를 업신여기고 악인의 입은 죄악을 삼키느니라
29 심판은 거만한 자를 위하여 예비된 것이요 채찍은 어리석은 자의 등을 위하여 예비된 것이니라

현재 맥락은 예수님을 믿는 자들이 게으르지 않게 해야 할 일이 무엇인가입니다. 농부가 열매를 얻기 위해 부지런히 수고하는 것처럼 그리스도인들이 열매 맺기 위해 부지런히 힘써야 할 일들이 무엇인가 하는 것입니다. 그에 대한 긍정적이고 적극적인 측면의 몇 가지를 앞에서 살펴보았

습니다. 계명을 지킴으로 주어진 영적 생명을 보존하고, 다른 생명도 살리려고 하며, 자기에게 주어진 위치를 분별하여 그 한계에 맞게 행하고, 그러면서 명백하게 악한 것을 편들지 않는 것, 주님의 권고를 들으려 하고, 가난하지만 정직한 자가 되어 그의 인자하심을 늘 갈망하되 심판하실 권세가 있는 분이심을 알고 그를 경외하기를 중단하지 않는 자로 사는 것, 이런 일들을 적극적으로 행하려 하는 것에 우리가 부지런해야 한다고 했습니다.

그에 이어 본문은 그 점에 관해 부정적인 측면에서 이야기하고 있습니다. 그와 같은 흐름이라는 사실은 24절에 15절과 유사한 말씀이 배치되어 있다는 점에서 확인됩니다. "**게으른 자는 그 손을 그릇에 넣고도 입으로 올리기를 괴로워하느니라**"(24). 게으름의 극치를 이야기하고 있습니다. 실제로 배고픈데 이렇게 하는 사람은 없을 것입니다. 음식을 집는 순간 손이 번개같이 입으로 향할 것입니다. 이 구절은 단순히 게으르다는 사실만 비유하고 있지 않습니다. 먹을 수 있는 준비가 다 되어 있는데도 손을 입으로 가져가지 않아서 굶게 되는 것과 같이 안타깝고 어리석은 일이 영적 측면에서 일어남을 알려줍니다. 구원 얻을 모든 조건이 다 마련되어 있는 것 같으면서도 결과적으로 아무것도 얻지 못하는 안타까운 결말을 맞이하는 사람이 있다는 뜻입니다. 손을 입에다 올리기만 하면 될 듯한 환경에서도 뭔가를 하지 않아 참된 구원에 이르지 못하는 안타깝고 미련한 모습들이 있습니다.

그 점에 관해 먼저 "**거만한 자를 때리라 그리하면 어리석은 자도 경성하리라 명철한 자를 견책하라 그리하면 그가 지식을 얻으리라**"(25)고 말씀합니다. "때리라"라는 명령형으로 번역된 말은 원문에서 '때릴 것이다'라는 서술형입니다. '거만한 자를 때려라'가 아니고, '때리면' 미련한 자가 신중하게 되리라는 말씀입니다. '경성하리라'는 말은 '신중하다, 조심하다'는 뜻입니다. 21장에서 거의 같은 말을 이렇게 번역하고 있는 것과 같습니다. "**거만한 자가 벌을 받으면 어리석은 자는 경성하겠고 지혜로운 자가 교훈을 받으면 지식이 더하리라**"(잠 21:11). 여기서는 '지혜롭게 되다, 현명하게 되다'라는 뜻의 단어를 '경성하겠고'로 번역했습니다만 의미는 유사합니다.

이 구절은 단순히 거만한 자를 때리고 벌하면 다른 사람이 교훈 얻는다는 의미가 아닙니다. 원래 거만한 자는 책망해도 소용없다고 앞에서 이야기했습니다. "**거만한 자를 책망하지 말라 그가 너를 미워할까 두려우니라**"(잠 9:8)고 함으로써, 거만한 자는 매질을 해도 개선의 여지가 없고 오히려 그를 책망하는 자가 능욕당하며 흠 잡히고 미워함을 당할 것이기에 그들을 책망하거나 징계하지 말라고 권고한 바 있습니다. 좋은 것을 줘도 받지 않는 사람이 있음을 아는 것이 지혜라는 의미였습니다. 그런데도 본문에서는 거만한 자를 때리면 어리석은 자가 신중하게 된다고 하였습니다. 이는 제일 잘하는 사람도 기준에 못 미친다는 사실을 밝히면 그보다 못한 자들은 더 말할 필요도 없음을 나타냅니다.

거만하다는 것은 뭔가 남들보다 많이 가졌음을 스스로 자부할 때 나타나는 악한 성품입니다. 그런 사람을 때리거나 벌을 내려야 한다면 다른 사람은 더 말할 필요가 없습니다. 남들보다 뛰어남을 알고 거만해진 자가 벌을 받고, 명철하다고 이름난 자가 책망받아야 한다면 다른 사람은 얼마나 더 그래야 하겠습니까? 그러므로 이 구절은 남들보다 뛰어나 보이는 종교적 지위나 의와 경건과 지식을 가졌다는 사실에 의지하는 자는, 마치 그릇에 손을 넣고도 들어 올리지 않아 배부름을 얻지 못하는 어리석고 안타까운 자와 같다는 뜻입니다. 누구보다 구원을 얻기에 유리한 자리에 있으면서도 구원 얻지 못하는, 안타깝고 어리석은 처지라는 뜻입니다. 아무리 뛰어난 경건이나 지식이라도 하나님께는 불의하고 무지할 뿐입니다. 자기가 가진 것을 자랑하는 것은 미련한 일입니다. 사람이 복음을 받는 일은 하늘의 도우심이 없으면 불가능하다는 사실을 아는 것이 지혜입니다.

그 점을 확인하기 위해 5계명을 어긴 자를 언급합니다. **"아비를 구박하고 어미를 쫓아내는 자는 부끄러움을 끼치며 능욕을 부르는 자식이니라"**(26). 이 구절은 "네 부모를 공경하라 그리하면 너의 하나님 나 여호와가 네게 준 땅에서 장수하리라"(출 20:12)는 5계명이 배경입니다. 하나님의 백성은 계명에 순종해야 합니다. 그렇지 않을 땐 무거운 심판을 당하게 되어 있습니다. 신명기 21장에는 계명을 어겼을 때 어떻게 해야 하는지를 밝힙니다. **"사람에게 완악하고 패역한 아들이 있어 그 아비의 말이나 그 어미의 말을 순종치 아니하고 부모가 징책하여도 듣지 아니하거든 그 부모가 그를 잡아가지고 성문에 이르러 그 성읍 장로들에게 나아가서 그 성읍 장로들에게 말하기를 우리의 이 자식은 완악하고 패역하여 우리 말을 순종치 아니하고 방탕하며 술에 잠긴 자라 하거든 그 성읍의 모든 사람이 그를 돌로 쳐 죽일찌니 이같이 네가 너의 중에 악을 제하라 그리하면 온 이스라엘이 듣고 두려워하리라"**(신 21:18-21). 부모를 공경하라는 계명을 지키지 않는 자는 심판에 처한다는 엄중한 말씀입니다. 이같은 내용이 본문과 일치합니다. 곧 본문은 5계명에 불순종한 자를 가리킵니다. 이 구절이 25절에 이어져 나옴으로써, 누구보다 구원을 얻기에 유리한 자리에 있으면서도 계명을 불순종함으로 구원 얻지 못하는 사람을 나타내고 있습니다. 계명을 온전히 순종한 자만이 구원을 얻을 수 있기 때문입니다. 아무리 지식이나 환경, 또 경건한 삶에서 누구보다 뛰어나다고 해도 그 자체로 구원 얻을 수는 없습니다. 부족하고 불완전한 '의'이기 때문입니다.

그런 점에서 이 구절은 예수님께서 부자 청년에게 하신 말씀과 일맥상통합니다(마 19:16-26). 부자 청년이 예수님께 영생을 얻으려면 무슨 선한 일을 해야 하는지를 여쭈었습니다. 예수님은 주로 사람들에 관한 계명을 언급하시며 '이 계명들을 지키라'고 하셨습니다. 더 중요하고 어려운 하나님을 향한 계명은 차치하고라도 이웃 사랑이라는, 사람을 향한 계명들을 통해서라도 자기가 어떤 수준인지를 깨닫게 하기 위함이었습니다. 부자 청년은 자신 있게 '이 계명들은 다 지켰습니다'라고 대답하였습니다. 이에 예수님은 '네 가진 것을 다 팔아 가난한 자들에게 주라'고 하셨습니다. 이웃을 사랑하라는 계명의 수준이 어디까지인지 그 깊이를 말씀하신 것입니다. 부자 청년은 그 말씀을 듣고 근심하며 돌아갔습니다. 그동안 열심히 계명을 지켜왔다고 자부했지만 그 수준까지는 아니었고, 또 앞으로도 지킬 자신이 없었기 때문입니다. 이 부자 청년은 누구보다 더 열심히 계명을 순종했던 사람이었습니다. 뒤에 제자들이 '그러면 누가 구원을 얻겠습니까?'(마 19:25)라고 반문하는 점에서 그 점을 알 수 있습니다. 이 일을 통해 예수님은 누구도 율법이 명하는 거룩과 순종의 수준에 미치지 못한다는 사실을 가르치셨습니다. 사람 중에 가장 뛰어난 의와 경건을 소유한 자도 그 자신의 공로로 구원을 얻지 못하는 것입니다.

본문은 바로 그 점을 이야기하고 있습니다. 자기의 의를 위해 수고하고 애쓴 자들은 누구보다 구원에 더 유리하게 보이지만 그것을 자랑하고 의지함으로 하나님께서 은혜로 거저 주시는 의를 받아 누리기를 거부하는 것은 마치 밥그릇에 손을 넣고도 입에 올리기를 싫어하여 굶어 죽는 것과 같이 어리석고 안타까운 일이라는 의미입니다. 아무리 애를 써도 하나님의 나라에 당당하게 들어갈 만큼 완전한 의를 이룰 수는 없기 때문입니다. 눈에 보이는 사람에 관한 계명도 온전히 지키지 못하는 자들이 보이지 않으시는 하나님에 관한 계명을 온전히 지킬 리는 만무합니다. 그런 점에서 거만하게 굴 수 있는 사람은 아무도 없습니다. 모든 인간은 다 하나님께 불의하고 무지할 뿐입니다. 겸손하게 엎드려 하나님의 은혜를 구하는 것을 통해서만 구원에 이를 수 있습니다.

이 교훈은 절대적입니다. **"내 아들아 지식의 말씀에서 떠나게 하는 교훈을 듣지 말찌니라"**(27). '내 아들아 지식의 말씀에서 떠나게 하는 교훈 듣기를 중단하라'는 의미로 거짓 교훈에 머물러 있지 말라는 것입니다. 이로 볼 때 지금 이 사람은 거짓 교훈을 듣는 상태임을 알 수 있습니다. 구원 얻는 교훈인 줄 알고 열심히 듣지만 사실은 참된 구원의 진리가 아닌 것을 듣고 있으니 듣기를 멈추라, 분별하여 들으라는 말입니다. 이 교훈과 다른 거짓 교훈을 분별하고 그것을 받아들이려고 하지 않는 수고가 필요합니다. 그것을 하지 않는 사람이 바로 손을 입으로 가져가기 싫어서 굶는 미련하게 게으른 자와 같습니다. 그럴듯한 거짓 교훈을 따르지 않는 자가 지혜로운 자입니다.

28절은 거짓 교훈을 따라가는 사람에 관해 이야기합니다. "망령된 증인은 공의를 업신여기고 악인의 입은 죄악을 삼키느니라"(28). "망령된 증인"이란 '무익하고 거짓된 증인'이라는 뜻으로 진실을 편드는 척하면서 위증하는 악인을 말합니다. 하나님의 공의를 조롱하며 무시하는 것입니다. 그런 사람을 죄악을 삼키는 악인의 입이라고 합니다. 영적 농사에 게을러서 해야 할 일을 하지 않는 사람은 죄악을 삼키며 불법을 마시는 중이라는 것입니다. 진리를 먹고 마시며 살지 않으면 죄와 악을 먹고 마시며 살뿐입니다. 그가 먹고 있는 것이 영양가 있는 음식이 아니라면 영양가 없는 음식일 수 밖에 없는 것처럼, 지혜롭고 선한 일을 하고 있지 않으면 미련하고 악한 일을 하게 될 뿐입니다. 공백상태는 없습니다. 아무것도 안 먹고 살 수는 없듯이 사람은 아무것에도 부지런하지 않을 수는 없습니다. 죄악에 게으르면 진리에 부지런하고, 진리에 게으르면 죄악에 부지런한 것입니다. 이것이 게을러서 해야 할 일을 하지 않는 자들에게 일어나는 일들입니다. 곧 지난 본문을 포함하여 지금까지 말한 일들을 미루며 따르지 않는 자들은 아무리 구원받기에 유리한 조건을 갖고 있어도 실은 공의를 업신여기는 망령된 증인이고 죄악을 삼키는 악인의 입일 뿐입니다.

그처럼 진리에 대해 게으른 자들에겐 최종 심판만 기다리고 있습니다.

"심판은 거만한 자를 위하여 예비된 것이요 채찍은 어리석은 자의 등을 위하여 예비된 것이니라"(29). 참 진리와 온전한 의에 대해 게으른 자는 심판의 고통이 뒤따릅니다. 농부가 봄과 여름 내내 농사일은 뒷전이고 술 마시고 도박하는 일에 열심을 냈으면 가을에 양식을 거두지 못한 채 빚만 지고 가정이 파탄 나는 결과를 얻는 것과 마찬가지입니다. 자기가 부지런히 했던 일에서 결과물을 거두게 되어 있습니다. 갈라디아서 6장에서 이렇게 말씀하신 것과 같습니다. "스스로 속이지 말라 하나님은 만홀히 여김을 받지 아니하시나니 사람이 무엇으로 심든지 그대로 거두리라 자기의 육체를 위하여 심는 자는 육체로부터 썩어진 것을 거두고 성령을 위하여 심는 자는 성령으로부터 영생을 거두리라 우리가 선을 행하되 낙심하지 말찌니 피곤하지 아니하면 때가 이르매 거두리라 그러므로 우리는 기회 있는대로 모든 이에게 착한 일을 하되 더욱 믿음의 가정들에게 할찌니라"(갈 6:7,8).

평상시에 무엇을 열심히 하는가, 제일 큰 목표가 무엇이고, 가장 중요하게 여겨 부지런히 행하는 것이 무엇인가를 보면 그가 거둘 열매가 무엇인지 알 수 있습니다. 이 세상에서는 주님의 계명을 지키는 일에 게으른 자도 끝까지 즐겁게 잘 살 수 있습니다. 그러나 추수 때가 되면, 주님께서 작정하신 심판날이 되면 그는 오직 죽음의 고통 외에 전혀 거둘 것이 없을 것입니다.

안타깝게도 오늘날 많은 사람이 여전히 거만하며 악을 행하는 우매자의 길을 걷고 있습니다. 신앙인이라 불리는 자들도 예외는 아닙니다. 사회를 혼탁게 하며 어지럽게 하는 사람 중 많은 이들이 성도로 자처하는 교인이라는 점이 그 사실을 나타냅니다. 교회나 교인의 이름으로 저질러지는 심각한 범죄의 사례들은 이미 심심치 않게 언론의 도마 위에 오르내리고 있습니다. 의와 거룩과 진리에 대해 한없이 게으르다는 증거입니다. 영생할 수 있는 모든 것이 다 갖춰져 있음에도 불구하고 많은 사람이 그릇에 손을 넣고도 입으로 가져가기 싫어하는 한없이 게으른 자와 같아서 마지막 추수 때에 거둘 것이 하나도 없이 죽음의 고통만을 거두게 되는 그런 망령된 증인이 많은 시대입니다.

그러므로 실패하는 인생이 되기를 원치 않는다면 깨어서 범죄의 유혹을 멀리하고 언제든 자기를 높이고 죄를 심상히 여기는 거만함과 완악함을 경계하고 계명을 지키려는 수고에 게으른 본성을 떨쳐버려야 합니다. 그러면서도 자기 노력으로 계명을 온전히 지킬 수 있다거나 혹은 지켰다는 생각을 제거해야 합니다. 그 일에 게으르지 않아야 합니다. 농부가 자기 집을 파멸로 이끄는 도박장과 주점 같은 곳을 피하고 자기 본연의 일에 부지런해야 하는 것처럼 우리 믿는 사람들도 거짓 교훈을 듣는 자리를 피해 나와 진리의 말씀, 하나님의 말씀만 받기 위해 부지런한 영적인 농부가 되어야 합니다. 이런 일에 극히 게으른 자들을 위해 심판이 예비되어 있기 때문입니다. 이 말씀을 듣고 이 일에 부지런한 지혜자는 영원한 생명과 기쁨을 누리게 될 것이지만 이 일에 게으른 우매자는 심판과 멸망이 영원히 그의 양식이 될 것입니다.

영혼의 농사를 짓기 위해 부지런히 수고해야 합니다. 시간을 많이 바치라는 말이 아닙니다. 무슨 일을 하든지 그 삶의 궁극적인 목적이 하나님의 영광이며 그 방편은 하나님 말씀을 순종하는 것이어야 합니다. 그러면서도 겸손히 하나님께서 주시는 의를 받아야만 온전해진다는 사실을 붙잡아야 합니다. 그 일에 게으르지 않아야 합니다. 예수 믿을 때 그와 같은 점을 주의하라는 뜻에서 이 말씀을 주셨습니다.

Proverbs

문맥으로 보는
잠언 강해 III

20장

1. 포도주와 독주

(잠 20:1-4)

1 포도주는 거만케 하는 것이요 독주는 떠들게 하는 것이라 무릇 이에 미혹되는 자에게는 지혜가 없느니라
2 왕의 진노는 사자의 부르짖음 같으니 그를 노하게 하는 것은 자기의 생명을 해하는 것이니라
3 다툼을 멀리 하는 것이 사람에게 영광이어늘 미련한 자마다 다툼을 일으키느니라
4 게으른 자는 가을에 밭 갈지 아니하나니 그러므로 거둘 때에는 구걸할찌라도 얻지 못하리라

잠언 1-9장이 지혜롭게 사는 인생에 입문하는 과정에 관한 말씀이었다면, 10-18장은 지혜로운 자로 장성해가는 과정에 관한 말씀이라 할 수 있습니다. 19장부터는 지혜로운 자들이 주의해야 하는 점에 관한 말씀입니다. 소위 신앙생활 잘한다고 인정받는 자들이 주의해야 할 점에 관한 내용입니다. 19장은 우리가 어떤 일에 부지런하고 게으르지 않아야 하는지 신중하게 살펴보고 시행하게 하는 말씀이었습니다. 20장도 그 흐름이 계

속되고 있습니다.

"포도주는 거만케 하는 것이요 독주는 떠들게 하는 것이라 무릇 이에 미혹되는 자에게는 지혜가 없느니라"(1). 단순히 술 먹지 말라는 권면이 아닙니다. 포도주나 독주 등을 먹어 취한 사람이 정신을 잃으면 정상적으로 행동하지 못하는 현상을 통해 그와 유사한 영적인 원리를 말씀하고 있습니다.

'거만하게 한다'는 말은 '조롱하다, 경멸하다, 교만하다'라는 뜻으로, 포도주에 취한 사람이 안하무인 격으로 자기주장만 하는 모습을 빗대고 있습니다. 취하지 않았을 때는 겸손하고 상대방 이야기도 잘 들어주던 사람이, 취하니까 맨정신일 때 하지 못하던 말을 무턱대고 내뱉는 모습입니다. 간혹 회사원들이 회식 자리에서 술김에 부장님을 바로 앞에서 비방했다가 다음 날부터 회사생활이 괴로웠다는 실수담을 듣습니다. 즐겁자고 마신 술이 너무 취하니까 정신을 잃게 만들어서 도저히 맨정신으로는 할 수 없었던 말까지 하게 했던 것입니다. "독주는 떠들게"도 합니다. '소란스럽게 외친다, 떠벌린다'는 뜻입니다. 술 취한 사람이 떠들어대는 말에서 지혜를 발견하기는 어려울 것입니다. 거만하게 다른 사람을 무시하면서 뭔가 요란하게 떠들기는 하는데, 정작 배울 말은 없다는 뜻입니다. 만일 그런 데서 지혜로운 것을 배운다면, 교사들이나 교수들은 다 술 먹고 취한 상태에서 수업해야 할 것입니다.

그와 같은 의미에서 이 비유는 사람이 자기를 취하게 하는 무엇을 조심해야 한다는 사실을 전합니다. 꼭 술이 아니더라도 사람을 거만하게 하고 떠벌려 자랑하게 하는 무엇이 있습니다. 돈이나 명예나 재주나 능력이나 성공 등, 자꾸 먹으면 이성을 마비시키고 자기가 하늘만큼 높아져서 누구의 말도 듣지 않고 그저 시끄럽게 자기 자랑만 늘어놓게 하는 것들이 있습니다. 심판을 피하기 위해서는 그처럼 자기 영혼을 취하게 하는 무엇을 피해야 한다는 말입니다. 처음에는 자기를 즐겁게 해주는 것 같지만 자꾸 먹다 보면 자기를 죽이는 것들입니다. 헤롯에게 일어났던 일을 예로 들 수 있습니다. "헤롯이 두로와 시돈 사람들을 대단히 노여워하나 저희 지방이 왕국에서 나는 양식을 쓰는 고로 일심으로 그에게 나아와 왕의 침소 맡은 신하 블라스도를 친하여 화목하기를 청한지라 헤롯이 날을 택하여 왕복을 입고 위에 앉아 백성을 효유한대 백성들이 크게 부르되 이것은 신의 소리요 사람의 소리는 아니라 하거늘 헤롯이 영광을 하나님께로 돌리지 아니하는고로 주의 사자가 곧 치니 충이 먹어 죽으니라"(행 12:20-23).

여기 등장하는 헤롯은 예수님을 죽이려 했던 헤롯 대왕의 손자 헤롯 아그립바 1세입니다. 두로와 시돈 사람들은 헤롯 왕국에서 양식을 수입해 먹고 있었으므로 헤롯의 불편한 심기를 녹이기 위해 갖은 애를 씁니다. 어느 날 헤롯이 백성들 앞에서 연설했는데 "이것은 신의 소리요 사람의 소리는 아니라"는 말로 헤롯 아그립바 1세를 하늘만큼 치켜세웁니다. 헤롯은 백성들이 자기를 신처럼 떠받드는 모습에 취해버렸습니다. 정신이 나가서 그 말을 진짜로 믿고, 자기 위에 하나님이 계신다는 사실도 무시해버렸습니다. 이스라엘의 왕으로서 마땅히 하나님께 돌려야 할 영광을 돌리지 않았습니다. 자기가 마치 이스라엘을 다스리는 하나님이라도 되는 것처럼 행세했습니다. 하나님의 영광을 가로챘습니다. 명예와 권세라는 술에 취해 정신을 잃은 것입니다. 아부하는 말, 자기를 높이는 말에 취해 거만해져 떠벌리게 된 것입니다. 그렇게 만드는 포도주와 독주 같은 것들을 주의해야 합니다. 술 취해 음주운전을 하거나 행패 부리다가 처벌받는 사람들이 많은 것처럼, 진리 아닌 것에 취해 교만하게 되고, 자랑하며 떠벌리는 사람도 하나님의 심판을 받게 되어 있습니다. 무엇에 취한 사람은 근본적으로 남의 말을 듣지 않기 때문입니다. 자신을 심판에서 구해 줄 지혜의 말씀을 듣지 않습니다. 세상에 취한 사람은 '예수를 믿음으로 너의 죄와 잘못을 용서받으라, 예수를 구하는 일에 성실하라'는 말을 무시하기 마련입니다.

그런 사람들을 향한 하나님의 진노는 무섭습니다. **"왕의 진노는 사자의 부르짖음 같으니 그를 노하게 하는 것은 자기의 생명을 해하는 것이니라"**(2).

세상의 자랑거리에 취해 주님의 말씀을 듣지 않는 자는 강한 사자를 약 올리는 것과 같다는 뜻입니다. 헤롯이 그런 심판을 받았습니다. **"주의 사자가 곧 치니 충이 먹어 죽으니라"**(행 12:23). 사람들이 술에 취하는 것처럼 헤롯은 백성들의 칭송하는 소리에 취했습니다. 그 명예와 권세가 헤롯의 이성을 마비시켰습니다. 무고히 사도들을 죽이고 가뒀던 죄에 더하여 이젠 거만하고 자랑하는 자가 되었습니다. 이스라엘의 왕으로서 하나님의 권위와 그 권세를 높이고 하나님께 영광을 돌리는 대신 오히려 가로채는 죄를 즐거워함으로 무서운 심판을 받았습니다. 그같은 사람이라면 누구도 심판을 면하지 못하리라는 대표적인 경우입니다.

처음에 몇 번 듣다 보면 기분 좋고, 자꾸 들어도 전혀 기분 나쁘지 않지만, 취하면 생명을 잃게 하는 것들이 있습니다. 그런 유에 취하지 않는 것이 지혜입니다. 자기를 기분 좋게 하는 말에만 마음이 쏠려 있으면 정작 들어야 하는 하나님의 말씀, 생명을 얻어야 하는 쓴소리는 멀리합니다. 성경은 그런 사람을 지혜가 없다고 말합니다. 자기를 높이는 말, 진리를 감추고 기분만 좋게 해주는 말에 마음을 빼앗기는 것은 술 취해서 정신을 놓는 것과 같습니다. 그리스도인은 성령에 충만해야 하는 사람들입니다. 성령을 의지하고, 성령께 구하고, 성령을 통해 하나님 말씀을 듣는 일에 취해야 하는 자들입니다. 그런 자들이 지혜를 얻고 구원을 넉넉히 얻습니다.

3, 4절은 그 일을 주의 깊게 실행해야 함을 가르칩니다. **"다툼을 멀리 하는 것이 사람에게 영광이어늘 미련한 자마다 다툼을 일으키느니라"**(3). **"다툼"**이라는 말은 '논쟁'이나 '소송'이라는 의미를 포함합니다. 그러니까 이 말씀은 싸움에 휘말리지 않는 것, 소송당하지 않게 미리미리 대비하는 것이 지혜라는 의미입니다. 제일 바보 같은 사람이 분쟁을 피하기는커녕 분쟁을 일으키

고, 사소한 논쟁을 차단하지 못한 채 오히려 큰 싸움이 되게 하는 사람입니다. 싸움은 안 하는 것이 제일 현명합니다. 전쟁도 마찬가지입니다. 어떤 피해도 전쟁보다 큰 피해는 없습니다. 미련하고 악한 사람이 전쟁을 일으키는 법입니다. 그런 점에서 이 구절은 하나님의 법정에 서서 심판받을 일을 피하려고 애써야 함을 이야기하고 있습니다.

계속 먹으면 취해 교만해지고 자기를 자랑하게 하는 것들을 피해야 합니다. 자기를 높여 하나님도 못 알아보고, 겸손이나 거룩, 십자가와 진리 등에 대해 눈을 돌리게 하는 무엇들을 멀리해야 합니다. 하나님의 영광을 가로채는 일에 취하는 일을 싸움 피하듯, 분쟁 피하듯 피해야 합니다. 그렇지 않으면 포탄이 빗발치듯 쏟아지는 곳에 우두커니 서 있는 것과 같습니다. 한국교회 목회자들에게 크게 존경받는 박윤선 목사님이 살아계실 때 이야기입니다. 언젠가 설교자로 강단에 오르려고 할 때 사회자가 박 목사님을 크게 칭송했다고 합니다. '한국교회의 빛이시고, 학문과 경건에 뛰어나시며' 등등 아랫사람이 윗사람에게 할 수 있는 모든 존경을 담아 소개했습니다. 그런 소개를 받고 설교단에 오르신 박 목사님은 그런 소개를 해주신 후배 목사에게 감사하다고 이야기하지 않고 오히려 이런 말로 설교를 시작하셨다고 합니다. '아닙니다. 나는 83년 묵은 죄인이올시다.'

그분은 자기를 교만하게 만드는 술, 자기를 자랑하게 만드는 칭찬을 소송 피하듯, 싸움 피하듯 철저히 피했던 것입니다. 잠언의 이 말씀을 그대로 순종하며 살았습니다. 그게 지혜입니다. 누구보다 뛰어난 열심을 가진 자도 조심해야 할 일이 있습니다. 잘하는 사람에게도 위험이 찾아올 수 있습니다. 이런 칭찬을 듣기도 어렵지만, 혹시 듣는다고 해도 그게 영혼을 취하게 하는 술과 같은 것은 아닌지 조심하며 멀리해야 합니다. 듣기 좋은 말, 항상 좋다는 것밖에 없는 말은 영혼을 취하게 하는 술과 같습니다. 오히려 나를 깎아내리고 쓰라리게 하여 듣기 싫은 말들이 영혼에는 더 좋은 약일 수 있습니다. 귀에 듣기 좋은 말만 들으려고 하지 않아야 합니다. 자기를 높이 생각하게 만드는 것은 인생 망치게 하는 술과 같습니다. 사소한 것처럼 보여도 그걸 피하려고 애쓰는 것이 지혜입니다.

4절은 그런 일에 열심을 내야 마땅함을 알려주고 있습니다. **"게으른 자는 가을에 밭 갈지 아니하나니 그러므로 거둘 때에는 구걸할찌라도 얻지 못하리라"(4)**. 가을에 밭 갈지 않는다는 말은 결과를 얻어야 하는 중요한 시기에 아무것도 하지 않는다는 뜻입니다. 이와 관련하여 어떤 주석에서는 이른 비가 내린 후 10월과 11월에 씨를 뿌리는 일을 의미한다 하였습니다. 우리나라는 가을에 추수하지만 이스라엘에서는 4, 5월경에 추수를 하기에 씨를 뿌리는 10월과 11월경에 밭을 갈아야 하는데, 그 일을 하지 않으면 추수 때 얻을 열매가 없음을 염두에 둔 말씀입니다. 어느 경우가 됐든지 이 구절은 추수 때 열매를 얻기 위해서는 반드시 해야 할 일과 또 해야 할 시기가 있음을 알려주고 있습니다. 마땅히 해야 할 일이라도 해야 할 시기가 있습니다. 해야 할 때 하지 않으면 추수 때에 거둘 것이 없으며, 게을러서 밭을 갈지 않으면 나중에는 구걸해도 얻지 못할 것입니다. 마찬가지로 평상시에 여러 가지 즐거움에 취해서 하나님의 영광을 가로채고, 자기를 높이며, 자랑하고, 교만해져서 누구의 말도 듣지 않는 일을 계속하는 자는 추수 때를 위해 마땅히 해야 할 일을 하지 않는 사람입니다. 그들은 심판의 날에 사자와 같은 하나님의 진노를 피할 수 없습니다. 그런 수고를 전혀 하지 않으려는 사람, 즉 교만이나 자랑, 명예욕 등에 취해 진노를 부를 소지가 있는 것들을 자기 마음에서 갈아엎는 수고를 하지 않는 자들은 하늘에서 받을 상이 없다는 것을 알려주십니다.

본문의 말씀은 이처럼 내 영혼을 취하게 하는 무엇을 피해야 한다는 점을 알려주십니다. 죄나 악한 것이나 기타 부정한 것들은 두말할 것도 없고, 그렇게 나쁘게 보이지 않는 것들도 조심해야 할 부분이 있음을 알려주십니다. 계속 마시다 보면 영혼까지 취하게 해서 하나님도 못 알아보고, 자기 영광과 교만, 자랑만 남게 하는 모든 것들을 마음 밭에서 갈아엎어야 합니다. 그런 모습을 전쟁 피하듯 피해야 지혜로운 모습입니다.

 칭찬이 나쁘다는 말이 아닙니다. 그런 것에 취하지 말라, 영혼을 취하게 하는 포도주와 독주를 극히 조심하라는 말입니다. 사람은 누구나 칭찬을 듣고 싶어 합니다. 들으면 기분 좋은 말들이 있습니다. '참 잘하십니다. 대단합니다. 당신밖에 없습니다. 당신처럼 뛰어난 사람은 없습니다. 당신이 제일 열심입니다.' 뭔가를 잘하는 사람에게 그런 말이 들려지는 것은 당연한 일입니다. 그리고 신자는 신앙생활을 잘하면서 연륜이 깊어질수록 존경에서 우러나오는 칭찬의 말들을 듣게 되어 있습니다. 그럴 때라도 주의하라, 교만하게 하고 자랑하게 하고, 자기에게 영광 돌리게 하는 무엇을 피하라고 합니다. 언제까지나 그리스도 예수를 믿고 자랑하며, 예수님을 영광스럽게 생각하고 그 말씀을 들으며 기뻐하는 것에서만 영혼의 즐거움을 찾으려고 해야 합니다. 그런 신자가 추수가 오기 전에 부지런히 밭을 가는 농부와 같습니다.

2. 지혜로운 입술

(잠 20:5-15)

5 사람의 마음에 있는 모략은 깊은 물 같으니라 그럴찌라도 명철한 사람은 그것을 길어 내느니라
6 많은 사람은 각기 자기의 인자함을 자랑하나니 충성된 자를 누가 만날 수 있으랴
7 완전히 행하는 자가 의인이라 그 후손에게 복이 있느니라
8 심판 자리에 앉은 왕은 그 눈으로 모든 악을 흩어지게 하느니라
9 내가 내 마음을 정하게 하였다, 내 죄를 깨끗하게 하였다 할 자가 누구뇨
10 한결 같지 않은 저울 추와 말은 다 여호와께서 미워하시느니라
11 비록 아이라도 그 동작으로 자기의 품행의 청결하며 정직한 여부를 나타내느니라
12 듣는 귀와 보는 눈은 다 여호와의 지으신 것이니라
13 너는 잠자기를 좋아하지 말라 네가 빈궁하게 될까 두려우니라 네눈을 뜨라 그리하면 양식에 족하리라
14 사는 자가 물건이 좋지 못하다 좋지 못하다 하다가 돌아간 후에는 자랑하느니라
15 세상에 금도 있고 진주도 많거니와 지혜로운 입술이 더욱 귀한 보배니라

4절까지의 말씀에서 포도주와 독주에 관한 비유를 통해 사람의 영혼을

취하게 하는 모든 것을 주의해야 함을 알려주셨습니다. 아무리 긍정적이고 올바른 일이라고 해도 자기를 높여 거만해지게 하는 모든 것에 취하지 않도록 경계하는 것이 지혜라는 뜻이었습니다.

본문은 그렇게 해야만 하는 이유를 밝힙니다. 먼저 사람이 올바른 말과 행실을 꾸준히 보여주는 게 얼마나 어려운 일인지를 이야기합니다. "**사람의 마음에 있는 모략은 깊은 물 같으니라 그럴찌라도 명철한 사람은 그것을 길어 내느니라**"(5). "**모략**"은 참 지혜에서 비롯된 '충고'나 '조언'이라는 뜻입니다. 이 모략이 "**깊은 물 같으니라**"고 했지만 원문은 '사람의 마음에 있는 모략은 깊은 물이다'라고 번역됩니다. 모략은 접시에 담긴 물이나 꼭지만 돌리면 쏟아지는 수돗물 같지 않고 땅속 깊은 곳에 고여 있는 물과 같아서 길어 올리기 어렵습니다. 사람이 지혜로운 조언이나 충고를 마음에서 꺼내 입 밖으로 내놓는 일이 깊고 신비하여 사람들이 쉽게 이행할 수 없다는 것입니다. 단순히 입으로 말하는 것만 의미하지는 않습니다. 지혜로운 조언과 충고에 어울리는 행위 또한 포함된 상태입니다. 6절에서 이 일을 "**자기의 인자함을 자랑하나니**"라고 밝히는 점이 그 사실을 암시합니다. 요지는 오직 명철한 사람만이 마음 깊은 곳에서 지혜로운 조언과 충고를 길어 낼 수 있다는 말입니다. 그만큼 어려운 일임을 밝히고 있습니다.

그러나 설령 그처럼 어렵게 지혜로운 조언을 길어 낸다고 해도 모두를 완전히 만족시킬 수는 없습니다. "**많은 사람은 각기 자기의 인자함을 자랑하나니 충성된 자를 누가 만날 수 있으랴**"(6). 사람이 아무리 지혜로운 말을 한다고 해도 참으로 신실한 사람을 찾기는 어렵다는 뜻입니다. '내가 이 만큼 인자하다'고 자랑하는 사람들이 많아도 '충성된 자', 곧 완전하게 신실한 사람은 찾아보기 힘들다는 것입니다. 지혜로운 조언을 깊은 우물 같은 마음에서 퍼내기도 어렵지만 설령 퍼내서 그에 어울리는 인자를 베풀었다고 해도, 온전히 신실한 행실을 가졌다고 할 수 있는 사람은 찾기 어렵다는 말입니다. 말이나 지식에서 올바른 모습을 갖는 것은 신실함의 일부일 뿐입니다. 올바른 지식과 말은 그에 따른 행위까지 완전할 때 비로소 '충성되다', '온전히 신실하다'고 말할 수 있습니다. 지혜로운 조언에 어울리는 신실한 행실을 갖는 것은 훨씬 더 어렵습니다. 올바른 지식에서 나오는 지혜로운 조언을 준다고 해서 참 지혜라고 볼 수 없습니다. 이 구절이 그런 의미를 밝히는 중이라는 사실은 7절에서 확인됩니다. **"완전히 행하는 자가 의인이라 그 후손에게 복이 있느니라"**(7).

"의인" 으로 불리기 위해서는 행함도 완전해야 한다는 뜻입니다. 율법의 모든 조항을 다 지키고, 거기서 요구하는 거룩과 사랑과 자비의 수준을 완전히 다 충족시킨 사람을 말합니다. 말에 실수가 없을 뿐만 아니라 그 행실에서도 완전해야 성경이 말하는 의인입니다. 요즘에는 길 가다 교통사고 난 사람을 구해주기만 해도 의인이라 부릅니다. 물론 그런 일 행한 사람이 칭찬받는 것은 당연하지만 성경이 말하는 의인은 아닙니다. 성경이 말하는 의인은 율법의 모든 조항에 대해 완전히 행한 자를 가리킵니다.

"그 후손에게 복이 있느니라" 는 말씀은 참된 의인은 그 후손과 함께 영원히 하나님의 백성이 되는 은혜를 얻는다는 것입니다. 그 사람이 하늘나라에 들어가 있으니까 그 사람의 후손도 그 백성이 될 수밖에 없습니다. 이 일을 구체적으로 이루신 분은 예수님뿐이십니다. 예수를 믿는 사람들이 구원 얻어 하늘나라에 들어가는 이유가 그것입니다. 예수님만이 참된 의인이시기 때문입니다. 우리는 주님의 그 의를 물려받아 덕분에 의인으로 여김 받습니다. 그리스도인은 하나님 나라에서 영원히 거할 자격이 주어집니다. 예수 그리스도의 후손이기 때문입니다.

사람의 힘으로는 그 일이 불가능합니다. 누가 의인인지 아닌지에 대한 심판자는 하나님이시기 때문입니다. **"심판 자리에 앉은 왕은 그 눈으로 모든 악을 흩어지게 하느니라 내가 내 마음을 정하게 하였다 내 죄를 깨끗하게 하였다 할 자가**

누구뇨"(8, 9). 하나님께서 심판의 보좌에 앉으셔서 모든 의인과 악인을 구분하시고 악한 것들은 다 치워버린다는 말씀입니다. '흩어지게 한다'는 말은 '키질한다'는 뜻입니다. 쌀 무더기에 바람을 불게 하면 알곡은 남고 찌꺼기는 멀리 날아가는 현상을 비유로 한 말씀입니다. 율법을 내신 하나님께서 냉철한 눈으로 그 기준에 든 사람은 의인으로 삼으시고, 그렇지 못한 악인들을 흩어버리십니다. 그 하나님 앞에서 '내가 죄와 상관없이 깨끗한 의인이라'고 말할 수 있는 자가 누구냐고 묻고 있습니다. 아무도 없습니다. 누가 하나님의 눈앞에서 자기 마음이 정결하며 행실에 죄가 없어 완전하다고 나설 수 있겠습니까? 말을 지혜롭게 잘한다고 해도 참으로 신실한 자, 하나님의 기준을 만족시킬 수 있는 의인은 아무도 없습니다.

그런데 어떤 사람은 자기가 의인이 아니라는 점에 대해 별생각이 없습니다. 잘못했다는 생각이 없고, 회개하라는 이야기도 그저 잔소리로 여깁니다. 오히려 '이만하면 다른 사람들에 비해 훌륭하지 않나?'라고 생각하기도 합니다. 하지만 그건 하늘나라에 들어갈 수 있는 의의 기준을 자기 마음대로 낮춘 것에 지나지 않습니다. 그 점을 저울추를 속이는 상인에 비유하고 있습니다. **"한결같지 않은 저울추와 말은 다 여호와께서 미워하시느니라"**(10).

"저울추"는 무게를 재는 도구이고 **"말"**은 부피를 재는 도구입니다. 쌀 한 되, 한 말이라 할 때 사용하는 측량기구를 말합니다. 그게 한결같지 않다는 말은 저울의 눈금을 속인다는 뜻입니다. 기준을 속이는 것입니다. 그런 행위를 하나님께서 미워하십니다. 부당한 이득을 위해 불법을 자행했기 때문입니다.

그러나 여기서 상인의 악행을 언급하는 이유는 단지 물건 팔 때 정직하라는 뜻이 아닙니다. 그 일을 비유로 하여 신령한 일에 관해 말하고 있습니다. 하나님은 온전한 기준으로 판단하는 분이시라는 뜻입니다. 상인이 저울추를 속여 부당한 이득을 취한 것은 당연히 처벌받아야 할 잘못이 듯, 의인의 기준에 미치지 못한 자가 자기를 의롭게 여기는 것도 심판받아야 할 잘못이라는 의미입니다. 저울추를 속인 상인을 사람들이 미워하듯이 여호와는 자기를 의인이라 여기는 자를 미워하십니다. 하나님은 공정한 저울추만 사용하십니다. 율법이라는 기준치입니다. 그 기준에 비추어서 사람을 평가하시기 때문에 누구도 '나는 의인입니다'라고 말할 자가 없습니다. 혹 누가 자신이 죄인이라는 사실을 인정하지 못하고, 하나님 앞에 잘못했다는 인식도 없고, 회개할 이유를 찾지 못한다면 그것은 그가 하나님의 기준과는 다른 의인의 기준, 혹은 죄의 기준을 가지고 자기를 판단하고 있기 때문입니다. 자기만의 율법이 따로 있는 것입니다. 하나님은 그런 사람을 하나님 나라에서 살 수 있는 의인으로 인정하지 않으십니다.

하나님께서 그런 사람을 발견하는 것은 전혀 어려운 일이 아닙니다. **"비록 아이라도 그 동작으로 자기의 품행의 청결하며 정직한 여부를 나타내느니라"**(11). 하나님께서 사람을 보고 판단하시는 것은 부모가 아이들 행동 보고 판단하는 것과 같이 너무 쉬운 일입니다. 아이들은 자기가 한 일을 부모가 모를 줄 알지만 자기만 모를 뿐입니다. 엄마 몰래 초콜릿을 먹은 아이가 입가에 초콜릿을 잔뜩 묻히고는 안 먹었다고 천연덕스럽게 말하는 것을 보면 재미있다고 웃을 수 있습니다. 그러나 문제는 모든 사람이 하나님 앞에서 그렇게 하고 있다는 점입니다. 작은 일 하나라도 하나님께 숨길 수 없습니다. 하나님은 사람이 행한 것을 다 알고 계십니다. 행한 일뿐만 아니라 마음에 숨긴 것까지 다 아십니다. **"듣는 귀와 보는 눈은 다 여호와의 지으신 것이니라"**(12).

하나님께서 귀와 눈을 만드셨습니다. 어떻게 듣는지, 어떻게 보는지 원리를 다 결정하시고 그에 따라 사람에게 그런 기능을 주셨습니다. 보는 것이 뭔지 모르는데 눈을 만들 수 있겠습니까? 듣지 못하는데 들을 수 있는 귀를 만들었겠습니까? 마음을 만드시고 동물과는 다른 특별한 영혼을 사람에게 주신 분이 마음속에 감춘 것을 모르시겠습니까? 마음을 알지도 못하면서 마음을 만들어 사람이 되게 할 수 있겠습니까? 하나님은 사람의 모든 것을 다 보고 듣고 아십니다. 즉 저울추를 속이는 상인처럼 율법의 기준을 자기 마음대로 바꿔서 다 지킨 것처럼 뻔뻔하게 구는 사람인지, 그 기준을 속이려는 사람인지 아니면 그 기준대로 따르려는 사람인지를 다 아시는 것입니다.

이와 같은 말씀을 주신 이유가 있습니다. 4절까지의 말씀에서 경계시킨 주의사항 때문입니다. 지혜자는 포도주와 독주에 관한 비유를 통해 사람의 영혼을 취하게 하는 모든 것을 주의해야 함을 알려주셨습니다. 아무리 긍정적이고 올바른 일이라고 해도 자기를 높여 거만해지게 하는 모든 것에 취하지 않도록 경계하는 것이 지혜라는 뜻이었습니다. 그렇게 해야만 하는 이유를 지금까지 밝혀주었습니다. 아무리 명철한 자가 올바른 행위를 가지려 해도 하나님의 엄위하신 눈앞에 의인으로 인정받을 만큼 완전하게 행하는 자가 있을 수 없기 때문입니다. 그 점에 관해 이처럼 자세히 설명하였습니다.

그렇기에 지혜로운 사람이 해야 할 일이 있습니다. "너는 잠자기를 좋아하지 말라 네가 빈궁하게 될까 두려우니라 네 눈을 뜨라 그리하면 양식에 족하리라"(13). 앞에서도 몇 차례 있었던 비유처럼 이 구절도 농부가 게을러서 해야 할 일을 하지 않다가 나중에 거둘 것이 없는 결과를 경고하고 있습니다. 추수 때 양식을 거두기 위해서는 반드시 봄부터 가을까지 부지런히 일해야 합니다. 신앙도 마찬가지입니다. 말만 아니라 행실까지 부지런히 이루려고 애써야 합니다. 그런 점에서 신자들이 성령의 열매를 맺기 위해 부지런해야 하는 모습은 농부의 수고와 닮았습니다. 부지런히 일한 농부에게 풍요로움이 돌아가듯이 성령의 열매를 삶에서 맺으려고 애쓴 사람을 하나님께서 구원의 나라로 들이실 것입니다. 물론 그것이 하나님의 기준에 들 만큼 완전한 의라는 뜻은 아닙니다. 이미 그럴 수 없음을 9절에서 확실히 선포했습니다. '나는 마음이 정결하고 죄가 없이 깨끗합니다'라고 말할 수 있는 사람은 아무도 없다고 했습니다. 신자가 부지런히 힘써야 할 일은 바로 자기 의와 공로에 취하지 않는 것입니다. 하나님 앞에서 자기 의를 자랑하려는 마음을 죽이는 일입니다. 그 마음, 그 자세로 일상을 살려고 애쓰는 것입니다.

그렇게 하지 않는 자를 위선자로 분류합니다. "**사는 자가 물건이 좋지 못하다 좋지 못하다 하다가 돌아간 후에는 자랑하느니라**"(14). 구매자가 어떤 물건을 살 때는 '물건이 이게 안 좋다, 저게 안 좋다'고 흠을 잡아 싸게 산 다음에 다른 사람에게는 좋은 거 샀다고 자랑하는 모습을 비유로 삼고 있습니다. 처지가 바뀌면 전혀 다른 말을 하는 것을 말합니다. 여기선 이 말 하고, 저기선 저 말 하는 인간의 이중성, 위선을 드러내고 있습니다. 하나님 앞에서 행하는 위선을 경계시키는 비유입니다.

이에 해당하는 예가 일만 달란트 빚진 종의 비유입니다(마 18장). 일만 달란트는 지금 같으면 수천억, 수조 원에 해당하는 돈입니다. 도저히 살아 생전에 다 갚을 수 없는 빚입니다. 그 엄청난 빚을 종에게 왕이 '네 몸과 처자식들과 모든 소유를 다 팔아 갚으라'고 독촉합니다. 그때 종이 "**내게 참으소서 다 갚으리이다**"라고 간청하자 왕이 불쌍히 여겨 그 빚을 모두 탕감해주었습니다. 그런데 종이 자기한테 백만 원 정도 빚진 동료 종을 만나자 '그의 목을 잡고 빚 갚으라'고 독촉합니다. 동료는 종이 왕에게 했던 말과 똑같이 간청합니다. "**나를 참아 주소서 갚으리이다**". 그런데 먼저 탕감받은 종은 동료를 봐주지 않고 옥에 가둬버립니다. 그걸 본 다른 종들이 왕에게 이 사실을 고했고, 왕은 먼저 탕감받은 종을 붙잡아 옥에 가두고 심판하였다는 비유입니다. 비유의 결론은 마지막에 예수님께서 하신 말씀입니다. "너희가 각각 중심으로 형제를 용서하지 아니하면 내 천부께서도 너희에게 이와 같이 하시리라"(마 18:35). 우리가 다른 사람을 용서해 주는 거 봐서 하나님도 우리를 용서해 주시겠다는 뜻이 아닙니다. 먼저 용서받았으면 용서받은 자답게 다른 사람도 용서할 줄 알아야 한다는 말씀입니다. 마치 자기는 처음부터 의롭고 거룩하여 전혀 용서받은 적이 없었던 것처럼 다른 사람을 용서하지 않는 자를 하나님께서 용서하지 않으실 것입니다. 위선을 꿰뚫어 보시는 심판자이시기 때문입니다. 우리는 자기 의와 공로를 자랑하는 포도주와 독주에 취하지 않도록 부지런히 힘써야 합니다. 그렇게 해서 나오는 말과 행실이 세상에 있는 어느 진귀한 보석보다 더욱 귀한 보배입니다. "세상에 금도 있고 진주도 많거니와 지혜로운 입술이 더욱 귀한 보배니라"(15).

지혜로운 입술은 번뜩이는 재치로 똑똑함을 나타낸다거나, 위기를 모면하는 말을 뜻하지 않습니다. 늘 옳은 말로 사람들을 판단하고 세상의 모든 불의를 정죄하고 혼자 거룩한 척하는 그런 말을 뜻하는 것도 아닙니다. 하나님께 죄를 용서받은 줄을 아는 사람으로서 다른 사람을 대하는 것을 가리킵니다. 누구보다 뛰어난 의와 열심을 가졌다 해도 완전을 요구하는 율법을 기준삼아 하나님께서 자기를 살피고 계심을 기억하여, 항상 겸손하게 자기를 낮추며 부인하는 사람으로 사는 것입니다. 자기가 먼저 용서받은 사람임을 기억하는 가운데 말하고 행동하기를 힘쓰는 것입니다.

그렇게 사는 사람의 말과 행동이 수십 캐럿짜리 다이아몬드반지나 목에 주렁주렁 걸고 있는 진주목걸이보다 백 배, 천 배 더 귀한 보물입니다. 성도는 그 보배를 구하는 자입니다. 그 점을 주의하는 자가 지혜로운 자입니다. 가을에 추수하기 위해 봄부터 게으름 피우지 않고 부지런히 일하는 농부처럼 이와 같은 목적을 이루기 위해 부지런히 사는 사람이 가장 진귀한 보물을 지닌 복된 사람입니다. 말과 행실에서 용서받은 자라는 사실이 바탕이 되어 있는지를 확인해야 합니다. 불의를 용납하라는 말도 아니고 죄를 비판하지 말라는 말도 아닙니다. 모든 판단과 분별을 금하라는 것도 아닙니다. 먼저 용서받은 사람이라는 사실을 잊지 말고 말하고 행동하라는 것입니다.

3. 타인을 위한 보증
(잠 20:16,17)

16 타인을 위하여 보증이 된 자의 옷을 취하라 외인들의 보증이 된 자는 그 몸을 볼모 잡힐지니라
17 속이고 취한 식물은 맛이 좋은듯하나 후에는 그 입에 모래가 가득하게 되리라

말과 생명과의 관계를 주제로 해서 메시지가 이어지고 있는 가운데, 성도들이 주의해야 할 것에 대한 말씀을 주셨습니다. 4절까지는 사람을 거만하게 하는 것에 취하지 않아야 한다는 말씀이었고, 5-15절은 그 이유에 관한 설명이었습니다. 아무리 뛰어난 의를 행했더라도 완전한 의를 요구하는 율법을 기준으로 마음까지 살피시는 하나님의 눈앞에서 의인이라 불릴 자는 아무도 없기 때문입니다. 성도는 그같은 사실을 기억하고 거만하게 하는 포도주와 독주를 피하며, 무엇보다 자기가 먼저 하나님께 용서받은 자라는 의식에서 말하고 행동하는 것이 가장 귀한 보배를 품은 모습임을 알려주었습니다.

본문은 자기가 용서받은 자라는 의식에서 나오는 행동, 곧 가장 귀한 보배 같은 행위가 어떤 것인지에 대해 더 구체적으로 이야기합니다. "**타인**을 위하여 보증이 된 자의 옷을 취하라 외인들의 보증이 된 자는 그 몸을 볼모잡힐찌니라"(16). 이 구절을 문자적으로 번역하면 '타인이 보증을 서주라고 할 때 옷을 받으라 외국인을 위하여 그것을 담보로 받으라'는 정도의 뜻입니다. 아주 이상한 명령입니다. 무모한 보증을 서라는 취지의 말씀이기 때문입니다. "**타인**"이라는 말은 '모르는 사람', 혹은 '외지인' 정도를 뜻하는 다른 사람입니다. 일면식도 없는, 그저 지나가는 여행객일 수도 있습니다. 그런 사람이 보증을 서 달라고 할 때 옷을 담보로 잡으라고 합니다. 11장 15절에서는 보증을 서주는 일의 위험성을 경계하는 말씀을 주셨습니다. 세상의 가치관과 일치하는 삶의 방식으로 사는 사람을 보증 서준 사람에 비유하여 세상 사람들이 심판받을 때 같은 운명이 되지 않도록 주의하라는 의미였습니다. 세상과 공동운명체가 되어 함께 멸망 당하지 않도록 그들과 일치되는 삶의 방식을 피하라고 하셨습니다. 그런데 여기서는 모르는 사람이나 외지인을 위해 보증을 서주라고 합니다. "**타인**"이나 '외지인'은 담보를 잡아도 돌려받을 보장이 거의 없습니다. 그 사람의 경제 사정이 어떤지, 언제 도망갈지 모르는 사람을 위해 공동운명체나 되는 것처럼 옷을 담보로 잡고 돈을 빌려주라는 것입니다. 단순하지 않습니다. 깊은 의미가 담겨 있습니다.

이 말씀을 이해하려면 율법에 옷을 담보로 잡았을 때 어떻게 하라고 하셨는지를 먼저 알아야 됩니다. 이에 대해 출애굽기 22:26, 27에서 명확히 밝힙니다. "네가 만일 이웃의 옷을 전당잡거든 해가 지기 전에 그에게 돌려 보내라 그 몸을 가릴 것이 이뿐이라 이는 그 살의 옷인즉 그가 무엇을 입고 자겠느냐 그가 내게 부르짖으면 내가 들으리니 나는 자비한 자임이니라"(출 22:26, 27; 신 24:10-13 참조). 이웃 사람이 돈이 없어서 옷을 담보로 하여 돈을 빌려줬다면 돈을 돌려받지 못했어도 해가 지기 전에 옷을 돌려보내라는 말입니다. 유대 지역에서 가난한 사람은 겉옷을 추울 때 이불 대용으로 쓰기 때문에 만일 옷 없이 자다가 춥고 괴로워서 하나님께 기도하면 하나님께서 그 기도를 듣고 책임을 묻겠다고 하십니다. 다른 건 몰라도 옷을 담보로 잡으면 그날 돌려줘야 한다는 말입니다.

그 이유는 분명합니다. 우선은 이스라엘이 나그네였기 때문입니다. "**이 이스라엘 백성의 하나님이 우리 조상들을 택하시고 애굽 땅에서 나그네 된 그 백성을 높여 큰 권능으로 인도하여 내사**"(행 13:17)라고 설명하고 있는 것과 같습니다. 세상에서 정착할 곳 없는 나그네 같을 뿐인 이스라엘을 하나님께서 구원하셔서 한 나라를 이루게 하셨기 때문입니다. 하나님께서 너희에게 먼저 그렇게 하셨으니 너희도 당연히 그래야 한다는 의미입니다.

두 번째 이유는 그 사람이 정말 가난하기 때문입니다. 옷을 담보로 맡긴다는 것은 그 사람이 달리 담보로 제공할 것이 없다는 뜻입니다. 옷은 그에게 남은 마지막 담보물입니다. 그것마저 담보로 잡히고 돈을 빌려야 할 만큼 급박한 상태에 있고, 어쩌면 굶주려 죽을 지경일지도 모릅니다. 그런 사람이 옷을 잡히고 돈을 빌려 갔으면 해가 지기 전에 옷을 돌려주라고 하십니다. 밤에 잘 때 추워서 떨지 않게 하기 위함입니다.

이런 명령이 하나님의 백성에게 주어졌습니다. 이때의 대상은 "**이웃**"입니다. 잘 아는 사람, 이스라엘 백성에게 그렇게 하라는 것입니다. 그런데 잠언 말씀은 지금 '모르는 사람', '외국인'이 보증 서달라고 하면 옷을 담보로 잡으라고 합니다. 잘 알지도 못하는 사람을 위해 해가 지기 전에 돌려줘야 할 의무가 있는 담보물을 받고 돈을 빌려주라고 합니다. 그 사람이 돈을 안 갚으면 그냥 떼일 수밖에 없습니다. 그걸 하라는 말은 떼일 각오를 하고 빌려주라는 것입니다. 돌려받을 걸 기대할 수 없는 사람이라도 그 사람의 생존 문제가 걸려 있으면 그냥 주라는 말입니다.

그 사람에게 집을 넘기고 전 재산을 다 넘기라는 말이 아닙니다. 옷을 담보로 잡는다는 것은 빌려주는 돈이 얼마 되지 않는다는 뜻입니다. 집이나 땅을 담보로 잡으면 많은 돈을 빌려줄 수 있겠지만 입던 옷을 담보로 잡으면 값이 얼마 되지 않습니다. 담보물을 아무리 많이 쳐 줘도 그저 하루 이틀 치 밥값 정도에 지나지 않을 것입니다. 그나마 그런 옷을 담보로 제공할 정도라면 그 사람이 입고 있던 옷은 얼마나 값싼 것이겠습니까?

그러므로 이 말씀은, 옷을 담보로 맡길 정도라면 그 사람이 지금 당장 끼니 때울 것이 없을 만큼 절박하다는 뜻이니 그런 사람이라면 모르는 사람이라도, 외국인이라도 빌려주라, 빌려준 돈을 돌려받지 못한 채 해가 져서 옷을 돌려줘야 한다고 해도 돈을 빌려주라, 그렇게 하지 않으면 내가 책망하겠다는 뜻입니다. 이건 그냥 주라는 이야기와 다를 바 없습니다. 이것이 곧 용서받은 자라는 의식에서 나오는 행위입니다. 거저 받았으니 거저 주는 의식입니다. 있는 것 다 주고 항상 거지처럼 살라는 말이 아니고, 다른 사람이 생존을 위협받는 것에 대해서는 돌려받으리라는 기대를 못 하더라도 주라는 말입니다.

17절은 그렇게 하지 않을 때 당할 위험을 이야기하고 있습니다. **"속이고 취한 식물은 맛이 좋은 듯하나 후에는 그 입에 모래가 가득하게 되리라"**(17). 그렇게 하지 않고 모아서 자기가 소유하고 있는 것은 훔쳐 먹는 음식처럼 처음에는 좋을지 몰라도 나중에는 모래를 씹는 것처럼 괴롭게 되리라는 말입니다. 마치 범죄로 많은 돈을 모은 사람이 처음에는 온갖 호사를 누릴지는 모르지만, 나중에 잡히면 처벌받고 죄수 신세로 전락하는 것과 같습니다. 세상에서는 그러한 사례가 실제로 드물지 않게 나타납니다. 거대 금융 사기 사건을 일으켜 투자자들에게 막대한 손해를 끼치고 그들 중 몇 명은 절망감에서 자살하게 만든 당사자가 한동안 호화로운 생활을 영위하다가 결국 들통이 나서 모든 것을 다 잃고 옥에 갇힌 사례는 종종 보는 뉴스입니다. 그러나 그들이 문제가 아닙니다. 이 구절은 자기가 하나님께 용서받은 자라는 인식에서 행하지 않는 자, 곧 돌려받기를 기대할 수 없는 가난한 자의 궁핍함을 보면서도 작은 도움이라도 주기를 거절하는 자를 심판하겠다는 뜻이기 때문입니다.

그 점에 대해 예수님께서 비유로 주신 말씀이 있습니다. 마태복음 25장 31절 이후의 말씀은 양과 염소의 비유로 잘 알려진 말씀으로 본문과 밀접한 연관이 있습니다. 그 비유에서 예수님은 훗날 심판 때에 일어날 일을 말씀하십니다. 한쪽 편 사람들에게는 '너희는 내가 예비한 천국에 들어올 자들이라'고 하시면서 그 이유를 이렇게 밝히십니다. "내가 주릴 때에 너희가 먹을 것을 주었고 목마를 때에 마시게 하였고 나그네 되었을 때에 영접하였고 벗었을 때에 옷을 입혔고 병들었을 때에 돌아보았고 옥에 갇혔을 때에 와서 보았느니라"(마 25:35,36).

이 이야기를 듣고 천국에 들어가기로 예비된 의인들이 깜짝 놀랍니다. 자기들은 예수님을 뵌 적도 없었기 때문입니다. 그래서 '저희가 언제 그렇게 했습니까? 저희는 주님께 그렇게 한 적이 없습니다'라고 되묻자 예수님께서 이렇게 대답하십니다. "내가 진실로 너희에게 이르노니 너희가 여기 내 형제 중에 지극히 작은 자 하나에게 한 것이 곧 내게 한 것이니라"(마 25:40). "지극히 작은 자"란 다름 아니라 내가 도와주어도 돌려받기를 기대할 수 없는 사람을 말합니다. 극히 가난하다든지, 아니면 모르는 사람이든지, 외국인이든지 지금 도와준들 나중에 돌려받기를 기대할 수 없는 사람입니다. 그런 사람에게 어떤 식으로든 작은 도움이라도 주었다면 예수님은 그것을 자신에게 한 일로 여기시고 하늘나라를 상속받게 해 주시겠다는 것입니다.

예수님은 지극히 작은 자들과 자신을 동일시하십니다. 가난하고 나그네 된 자들을 자기 자신과 같이 여기십니다. 지극히 작은 자들은 남루한 옷을 입고 백성들을 돌아보고 다니는 암행어사와 같습니다. 그래서 지극히 작은 자를 도운 자들은 천국을 상속받게 되는 것입니다.

염소로 비유된 사람들은 그렇지 못했습니다. 그들은 가난하고 병들고 갇힌 자들이나 나그네들에게 조그마한 선행을 베풀지 않아서 하늘나라를 상속받지 못한다고 하십니다. "저주를 받은 자들아 나를 떠나 마귀와 그 사자들을 위하여 예비된 영영한 불에 들어가라 내가 주릴 때에 너희가 먹을 것을 주지 아니하였고 목마를 때에 마시게 하지 아니하였고 나그네 되었을 때에 영접하지 아니하였고 벗었을 때에 옷 입히지 아니하였고 병들었을 때와 옥에 갇혔을 때에 돌아보지 아니하였느니라"(마 25:41). 이 선고를 듣고 이들도 따져 묻습니다. 자신들은 단지 어려움에 처하신 예수님을 뵙지 못했을 뿐 만일 직접 뵈었다면 당연히 도왔을 것이라며 항변하였습니다(마 25:44). 그렇지만 결과는 달라지지 않았습니다. 그들도 역시 지극히 작은 자에게 하지 않았다는 이유로 마귀와 그 사자들을 위하여 예비된 영원한 불 가운데 함께 들어가게 될 것입니다.

얼핏 보면 밥 한 숟갈, 물 한 모금, 옷 한 벌, 이런 것들 가지고 천국에 가기도 하고 지옥에 가기도 하는 것처럼 보입니다. 행위로 구원을 주는 말처럼 들리기도 합니다. 그러나 결코 그렇지 않습니다. 이 비유는 너희는 너희가 먼저 하나님께 은혜를 받고 용서를 받은 자라는 인식으로 살았느냐를 보신다는 말씀입니다. 천국을 어찌 몇 그릇의 밥과 옷 몇 벌로 살 수 있겠습니까? 어찌 그리 사소한 것으로 천국에 들어가거나 못 들어가는 근거로 삼겠습니까? 문제는 그게 아닙니다. 자기가 먼저 하나님의 무한하신 은혜로 용서받은 자라는 증거를 보이느냐는 것입니다. 자기가 먼저 용서받은 자임을 아는 자는 돌려받기를 기대할 수 없는 지극히 작은 자에게 자기 것을 나누게 되어 있다는 말입니다. 신자의 삶에서 그 특성은 필수적입니다.

양과 염소의 비유 앞에 달란트 비유가 위치한 이유가 거기 있습니다(마 25:14-30). 하나님께서 먼저 사람들에게 많은 것을 주시고 잘 사용하도록 하셨습니다. 그리고 돌아오셔서 결산하셨습니다. 다섯 달란트와 두 달란트 받은 종은 그것을 잘 경영하여 받은 만큼 남겨 주인께 돌려드렸으며 주인은 그것을 크게 칭찬하였습니다. "그 주인이 이르되 잘 하였도다 착하고 충성된 종아 네가 작은 일에 충성하였으매 내가 많은 것으로 네게 맡기리니 네 주인의 즐거움에 참예할찌어다"(마 25:21,23).

그러나 한 달란트 받은 종은 아무 일도 하지 않았고 자기가 받은 것만 돌려주었을 뿐이었고, 주인은 그를 크게 꾸짖었습니다. "그 주인이 대답하여 가로되 악하고 게으른 종아 나는 심지 않은 데서 거두고 헤치지 않은 데서 모으는 줄로 네가 알았느냐 그러면 네가 마땅히 내 돈을 취리하는 자들에게나 두었다가 나로 돌아와서 내 본전과 변리를 받게 할 것이니라 하고 그에게서 그 한 달란트를 빼앗아 열 달란트 가진 자에게 주어라 무릇 있는 자는 받아 풍족하게 되고 없는 자는 그 있는 것까지 빼앗기리라 이 무익한 종을 바깥 어두운데로 내어쫓으라 거기서 슬피 울며 이를 갊이 있으리라 하니라"(마 25:26-30). 주인이 종에게 달란트를 준 이유는 최소한 본전과 이자를 합쳐서 돌려받기 위함이었으며 그렇게 하지 않았을 때는 심판의 대상이 된다는 말씀입니다. 얼핏 보면 가혹한 형벌 같아 보이지만 이 말씀의 요점은 조금 다른 데 있습니다. 그것은 달란트 비유 뒤에 양과 염소의 비유가 나온다는 점에서 확인됩니다. 달란트 비유의 요점이 사람은 하나님께 받은 것을 잘 사용하여 하나님께 돌려드리는 방식으로 살아야 한다는 점을 말씀하신다면, 양과 염소의 비유는 하나님께서 돌려받는 구체적인 방식을 이야기합니다. 사람이 자기가 받은 달란트를 활용해서 남긴 이자와 원금은 하나님께 직접 돌려드릴 수 없습니다. 하지만 그 구체적인 방식에 관해 양과 염소의 비유가 설명합니다. 곧 내가 무엇을 줘도 돌려받기를 기대할 수 없는 지극히 작은 자에게 그들의 필요에 따라 내가 받은 은사를 사용하는 것입니다. 곧 내가 할 수 있는 일, 내가 가진 작은 것을 주는 것입니다. 그것이 하나님께 돌려드리는 방식이며, 먼저 용서받은 자가 보이는 특징입니다.

타인을 위한 보증을 서라고 하신 본문 말씀은 이와 같은 특징이 확인되는 자가 지혜롭다는 의미입니다. 그 사람이 바로 자기를 거만하게 하는 영적 포도주와 독주에 취하지 않았다는 증거를 가진 사람이기도 합니다. 이 말씀을 따라 자기가 어떤 사람인지를 확인하고 주의하는 것이 중요합니다. 염소와 같은 결말을 맞이하겠다고 생각하는 사람은 아무도 없을 것입니다. 하지만 안타깝게도 그러면서도 정작 이 사실을 알고 중히 여겨 양처럼 행하려는 사람은 많지 않습니다. 지혜로운 자의 특징이 무엇인지를 분명히 알고 그 길을 따라 살아가는 자로 확인되어야 합니다. 그 일의 중요성이 너무도 크기에 이 말씀을 주셨습니다.

4. 모략을 베풀고
(잠 20:18-23)

18 무릇 경영은 의논함으로 성취하나니 모략을 베풀고 전쟁할지니라
19 두루 다니며 한담하는 자는 남의 비밀을 누설하나니 입술을 벌린자를 사귀지 말지니라
20 자기의 아비나 어미를 저주하는 자는 그 등불이 유암중에 꺼짐을 당하리라
21 처음에 속히 잡은 산업은 마침내 복이 되지 아니하느니라
22 너는 악을 갚겠다 말하지 말고 여호와를 기다리라 그가 너를 구원하시리라
23 한결 같지 않은 저울 추는 여호와의 미워하시는 것이요 속이는 저울은 좋지 못한 것이니라

앞 문단에서는 자신을 거만하게 하는 자랑과 칭찬에 취하지 않아야 하며, 먼저 용서받은 자의 특징을 가져야 하되 그 특징은 지극히 작은 자에게 자기 것을 기꺼이 나누어주는 모습이라 하였습니다. 그 일에 열심을 내는 자가 지혜롭습니다.

본문에서는 그와 관련하여 주의해야 할 점에 관해 알려줍니다. 먼저 그 일은 개인의 지혜나 결심으로 이룰 수 있는 일이 아님을 알게 합니다. 누구의 말을 듣는가와 관련 있습니다. **"무릇 경영은 의논함으로 성취하나니 모략을 베풀고 전쟁할찌니라"**(18). **"경영"**은 '계획'이나 '고안'이라는 뜻이고, **"모략을 베풀고"**는 '조언을 받아'라는 뜻입니다. 이 구절은 '계획도 서로 의논할 때 잘 성취되는 것이니 전쟁은 조언을 받아 행하라'고 번역됩니다. 전쟁을 치르기 위해 조언을 들어야 한다는 말입니다. 용서받은 자의 특징을 가진 자로 사는 인생을 일종의 전쟁에 비유하고 있습니다. 전쟁을 치르는 것같이 치열한 일임을 알게 합니다. 세상에서 하나님의 백성답게 살아가는 인생은 일종의 영적 전쟁을 벌이는 것입니다. **"종말로 너희가 주 안에서와 그 힘의 능력으로 강건하여지고 마귀의 궤계를 능히 대적하기 위하여 하나님의 전신갑주를 입으라 우리의 씨름은 혈과 육에 대한 것이 아니요 정사와 권세와 이 어두움의 세상 주관자들과 하늘에 있는 악의 영들에게 대함이라"**(엡 6:10-12)는 말씀과 같습니다. 그리스도인은 칼과 창으로 싸우는 전쟁이 아니라 신령한 전쟁을 수행하는 자들입니다. 어두움의 세상을 주도하고 있는 악한 영들과 전쟁을 벌이는 군사로 부름받았습니다. 그런 전쟁을 우리 힘이나 우리 계획으로만 싸울 수 없습니다. '지도를 받고 조언을 받아' 행해야 합니다. 보이지 않는 하늘의 악한 영들, 교활하고 악하며 강한 힘을 가지고 있는 상대와 싸우기 위해서 우리는 도움을 받아야 합니다. 상대가 누구인지, 어떻게 싸워야 하는지에 대한 계획과 작전을 듣고 전쟁에 나서야 패배하지 않습니다.

그와 관련하여 먼저, 듣지 말아야 할 말이나 조언이 있음을 이야기합니다. **"두루 다니며 한담하는 자는 남의 비밀을 누설하나니 입술을 벌린 자를 사귀지 말찌니라"**(19). 여기저기 다니며 남의 흉이나 보고, 없는 이야기 지어내서 이간질하는 사람을 **"입술을 벌린 자"**라 하며 사귀지 말라고 합니다. '사귀지 말라'는 말은 16절에서 '보증서다'와 같은 단어입니다. 단순히 사귀는 정도를 넘어서 운명공동체가 된 사이를 말합니다. 진실한 말로 사람을 살리는 말이 아니라 험담하며 해를 끼치는 자들과 보증 서주는 관계, 곧 그 사람이 무사하면 나도 무사하고 그 사람이 빚을 못 갚아 망하면 나도 함께 망하는 그런 관계가 되지 말라고 합니다. 거짓 교훈을 말하는 자를 분별하여 동류가 되지 않아야 한다는 뜻입니다.

수다쟁이, 험담하는 자의 말을 듣지 않아야 피해를 받지 않습니다. 그러나 세상은 그런 사람들의 말을 더 잘 듣습니다. 가짜 뉴스나 거짓말을 분별하기보다 일단 재미있으면 빠져들기 마련입니다. 하지만 이 구절은 단순히 세상에서 험담하며 여기저기 다니는 수다쟁이의 말을 듣지 않아야 한다는 뜻이 아닙니다. 교회 안에도 거짓 교훈이 횡행합니다. 그리스도인들은 그런 자들이 하는 말을 분별하여 듣지 않아야 한다는 것입니다. 영적 차원에서 거짓말하며 험담하는 자들과 말과 행실에서 일체성을 갖지 않아야 합니다. 그런 자들과의 관계가 마치 보증 서준 사람처럼 공동운명체가 되지 않도록 해야 합니다. **"형제들아 내가 너희를 권하노니 너희 교훈을 거스려 분쟁을 일으키고 거치게 하는 자들을 살피고 저희에게서 떠나라 이같은 자들은 우리 주 그리스도를 섬기지 아니하고 다만 자기의 배만 섬기나니 공교하고 아첨하는 말로 순진한 자들의 마음을 미혹하느니라"**(롬 16:17,18)는 말씀과 같습니다.

사도가 전해 준 성경의 교훈을 거스르는 말인데도 진리인 척 그럴듯한 말로 교인들을 현혹하여 성도들을 넘어지게 하는 자들이 있습니다. 그리스도를 섬기고 하나님을 위한다는 말로 포장했지만 실제로는 자기 배를 채우는 악한 교사들입니다. 얼른 눈에 띄지 않습니다. 그들의 입술이 현란하기 때문입니다. 바로 이런 자들의 말을 분별해서 듣지 않는 것이 전쟁에 승리하는 지혜로운 군사입니다. 영적 전쟁을 벌이는 군사가 미혹하는 말을 분별하여 걸러내지 않고, 그저 듣기 좋은 말만 따라 작전을 수행한다면 패배가 불 보듯 뻔한 일입니다. 누구의 조언을 듣느냐가 중요합니다.

입술을 현란하게 놀리는 자들의 교활한 미혹은 하나님의 계명을 가볍게 여기게 하는 교훈입니다. "자기의 아비나 어미를 저주하는 자는 그 등불이 유암 중에 꺼짐을 당하리라"(20). 제 5계명은 사람에 대한 계명 중 첫 번째입니다(출 20:12). 이 계명을 어긴 사람들은 심판받게 되어 있습니다. "그 등불이 유암 중에 꺼짐을 당하리라"는 말씀은 칠흑같이 어두운 밤중에 등불이 꺼져버리는 것처럼 그 영혼이 비참한 상황에 처하리라는 뜻입니다. "무릇 그 아비나 어미를 저주하는 자는 반드시 죽일찌니 그가 그 아비나 어미를 저주하였은즉 그 피가 자기에게로 돌아가리라"(레 20:9)는 말씀과 같습니다. "그 피가 자기에게로 돌아가리라"는 말씀은 하나님께서 심판하신다는 의미입니다. 이 외에도 여러 군데에서(출 21:17, 신 27:16) 부모 공경이라는 하나님의 계명을 어기고 저주하고 멸시하는 자들을 하나님께서 심판하시리라 선언하였습니다. 부모를 공경하지 않는 자는 하나님께 죽음의 심판을 당할 것입니다. 성경은 이 문제에 대해서 단호합니다. 부모보다 유일하게 우선할 수 있는 대상은 하나님뿐입니다. 부모가 하나님을 섬기지 못하게 할 때는 유일하게 불순종할 수 있습니다. 그러나 그마저도 부모를 공경하는 가운데 하나님을 섬기는 방식이어야 합니다. 하나님께서 자기 백성들에게 정해주신 질서입니다.

하나님의 계명이 이러한데도 교묘한 말로 계명을 어기게 하는 것이 그들의 계획입니다. 그러니까 '두루 다니며 한담하는 자, 남의 비밀을 누설하는 자'는 단지 정신없는 수다쟁이가 아니라 교묘한 말로 하나님의 계명을 어겨도 된다고 꼬드기는 자를 가리킵니다. 하나님의 계명쯤은 무시해도 아무런 지장이 없다고 옆에서 조언이랍시고 하는 사람들입니다. 그들은 영적 포도주와 독주에 취해 교만해졌으며 가난한 이웃을 대할 때 자기가 먼저 하나님께 용서받은 자라는 인식으로 살아갈 의지가 없습니다. 그런 사람과 공동운명체가 되는 것은 영혼의 비참함을 함께 당하는 일입니다. 그들의 충고, 혹은 유혹을 듣지 않는 것이 지혜입니다.

지혜자는 하나님의 조언을 듣는 자입니다. 마치 하나님이 전적으로 의논할 대상인 것처럼 하나님의 말씀을 자신의 모략으로 삼고 영적 전쟁에 나갈 때 전쟁에서 승리할 수 있습니다. 우리의 삶은 하나님의 충고와 조언을 듣고 나갈 때만 이길 수 있는 영적 전쟁입니다. 그러나 안타깝게도 많은 사람이 하나님의 뜻을 외면하고, 자기 생각이나 혹은 자기가 좋아하는 사람, 또 자기에게 좋은 것을 주겠다고 유혹하는 사람들의 말을 더 잘 듣습니다.

마귀는 교활한 미끼로 성도조차 하나님의 계명을 어기며 살도록 부추깁니다. 바리새인들에게 그리하였던 것처럼, 예배를 드리고 열심을 내고 지식을 가지고 헌신해도 참믿음을 갖지 못하도록 유혹합니다. 그런 조언들이 우리 주변에 가득 차 있습니다. 계명에 순종하지 않아도 된다는 말들이 아무런 거리낌 없이 우리 귀에 생생하게 들리고 많은 사람은 그게 자기를 위하는 말인 줄 알고 덜컥 붙잡고 따라갑니다. 영적 전쟁을 치러야 하는 자가 자기를 죽이려고 아군으로 변장하고 찾아온 적군이 안내하는 길로 따라가는 것과 같습니다.

내가 지금 생각하고 말하고 행동하는 것이 누구의 조언을 따르는 것인지 확실히 하는 것이 중요합니다. 바리새인들과 같이 겉으로는 누구보다 신실한 하나님의 백성인 것처럼 보이게 하면서도 실제로는 교활한 마귀의 음성을 따라가는 것일 수도 있습니다. 근본적으로 하나님의 계명을 순종하게 하는, 그래서 하나님의 나라에서 영원한 생명을 누릴 수 있게 하는 그 말씀을 따라가야 합니다. 하나님을 우리의 유일한 조언자와 최고의 조언자로 삼아야 합니다. 그게 살길입니다.

하나님을 유일한 조언자로 삼아 그 계명을 따라 사는 영적 전쟁을 치르려고 할 때도 주의해야 할 일이 있습니다. 승리의 달콤한 영광은 하늘에서 주어진다는 점입니다. **"처음에 속히 잡은 산업은 마침내 복이 되지 아니하느니라"**(21). **"처음에 속히 잡은 산업"**이란 '탐욕으로 얻은 상속'이라는 뜻입니다. 이것은 거짓 교훈을 조언자로 삼았을 때 주어지는 즉각적인 만족과 즐거움을 말합니다. 하나님을 예배하고 그 뜻에 순종하기를 거절할 때 마귀는 우리에게 즉각적인 보상을 약속합니다. 쾌락도 될 수 있고, 성공이나 권력도 될 수 있습니다. 하나님의 계명을 따르지 말고 부정한 방식으로 몇 년만 살면 크게 성공할 수 있으리라, 노년을 즐기며 편하게 살 수 있으리라고 유혹합니다. 실제로 그렇게 될 수 있습니다. 그러나 그 즐거움은 오래 가지 않습니다. 그런 인생은 결국엔 비참한 결말, 영원한 형벌에 들어갈 것입니다. 그들이 보장하는 것은 이 땅에서 끝나는 즐거움입니다. 죽음 이후까지 그 효력이 이어지지 않습니다. 지금 당장은 즐거워할 수 있을 것이고, 살아 있는 동안에는 만족하고 살 수 있을지 몰라도 하나님을 만나게 될 최후의 심판대 앞에서는 조금도 즐거워할 수 없을 것입니다. 그 점을 기억하여 땅에서 끝날 만족을 위해 거짓 교훈을 따르는 어리석음을 범치 않아야 한다는 말씀입니다.

지혜로운 성도는 더 멀리 내다보고 기다리는 사람입니다. **"너는 악을 갚겠다 말하지 말고 여호와를 기다리라 그가 너를 구원하시리라"**(22). '스스로 심판자를 자처하여 악행 하는 자들에게 분노한다거나 복수하려고 하지 말라, 오직 공의로우신 하나님께서 너를 구원하실 날을 기다리라'고 합니다. 계명을 무시하는 사람들이 잘 되는 것을 보면 고통스러울 수도 있고, 악을 행하면서도 아무 일 없는 자들에 대해 분노가 일어날 수도 있습니다. 직접 복수하고 싶은 생각이 들 수도 있습니다. 하지만 지혜자는 분명히 말하고 있습니다. **"여호와를 기다리라 그가 너를 구원하시리라"**, 분노에 차 악인들에게 복수하려고 한다거나 즉각적인 보상을 받아야겠다고 생각하지 말고 하나님께서 구원의 은총을 내려주실 때까지 기다리라는 말입니다. 달콤하지만 계명 지키기를 우습게 여기는 교훈을 분별하여 멀리하고 주님의 말씀을 순종하며 살고자 하면, 비록 땅에서는 그에 대한 보상을 다 얻지 못할지라도 언젠가는 하나님께서 크신 구원으로 복 주실 것을 믿고 기다려야 합니다. 시므이의 부당한 저주에 대해 다윗이 보인 대응이 이에 관한 대표적인 경우입니다(삼하 16:5-14). 다윗이 즉각 복수하지 않을 수 있었던 이유는 하나님을 기다리는 자였기 때문입니다. 언젠가는 공평한 심판을 행하실 것을 믿었기 때문입니다.

공평한 심판이 언제 주어질지에 대해서는 약속이 없습니다. 계명에 순종하려고 올바르게 노력한 데 대한 보상은 사는 동안 나타날 수도 있고 죽을 때까지 나타나지 않을 수도 있습니다. 그러나 중요한 것은 여호와 하나님께서는 반드시 구원해 주신다는 사실입니다. 그러므로 기다려야 합니다. 비록 땅에서는 그에 대한 보상을 다 얻지 못할지라도 언젠가는 하나님께서 구원하실 것을 믿고 기다려야 합니다. 계명 지키기를 우습게 여기는 달콤한 교훈을 분별하여 멀리하고 주님의 말씀을 순종하며 살고자 애써야 합니다.

그 점에서 완전함에 이르는 일은 근본적으로 불가능하나 그래도 최선을 다해 말씀을 따라야 합니다. **"한결같지 않은 저울추는 여호와의 미워하시는 것이요 속이는 저울은 좋지 못한 것이니라"**(23). 같은 비유가 10절에도 나왔습니다. 자기를 의롭다고 생각하는 것은 율법의 수준을 자기 수준으로 끌어내렸기 때문이요, 하나님은 그를 저울추를 속이는 장사꾼처럼 여기신다는 의미였습니다. 계명을 지키는 일에 완전해야 하나님께서 만족하시고 심판하지 않으십니다. 이 비유를 **"너는 악을 갚겠다 말하지 말고 여호와를 기다리라 그가 너를 구원하시리라"**(22)고 하신 다음에 주셨습니다. 하나님께 용서받은 자라는 의식으로 사는 일에서도 완전한 성숙을 이루려고 최선을 다해야 마땅하다는 뜻입니다. 율법의 기준을 제멋대로 변경하여 계명을 무시하며 산 악인은 그 악행대로, 그렇지 않은 의인은 그 믿음대로 하나님께서 율법의 엄중한 기준에 따라 분명히 심판하실 것입니다. 그 사실을 믿고 우리는 구원의 날까지 여호와를 기다리며 하나님의 말씀만 따라가려고 하면 됩니다. 부조리한 상황이라고 얼른 다른 교훈을 따라가거나 악을 스스로 심판하려고 덤빌 필요가 없습니다. 참된 지혜는 순종에 대한 보상을 얼른 받는 데 목적이 있지 않고, '오늘 내가 하나님의 말씀을 따라 하루를 살았는가?'에 목적을 둡니다. 그걸로 충분하다는 마음으로 삽니다. 절대 쉬운 일은 아니지만 하나님께서는 우리에게 그렇게 할 것을 요구하고 계십니다.

심판은 반드시 이루어집니다. 어려움 속에서도 하나님의 말씀을 사랑하고 그 뜻대로 살기 위해 애쓰는 자들에게는 하나님의 구원이 넘치는 기쁨과 함께 주어질 것이며, 땅의 영광을 위해 주님의 말씀을 버리고 다른 교훈을 따라간 자들에게는 율법의 엄중한 기준에 따라 심판이 있을 것입니다. 하나님께서 주신 계명을 제쳐놓거나 무시하고 거역하는 자들과 한편이 되어 살아간다면 이 땅에서는 큰 성공과 즐거움을 가질지 몰라도 후에는 반드시 망할 것입니다. 그 사실을 기억하여 최후에 공평한 심판을 반드시 행하실 여호와 하나님을 기다리며, 오직 하나님의 계명을 엄중히 여기고 그 뜻대로 사는 일에 완전한 목표를 두고 힘써야 합니다.

5. 인자와 진리가
(잠 20:24-30)

24 사람의 걸음은 여호와께로서 말미암나니 사람이 어찌 자기의 길을 알 수 있으랴
25 함부로 이 물건을 거룩하다하여 서원하고 그 후에 살피면 그것이 그물이 되느니라
26 지혜로운 왕은 악인을 키질하며 타작하는 바퀴로 그 위에 굴리느니라
27 사람의 영혼은 여호와의 등불이라 사람의 깊은 속을 살피느니라
28 왕은 인자와 진리로 스스로 보호하고 그 위도 인자함으로 말미암아 견고하니라
29 젊은 자의 영화는 그 힘이요 늙은 자의 아름다운 것은 백발이니라
30 상하게 때리는 것이 악을 없이 하나니 매는 사람의 속에 깊이 들어가느니라

20장에서는 거만하게 하는 영적 독주와 포도주를 피하면서 하나님께 자기가 먼저 용서받은 자라는 의식으로 사는 것, 그리고 그 일을 훼방하는 달콤한 교훈을 분별하여 멀리하면서 하나님의 계명을 지키게 하는 말씀에 귀를 기울이는 것이 지혜임을 밝히는 동시에 멀리 내다보며 살라고도 하였습니다. 속이는 자들의 말을 따라 계명을 무시하고 살면 당장 좋은 보상을 얻는 것처럼 보여도 영원히 남는 참된 복이 아니니, 조급해하지 말고

스스로 심판자가 되려고도 하지 말라, 오직 여호와 하나님께서 반드시 영원한 만족을 내려주실 것을 믿고 기다리며, 그저 주님의 말씀을 완전히 따르는 일에 최선을 다하라는 말씀이었습니다.

이어지는 본문은 사람의 약함을 언급합니다. 이는 그와 같이 크고 무거운 권면이 모든 성도에게 해당되는 일이지만 누구나 쉽게 수행할 수 없습니다. 크고 무거운 권면을 수행해야 할 명령을 받았지만 성도는 여러 면에서 무지하고 연약합니다.

우선, 자기 인생에 어떤 일이 일어날지에 대해 무지합니다. **"사람의 걸음은 여호와께로서 말미암나니 사람이 어찌 자기의 길을 알 수 있으랴"**(24). 여기 "사람"이라는 말이 두 번 나옵니다. 첫 번째는 '게베르'라는 단어로 '힘의 절정에 있는 강한 남자'를 가리키고, 두 번째는 '흙으로 만들어진 피조물'이라는 뜻의 '아담'입니다. 강한 사람도 연약한 사람과 마찬가지로 하나님의 깊은 섭리와 계획을 다 알 수 없다는 뜻입니다. 아무리 강해 보이는 사람도 자기 인생을 자기 뜻대로 다 이룰 수 없습니다. 태어나고 죽는 것부터 시작해서 사는 동안에 일어나는 일들이 다 자기 계획대로 되지 않습니다. 나라와 나라의 일이 그렇고, 사회의 변화가 그렇고, 각자가 마주하는 사건들이 그렇습니다. 예상치 못했던 일들이 일어나 이리저리 혼란 가운데 부딪치며 살 수밖에 없습니다. 인간은 그런 점에서 무지하고 연약합니다.

이러한 사실은 여호와를 기다리는 믿음을 쉽게 허물 수 있습니다. 악인이 잘 되는 모습을 한두 번 보면 몰라도 1년 2년 계속되면 어려움이 더할 것입니다. 10년 20년이 되면 '이렇게 사는 것이 과연 맞는 것인가? 저 사람들이 하는 대로 따라가야 하지 않는가?' 하는 생각에 믿음이 흔들릴 수도 있습니다. 여호와 하나님께서 언젠가는 엄중한 율법의 기준대로 모두를 심판하신다는 사실은 알아도, 당장 내일 일을 잘 알지 못하는 무지와 무언가를 알아도 해낼 능력이 없는 연약함이 여호와를 기다리는 일을 어렵게 만드는 것입니다.

인간의 연약함은 거기에서 그치지 않습니다. 거룩한 일을 해보겠다고 결심을 해도 자기 힘으로 이룰 수 없습니다. **"함부로 이 물건을 거룩하다 하여 서원하고 그 후에 살피면 그것이 그물이 되느니라"**(25). 거룩한 것에 근거하여 함부로 서원했다가 지키지 못해 나중에 자기가 말한 것이 올무가 되어 돌아오는 상황을 비유했습니다. 사람은 맹세한 것도 지킬 능력이 없다는 뜻입니다. 설령 좋은 의도로 말했다고 해도 경솔한 말과 행동은 하나님 앞에 죄가 됩니다. 인간은 좋은 일도 '내가 이것을 반드시 하겠습니다'라고 말할 만한 주제가 못 됩니다. 서원에 관한 말씀을 얼핏 보면 서원은 꼭 지키라는 말씀 같은데(전 5:4-6 참조) 근본적으로는 하나님 앞에서 인간이 얼마나 미미한 존재인가를 일깨우며 또한 인간의 진실성과 능력의 한계에 대하여 일깨우는 말씀입니다. 서원의 참뜻을 예수님께서는 이렇게 가르치셨습니다. **"나는 너희에게 이르노니 도무지 맹세하지 말찌니 하늘로도 말라 이는 하나님의 보좌임이요 땅으로도 말라 이는 하나님의 발등상임이요 예루살렘으로도 말라 이는 큰 임금의 성임이요 네 머리로도 말라 이는 네가 한 터럭도 희고 검게 할 수 없음이라"**(마 5:34-36).

인간은 자기 입으로 한 말도 다 지킬만한 능력이 없는 존재임을 일깨우고 있습니다. 사람이 하나님 앞에서 '제가 이렇게 하리이다, 저렇게 하리이다'라고 맹세하는 것 자체가 어리석은 일이며 하나님을 모독하는 죄입니다. 인간은 자기 머리카락 한 올도 희게 하거나 검게 할 수 없는 무력한 존재임에도 하나님만이 하실 수 있는 일을 자기가 할 수 있는 것처럼 만용을 부리는 것이기 때문입니다. 거룩한 열정을 가졌다고 해도 그것을 이루는 일은 별개의 문제입니다. 따라서 적극적으로 계명을 따르려 하는 자들도 근본적으로는 하나님의 심판을 피할 수 없습니다.

26, 27절이 그 점을 분명히 보여줍니다. **"지혜로운 왕은 악인을 키질하며**

타작하는 바퀴로 그 위에 굴리느니라"(26). 나라를 잘 다스리는 왕은 악을 처벌하고 의를 상 주는 자입니다. 국민의 신임을 얻는 권력이 되기 위해서는 기본적으로 그것을 잘 시행해야 합니다. 그 일을 잘하는 세상 왕을 비유로 하여 하나님의 왕권을 묘사하고 있습니다. 하나님이야말로 가장 지혜로운 왕이시라는 뜻입니다. 하나님의 눈에는 어떤 악인도 그냥 넘어갈 수 없습니다. "타작하는 바퀴로 그 위에 굴린다"는 말씀은 '남김없이 악을 처벌한다'는 뜻입니다. 바퀴는 건너뛰는 법이 없습니다. 모든 바닥을 다 훑고 지나갑니다. 하나님께서 악인들에 대해서 그렇게 하실 것입니다.

하나님은 그들의 마음까지 다 들여다보시고 그 죄성을 판단하시는 분이기 때문입니다. "**사람의 영혼은 여호와의 등불이라 사람의 깊은 속을 살피느니라**"(27). 하나님의 눈을 피할 죄인은 아무도 없습니다. 하나님은 밝게 빛나는 등불을 보는 것처럼 사람의 마음을 환히 들여다보실 수 있는 분이십니다. 적극적으로 계명을 순종하려고 열심을 낸다 해도 근본적인 무지와 연약함으로 인한 무수한 죄를 낱낱이 살피고 심판하시는 분이십니다. 하나님은 완전한 거룩 가운데 계시며 그 백성들에게도 완전한 의를 요구하시기 때문입니다.

이처럼 앞에서는 하나님께 먼저 용서받은 자라는 증거를 보이는 신실한 신자로 살아야 한다고 말씀하신 후 본문에서는 사람이 무지하고 연약하여 아무리 적극적으로 노력해도 심판을 피할 수는 없음을 이야기하고 있습니다. 이는 적극적으로 주님의 뜻대로 살아보려는 자들을 난처하게 하며 절망케 하는 진실일 수밖에 없습니다. 노력해도 안 되는 줄 알면서도 시도할 만한 어리석은 자는 없을 것이기 때문입니다. 하지만 이후의 말씀은 그런 절망적인 현실에서도 성도들이 적극적인 순종을 포기하지 않을 이유가 있음을 보여줍니다.

"**왕은 인자와 진리로 스스로 보호하고 그 위도 인자함으로 말미암아 견고하니**

라"(28). 원문은 '인자와 진리가 왕을 보호하고 그의 보좌도 인자로 지탱하느니라', 이렇게 말할 수 있습니다. 인자와 진리가 왕권을 더욱 견고하게 세워준다는 뜻입니다. 하나님 왕권의 또 다른 특성을 이야기하고 있습니다. 앞에서 하나님은 영혼의 깊숙한 데까지 정밀하게 조사해서 잘못된 것이 조금이라도 나오면 **"키질하며 타작하는 바퀴처럼"**, 즉 맷돌로 콩을 갈듯이 죄인을 심판하시는 분이시라고 했습니다. 그러나 하나님의 왕권에는 죄를 발견해내고 심판하시는 능력만 있지 않고 인자도 있습니다. 회개하는 백성을 얼마든지 용서하시고 또 기회를 주시는 은혜와 긍휼과 자비와 사랑을 내시는 성품이 인자입니다. 하나님은 진리와 함께 인자도 풍성하십니다. 하나님의 왕권은 진리나 인자 중 어느 하나에 편중되지 않습니다. 진리로 공평하게 통치하실 힘과 회개하는 자를 용서하시고 사랑하실 인자가 모두 완전한 왕권입니다. 그 권세로 자기 백성을 완성으로 인도하십니다.

"젊은 자의 영화는 그 힘이요 늙은 자의 아름다운 것은 백발이니라"(29). "젊은 자"는 '전쟁을 위해 선택된 강인한 자들'을 가리킵니다. 젊은 자들의 영광은 힘입니다. 무슨 일을 적극적으로 추진할 열정이 있다는 것입니다. 하지만 젊은 자들에겐 노인처럼 오랜 세월 축적된 지식과 경험에서 나오는 존경받을 만한 지혜는 부족합니다. '늙은 자들의 아름다움', 혹은 '늙은 자들의 위엄'은 백발이라고 합니다. **"백발"**은 단순히 노인들의 흰머리만 뜻하지 않습니다. 하나님의 은혜로 영생을 얻은 사실을 상징하는 말입니다. 땅에서 장수하는 인생을 비유로 하여, 구원받고 하나님 나라에서 영원히 살게 되는 복을 백발로 표현하였습니다. 백발이라는 늙은 자들의 위엄은 오직 의로운 길에서만 얻습니다(잠 16:31). 그러므로 이 구절은 한때 열정만 있던 성도가 의로움에서 자라 점점 완성되어가는 성도가 됨을 가리킨다고 하겠습니다.

그 일이 어떻게 이루어지는가를 본문이 이야기합니다. 죄를 발견해내고 심판하시는 능력과 힘뿐만 아니라 회개하는 자를 얼마든지 용서하시는 인자도 함께 완전하게 겸비하신 하나님께서 친히 만들어가십니다. 계명을 순종하려는 적극성은 있으되 열정만으로 끝나고 말아 심판을 피할 수 없는 자들을 백발을 자랑하는 자로 만들어갈 능력이 하나님의 왕권에 있습니다. 하나님은 의에 이르기에 심히 부족한 자들을 그의 크신 능력과 지혜로 이끌어가십니다. 자기 자녀된 자들에게 특별히 관심을 가지고 그렇게 하십니다. 사람은 힘이나 지혜 중 어느 한 가지밖에 갖고 있지 못해도 하나님은 권세와 인자에서, 능력과 진리에서 어느 하나 전혀 부족함이 없이 완전한 균형을 갖고 계신 분입니다. 불꽃 같은 눈으로 강력하게 심판하실 하나님 앞에 두려워 떨 수밖에 없는 인간들을 그 능력과 은혜로 안심시키고 평강과 안식에 계속 머물게 하시며 더 나아가 백발을 이룰 때까지 자라게 하십니다. 성도들이 계명에 순종하는 일이 불완전하더라도 적극적으로 나서야 하는 이유가 거기 있습니다. 하나님은 작은 죄도 잡아내어 벌을 주는 엄위로우심만이 아니라 모든 죄를 용서하시고 끝까지 이끄시는 인자도 함께 갖고 계시기 때문입니다.

물론 적극적으로 계명을 지키기 위해 힘쓰는 성도라도 심판당하는 것 같은 큰 고통을 겪을 수 있습니다. 하나님의 인자를 느끼기보다는 진노로 버림당한 것 같은 생각에 낙심할 수 있습니다. 참 신자라 할지라도 그렇게 생각하는 경우가 많습니다. 그러나 그것은 하나님께서 힘만 있는 '젊은 자들'을 의의 백발을 지닌 '늙은 자들'로 만들어가시는 과정에서 생기는 훈련의 고통일 뿐입니다. "상하게 때리는 것이 악을 없이 하나니 매는 사람의 속에 깊이 들어가느니라"(30).

우리말 성경은 '악을 없애려면 심하게 때려야 하고 매를 아프게 맞아야 한다'는 뜻으로 들리기 쉬운 번역입니다만 문자적인 의미는 '맞은 자국은 악을 깨끗하게 씻어내며 매는 사람의 속 깊이 있는 (악을 닦아낸다)'입니다. 일반적으로 부모가 자녀를 훈육할 때처럼 외적인 체벌이 사람의 내면 깊숙한 곳에 자리 잡고 있는 악을 정화한다는 뜻입니다. 영적인 일에 대한 비유입니다. 하나님께서 완전한 능력과 인자로 자기 백성을 의의 백발에 이르도록 가장 적합한 수준으로 징계하고 계신다는 뜻입니다. 하나님께서 회개한 성도를 치신다고 해도 심판받는다고 생각할 필요가 없습니다. 그것은 단지 부모가 자녀에게 내리는 징계일 뿐입니다. **"징계는 다 받는 것이거늘 너희에게 없으면 사생자요 참 아들이 아니니라"**(히 12:8)는 말씀과 같습니다. 육신의 부모도 자녀를 자녀답게 만들기 위해 징계를 내리듯이 하나님은 더욱 그분의 자녀를 거룩하게 만들기 위해 고난에 두실 수도 있습니다. 그 모든 것이 하나님의 능력과 인자의 완전한 조화와 균형 속에서 이루어집니다.

이 모든 말씀을 통해 지혜자는 우리에게 '여호와를 기다릴만하다'는 사실을 알려줍니다. 그 말씀을 따라 살아도 완전한 의를 이루어 심판을 피할 수 있는 것도 아니고, 도리어 상처 나고 매 맞는 고통을 겪는 것뿐이라 해도 포기하지 않고 그의 말씀 따르기를 계속해 나갈 이유가 있다는 것입니다. 특히 하나님께서 율법을 어긴 자들을 엄밀한 눈으로 찾아내어 낱낱이 벌을 주는 분이시면서도 회개하는 자를 무한한 인자로 인내하시며 의의 백발까지 이끄시는 분이라는 사실은 우리가 계명을 어떤 자세로 대해야 하는지를 알게 해줍니다. 내가 먼저 용서받은 자의 입장으로 다른 사람을 대하도록 하신 그 계명을 하나님의 엄위로우심을 기억하여 최선을 다해 지키려고 하되, 그리해도 내 노력만으로는 심판을 피할 수 없음을 알아 늘 겸손히 하나님의 인자를 구하는 자세가 동시에 필요합니다.

아무리 노력해도 하나님의 마음에 찰 수 없다 하여 낙심한 채 계명 지키기를 포기해서도 안 되고, 또 하나님은 뭐든지 다 용서해 주시는 인자한 분이시라 하여 가볍게 여겨서도 안 됩니다. 장래 일에 대해 무지하고 계명을 지키는 일에 연약한 우리는 지금 당장 아무런 좋은 보상을 받지 못한다 해도 하나님께서 약속하신 대로 심판과 구원을 행하실 날을 기다리며 그저 묵묵히 계명을 따르면 됩니다. 고난만 받는 것 같아도 마찬가지입니다. 히브리서의 권면과 같습니다. "또 우리 육체의 아버지가 우리를 징계하여도 공경하였거든 하물며 모든 영의 아버지께 더욱 복종하여 살려 하지 않겠느냐 저희는 잠시 자기의 뜻대로 우리를 징계하였거니와 오직 하나님은 우리의 유익을 위하여 그의 거룩하심에 참예케 하시느니라 무릇 징계가 당시에는 즐거워 보이지 않고 슬퍼 보이나 후에 그로 말미암아 연달한 자에게는 의의 평강한 열매를 맺나니 그러므로 피곤한 손과 연약한 무릎을 일으켜 세우고 너희 발을 위하여 곧은 길을 만들어 저는 다리로 하여금 어그러지지 않고 고침을 받게 하라"(히 12:9-13).

Proverbs

문맥으로 보는
잠언 강해 Ⅲ

21장

1. 보의 물과 같아서
(잠 21:1-8)

1　왕의 마음이 여호와의 손에 있음이 마치 보의 물과 같아서 그가 임의로 인도하시느니라
2　사람의 행위가 자기 보기에는 모두 정직하여도 여호와는 심령을 감찰하시느니라
3　의와 공평을 행하는 것은 제사 드리는 것보다 여호와께서 기쁘게 여기시느니라
4　눈이 높은 것과 마음이 교만한 것과 악인의 형통한 것은 다 죄니라
5　부지런한 자의 경영은 풍부함에 이를 것이나 조급한 자는 궁핍함에 이를 따름이니라
6　속이는 말로 재물을 모으는 것은 죽음을 구하는 것이라 곧 불려 다니는 안개니라
7　악인의 강포는 자기를 소멸하나니 이는 공의 행하기를 싫어함이니라
8　죄를 크게 범한 자의 길은 심히 구부러지고 깨끗한 자의 길은 곧으니라

20장에서는 사람들에게 의와 경건이 훌륭하다고 인정받는 자도 주의해야 할 일이 있음을 알려주셨습니다. 하나님은 완전한 의를 갖지 못한 자들을 율법의 엄밀한 잣대로 낱낱이 심판하실 분이시므로 거만하게 하는

영적 독주와 포도주에 취하지 말아야 하며, 자기가 용서받은 자라는 신분에 어울리는 행위를 보여야 한다고 했습니다. 더 나아가 하나님은 인자 또한 풍성한 분이심을 밝히며 계명에 완전히 순종할 수 없는 우리가 어떤 자세로 살아야 하는지도 알려주셨습니다. 하나님의 인자를 아는 자들은 그에 어울리는 모습을 보이게 되어 있습니다. 회개하는 자들을 절대 심판하지 않으시는 하나님의 인자를 알기에 낙심하지 않으며, 동시에 아버지로서 자녀답게 징계하시는 하나님의 거룩을 알기에 방종과 거만을 버리고 최선을 다해 계명을 지키려 한다는 것입니다. 그것이 올바르게 자라가는 신앙의 특징입니다.

21장에서는 우리를 더욱 장성한 신앙으로 인도하는 교훈이 이어집니다. "왕의 마음이 여호와의 손에 있음이 마치 보의 물과 같아서 그가 임의로 인도하시느니라"(1). 강물은 스스로 힘 있게 움직이는 것 같으나 실은 강둑이 방향을 조정해줍니다. 농부는 밭에 물이 필요하면 물길을 만들어 공급합니다. 하나님은 왕의 마음을 그렇게 인도하실 수 있는 분이시라고 합니다. 왕은 누구보다 자기 마음대로 행할 권세를 가진 사람입니다. 그런데 하나님은 그런 위치에 있는 왕의 마음도 자신이 기뻐하는 방향으로 돌릴 수 있는 분이심을 밝히고 있습니다. 왕에 대해서 그렇다면 다른 사람에 대해서는 말할 것도 없습니다. 그 크신 능력으로 사람 마음까지 움직여 인도하는 분이십니다.

단순히 사람 마음을 억지로 조종한다는 뜻이 아닙니다. 악한 사람은 자기 손에 뭐가 있으면 제 마음대로 하려고 하지만 하나님은 그렇게 하지 않으십니다. 이 권한을 가지고 하나님은 아주 특별한 일을 하십니다. "사람의 행위가 자기 보기에는 모두 정직하여도 여호와는 심령을 감찰하시느니라 의와 공평을 행하는 것은 제사 드리는 것보다 여호와께서 기쁘게 여기시느니라"(2,3).

사람이 자기 딴에는 부족함 없이 정직하게 행한 것처럼 보여도 하나님의 기준에는 그렇지 않습니다. 온전히 거룩하신 하나님은 성도들이 제물을 잘 바친다거나 종교 생활만 잘하면 그것으로 만족하는 분이 아닙니다. 마음까지 온전하게 행하는 의와 공평을 기뻐하시며 기대하십니다. 의와 공평은 하나님의 온전한 통치방식의 특성을 가리킵니다. 율법과 계명의 다른 말로 이해할 수 있습니다.[1] 하나님은 제사를 규정하시고 시행할 것을 명하신 분이시지만 제사보다 순종을 좋아하십니다(삼상 15:22).

그렇다고 단순히 사람이 잘하면 상 주고 못 하면 벌만 주는 방관자도 아니십니다. 고난을 통해서라도 자녀를 자녀답게 만드는 수고를 마다하지 않으십니다(히 12:8-13). 하나님께서는 사람이 자기 부족한 면을 깨닫고 의와 공평을 행하는 올바른 신앙인으로 점점 더 자라도록 인도하기를 기뻐하십니다.

그 점에서 사람들은 잘 인식하지 못해도 하나님께서 죄로 여기시는 것이 있습니다. **"눈이 높은 것과 마음이 교만한 것과 악인의 형통한 것은 다 죄니라"**(4). '눈이 높다'는 말은 자기를 높이 여긴다는 뜻입니다. **"마음이 교만한 것"**은 교묘하여 겉으로 쉽게 드러나지 않은 교만을 의미합니다. 누가 봐도 알아챌 수 있는 교만이 아니라 극히 종교적이고 신앙적으로 보이는데도 속으로 교만한 사람을 말합니다. '내가 율법을 다 지키었나이다'라고 주님께 당당히 대답했던 부자 청년처럼 자기를 높이며, 다른 사람들도 그에 대해 칭찬하는 사람을 가리킵니다(눅 18:18-26). 주로 겉모습만 보는 사람들은 그가 교만한지 잘 모릅니다. 오히려 너무 훌륭해 보이는 그에 대해 주님께서 그런 사람은 천국에 들어가지 못한다고 말씀하시자 제자들조차도 '도대체 저런 사람이 못 들어가면 누가 들어가겠나?'라며 고민할 정도였습니다. 마음을 보시는 하나님은 사람이 자기를 높이는 것을 죄라 하십니다.

---

1) 신혁, 잠언강해 1권 30-37p 참고.

무엇보다 하나님의 기준은 사람과 달리 완전한 의를 요구하시기 때문입니다.

"**악인의 형통한 것**"도 마찬가지입니다. "**악인의 형통**"이란 눈이 높고 마음이 교만한 자들이 얻은 모든 명성을 말합니다. 마치 부자 청년을 사람들이 제일 경건하다고 생각했던 것처럼 사람들의 눈에 좋게 보여서 칭찬과 명성을 얻는 것도 포함됩니다. 완전하신 하나님께는 그것도 죄입니다. 의와 공평의 도리에 맞지 않은 일로 보십니다. 그 상태만으로는 구원 얻을 만한 완전한 의가 아니기 때문입니다. 따라서 하나님은 연약하고 무지하여 죄인된 자기 백성을 참된 의와 공평의 삶으로 이끄십니다. 자기 마음을 살펴 죄가 있으면 버리도록 인도하시며 의와 공평 행하는 것을 제사드리는 것보다 더 중요하게 여기도록 이끄십니다.

영생에 이르는 자들은 하나님의 그 인도하심에 적극적으로, 또 부지런히 순종하는 특성을 보입니다. "**부지런한 자의 경영은 풍부함에 이를 것이나 조급한 자는 궁핍함에 이를 따름이니라**"(5). 의와 공평을 행하는 삶으로 이끄시는 하나님의 손길에 적극적이고 부지런하게 순종하는 자들은 영생의 복을 얻으나 그렇지 않은 자들은 '죽음'에 이른다는 의미입니다. 풍부함과 궁핍은 단순히 물질적인 차원의 빈부를 가리키지 않습니다. 생명과 죽음을 부르는 풍부와 궁핍을 의미합니다. 앞 절과 연관해 볼 때 "**조급한 자**"는 의와 공평을 행하지 않으면서도 칭찬과 영광을 얻으려 하는 자를 가리킵니다. 그런 사람은 땅에서 모든 상을 다 받은 사람입니다. 구제나 기도, 금식을 행하면서도 하늘에서는 받을 것이 없는 사람이 있습니다(마 6:2,5,16). 그런 사람을 "**조급한 자**"로 비유했습니다. 부지런한 자는 자기가 수고한 결과를 땅에서 다 얻지 못하더라도 의와 공평을 이루는 일에 열심을 내는 사람입니다.

6절에서 그 점을 분명히 합니다. "**조급한 자**"에 대해 이렇게 말합니다.

"속이는 말로 재물을 모으는 것은 죽음을 구하는 것이라 곧 불려다니는 안개니라"(6). 조급한 자는 "**속이는 말로 재물을 모으는**" 자, 곧 사기꾼 같은 사람을 말합니다. 재물을 모을 수만 있다면 수단 방법을 가리지 않는 사람, 온갖 불법을 다 동원해서라도 돈만 많이 벌면 된다는 사람을 가리키고 있습니다. 그런 사람은 열심히 일할수록 자기 명을 단축하는 수고를 할 뿐입니다. 사기꾼들이 하는 짓이 그렇습니다. 그들도 나름대로 열심히 준비해서 사기를 칩니다. 소매치기나 타짜도 고수가 되기 위해서는 많은 노력이 필요하다고 합니다. 귀신같은 손놀림이 될 때까지 열심히 노력해야 다른 사람을 속일 수 있기 때문입니다. 그러나 그 모든 과정은 일종의 조급함에서 벌어지는 일입니다. 농부처럼 차근차근 수고해서 열매를 얻으려는 것이 아니라 원하는 결과만 빨리 얻으면 된다는 조급한 마음에 부당한 방법을 동원하는 것입니다. 그건 "**죽음을 구하는 것**"입니다. 열심히 하는 만큼 자기 명을 단축시킵니다. 마치 자기가 처형당할 단두대나 자기가 갇힐 감옥을 제 손으로 만드는 것과 같습니다. 남들보다 돈은 쉽게, 빨리 모았을지 몰라도 나중에 쇠고랑이나 쪽박 차는 불쌍한 인생입니다. 그런 사람은 잠시 있다가 사라지는 안개처럼, 뭔가 있어 보여도 신속히 허망하게 끝나고 말 것입니다.

이 비유를 통해 의와 공평 없이 제사하는 것만으로 만족하는 사람의 결말을 알려주십니다. 종교적인 의식을 준행하는 데에는 누구보다 열심이지만 실제로 의와 공평을 따라 사는 데에는 관심이 없는 사람이 바로 조급한 사람입니다. 하늘에서 얻을 영광을 땅에서 다 차지하려고 했기 때문입니다. 하나님 나라에서는 그게 불법입니다. "**주여 주여 우리가 주의 이름으로 선지자 노릇하며 주의 이름으로 귀신을 쫓아 내며 주의 이름으로 많은 권능을 행치 아니하였나이까**"(마 7:22)라고 말하던 자들을 향하여 주님께서 "**불법을 행하는 자들아 내게서 떠나가라**"(마 7:23)고 하신 것과 같습니다. 그들은 말씀 전하는 일, 귀신을 쫓아내는 능력과 많은 놀라운 일을 행하는 열심이 돋보이는 자들이었습니다. 이런 사람들이 주님 앞에서 쫓겨나고 있습니다. 그 이유를 여기서 알 수 있습니다. 그들은 자기 인생 자체를 의와 공평이라는 하나님의 뜻대로 살려고 하는 노력 없이 종교적인 일만 하면 된다고 생각했기 때문입니다. 형식적이고 종교적인 구색을 갖추는 것이 자기가 의롭고 거룩한 자로 사는 것보다 더 중요하다고 생각하고 살았기 때문입니다. 오히려 그런 일들을 행한 자신을 자랑스러워했습니다. 눈이 높아졌습니다. 마음에 자기를 높이는 교만을 키웠습니다. 하나님께서 누구보다 자기들을 먼저 인정해주시리라 생각했습니다. 이들이 조급한 자요, 궁핍함의 죽음에 이를 자들입니다.

계속되는 말씀에서 조급한 사람이 가진 특징을 다른 방식으로 설명하고 있습니다. **"악인의 강포는 자기를 소멸하나니 이는 공의 행하기를 싫어함이니라"**(7). '공의 행하기를 싫어하는 것'을 약자의 소유를 착취하는 **"악인의 강포"**에 비유하고 있습니다. 하나님 나라에서는 제사드리는 일에는 열심이면서도 의와 공평을 이루려고 하지 않는 자를 강포한 악인으로 여기신다는 뜻입니다. 그는 반드시 자기 행위로 멸망 받게 될 것입니다. **"자기를 소멸"**한다는 말씀은 그들이 자원하여 행한 강포가 그들을 파멸로 이끌어간다는 의미입니다.

이처럼 의와 공평을 이루는 것보다 제사드리는 것에만 가치를 두는 자들을 조급한 자요, 사기꾼이요, 폭력배로 비유하고 있습니다. 불법을 행하는 자들입니다. 물론 참된 신앙은 율법이 명하는 제사나 의식을 행하는 종교적인 모습 자체를 문제 삼지 않습니다. 그러나 그것만 있고 의와 공평이 없는 자들은 하나님 나라에서 치명적인 불법을 행한 중죄인으로 여겨집니다. 그에 따라 사람들은 각각 다른 결말을 맞이할 것입니다. **"죄를 크게 범한 자의 길은 심히 구부러지고 깨끗한 자의 길은 곧으니라"**(8).

"죄를 크게 범한 자"는 의와 공평을 행함보다 겉으로 드러나는 종교적인 모습만 갖추면 된다고 생각하는 사람입니다. 하나님 나라에서 그런 사람은 중죄인입니다. 그들의 길은 구부러졌습니다. 기껏 열심히 달려가도 심판의 형벌이 기다리는 죽음의 길일 뿐입니다. 하나님께서 친히 심판하십니다.

반면에 **"깨끗한 자"**의 길은 곧습니다. 단순히 인생이 탄탄대로라는 뜻이 아닙니다. 하나님께서 영생을 주시는 길이라는 의미입니다. 곧 심령을 감찰하시는 여호와께서 기뻐하시는 대로 제사보다 의와 공평 행하는 것을 더 중요하게 판단하여 행하는 사람의 길은 그 끝이 생명입니다. 두 길의 끝이 이토록 다릅니다.

이 사실을 밝히는 이유는 1절과 관련 있습니다. 하나님은 사람의 마음을 감찰하시는 분일 뿐 아니라 왕의 마음이라도 그 기뻐하시는 방향으로 돌리거나 인도하실 수 있는 분이라 하였습니다. 그 은혜와 능력으로 자기 백성을 생명 얻는 곧은 길로 이끄십니다. 하나님은 제사보다 의와 공평을 이루길 원하는 사람을 기뻐하시며 또 그들이 계속해서 구원의 생명을 얻는 길을 갈 수 있도록 인도하여 주십니다. 형식적이거나 종교적인 모습보다 의와 공평을 이루는 것을 진심으로 중요하게 생각하고 이루고자 하는 자들을 기뻐하시고 그들이 계속해서 곧은 길을 가도록 인도하시고 도우십니다.

하나님께서는 자기 백성이 생명을 얻지 못하는 길로 가도록 내버려 두시지 않습니다. 의와 공평을 이루는 일에는 관심 없이 형식적이거나 종교적인 모습에만 가치를 두고 살아가도록 방관만 하고 계시지 않습니다. 심령 깊은 곳을 살피시고 의와 공평을 행하여 생명의 길을 가고자 하는 자를 기뻐하시어 농부가 물길을 내듯 그들이 계속 올바른 행동으로 생명의 길을 갈 수 있도록 역사하십니다.

이는 의와 공평의 길을 가려고 하는 자들에게 무한한 힘이 되는 진실입니다. 참된 신앙의 길인 의와 공평을 이루겠다고 결심한다 해서 그것이 마음대로 이루어지지는 않습니다. 자기를 거만하게 하는 자랑거리에 취하지 않는 일, 거룩하시되 풍성한 인자로 다스리시는 하나님이심을 알아 계명을 다 지키지 못해도 낙심하지도 않으며 그렇다고 계명을 무시하지도 않으면서 최선을 다하여 지키려 하는 참된 신자로 살아가는 일들이 다 하나님의 도우심이 있어야만 가능한 일입니다.

본문은 감사하게도 성도가 그 길을 갈 수 있도록 하나님께서 먼저 돕고 이끄는 분이심을 가르쳐 주십니다. 하나님은 의와 공평을 이루려 하는 자들을 무한히 기뻐하시며 기꺼이 인도하시는 분입니다. 우리는 말씀과 성령으로 빛을 비추시며 의와 공평의 길로 이끄시는 하나님의 인도를 따라가는 물줄기 같은 인생입니다. 우리를 영생의 길로 인도하시는 하나님의 뜻을 살피며, 또 언제나 선한 길로 인도하시는 하나님께 도움을 구하며 곧은 길 가려고 힘써야 합니다.

2. 뇌물 공여자

(잠 21:9-14)

9 다투는 여인과 함께 큰 집에서 사는 것보다 움막에서 혼자 사는 것이 나으니라
10 악인의 마음은 남의 재앙을 원하나니 그 이웃도 그 앞에서 은혜를 입지 못하느니라
11 거만한 자가 벌을 받으면 어리석은 자는 경성하겠고 지혜로운 자가 교훈을 받으면 지식이 더 하리라
12 의로우신 자는 악인의 집을 감찰하시고 악인을 환난에 던지시느니라
13 귀를 막아 가난한 자의 부르짖는 소리를 듣지 아니하면 자기의 부르짖을 때에도 들을 자가 없으리라
14 은밀한 선물은 노를 쉬게 하고 품의 뇌물은 맹렬한 분을 그치게 하느니라

본문을 살피기에 앞서 9절과 19절에서 비슷한 뜻이 반복되고 있음을 눈여겨볼 필요가 있습니다. '차라리 혼자 사는 것이 낫다'는 느낌의 말씀으로 문단을 나누고 있습니다. 여러 차례 밝혔지만 잠언을 문자적으로만 보면 '도덕 교과서'가 되고 맙니다. 이 구절도 문자대로만 보면 다투는 부부

보다 차라리 혼자 사는 것이 낫다는 의미처럼 보이지만 그렇지 않습니다. 잠언은 비유요, 그 비유의 원리를 통해 영적 진리를 전해주시는 신령한 지혜와 명철의 말씀이라 했습니다. 그런 점에서 볼 때 9절과 19절은 영적인 유익을 이야기하는 부분임을 알 수 있습니다. 9절은 8절까지의 내용과 관련해서, 그리고 19절은 그 앞의 내용과 관련해서 어떤 유익을 이야기하고 있는 것입니다.

8절까지의 말씀에서는, 마음 깊은 곳까지 살피시며 왕의 마음까지도 인도하시는 하나님은 자기 백성들이 제사보다 생명을 얻는 의와 공평을 행하기 원하시며 그리로 인도하기를 기뻐하는 분이심을 알게 하였습니다. 그 사실을 기억하여 하나님의 뜻을 따라 행하려 하되 그럴만한 능력이 없으므로 하나님께 도우심을 구하며 곧은 길을 가는 데 힘쓰는 자가 지혜롭다는 의미였습니다. 본문은 그 점에 대해 좀 더 자세히 언급합니다. "**다투는 여인과 함께 큰 집에서 사는 것보다 움막에서 혼자 사는 것이 나으니라**"(9).

이 말씀이 가리키는 원리는, 둘 다 나쁜 일이 아니면서도 더 중요하게 여겨 선택해야 할 문제가 있다는 점입니다. 일반적으로 사람들은 넓고 화려한 집에서 살고 싶어 합니다. 하지만 아무리 좋은 집이라도 매일 싸움질만 하는 집에 사는 것보다 허름한 집에서 겨울에 춥고 여름엔 덥더라도 혼자 사는 것이 더 편한 법입니다. 그 원리가 영적 차원에도 적용됩니다. 신앙생활에도 더 중요한 게 있습니다. 단순히 집이나 부부 문제에 관한 이야기가 아닙니다. 앞의 내용과 관련 있습니다. 제사와 같이 종교적 의식을 행하는 것과 의와 공평을 행하는 문제입니다. 둘 다 하나님께서 명하신 일입니다. 둘 다 있어야 합니다. 그건 큰 집에서 부부가 화목하게 사는 이상적인 가정에 비유됩니다. 그러나 예배와 같이 종교적 의식 행하는 것은 있는데, 의와 공평을 행하는 데는 관심 없는 신앙은 큰 집에 살면서 싸우기만 하는 부부에 비유되고 있습니다. 그럴 바에야 싸움박질하지 않고 혼자 사는 것이 더 낫다는 말씀은 둘 다 있어야 하지만 가정에서 더 중요한 것은 화목이듯이 신앙에서는 의와 공평이라는 의미입니다. 핍박을 받아서 마음 놓고 예배드릴 수 없어도 만일 그가 의와 공평을 행하기를 귀히 여기며 최선을 다해 행하려고 한다면 그가 더 복된 신자입니다. 분명히 하나님은 예배하라고 하셨습니다. 그래서 예배드리는 일에 대해 중요하게 생각하고 하나님을 떨며 즐거워하는 경건한 마음으로 예배를 드려야 하지만 의와 공평이 없이 그것만 있다면 아무 소용없습니다. 그러니 차라리 움막에 살아도, 차라리 종교적 의식을 제대로 갖추지 못해도 의와 공평을 행하는 사람으로 사는 것이 더 낫다는 것입니다.

지금의 교회가 경각심을 가져야 할 말씀입니다. 안타깝게도 교회가 교회 규모, 종교적 행위는 중요시하는데, 정작 의와 공평을 행하는 일에는 무감각하다는 말이 여기저기서 들려온 지 오랩니다. 불법과 비행, 뇌물과 횡령 등의 죄가 발각되어 처벌받는 자들의 상당수가 교회 다니는 사람이라는 이야기도 많이 듣습니다. 부끄러움을 잊은 지 오래됐습니다. 큰 집에서 지옥 같은 삶을 살고 있는 것입니다. 종교적 의식을 행하는 것은 분명히 하나님의 뜻이자 귀한 일이지만, 의와 공평을 무시하거나 가볍게 여기는 모습은 큰 집에 살면서 싸움질만 하는 불행한 부부와 같을 뿐입니다. 복된 가정은 집의 규모로 만족하기보다 가정의 화목이라는 내적인 본질을 가장 우선해야 하듯이 신앙은 의와 공평을 행하는 사람에 더 큰 무게를 두어야 합니다.

그러면 다투는 여인과 큰 집에서 함께 사는 것처럼, 종교 행위는 있는데 실제로는 의와 공평이 없는 그런 신앙은 어떤 모습입니까? **"악인의 마음은 남의 재앙을 원하나니 그 이웃도 그 앞에서 은혜를 입지 못하느니라"**(10). 종교 행위만 있고 의와 공평에는 관심없는 사람을 여기서 **"악인"**이라 부르고 있습니다. 예배 잘 드리고 종교의식을 열심히 행하는데도 악인이라고 하시는 이유는 그들이 '악을 열망'하기 때문입니다. **"남의 재앙을 원하나니"**라는 말은 문자적으로는 그저 '악을 열망한다'는 뜻입니다. 굳이 남의 재앙을 원한다기보다 그가 무슨 행동을 하든 모두 다 악을 지향한다는 말입니다.

그 증거로 이웃이 그 사람에게서 은혜를 입어 본 적이 없다는 점을 들고 있습니다. 그는 분명히 큰 부자지만 그 사람에게 은혜를 입었다는 사람이 주위에 아무도 없습니다. 세상은 그 자체를 죄라 하지 않습니다. 하지만 영적인 면에서는 다릅니다. 예배 잘 드리고, 기도도 열심히 하고 교회일도 열심히 하는데 정작 이웃의 고통에는 전혀 관심이 없다면, 즉 다른 사람을 은혜와 긍휼의 눈빛으로 바라본 적이 없다면 하나님은 그를 악을 열망하는 자라 하십니다. 자기가 먼저 용서받은 자임을 아는 자세에서 나오는 이웃을 향한 자비와 긍휼이 전혀 없는 사람을 하나님은 악인이라 칭하십니다. 이런 사람은 종교적 의식을 열심히 행해도 하나님께서 받지 않습니다. 복음을 전하는 선지자 노릇도 하고, 귀신도 쫓아내고, 능력을 많이 보였어도 주님께 **"불법을 행하는 자들"**이라는 평가를 들었던 자들이 대표적인 경우입니다. 그들 자신은 하나님 나라에 들어갈 자격이 충분하다고 생각했지만 주님의 말씀은 전혀 예상 밖이었습니다. 더 중요한 신앙의 본질을 외면했기 때문입니다.

더 놀라운 사실은 그와 같은 악인의 모습이 모든 사람에게 해당한다는 점입니다. **"거만한 자가 벌을 받으면 어리석은 자는 경성하겠고 지혜로운 자가 교훈을 받으면 지식이 더하리라"**(11). 이 말씀은 근본적으로 위로부터 아래에 이르기까지 모든 사람이 의와 공평에서 부족한 부분이 많다는 의미입니다. 뭔가를 가졌다는 자부심이 지나쳐 거만한 사람이 벌을 받을 정도라면 그보다 못한 사람은 말할 필요조차 없습니다. 뭔가를 많이 가져 거만해진 자가 벌을 받고, 지혜로운 자가 교훈을 받아야 한다면 다른 사람은 얼마나 더 그래야 하겠습니까? 심지어 의와 공평을 행하는 데 있어 누구보다 뛰어난 지혜로운 자도 교훈을 받아 더 채워질 부분이 있다면 다른 사람은 얼마나 더 그러겠습니까? 거만한 자도, 지혜로운 자도 부족하고 모자라기는 마찬가지입니다. 하나님 나라에서 요구하는 의와 공평을 이루는 일에는 정도만 다를 뿐 율법이 요구하는 기준으로 보면 모두가 다 부족한 처지입니다.

하나님께서 엄밀한 눈으로 사람을 관찰하시고 악인을 심판하십니다. **"의로우신 자는 악인의 집을 감찰하시고 악인을 환난에 던지시느니라"**(12). "**의로우신 자**"는 하나님을 가리키며 "**악인의 집**"은 사람의 마음을 상징합니다. 마음 속 깊은 곳까지 살피시는 하나님은 그 집이 덩치만 크고 싸움박질만 하는 집인지, 곧 종교적 행위는 있는데 의와 공평은 없는 그런 집인지 아닌지를 다 살피시고 악인을 심판하십니다. 악인은 스스로 잘하고 있다고 생각하지만 하나님은 그들의 종교 행위가 어떤 마음에서 시작되었고, 그 마음 중심에 무엇을 더 즐거워하는지 아십니다. 그들은 사람을 속이는 것처럼 하나님도 속일 수 있다 생각하고 의와 공평 대신 종교 행위로만 신앙 전체를 대신하려 했지만 하나님은 그들의 믿음이 마음에서 비롯된 진실인지 아닌지를 평가하십니다. 아무리 외양을 멋있게 칠해도 그 안에 의와 공평을 이루려는 진실한 열망이 없으면 그는 심판을 피할 수 없습니다. "**엄히 때리고 외식하는 자의 받는 율에 처하리니 거기서 슬피 울며 이를 갊이 있으리라**"(마 24:51)는 말씀이 그들에게 이루어질 것입니다.

심판을 행하는 기준은 다름 아니라 자기가 먼저 용서받은 사람이라는 인식에서 다른 사람을 대하는 의와 공평이기 때문입니다. "**귀를 막아 가난한 자의 부르짖는 소리를 듣지 아니하면 자기의 부르짖을 때에도 들을 자가 없으리라**"(13). 10절에서 "**그 이웃도 그 앞에서 은혜를 입지 못하느니라**"고 했던 말씀을 구체적으로 이야기하고 있습니다. 이것이 성경에서 말하는 악인의 실태입니다. 가난한 자의 애처로운 외침을 외면하는 것입니다. 그저 자기 배만 채우면 복 받은 것이라 자부하고 그 일을 위해서 종교 행위에 더 열심인 자들이 있습니다. 그런 자들이 바로 악인들이며 심판받을 자들입니다. 굳이 살인자나 강도가 아니더라도 가난한 자의 부르짖는 소리를 듣지 않는 것도 같은 결과를 맞이합니다. 그런 자들은 훗날 하나님께 구원해달라고 외쳐도 하나님께서 그들을 외면하실 것입니다. 예수님께서 왼편에 있는 한 무리를 가리켜 "내가 주릴 때에 너희가 먹을 것을 주지 아니하였고 목마를 때에 마시게 하지 아니하였고 나그네 되었을 때에 영접하지 아니하였고 벗었을 때에 옷 입히지 아니하였고 병들었을 때와 옥에 갇혔을 때에 돌아보지 아니하였느니라"(마 25:42,43)고 하시며 그들이 영벌에 들어가리라고 하신 것과 같습니다. 그들은 예수님을 뵈면 얼마든지 대접할 용의가 있었다고 항변하지만(마 25:44), 예수님은 "이 지극히 작은 자 하나에게 하지 아니한 것이 곧 내게 하지 아니한 것이니라"(마 25:45)고 하시며 그들이 받는 심판이 정당함을 확정하십니다. 예배 행위도 중요하지만 의와 공평으로 사는 것이 참된 신앙입니다. 그것은 무엇보다 내가 먼저 용서받은 자임을 인식하는 가운데 나오는 모습입니다. 지극히 작은 자들을 위하는 마음이 없는 자의 종교적 의식은 악을 열망하는 자와 같아서 하나님께서 받으시지 않는 위선으로 취급될 뿐입니다.

14절은 그런 자들이 보이는 종교적 행위가 어떤 의미인지를 밝히고 있습니다. "은밀한 선물은 노를 쉬게 하고 품의 뇌물은 맹렬한 분을 그치게 하느니라"(14). 얼핏 보면 은밀하게 주는 선물이나 뇌물을 긍정적으로 말하는 것 같은 구절입니다. 하지만 그렇지 않습니다. 정반대입니다. 하나님은 뇌물을 싫어하는 분이십니다. 뇌물은 불법을 눈감아주라고 은밀하게 주는 선물입니다. 그래서 하나님은 처음부터 뇌물을 금지하셨습니다.

"너는 뇌물을 받지 말라 뇌물은 밝은 자의 눈을 어둡게 하고 의로운 자의 말을 굽게 하느니라"(출 23:8),
"그런즉 너희는 여호와를 두려워하는 마음으로 삼가 행하라 우리의 하나님 여호와께서는 불의함도 없으시고 편벽됨도 없으시고 뇌물을 받으심도 없으시니라"(대하 19:7).

뇌물을 금하신 이유가 있습니다. "그들은 뇌물로 인하여 악인을 의롭다 하고 의인에게서 그 의를 빼앗는도다"(사 5:23). 뇌물이 공정해야 할 판결을 왜곡시키고 무너지게 하기 때문입니다. 그런 이유로 하나님 나라에서는 뇌물을 금하는 것입니다. 이렇게 말씀하신 분이 뇌물 받으면 분이 풀린다고 이야기할 리는 만무합니다.

그런데도 이 구절에서 마치 뇌물이 분노를 그치게 하는 효력이 있는 것처럼 말하고 있습니다. 그러나 흐름에 비추어보면 그 올바른 의미를 알 수 있습니다. 앞에서 종교적인 행위와 의와 공평을 실행하는 참 신앙을 비교했습니다. 그때, 뭔가를 주면 돌려받기를 기대할 수 없는 지극히 작은 자들에게 자기 소유를 나눠 주는 의와 공평은 무시하면서 그저 종교적인 행위만 열심히 하는 것은 하나님께 뇌물 주려는 행위와 같다는 의미입니다. 하나님은 그렇게 행하는 자를 뇌물공여자로 여기신다는 것입니다. 하나님 나라의 뇌물공여죄는 의와 공평을 행하지 않고 종교 행위에만 열심인 것을 말합니다. "지극히 작은 자에게", 곧 내가 뭘 주어도 돌려받을 것을 기대할 수 없는 가난한 자에게 그들이 목마르면 물을 주고, 옷이 없으면 옷을 나눠 주고, 그런 자들이 억압받고 갇혀 있으면 그들을 위로해주고, 배고파하면 밥 나눠주고 하는 그런 것이 없으면서, '예배 참석했으니 나머지는 제 마음대로 살게요', 이런 식의 행위를 신앙이라고 생각하며 사는 자들을 말합니다. 그런 의도로 바치는 모든 종교 행위들을 하나님은 뇌물로 여기십니다. 나중에 반드시 처벌받을 중죄입니다.

한때 높은 자리에 있던 사람이 뇌물 주고받았다가 들통 나서 패가망신한 경우가 얼마나 많습니까? 그런 뉴스를 보면서 혀를 차고 비난하고 분노하지만 정작 큰 문제는 그 사람들이 아닙니다. 그 사람들은 하나님 나라에서 뇌물공여죄로 처벌받는 자들의 비참함을 보여주는 증거에 지나지 않습니다. 영적 뇌물공여자가 더 큰 문제입니다. 반드시 중죄로 다스려져 처벌받을 것입니다. 하나님의 눈을 피할 수 없기 때문입니다. 저들이 아직 처벌받지 않은 것은 다만 심판 때가 아직 안 되었을 뿐입니다. 조만간 하나님의 공의가 만천하 위에 높이 설 것입니다.

그러니 차라리 움막에서 사는 것이 낫지 않느냐, 다시 말하면 여러모로 부족한 형편이라도 가장 중요한 의와 공평을 소유한 인생이 더 복된 것 아니냐는 말씀입니다. 예배 드리지 말라는 말씀도 아니고, 종교 행위를 부정하는 것도 절대 아닙니다. 다 있어야 합니다. 예배를 하나님께서 명하셨습니다. 그러나 종교 행위만 있고 가난한 자의 부르짖는 소리에는 귀를 막는 사람들을 하나님은 불법을 묵인받기 위해 뇌물 주는 사람과 똑같이 여기십니다. 지금은 대접받을지 모르지만 때가 되면 반드시 의로우신 하나님에 의해 죄가 들통나고 심판받을 것입니다. 자기 신앙이 그렇게 되지 않도록 주의하는 자가 지혜로운 자입니다. 하나님은 자기 백성을 더욱 장성한 모습으로 자라가도록 인도하시는 분이기 때문입니다.

3. 명철의 길
(잠 21:15-18)

15 공의를 행하는 것이 의인에게는 즐거움이요 죄인에게는 패망이니라
16 명철의 길을 떠난 사람은 사망의 회중에 거하리라
17 연락을 좋아하는 자는 가난하게 되고 술과 기름을 좋아하는 자는 부하게 되지 못하느니라
18 악인은 의인의 대속이 되고 궤사한 자는 정직한 자의 대신이 되느니라

21장은 9절과 19절이 비슷한 뜻의 말로 반복된다는 점을 염두에 두어야 합니다. '다툴 바에야 차라리 혼자 사는 것이 낫다'는 의미로 보이는 말씀이 문단을 나누고 있으며, 그것은 각각 생명과 관련하여 성도가 가져야 할 중요한 자세를 이야기하고 있습니다. 다 의미 있고 필요한 일이어도 더 중요한 것이 있으며, 지혜는 그것을 분별해서 취해야 한다는 뜻이었습니다.

이전 문단에서 알려주신 내용은 종교의식과 의와 공평의 비교였습니다. 지극히 작은 자에게 자기가 가진 것 중 조금도 나누려고 하지 않는 사람은 아무리 종교의식을 행하는 일에 열심이라 할지라도 하나님께서는 그저 뇌물공여자로 여겨질 뿐이라는 말씀이었습니다. 종교 행위가 다 쓸데없다는 것이 아닙니다. 단지 종교 행위만 있고 정작 가난한 자의 부르짖는 소리에 귀를 막는 사람들은 불법을 묵인받기 위해 뇌물 주는 사람과 똑같은 자로 여겨진다는 것입니다. 그 점을 기억하여 자기 신앙이 그렇게 되지 않도록 주의하는 자가 지혜로운 자입니다.

본문은 그같은 흐름을 계속 이어갑니다. **"공의를 행하는 것이 의인에게는 즐거움이요 죄인에게는 패망이니라"**(15). 앞에서 했던 말씀의 결말에 해당합니다. 의와 공평은 없이 종교 행위만 있는 자들을 세상에서 말하는 뇌물공여자로 취급하시는 하나님이시기 때문에 그런 자들을 처벌하신다는 말씀입니다. 여기서 말씀하는 **"즐거움"**은 단순히 의를 행할 때 즐겁다는 뜻이 아닙니다. 병행인 **"죄인에게는 패망이니라"**와 대조해 보면, 멸망 당하지 않는 데서 오는 기쁨을 가리킵니다. 종교의식도 진지하게 행하지만 그보다 의와 공평에 더 중요한 의미를 두고 행하는 자를 심판날에 멸망시키지 않고 즐겁게 하시겠다는 뜻입니다. 심판날의 즐거움은 구원받은 기쁨을 가리킵니다. 이웃에게 은혜를 베풀고 가난한 자들의 부르짖음을 외면하지 않는 그 의와 공평을 행하는 자들은 심판날에도 그 기쁨을 잃지 않을 것입니다. 심판날에 영원한 만족을 누리게 될 것이기 때문입니다. 그런 자들의 삶이 지혜롭습니다.

반면에 **"죄인에게는 패망"**입니다. 여기서 **"죄인"**은 의와 공평은 무시하고 종교 행위에만 열중했던 뇌물공여자를 가리킵니다. 그들은 훗날 멸망 당하여 슬피 울게 될 것입니다. 선지자 노릇 하고, 귀신을 쫓아내는 능력도 보이고, 많은 업적을 남겼어도 지극히 작은 자의 부르짖음에 귀 기울이는 의를 힘쓰지 않는 자들을 주님은 뇌물공여자로 여기시기 때문입니다.

이처럼 '즐거움과 패망'이 각각 최종적인 결과를 의미한다는 사실은 16

절에서 더 구체적으로 확인됩니다. **"명철의 길을 떠난 사람은 사망의 회중에 거하리라"**(16). 이 구절만 떼어서 보면 **"명철의 길"**이 무엇인지 얼른 이해하기 쉽지 않습니다. 하지만 문맥에 따르면 '종교의식을 행하는 것도 중요하게 여기지만 가난한 자들의 부르짖음을 들음으로써 의와 공평을 행하는 삶을 더 중요하게 생각하는 인생'임을 알 수 있습니다. 공의를 행하지 않는 모습이 '명철의 길에서 떠난' 것입니다. **"사망의 회중에 거하리라"**는 말씀은 문자적으로 '유령의 회중에 머물게 된다'는 의미로 그 길에 서지 않은 사람은 심판받게 되리라는 뜻입니다. 의와 공평을 행하지 않고 종교의식에만 열심인 사람들은 하나님의 심판을 피할 수 없습니다.

이 구절에 의하면 교회 다니는 사람들 앞에 놓인 길이 두 갈래입니다. 하나는 종교의식 행하는 것도 중요하게 여기지만 그보다 의와 공평을 더 중요하게 여겨 행하는 명철의 길이고, 다른 하나는 의와 공평을 소홀히 여긴 채 그저 종교의식에만 열중하여 명철을 떠난 길입니다. 하나님은 명철의 길을 걷는 사람에게 구원 얻는 기쁨을 베푸실 것이며 반대로 명철을 떠난 사람은 뇌물공여자처럼 부정하게 여기시고 영원한 심판에 처하게 하실 것입니다. 이처럼 15절에서 말한 **"즐거움"**과 '파멸'은 이 세상에 국한된 일이 아니라 죽음 뒤까지 염두에 둔 표현입니다. 하나님 나라의 운영방식이 이러함을 알고 구원의 즐거움을 얻는 길을 따르는 것이 지혜입니다.

17절은 명철의 길을 떠난 사람이 사망의 회중, 곧 죽은 자의 나라에 들어갈 수밖에 없는 이유를 설명하는 비유입니다. **"연락을 좋아하는 자는 가난하게 되고 술과 기름을 좋아하는 자는 부하게 되지 못하느니라"**(17). 성실하게 일해도 월급을 받지 못해서 가난하게 된 사람이 아니라 음주 가무를 지나치게 즐기고 낭비하다가 후에 부를 잃어버린 사람을 예로 듭니다. 자기 재산을 타락한 즐거움을 위해 낭비하여 부유하게 되지 못한 사람, 돈을 모을 기회는 많았어도 낭비가 심해 나중에 아무것도 없게 된 사람을 말합니다.

물론 이 비유는 재물에 관한 이야기가 아닙니다. 명철의 길, 곧 의와 공평을 행하는 것에 관한 말씀입니다. 마치 예수님께서 말씀하신 종에 관한 비유와 같습니다. "충성되고 지혜 있는 종이 되어 주인에게 그 집 사람들을 맡아 때를 따라 양식을 나눠 줄 자가 누구뇨 주인이 올 때에 그 종의 이렇게 하는 것을 보면 그 종이 복이 있으리로다 내가 진실로 너희에게 이르노니 주인이 그 모든 소유를 저에게 맡기리라 만일 그 악한 종이 마음에 생각하기를 주인이 더디 오리라 하여 동무들을 때리며 술친구들로 더불어 먹고 마시게 되면 생각지 않은 날 알지 못하는 시간에 그 종의 주인이 이르러 엄히 때리고 외식하는 자의 받는 율에 처하리니 거기서 슬피 울며 이를 갊이 있으리라"(마 24:46-51). 성도가 종말을 올바로 대비하도록 돕기 위해 예수님께서 주신 비유입니다. 여기 등장하는 악한 종은 잠언에서 명철의 길을 걷지 않은 사람과 같습니다. 잠언의 비유처럼 이 종도 "**술친구들로 더불어 먹고 마시다가**" 불시에 주인이 오실 때 심판받고 사망의 회중에 들어가 슬피 울며 이를 갈 것이기 때문입니다.

여기서 '술친구들로 더불어 먹고 마신다'는 이야기는 단순히 음주 가무를 즐긴다는 의미가 아닙니다. 영적 차원에서 그와 비슷하게 방탕한 삶을 나타내는 비유입니다. 영적 차원의 방탕한 삶에 대해서는 마태복음 25장에 나타난 비유들을 통해 알려주십니다. 핵심만 말하자면, 하나님께 받은 달란트를 지극히 작은 자에게 나눠주는 것 없이 자기만을 위해서 쓰는 모습을 가리킵니다.

자기만을 위해서 쓴다는 말이 무슨 뜻인지 여기 나타나 있습니다. "**동무들을 때리며**"라는 말은 단순히 물리적 폭력을 행사하였다는 뜻이 아닙니다. 자기가 주인에게 받은 것을 가지고 다른 사람 위에 군림하려 했다는 뜻입니다. 돈이든지, 재주든지, 외적인 것이든지 자기가 가진 것은 전부 주인이 주신 것인데도 그걸 가지고 남들 위에 서서 남들을 부리는 방편으로 삼았다는 말입니다.

'또 술친구들로 더불어 먹고 마셨다'는 말은 자기 만족을 위해서만 살았다는 뜻입니다. 자기가 가진 모든 것이 주인이 주신 것임에도 그것으로 그저 자기만족, 자기 꿈, 자기 즐거움만을 위해서 사용한다는 것입니다. 굶주리고 목마르며 헐벗고 아픈 사람, 이웃의 어려움에는 전혀 관심이 없이 내가 배부르고, 내 옷, 내 차만 좋으면 된다는 사람을 가리키는 말입니다.

자기들도 주님을 봤으면 잘 해드렸을 것이라고 변명하는 자들을 향하여 주님은 지극히 작은 자들에게 한 것이 곧 주님 자신에게 한 것임을 알려주셨습니다(마 25:45). 지극히 작고 가난한 자들과 주님 자신이 한 몸으로 연합되어 있다는 사실이 전제되어 있습니다. 내가 무엇을 주어도 다시 돌려받지 못할 지극히 작은 자들에게 자기 가진 것을 나눠주는 것이 바로 주인에게 받은 것을 주인에게 돌려주는 행위입니다. 큰 업적이 아니라 물 한 모금, 식사 한 끼, 옷 하나, 작은 관심과 따뜻한 배려처럼 내가 이걸 줘도 돌려받지 못하는 사람에게 베푸는 것입니다. 그러나 악한 종은 자기가 받은 것으로 그저 자기 자신을 즐겁게 하고, 다른 사람 위에 군림하기 위해 사용할 뿐입니다. 이것이 악한 종에 관한 비유의 요점입니다.

잠언 본문도 마찬가지입니다. 술 마시고 흥청망청 놀고먹다가 가난하게 되었다는 말은 단지 돈 문제만이 아닙니다. 바로 여기서 말하는 악한 종을 의미합니다. 자기가 가진 것을 그저 자기 즐거움과 자기만족, 그리고 다른 사람들 위에 군림하려는 방편으로만 사용한 자입니다. 명철의 길을 떠난 사람, 의와 공평이 없는 사람이 바로 그런 사람입니다.

그들은 똑같이 마지막에 심판받습니다. **"악인은 의인의 대속이 되고 궤사한 자는 정직한 자의 대신이 되느니라"**(18). 악한 자가 맞이할 운명에 대해 다시 한번 분명히 선포하는 동시에 성도를 향한 위로의 말씀이 주어지고 있습니다. 악인이 의인의 대속물이 된다는 이 말씀은 얼핏 이상하게 보입니다.

의인을 대신해서 악인이 죽는다고 하는 것 같기 때문입니다. 하지만 본문은 최종 재판을 통해 마땅히 처벌받아야 할 사람이 처벌받는다는 사실을 가리키는 표현입니다. 성경에 이러한 상황에 부합하는 사건이 나옵니다. 대표적인 사건이 하만과 모르드개의 경우입니다. 하만은 음모를 꾸며 하나님의 사람 모르드개를 파멸시키려 했습니다. 하마터면 모르드개가 억울하게 처형당할 뻔했습니다. 하지만 하나님의 은혜로 결국 파멸된 자는 모르드개가 아니라 하만이었습니다(에 7:10). 마찬가지로 명철의 길을 가지 않은 악인은 이 땅에서는 자기가 받아서 가진 것으로 의인들 위에 군림할 수도 있고 그들을 괴롭힐 수도 있으며 또 그것을 자기를 만족하게 하는 데에만 쓸 수는 있으나 결국 심판을 받는 자들은 그들 자신입니다. 본 절이 의미하는 바가 그와 같습니다.

그 점은 병행되는 후반부에서도 확인됩니다. **"궤사한 자는 정직한 자의 대신이 되느니라"** '궤사하다'는 말은 '불성실하거나 거짓으로 대하다'는 뜻입니다. 악인을 그런 말로 다시 부르고 있습니다. 그에 반해 '의인'은 **"정직한 자"**라고 합니다. 이는 '의와 공평을 완전히 행하지 못했어도 하나님 앞에 정직하게 자기의 죄와 부족함을 인정하는 자를 의인으로 여겨주신다'는 말입니다. 종교 행위에는 열중했지만 이웃에게 은혜를 베풀고 가난한 자에게 자기 가진 것을 나눠주는 데는 참 인색했던 악인과 다를 바 없었던 자신을 발견하더라도, 그것이 하나님의 뜻을 무시하는 죄인 줄 알고 정직하게 고하는 사람을 하나님께서 의와 공평을 행한 자처럼 여겨 구원해 주신다는 것입니다. 그날에는 불의한 자가 대신 심판 받게 될 것입니다. 하만이 모르드개를 죽이기 위해 마련한 처형틀에 자기가 대신 달려 죽은 것처럼 마지막 날에는 예상 밖의 인물도 심판받을 것입니다. 하나님께서 주신 것으로 의와 공평을 행하는 데 사용하지 않고 다른 사람 위에 군림하며 자기만족만을 위해 사용한 자가 그 사람입니다. 세상 모든 가난한 사람들을 다 책임지고 이웃을 위해 자기 가진 것 다 내어 주는 그런 사람만 복 주신다는 말씀이 아닙니다. 그저 자기 가진 것 중 작은 하나라도 나누려고 하는 사람, 참된 의와 공평을 찾아 행하기를 기뻐하는 사람, 그리하지 못할 때 정직하게 하나님께 나아가 은혜를 구하는 자를 하나님은 기뻐하십니다.

본문은 이같은 방식으로 의와 공평을 행하는 자와 종교의식만 행하는 자들을 구별하고 있습니다. 둘 다 있어야 하지만 가장 중요한 의와 공평이 없으면 종교의식은 아무 소용이 없습니다. 종교의식이 의미를 가질 때는 의와 공평이 기반이 되었을 때입니다. 그걸 알고 신앙의 균형을 잡아가는 것이 명철의 길을 걷는 것입니다.

구원이 믿음으로 말미암아 값없이 주어진다는 점에 대해서 잠언 앞부분에서 이미 분명히 밝혔습니다. 이 부분에서는 구원받은 자라면 당연히 나타나게 되어 있는 특징에 대해 말씀하고 있습니다. 아기가 태어났다면 시간이 지날수록 장성해가는 것에 대해 더 깊은 관심을 가지고 노력하며 사는 것처럼, 믿음으로 구원을 얻은 신자도 자기가 받은 생명의 영광에 어울리는 장성한 삶에 대해 신중한 열심을 내게 되어 있다는 것입니다. 참된 구원을 얻은 자는 제사를 드림보다 의와 공평 행하기를 즐거워하며 애쓰는 자입니다. 그럴듯한 거짓 교훈에 속지 않고 자기가 먼저 오직 은혜로 구원받은 자임을 드러내는 말과 행실을 하려고 힘쓰게 되어 있습니다. 그것이 장성한 신자가 갖는 지혜의 특성입니다.

4. 입과 혀를 지키는 자는
(잠 21:19-25)

19 다투며 성내는 여인과 함께 사는 것보다 광야에서 혼자 사는 것이 나으니라
20 지혜있는 자의 집에는 귀한 보배와 기름이 있으나 미련한 자는 이것을 다 삼켜버리느니라
21 의와 인자를 따라 구하는 자는 생명과 의와 영광을 얻느니라
22 지혜로운 자는 용사의 성에 올라가서 그 성의 견고히 의뢰하는 것을 파하느니라
23 입과 혀를 지키는 자는 그 영혼을 환난에서 보전하느니라
24 무례하고 교만한 자를 이름하여 망령된 자라 하나니 이는 넘치는 교만으로 행함이니라
25 게으른 자의 정욕이 그를 죽이나니 이는 그 손으로 일하기를 싫어 함이니라

21장 9절과 19절에서 비슷한 의미의 말을 반복한 것은 영적인 면에서 어떤 상대적인 유익을 이야기하는 것이라 했습니다. 둘 다 의미 있고 필요하지만 보다 더 중요한 것이 없으면 다른 하나는 소용없어지므로 그것을 분별해서 가지려고 애쓰는 것이 지혜라는 의미였습니다. 8절까지는, 마음

속 깊은 곳까지 살피시며 왕의 마음까지도 인도하실 수 있는 하나님은 형식적이고 종교적인 모습보다 의와 공평을 더 중요하게 생각하고 이루고자 하는 자들을 기뻐하시고 그들이 계속해서 그 생명의 길을 갈 수 있도록 인도하여 주시는 분이심을 알려주었습니다. 그런 다음 9절 이후의 말씀에서는 그와 관련하여 지혜와 어리석음이 나누어짐을 이야기했습니다. '지극히 작은 자 한 사람에게 자기 가진 것 중 작은 것 하나라도 나눌 줄 모르는 사람은 아무리 종교적인 열심이 있어도 파멸 당할 것이요, 종교적인 의식을 행하는 것도 중요하게 생각하지만 의와 공평을 행하는 것을 더 중요하게 생각하고 행하는 자는 명철의 길을 걷는 자로서 궁극적인 만족을 얻을 것이라'는 의미였습니다. 참된 믿음으로 구원 얻은 사람은 장성해가면서 그와 같은 생명의 특징이 나타나게 되어 있다는 말씀입니다.

본문에서는 9절에 이어 다시 한번 본질적으로 더 가치 있고 유익한 것에 대해 이야기합니다. "다투며 성내는 여인과 함께 사는 것보다 광야에서 혼자 사는 것이 나으니라"(19). 9절처럼 영적 차원에서 무엇이 더 근본적이며 유익한 일인지 알립니다. 진정으로 좋은 것, 보다 더 가치 있는 것이 무엇이냐는 것입니다. 앞서 종교적인 모습보다 의와 공평을 이루는 것이 더 중요하다고 했던 말씀이 첫 번째 내용이자 남을 향한 일이었다면, 본문은 두 번째로 자기 자신을 향한 말씀입니다.

그와 관련하여 우선 미래를 대비하는 자와 현재로 만족하려는 자를 비교합니다. "지혜 있는 자의 집에는 귀한 보배와 기름이 있으나 미련한 자는 이것을 다 삼켜 버리느니라"(20). "보배"는 말 그대로 사람들이 갖기를 열망하는 보물을 가리키며, "기름"은 왕이 사용하는 값비싼 향유를 뜻하는 말로 '부와 번영'을 의미합니다. "귀한"으로 번역된 단어는 '기뻐하다, 열망하다'라는 뜻으로, 사람이 열망하는 귀한 보배와 부가 지혜로운 자의 집에는 쌓여 있다는 뜻입니다. 보배와 기름이 있으면 그 집에 사는 이들이 생명을 유지할 수 있고, 또 생활에 필요한 여러 가지를 공급받을 수 있습니다. 그것을 마련해 놓은 자를 지혜롭다고 합니다. 단순히 많이 쌓아 놓은 부자라서 지혜롭다는 말이 아닙니다. 미래를 대비할 줄 알았느냐의 문제입니다.

그 점은 후반부 말씀을 통해 확정됩니다. "**미련한 자는 이것을 다 삼켜 버리느니라**", 나중을 위해 남겨두는 법 없이 있는 대로 다 써버린 자를 가리켜 미련한 자라고 합니다. 현재 누릴 즐거움을 위해 모든 자산을 무분별하게 소비하고 탕진하여 훗날 비참한 처지가 되는 것처럼 미련한 일은 없습니다. 내일을 위해 오늘을 수고하여 대비하는 것은 보편적인 지혜입니다. 오늘 나의 거처에 미래를 위한 보배와 부를 쌓아 놓으려 힘쓰는 자가 지혜롭다는 것입니다.

단순히 경제적인 차원에서 하는 말씀이 아닙니다. 여기서 말하는 보배와 기름은 본질적이고 영적인 차원의 보배와 기름을 상징합니다. 21절이 그 점을 분명히 합니다. "**의와 인자를 따라 구하는 자는 생명과 의와 영광을 얻느니라**"(21). 자기 집에 쌓아 놓은 보배와 기름이 의와 인자라는 뜻입니다. 그는 '의와 인자를 추구하는' 사람입니다. 의를 얻기 위해, 인자를 얻기 위해 애쓰며 사는 삶입니다. 하나님께서 완전한 의를 가지신 것처럼 자기도 완전한 의를 이루기 위해 애쓰며(마 5:48), 하나님의 인자로 자기가 용서받은 것처럼 자기도 자기에게 잘못한 사람에 대해 인자로 대하려고 하는 것입니다(골 3:13). 세상에서는 자기 집에 보배와 부를 모아놓은 자를 지혜롭다고 합니다. 이후의 삶을 보장해주기 때문입니다. 하지만 영적 차원에서는 '의와 인자를 추구하는' 자가 지혜롭습니다. 그것이 장래를 가장 현명하게 예비하는 일입니다. 그는 마지막에 생명과 의와 영광을 얻을 것이기 때문입니다. 죽음 이후의 삶이 영생이요, 완전한 의인으로 인정받고 하나님의 영광을 두른 자가 된다는 뜻입니다. 의와 인자를 구하여 자기 거처에 쌓아 두는 자는 그처럼 복된 결말을 얻을 것입니다. 이처럼 본문은 일반적으로 육신의 생명과 삶을 유지하기 위해 필요한 것을 비축해 놓은 사람을 지혜롭다고 하는 것처럼 하늘의 생명과 영광을 얻기 위해 '의와 인자를 추구하는' 삶, 의와 인자를 쌓아 놓으려 하는 인생이 지혜롭다고 말하고 있습니다. 의와 인자를 쌓아 놓는 것이 훗날에 누릴 영광을 위해 다른 어떤 보배와 부를 쌓아 놓는 것보다 귀합니다. 의와 인자가 없다면 땅에서 아무리 많은 것을 쌓아 놓았다고 해도 아무 소용이 없습니다.

이 "**의와 인자**"는 한편으로 앞에서 말했던 "**의와 공평**"을 행하는 것, 곧 지극히 작은 자에게 자기 가진 것 중에 일부를 나누는 것이기도 합니다. 여러 가지 형태의 종교적 행위도 중요하지만 자기가 먼저 용서받은 사람임을 아는 자답게 지극히 작은 자들에게 자기 가진 것을 나눠주는 것이 의요 공평이라고 했습니다. 가장 귀한 보배와 기름을 가리킵니다. 그 의와 공평을 쌓으려 애쓰며 현재를 묵묵히 살아내는 것이 미래를 제일 지혜롭게 준비하는 모습입니다.

하지만 본문에서는 그 외에 또 다른 보배와 기름인 '의와 인자'를 밝힙니다. 앞서서 말한 의와 공평이 다른 사람과의 관계에서 나타나는 보배라면 본문은 자기 자신과 관련된 내용입니다. 지혜로운 계책으로 성을 함락시키는 자를 예로 들고 있습니다. "**지혜로운 자는 용사의 성에 올라가서 그 성의 견고히 의뢰하는 것을 파하느니라**"(22). 기묘한 계책으로 난공불락의 성을 함락시키거나 절대적으로 열세인 상황에서 강력한 대적을 물리친 경우를 보면 지혜가 가진 힘이 얼마나 강력한지 알 수 있습니다. 지혜는 때로 수십만의 군사보다 강력한 힘을 발휘합니다. 수십만의 군사도 이루지 못한 일을 지혜가 이루어내기 때문입니다. 삼국지의 제갈량이 조조의 백만 대군을 물리쳤다는 이야기나 고대 그리스 전투에서 사용된 트로이 목마가 사람들에게 이토록 널리 알려진 것은 그만큼 지혜가 가진 강력한 힘 때문입니다. 지혜는 용사보다 강한 능력입니다.

그러나 본문은 성을 함락시키는 것보다 더 큰 힘과 능력을 가진 지혜가 있다고 합니다. 곧 자기 입과 혀를 지키는 힘입니다. **"입과 혀를 지키는 자는 그 영혼을 환난에서 보전하느니라"**(23). 말을 조심해서 하면 심판 날에 자기 영혼이 안전하게 될 것이며 그것이 성을 함락시키는 것보다 더 큰 힘이라는 말입니다. 누가 자기 지혜로 어떤 난공불락의 성을 함락시켰다고 해도, 그 사람이 남을 멸시하고 미워하고 상처 주고 괴롭게 하는 말을 하는 사람이라면 차라리 성을 함락시키는 그런 지혜 같은 것은 없는 게 낫습니다. 왜냐하면 그 사람은 성을 얻었을지는 몰라도 자기 영혼은 잃어버렸기 때문입니다. 자기 영혼이 심판의 불길 가운데 놓인다면 거대한 성을 가진들 아무 소용 없습니다. 역사에 남을 만큼 위대한 승리라고 해도 목숨을 잃고 심판 아래 처한다면 아무런 의미가 없습니다. 여기서 말하는 환난은 인생 살다가 겪는 어려움이 아니라 영원한 심판이기 때문입니다.

입과 혀를 잘 못 놀린 사람은 마지막 날에 반드시 영원한 형벌을 받게 되어 있습니다. 하지만 이 말씀은 단순히 말을 어떻게 하느냐 하는 문제에만 국한되지 않습니다. 주님께서 이렇게 말씀하셨습니다. **"옛 사람에게 말한 바 살인치 말라 누구든지 살인하면 심판을 받게 되리라 하였다는 것을 너희가 들었으나 나는 너희에게 이르노니 형제에게 노하는 자마다 심판을 받게 되고 형제를 대하여 라가라 하는 자는 공회에 잡히게 되고 미련한 놈이라 하는 자는 지옥 불에 들어가게 되리라 그러므로 예물을 제단에 드리다가 거기서 네 형제에게 원망 들을만한 일이 있는 줄 생각나거든 예물을 제단 앞에 두고 먼저 가서 형제와 화목하고 그 후에 와서 예물을 드리라"**(마 5:21-24).

율법의 참된 의미에 따르면 꼭 사람을 죽여야만 살인이 아닙니다. 형제에게 성질내고, 비하하고, 미워하며 욕하는 자체가 살인으로 취급된다는 뜻입니다. 겉으로 나오는 모든 행위는 마음에서 시작되며, 그것은 이미 살인자의 마음처럼 죄로 오염되었다는 의미이기 때문입니다. 몇 마디 말

실수했다고 그러는가 하며 따질 문제가 아닙니다. 지금 예수님은 율법이 가진 참된 거룩의 기준을 말씀하시는 중입니다. 율법이 요구하는 의의 수준은 완전한 거룩이며, 따라서 사람들이 아주 가볍게 취급하는 분노와 조롱과 모욕도 살인처럼 심판받을 죄라는 말입니다. 입과 혀를 지키는 것은 모든 계명을 지켜야 한다는 대표적인 사례입니다. **"입과 혀를 지키는 자"**는 율법의 가장 작은 것까지도 여호와를 경외하는 자세로 지키려 하는 자라는 뜻입니다. 그들은 율법의 가장 작은 부분까지도 소홀히 하지 않고 주님의 뜻을 거역하지 않으려는 열망을 가진 자들입니다. 그런 자들이 **"영혼을 환난에서 보전"**하게 됩니다. 그 은혜가 주어지기에 입과 혀를 잘 지키는 자가 성을 빼앗은 지략가보다 더 지혜롭다고 하는 것입니다.

그렇지 않은 사람은 하나님을 무시하는 무례하고 교만한 자입니다. **"무례하고 교만한 자를 이름하여 망령된 자라 하나니 이는 넘치는 교만으로 행함이니라"**(24). 이 구절을 직역하면 '그의 이름을 경멸하는 자는 주제넘고 교만하니, 넘치는 교만으로 행함이니라'라고 번역할 수 있습니다. '그의 이름을 경멸한다'는 것은 하나님을 무시한다는 뜻입니다. 하나님의 말씀과 계명을 무시하는 것이 하나님의 이름을 경멸하는 것입니다. 그들은 과도한 자신감, 곧 넘치는 교만으로 행하는 자입니다. 자기들의 생각을 하나님의 교훈과 계명보다 더 크게 생각하기 때문입니다. 하나님은 그들을 반역을 꾀하다가 파멸을 면하지 못하는 어리석은 인간으로 취급하십니다(사 2:1-4). 그 결말이 비참하게 되어 있습니다.

그들을 게으름 피우다가 나중에 먹을 것도 없이 비참하게 된 사람으로 비유합니다. **"게으른 자의 정욕이 그를 죽이나니 이는 그 손으로 일하기를 싫어함이니라"**(25). **"게으른 자의 정욕"**은 '일하기 싫어하는 갈망'을 가리킵니다. 그 갈망이 그를 죽일 것이라 합니다. 봄부터 여름 내내 일하지 않다가 가을에 거둘 수확이 없어서 굶어 죽을 처지에 빠진 농부와 같습니다. 영적 차원에서도 그런 자가 있다는 뜻입니다. 이 사람은 내일을 준비하지 않습니다. 생명과 의와 영광을 위해 보배와 기름을 창고에 쌓아 두려는 수고를 귀찮아합니다. 그들은 현재를 누리고 즐기는 것으로 만족합니다. 하나님께서 말씀하셔도 의와 공평과 인자를 이루기 위해 현재 누리고 즐길 수 있는 것을 포기할 생각이 없습니다. 그것이 바로 무례요 교만이며 그 결말은 비참한 심판일 뿐입니다.

이처럼 무엇을 더 귀중히 여겨 따르려 하는지, 일상생활에서 그것을 부지런히 추구하는지 아닌지에 따라 그 결말이 서로 달라지는 것을 볼 수 있습니다. 이 교훈을 따라 입과 혀를 지키는 자, 곧 율법의 작은 부분까지 듣고 순종하기를 힘쓰는 자가 **"의와 인자를 추구하는 자"**요 복 있는 자입니다. 구원받은 성도는 누구나 다 이같은 의와 인자를 추구하며 살게 되어 있습니다. 그가 용사보다 강한 자입니다. 이 **"의와 인자"**가 없으면 무슨 보배나 기름이 있다고 해도 아무 의미가 없습니다. **"다투며 성내는 여인과 함께 사는 것보다 광야에서 혼자 사는 것이 나으니라"**(19)고 말씀하신 것이 이러한 의미를 담고 있습니다. 영원한 생명과 의와 영광을 얻게 하는 **"의와 인자"**를 추구하여 쌓아 두는 인생이 아니면 다른 것이 아무리 많이 있다고 해도 아무 소용 없다는 뜻입니다.

물론 입과 혀를 완전하게 지킨 사람은 아무도 없습니다. 말을 아예 못하는 사람이 아니면 그럴 수가 없습니다. 그러면 우리는 어떻게 해야 합니까?

먼저 우리는 자신이 얼마나 심령이 가난한 자인지, 얼마나 의가 없는 자인지를 깨달으며 겸손히 주님의 은혜를 구해야 합니다. 말 한마디라도 형제의 마음을 상하게 해서는 안 된다는 것을 알지만 그렇게 하지 못했을 때 용서를 구한 후, 다시 의와 인자를 따라 살려고 힘써야 합니다. 새로 갈아입은 옷이 더럽혀지면 다시 세탁해서 입으면 됩니다. 목욕을 했더라도 하루를 돌아다닌 뒤엔 발을 씻어야 합니다. 예수님께서 "이미 목욕한 자는 발 밖에 씻을 필요가 없느니라 온 몸이 깨끗하니라 너희가 깨끗하나 다는 아니니라"(요 13:10)고 하셨습니다. 믿음으로 말미암아 새사람 되는 은혜를 입었더라도 완전치 못한 언행에 관해 늘 주님께 씻김을 받아야 하는 자들이라는 의미입니다.

성도는 그 은혜를 따라 죄사함 받고 새 사람답게 살아갈 힘을 얻어 다시 계명을 지키려 힘쓰는 사람입니다. 의롭고 거룩한 사람으로 변화된 신분답게 살려고 합니다. 그중에 첫 번째가 자기 혀를 제어하려고 애쓰는 것입니다. 지금 당장 자기 마음대로 할 수 있다는 즐거움과 만족을 위해 하나님의 의와 인자를 버리는 어리석음을 범하려고 하지 않습니다. 장성해 가는 성도의 특징이 그렇게 나타납니다. 놀라운 힘과 기발한 계략으로 온 세상을 정복하며 제국을 이루는 자보다, 주님의 뜻을 따라 자기 혀를 지키기 위해 힘쓰는 자가 진정 지혜롭고 힘 있는 자입니다. 그가 생명과 의와 영광을 차지할 것입니다.

5. 이김은 여호와께
(잠 21:26-31)

26 어떤 자는 종일토록 탐하기만 하나 의인은 아끼지 아니하고 시제하느니라
27 악인의 제물은 본래 가증하거든 하물며 악한 뜻으로 드리는 것이랴
28 거짓 증인은 패망하려니와 확실한 증인의 말은 힘이 있느니라
29 악인은 그 얼굴을 굳게 하나 정직한 자는 그 행위를 삼가느니라
30 지혜로도 명철로도 모략으로도 여호와를 당치 못하느니라
31 싸울 날을 위하여 마병을 예비하거니와 이김은 여호와께 있느니라

앞선 본문에서는 '다투는 여인과 큰 집에서 사는 것보다 차라리 혼자 사는 것이 낫다'는 비유를 통해 신자는 보다 더 중요한 신앙의 본질을 추구하는 자임을 말씀하였습니다. 그중 하나는, 종교의식을 행하는 것도 중요하지만 그보다 의와 공평을 이루는 삶을 더 중히 여기는 모습이요, 또 하나는 현재 자기 마음대로 행할 수 있다는 사실에 만족하며 살기보다 장래에 얻을 생명과 의와 영광을 위해 입과 혀를 지키는 삶을 더 중요하게 여

기는 모습이었습니다. 의와 공평, 의와 인자를 최고의 보배와 기름으로 여기며 현재의 삶에 쌓아 두려는 열망을 보인다는 것입니다. 언제나 의를 잃지 않는 가운데 공평과 인자를 균형 있게 이루려 하는 것입니다. 그렇게 사는 사람은 성을 정복하는 자보다 더 나은 지혜를 가진 자요, 반대로 그 길을 떠나 자기 욕심을 따라 살기를 즐거워하는 자들은 무례하고 교만한 반역자이며 심판을 면치 못할 것이라 하였습니다. 게으른 자가 훗날 비참한 결말을 맞이하는 모습과 유사하였습니다.

이어지는 본문에서는 그 두 부류를 구체적으로 대조하며 지혜로운 길을 택하도록 돕습니다. 첫 번째는 의와 공평에 관련된 것입니다. "**어떤 자는 종일토록 탐하기만 하나 의인은 아끼지 아니하고 시제하느니라**"(26). 여기서 "**어떤 자**"는 바로 앞 절에서 말한 '게으른 자'요, 그 앞에서 말한 '교만한 자'를 가리킵니다. 자기를 높여 하나님의 뜻을 따라 살기를 게을리함으로 하나님의 이름을 멸시하는 자입니다. 그는 "**종일토록 탐하기만**" 하는 자라고 합니다. 아낌없이 나눠주는 의인과 대조됩니다. "**시제하느니라**"는 말은 '나눠 준다'는 뜻입니다. 의인은 자기가 먼저 은혜를 받은 자라는 인식에서 나눠주기를 기뻐하는 반면 게으르고 교만한 "**어떤 자**"는 나눠줄 줄 모르고 자기 욕심 채우기에만 급급합니다. 그는 자기가 은사로 받은 것을 지극히 작은 사람에게 나눠주기보다는 자기를 위해서만 사용하려 합니다. 그런 사람을 게으른 자라고 말하고 있습니다. 훗날 맞이할 결과를 위해 오늘 성실하게 일하는 자가 아니라는 의미입니다.

일반적인 시각에서 볼 때 이 사람은 부지런하고 성실하고 계획성 있는 자일 수 있습니다. 부지런히 일하며 절제하며 살아 노후를 편안히 보낼 수 있는 사람일 수 있습니다. 하지만 그러한 자도 하나님 앞에서는 게으른 자로 판명될 수 있습니다. 여기서 말하는 게으름은 하나님의 심판대 앞에 섰을 때 들을 평가이기 때문입니다. 평상시에 의와 공평을 행하는 데 게을렀다면 하나님은 그를 게으르며 교만한 자라고 판결하실 것입니다.

의와 공평을 행하는 것은 지극히 작은 자에게 내가 가진 것의 일부를 나눠주는 행위라 했습니다. 그 일을 부지런히 하는 것이 장래에 생명을 얻는 일이라 하셨습니다. 이에 관한 관심 없이 그저 자기 창고에 쌓는 것만 열심히 하는 자를 세상에서는 칭찬하고 부러워할지 모르겠지만 하나님은 그를 게으른 자요, 하나님의 이름을 업신여기는 교만하고 주제넘은 자라고 평가하신다는 것입니다. **"게으른 자의 정욕이 그를 죽인다"**(25)고 했습니다. 영적인 게으름이야말로 그 생명을 파멸에 이르게 하는 무서운 죄라는 뜻입니다.

종교적 의식을 행하는 데 열심을 가졌더라도 이 의와 공평이 없으면 아무 소용 없습니다. **"악인의 제물은 본래 가증하거든 하물며 악한 뜻으로 드리는 것이랴"**(27). 14절에서 종교적인 의식엔 열심이면서 지극히 작은 자들에게 자기 가진 것 중의 일부를 나누려고 하지 않는 자를 하나님은 '뇌물공여자'로 취급하신다고 했습니다. 하나님은 지극히 작은 자에게 자기의 일부를 나누는 의와 공평 없이 종교적인 의식만 있으면 된다는 자세를 기뻐하지 않으십니다. 그들이 드리는 제물을 가증하게 여기시며 악한 의도로 바치는 제물도 원치 않으십니다.

"악한 뜻으로 드리는 것"이란 의와 공평을 행할 의도는 전혀 없으면서 그저 내가 더 많은 혜택을 받고, 창고에 더 많이 쌓아 둘 수 있게 되길 바라며 하나님께 무얼 바치는 행위를 말합니다. 내게 있는 모든 것이 하나님의 은혜로 허락된 것임을 믿는 믿음으로 드리는 것이 아니라, 더 큰 이익을 바란다거나 혹은 남들에게 과시하려는 의도에서 바치는 제사와 제물이라면 하나님은 그것을 부정한 뇌물로 여기시며 받지 않으십니다. 마치 아벨의 제사는 받으시고 가인의 제사는 받지 않으신 것처럼, 참된 믿음 없이 악한 의도를 가지고 드리는 제물이나 제사는 결코 열납하지 않으시며 오히려 하나님을 기만하고 만홀히 여기는 범죄로 여기실 뿐입니다. 하나님은 물 한 모금, 밥 한 공기라도 나눠 먹는 의와 공평을 행할 것을 명하신 분이십니다. 그것이 결코 파산할 리 없는 하늘 은행에 연금을 들어 놓는 것과 같습니다. 그런 점에서 성도의 종교 행위는 의와 공평을 행하는 것과 균형과 조화를 이루는 의식이어야 합니다. 그런 모습이 있는 자가 영적 차원에서 미래를 준비하는 현명한 사람입니다. 그 일에 게으름 피우지 않아야 하겠습니다.

심판을 면할 지혜로운 길 중 두 번째는 의와 인자를 행하는 것과 관계 있습니다. 언제나 의를 잃지 않으면서도 인자를 추구하는 모습을 말합니다. 앞에서 의와 인자는 말과 관련 있으며 '자기 입과 혀를 지키는 자가 성을 정복한 자보다 더 힘세고 지혜로운 자'라고 했습니다. 그 의와 인자를 가지려고 애쓰는 것이 미래를 올바로 준비하는 것이요, 파멸을 면하는 길입니다. 그 점에 관해 이렇게 말합니다. **"거짓 증인은 패망하려니와 확실한 증인의 말은 힘이 있느니라"**(28). 이 구절은 한글성경에서 원문과는 조금 다르게 의역을 해 놓았습니다. 원문 성경은 이렇게 번역됩니다. 전반부의 '거짓 증인은 파멸되려니와'는 원문과 같습니다. 그러나 후반부는 조금 다르게 번역됩니다. '듣는 자는 영원히 말할 것이다'. 앞뒤 관계를 이해하기 쉽지 않지만 해석해 보자면 아래와 같은 뜻입니다.

우선 **"거짓 증인"**과 대조되는 자가 '참 증인'이 아니라 '듣는 자'입니다. '듣는 자'는 하나님의 말씀을 순종하는 자를 가리킵니다. '의와 공평을 행하는 것이 단순히 종교의식에만 열중하는 것보다 더 중요하다', '성을 정복하는 것보다 입과 혀를 제어하는 자가 더 큰 용사다', 이러한 말씀에 주의를 기울여 말 한마디를 해도 하나님의 뜻을 거역하는 말을 하지 않으려 주의하는 자라는 뜻입니다. 거짓 증인은 그러한 모습이 없는 사람입니다. 하나님께서 말씀하신 대로 입과 혀를 제어하려 하지 않습니다. 하나님은 그런 사람을 거짓 증인으로 여기십니다. 입과 혀를 제어하지 않고 미움과 분노와 탐욕과 속임수를 위해 함부로 말하거나 자기 이익을 위해 진리 아닌 말을 진리인 척 일삼는 자를 거짓 증인처럼 취급하십니다. 그는 미래를 준비하지 않는 게으른 자와 같습니다.

그는 패망할 것입니다. 심판받는다는 뜻입니다. 세상 법정에서 위증자를 처벌하는 것과 같습니다. 법정에서는 위증했다가 발각된 거짓 증인도 무겁게 처벌받습니다. 진실만을 말할 것을 엄중하게 맹세해 놓고 거짓말 하면 비록 자기가 죄를 지은 당사자가 아니어도 범죄자에 준하는 벌을 받습니다. 거짓 증언한 대가가 그만큼 무섭습니다. 마찬가지로 말에 대한 하나님의 뜻을 무시하고 자기 마음대로 혀를 놀린 자들을 하나님께서 파멸에 처할 것입니다. 그러나 **"듣는 자는 영원히 말할 것이라"**고 합니다. 하나님을 두려워하여 말 한마디도 그 뜻을 벗어나지 않으려고 애쓰며 사는 자는 하나님 앞에 생명 있는 자로 살아서 아름다운 말, 하나님을 기쁘시게 하는 말을 영원히 계속할 수 있을 것이라는 말입니다. 영생을 얻는다는 사실을 그렇게 표현하고 있습니다.

이렇게 사람들은 두 부류로 나뉠 것입니다. **"악인은 그 얼굴을 굳게 하나 정직한 자는 그 행위를 삼가느니라"**(29). '얼굴을 굳게 한다'는 말은 부끄러움도 죄책감도 없이 온갖 악행을 저지른다는 뜻입니다. 하나님께서 뭐라고 말씀하셨는지 전혀 신경쓰지 않고 욕설이든, 불경건한 말이든, 음란한 말이든 가리지 않고 해댄다는 것입니다. 어떤 사람들은 하고 싶은 말을 하지 못하고 속에만 담아 두면 화병이 생기니까 쏟아내라고 합니다. 참지 말고 범죄가 되지 않는 선에서 토해내라고 권고하기까지 합니다. 그러나 성도는 사람들이 하는 말에 현혹되지 않아야 합니다. 하나님의 말씀이 정확히 말하고 있는 것을 제쳐두고 사람들이 하는 말을 따라가는 것은 주제넘고 교만한 것이며, 하나님을 업신여기는 행동이자 거짓 증인과 같습니다. '얼굴을 굳게 하는' 자들은 심판당할 것입니다.

하지만 믿는 자들은 그렇게 하지 않습니다. **"행위를 삼가느니라"**, 주의해서 하나님의 뜻대로 하기를 힘쓴다는 뜻입니다. 그들은 악인들처럼 말과 행동을 자기가 하고 싶은 대로 쏟아내지 않으며, 하나님을 두려워하는 마음에서 말 한마디도 그 뜻을 벗어나지 않으려 합니다. 그들은 자기 마음대로 악한 말과 행동을 쏟아내고 만족하라는 사람들의 권고보다 더 좋은 해결방법을 알고 있습니다. 하나님께 도움을 청하는 것입니다. 힘들면 힘들다고, 아프면 아프다고, 괴로우면 괴롭다고 호소해야 합니다. 하나님의 뜻대로 하려고 했으나 너무 힘들고 어려우니 도와주시길 기도하는 것입니다. 그렇게 하는 사람은 다른 사람에게 분풀이하듯 쏟아내는 것보다 훨씬 더 근본적인 차원에서 해결을 보게 되어 있습니다. 하나님께서 그 마음을 붙잡아 주심으로 다른 사람에게 악하게 굴지 않아도 어디다 쏟아버린 것 이상의 은혜와 감동을 누리게 되어 있습니다. 하나님의 뜻을 순종했다는 감동이 그 영혼을 오히려 더욱 강건하게 만들어주기 때문입니다.

그런 사실을 알고 그 행위를 주의하는 자가 '정직한 자'입니다. 물론 정직한 자의 언행이 항상 올바르다거나 완전하다는 뜻은 아닙니다. 하지만 행실을 주의하는 자를 '정직한 자'라고 표현한 말에는 주님의 크신 은혜가 담겨 있습니다. 자기 입과 혀를 완전히 의롭고 거룩하게만 제어하는 사람은 없기 때문입니다. 사람은 아무리 올바른 말, 거룩한 말만 하려고 애를 써도 완전히 그렇게 할 수가 없습니다. 죄된 말을 할 때도 있고, 실수해서 다른 사람의 영혼에 생채기를 내는 말을 할 때도 있습니다. 그럴 때마다 정직하게 잘못을 고백하는 자가 의인이라는 의미입니다. 의인으로 칭함 받는 자는 '나중에 고백하면 되니까 아무 말이나 막 하고 나중에 용서받자', 이런 식으로 생각하고 행하지 않습니다. 완전하지는 못해도 조심하려는 모습을 보입니다. 진심으로 애쓰며, 또 잘못한 것은 정직하게 고백하여 용서받는 자들이 '듣는 자요, 영원히 살아 그 말을 계속할 자'라는 것입니다.

이런 사실을 바탕으로 의와 공평을 이루기 위해 힘쓰고, 또 말 한마디라도 주의 뜻을 반하는 말이 되지 않도록 주의하여 의와 인자를 행하는 것이 미래를 제대로 준비하는 자의 모습입니다. 그가 바로 심판을 면하고 하나님 앞에서 영원히 생명 있는 자로 사는 그 복된 열매를 얻기 위해 제대로 준비하는 지혜로운 자입니다. 하나님은 반드시 이와 같은 원리로 인간들 모두를 심판하실 것입니다. 이러한 법칙을 무시할 수 있는 사람은 아무도 없습니다. 사람들은 자기를 높여 이와 같은 말씀을 무시하고 자기 마음대로 인생의 법칙을 세울 것이나 하나님은 악인들을 철저히 심판하실 것입니다. 30, 31절은 그 점을 강조하고 있습니다. **"지혜로도, 명철로도, 모략으로도 여호와를 당치 못하느니라 싸울 날을 위하여 마병을 예비하거니와 이김은 여호와께 있느니라"**(30,31).

지혜로 하나, 힘으로 하나 하나님과 대적하여 이길 수 있는 자는 아무도 없다는 의미입니다. 사람이 아무리 준비하고 노력해도 최종적인 결과는 하나님의 손에 달려 있습니다. 포악한 독재자처럼 마음대로 행한다는 뜻이 아닙니다. 하나님께서 한 번 정하신 법칙은 그 누구도 바꿀 수 없으며, 모든 인간이 힘을 합쳐 덤벼도 절대 변하지 않는다는 말입니다. 그 법을 바꿀 만큼 지혜로운 자도 없고, 힘으로 싸워 하나님의 뜻을 무산시킬 만큼 권세 있는 자도 없습니다. 지혜로 하나 힘으로 하나 하나님이 최고이십니다.

구약 성경에 수도 없이 나타나 있는 것처럼 나라와 나라 간의 전쟁도 하나님이 나서시면 그치기도 하고 계속되기도 합니다. 어느 인간이 강력한 제국들의 전쟁을 그 뜻대로 주도하겠습니까? 그러나 구약 성경은 전쟁의 승리와 패배도 하나님이 섭리하시는 손안에 달려 있음을 증거하고 있습니다. 그런 분이 정하신 인생의 원칙입니다. 전쟁도 그 뜻대로 주관하시는 하나님이시기 때문에 그가 정하신 법칙, 규례를 무시하고도 안전할 자가 없다는 말입니다. 의와 공평을 중시하는 삶, 말 한마디라도 하나님을 두려워하는 가운데 조심스럽게 행하는 인생, 그런 자가 되려고 애쓰는 것이 미래를 가장 복된 모습으로 준비하는 인생입니다. 이 법칙을 제정하신 하나님의 뜻을 바꿀 수 있는 위인은 아무도 없습니다. 예를 들어 "형제에게 노하는 자마다 심판을 받게 되고 형제를 대하여 라가라 하는 자는 공회에 잡히게 되고 미련한 놈이라 하는 자는 지옥 불에 들어가게 되리라"(마 5:22)고 하신 말씀을 심판대 위에 있는 법전에서 삭제할 수 있는 권한은 아무에게도 없습니다. 지혜로운 자는 정직하게 자기 죄를 아뢰고 용서를 빌되, 더 나아가 하나님의 뜻과 권세를 중히 여기고 자기 행실을 주의하려고 힘쓰는 자입니다.

분명히 우리는 오직 은혜로만 구원받습니다. 그러나 구원받은 사람은 이런 모습을 통해 자기가 받은 구원을 증거합니다. 사람이 자기 뜻과 상관없이 이 세상에 태어나지만 일단 태어난 후에는 존재의 목적을 생각하며 그것을 이루는 데서 삶의 의미와 가치를 찾기 마련입니다. 자기 뜻과 상관없이 태어났다고 해서 아무것도 하지 않고 놀고먹기만 하는 데서 삶의 보람이나 의미를 찾는 사람은 없을 것입니다. 만일 있다면 누구나 다 그를 어리석은 자요, 내일이 없는 자라고 말할 것입니다. 마찬가지로 구원받은 이후에 의와 공평, 의와 인자에 대해 아무것도 하지 않는 자를 성경은 게으르고 교만한 자라고 하십니다. 영생과 관련해 아무것도 가질 수 없는 파멸에 속한 자라는 말입니다. 하나님께서는 그 백성들을 구원하시어 새 생명을 주실 때 의와 공평, 의와 인자를 이루는 자가 되기를 기대하십니다. 성도의 존재 의미와 목적에서 그보다 중요한 것은 없습니다. 그 점을 기억하고 이와 같은 말씀으로 우리를 지혜로운 자의 반열에 선 사람답게 살게 하시는 하나님의 깊고 크신 은혜와 목적을 이루며 자라가야 하겠습니다.

Proverbs

문맥으로 보는
잠언 강해 Ⅲ

22장

1. 빈부가 섞여 살거니와
(잠 22:1-4)

1 많은 재물보다 명예를 택할 것이요 은이나 금보다 은총을 더욱 택할 것이니라
2 빈부가 섞여 살거니와 무릇 그들을 지으신 이는 여호와시니라
3 슬기로운 자는 재앙을 보면 숨어 피하여도 어리석은 자들은 나아가다가 해를 받느니라
4 겸손과 여호와를 경외함의 보응은 재물과 영광과 생명이니라

21장은 성도가 자신이 먼저 용서받은 자임을 인정하는 자세로 사는 것이 얼마나 중요한지를 알게 하는 말씀이었습니다. 종교행위보다 의와 공평을, 땅에서 누릴 부와 번영보다 의와 인자를 더 귀한 보배로 여기며 소유하려 힘쓰는 것이 영생에 이르는 미래를 준비하는 지혜로운 삶임을 알려주었습니다. 가난한 자를 위해 자기가 가진 것을 나누고, 자기 입과 혀를 지켜 말 한마디를 하더라도 주님의 계명에 합당하게 하려는 모습이 구원받은 자에게 나타나는 모습이었습니다. 그것이 미래를 올바로 준비하는 모습입니다. 하나님은 세우신 법을 따라 인간을 심판하실 것이기 때문입

니다. 하나님께서 정하신 법칙을 무시할 수 있는 사람은 아무도 없습니다. **"지혜로도, 명철로도, 모략으로도 여호와를 당치 못하느니라 싸울 날을 위하여 마병을 예비하거니와 이김은 여호와께 있느니라"**(잠 21:30,31). 하나님께서 정하신 법칙을 바꿀 만큼 지혜로운 자도 없고, 힘으로 싸워 하나님의 뜻을 무산시킬 만큼 권세 있는 자도 없습니다. 하나님께서 정하신 법칙과 규례를 무시하고도 안전할 자는 없습니다. 그러니 의와 공평을 중시하는 삶, 말 한마디라도 하나님을 두려워하면서 조심스럽게 행하는 인생, 그런 자가 되려고 애쓰는 것이 미래를 가장 복된 모습으로 준비하는 인생이며, 장래의 영광을 소유할 자들이라는 증거입니다.

그와 같은 사실을 바탕으로 본문이 이어집니다. 우선, **"많은 재물보다 명예를 택할 것이요 은이나 금보다 은총을 더욱 택할 것이니라"**(1)고 합니다. 우리말 번역은 선택을 권면하는 말처럼 되어 있지만 원문에서는 일반적인 현상을 이야기하는 비유입니다. 문자적으로 번역하면 이렇습니다. '많은 재물보다 명예가 선택되며, 은이나 금보다 은총이 더 낫다.' 택하라고 권하는 말씀이 아니라 일반 세상에서 돈만 아는 사람보다 사람의 품격을 지키는 사람, 그 이름의 명예를 중히 여기는 모습을 비유로 들었습니다.

모든 사람이 다 돈만 좇지 않습니다. 돈 많은 사람이 부러울지언정 존경하지는 않습니다. 오히려 돈보다 명예를 더 중요하게 여기는 사람을 존경합니다. 물론 시대가 갈수록 그런 경향이 점점 줄어들고, 어떻게 하든지 돈만 많이 벌면 된다는 사람들이 늘어나는 추세지만 여전히 불법을 자행하는 부자는 비난받기 마련입니다. 인간의 참된 가치는 많은 재물보다 명예에 있기 때문입니다. 세상 사람들에게도 그러한 인식은 보편적입니다. 마찬가지로 성도에게는 은이나 금보다 은총이 더 낫습니다. 땅에 속한 귀한 것을 아무리 많이 누린다 해도 하나님의 은혜를 받는 것이 더 귀합니다. 사람들은 대개 은과 금을 받는 것 자체를 은혜라 여기지만 본문은 그것이 꼭 일치하지 않는다는 점을 보여줍니다. 지혜로운 자는 그 둘을 구분할 줄 알며, 하나님의 은혜를 받는 것을 은과 금을 갖는 것보다 더 좋은 일로 여깁니다.

이처럼 은혜를 받는 것이 더 좋은 일임을 이야기하면서 다음 구절은 빈부가 더불어 사는 현실을 이야기합니다. **"빈부가 섞여 살거니와 무릇 그들을 지으신 이는 여호와시니라"**(2). '빈부가 섞여 산다'는 말은, 부자와 가난한 자가 항상 공존하는 현실을 가리킵니다. '산다'는 말은 원래 '만난다'는 뜻으로 부자와 가난한 자는 그들이 원하든 원하지 않든 살면서 만나게 되어 있다는 뜻입니다. 이 세상이 끝날 때까지 가난한 자들은 사라지지 않을 것이며 부자와 더불어 살게 되어 있습니다. 주님께서도 그 점을 말씀하셨습니다. **"가난한 자들은 항상 너희와 함께 있거니와 나는 항상 함께 있지 아니하리라"**(마 26:11; 막 14:7; 요 12:8).

이러한 상황의 근본 원인은 하나님께 있습니다. **"그들 모두를 지으신 이는 여호와시니라"**, 부자나 가난한 자나 모두 하나님이 지으신 피조물이라는 말씀은 우선 그들이 근본적으로 동등한 자, 평등한 자라는 뜻입니다. 모두가 하나님의 형상을 닮은 피조물이라는 점에서 존엄성을 지니고 있습니다. 하나님께서 그들이 서로 섞여 살도록 의도하셨습니다. 서로 다른 사람들이 함께 살게 된 배경이 여호와 하나님께 있습니다.

이는 은이나 금보다 은총을 더 좋은 일로 여기는 자인지를 알게 하는 시험장이 됩니다. 다시 말하면 앞에서 의와 공평, 의와 인자를 행하는 것과 관련하여 하나님의 심판이 있다고 했는데, 이런 현실에서 어떻게 하느냐에 따라 그들이 무엇을 더 중요하게 생각하며 더 나은 일로 여기는지를 알게 되는 것입니다. 빈부가 섞여 사는 세상은 그 점을 확인하는 마당과 같습니다. 부자와 가난한 자가 서로 만날 수밖에 없는 환경을 주신 하나님의 뜻이 여기에 있습니다. 서로를 차별하지 않고 존중하며, 평등하게 서로를 위하고 도우며 사는 것입니다. 부자는 가난한 자를 돈 없다고 깔보거나 차별하지 않고, 가난한 자는 부자를 시기하거나 미워하지 않고 서로 존중하는 가운데 필요한 도움을 감사로 주고받는 것입니다. 그렇게 하나님의 형상을 닮은 인간으로 지음 받은 명예를 드러내는 것이 부자와 가난한 자를 함께 허락하신 하나님의 뜻입니다. 은과 금보다 하나님의 은혜를 더 나은 보배로 여기는 사람은 이러한 현실에서 자기 역할을 찾아 행합니다. 종교성보다 의와 공평을 이루기 더 원하며, 땅의 보물보다 말 한마디라도 주님의 뜻을 따라 행하는 의와 인자를 더 중요하게 생각합니다. 부자와 가난한 자가 서로 만날 수밖에 없는 이 세상의 현실은 이처럼 의와 공평을 시행할 수 있는 환경이자 일종의 검증대가 됩니다.

이와 같은 하나님의 뜻에 대해 사람들이 보이는 반응과 결과는 두 가지입니다. **"슬기로운 자는 재앙을 보면 숨어 피하여도 어리석은 자들은 나아가다가 해를 받느니라"**(3). 언뜻 보면 앞뒤 구절이 잘 연결되지 않는 것 같습니다. 하지만 문맥을 따라서 자세히 살펴보면, 지혜 있는 자는 다른 사람을 어떻게 대하느냐에 따라 그들의 운명이 달라지는 것을 알아 그 벌을 받을 행동을 하지 않고, 반대로 어리석은 자들은 의 안에서 이루는 공평과 인자를 무시하며 살다가 심판을 받게 된다는 뜻입니다. 하나님의 은총을 어떤 보물보다 더 나은 보배로 여겨 의 안에서 공평과 인자를 이루려고 힘쓰는 자가 심판을 면할 자입니다.

재앙이 무엇입니까? 하나님의 은총을 받지 못하고 해를 받는, 곧 심판의 재앙을 받는 것입니다. 어떤 사람들이 그처럼 무서운 재앙을 당합니까? 그들에 대해 본문은 사람이 무엇을 더 중요하게 여겨 추구하느냐에 달려 있다고 암시합니다. 빈부가 섞여 있는 세상에 자기를 두신 하나님의 의도를 완전히 무시하고 그저 제 욕심 채우기에만 급급한 자는 심판을 피할 수 없으며, 의와 공평과 의와 인자를 올바로 이루려고 힘쓰는 자는 은총을 받을 것입니다.

하나님께서 자기 형상을 따라 만드신 사람을 공평과 인자로 대하지 않고 차별한 자들은 재앙을 당하게 되어 있습니다. 가난한 자를 학대한다거나 다른 사람을 시기하고 질투하면 어떠한 결과가 주어질지는 이미 결정되었습니다. 가난한 자를 학대하면 하나님께서 학대하는 자를 처리하실 것이요, 가난한 자를 가족처럼 여겨 작은 것 하나라도 함께 나눠 살면 하나님은 복을 내리실 것입니다. 말 한마디라도 의와 인자를 따라 행하는 자는 해를 면할 것입니다. 지혜로운 자는 그런 사실을 알고 재앙을 받을 짓을 하지 않습니다. 그들은 다른 사람을 하나님의 형상을 닮은 피조물로 여겨 가난하다고 멸시하며 차별하거나 부자라고 이유 없이 미워하고 시기하며 중상모략하지 않습니다. 그렇게 했을 때 돌아올 재앙이 얼마나 무서운지 알기 때문입니다. 따라서 어리석은 자는 이와 같은 하나님의 법을 듣고서도 전혀 상관하지 않고 자기 욕심만 부리다가 끝내 무서운 결말을 당할 것이나 슬기로운 자는 하나님께서 부자와 가난한 자가 더불어 살게 하신 목적을 기억하고 그 뜻대로 행함으로 하나님의 은총을 더 나은 보배로 여긴다는 증거를 보일 것입니다.

4절은 그들이 은총을 받을 이유와 그 은총의 내용을 구체적으로 보여주고 있습니다. "**겸손과 여호와를 경외함의 보응은 재물과 영광과 생명이니라**"(4). 우선 그와 같은 말씀을 듣고 이웃을 위하는 자를 "**겸손하고 여호와를 경외하는**" 자라고 합니다. 하나님의 은총을 은과 금보다 더 귀한 보배로 여겨 의 안에서 공평과 인자를 행하는 자를 가리킵니다. 하나님 앞에서 자신을 낮추고, 여호와를 두려워할 줄 아는 자들만 다른 사람들을 존중하며 차별하지 않을 수 있습니다. 그런 자가 은총을 받을 자입니다.

그런 자들에게 "**재물과 영광과 생명**"이 보응으로 주어진다고 합니다. 겸손과 여호와를 경외함의 결과가 바로 재물과 영광과 생명입니다. 여기서 말하는 **"재물"**은 하늘에서 면류관과 함께 받을 부요함을 의미합니다. 왜냐하면 그 뒤에 나오는 영광과 생명이라는 말이 다 신적인 차원의 존귀함과 영생을 의미하기 때문입니다. 영광은 하나님의 품격과 존귀함을 가리킵니다. 그 영광을 받을 것입니다. 그리스도께서 변화되신 것같이 우리 몸도 썩지 않고 쇠하지 않는 신적 영광으로 빛나는 몸을 함께 입을 것입니다.

그때는 하나님과 함께 하는 지위를 더욱 누릴 것입니다. 생명은 영생을 의미합니다. 이미 육신의 생명을 갖고 있기 때문입니다. 그래서 '겸손과 여호와를 경외함의 결과'로 받는 '생명'은 하나님 앞에서 기쁨으로 영원히 생존하는 그 생명을 가리킵니다. 그때 부요함의 재물도 함께 받는 것입니다. 하늘에서 받는 재물이 어찌 지폐나 금이나 다이아몬드 같은 보석이겠습니까? 하늘에서 누리는 신령한 복의 부요함, 그 누구도 부럽지 않은 부요를 의미합니다. 부자나 가난한 자나 다 하나님께서 지으셨고, 그렇게 서로 다른 사람들이 공존하는 세상을 만드신 의도를 알게 된 자가 겸손함과 여호와를 두려워함으로 의와 공평을 행하게 되면 부요와 영광과 영생을 얻는 은총을 받을 것입니다.

이러한 법을 피해 갈 수 있는 인간은 아무도 없습니다. 지혜로나 힘으로나 하나님을 뛰어넘을 자가 아무도 없기 때문입니다. 믿는 자나 믿지 않는 자나, 기독교인이나 다른 종교를 가진 자나 누구도 예외 없이 이와 같은 하나님의 법에 따라 판단 받을 것입니다. 그들 역시 하나님이 지으셨기 때문입니다. 은총보다 은과 금을 더 원하는 자들, 명예보다 재물을 더 갖기 원하는 자들은 이와 같은 성경의 가르침에 대해 강력하게 반기를 들고 나설 것입니다. 하나님의 의도를 무시하며 심판을 조롱할 것입니다. 오히려 더 완악한 자세로 사람을 차별하며 자기 잇속을 채우려고 할 것입니다. 하지만 지혜로운 자는 그런 자들과 발을 맞추지 않습니다. 모든 사람을 존중하며 의 안에서 공평과 인자를 행하는 자들과 함께합니다.

이와 관련해서 부수적으로 한 가지 살피고 넘어가야 하는 문제가 있습니다. 모두가 평등하니 서로 존중하며 의 안에서 공평과 인자를 행할 대상으로 삼는 일은 하나님의 뜻 안에서 이루어져야 한다는 점입니다. 이와 같은 논의가 필요한 이유는 최근에 세계적으로 평등이라는 기치를 앞세워 하나님의 규범마저 무시하는 사람들이 눈에 띄게 많아졌기 때문입니다. 많은 사람이 '모두가 평등하니 모두를 존중해야 한다. 그들은 날 때부터 동성애의 성향을 갖고 태어났으니 잘못이 없다, 다수가 동성애자가 아니라고 그들을 차별해서는 안 된다, 모두가 다 평등하니 동성애자들도 평등하게 대접받아야 한다'면서 동성애 및 다양한 성별을 인정해야 한다는 주장을 펼칩니다. 심지어 기독교인이라 자부하는 사람 중에도 이런 주장을 받아들이는 자들이 있습니다.

그러나 '동성애의 성향은 갖고 태어나는 것이니 그걸 인정해줘야 한다'는 말부터 잘못되었습니다. 그건 사람이 날 때부터 죄악의 본성을 갖고 태어났으니 죄를 지어도 된다는 말과 같습니다. 죄는 본성이지만 죄이기 때문에 본성을 제어하여 죄를 짓지 않으려고 하는 것이 당연한 것처럼, 동성애의 충동을 어릴 때부터 느꼈다고 해도 죄이기에 중단해야 합니다. 하나님의 계명만이 유일한 기준일 때 그 일이 가능합니다. 하나님은 사람을 남자와 여자로 창조하셨고, 동성애를 죄로 명시하셨습니다(롬 1:26,27). 그런데 그와 같은 하나님의 뜻을 무시하고 사람의 평등권만 주장한다는 것은 하나님을 두려워하지 않는 완악함이요, 하나님 앞에서 자기를 낮추지 않는 교만입니다. 그러므로 하나님의 명백한 규범을 침범하지 않는 가운데 참되고 거룩한 평등을 이루려 해야 합니다.

어리석은 자들은 하나님의 뜻을 무시하고 계속 가다가 심판의 웅덩이에 빠지게 될 것입니다. 하지만 지혜로운 자, 하나님의 은총을 받을 자들은 그런 자리에 함께 서지 않습니다. 겸손하게 자신을 낮추고 여호와를 두려워하여 그의 뜻을 순종하려고 하기 때문입니다. 주어진 현실 가운데 의와 공평, 의와 인자를 진지하게 행하는 모습에서 자라가는 자들이 지혜롭습니다.

2. 여호와의 눈
(잠 22:5-12)

5　패역한 자의 길에는 가시와 올무가 있거니와 영혼을 지키는 자는 이를 멀리 하느니라
6　마땅히 행할 길을 아이에게 가르치라 그리하면 늙어도 그것을 떠나지 아니하리라
7　부자는 가난한 자를 주관하고 빚진 자는 채주의 종이 되느니라
8　악을 뿌리는 자는 재앙을 거두리니 그 분노의 기세가 쇠하리라
9　선한 눈을 가진 자는 복을 받으리니 이는 양식을 가난한 자에게 줌이니라
10　거만한 자를 쫓아내면 다툼이 쉬고 싸움과 수욕이 그치느니라
11　마음의 정결을 사모하는 자의 입술에는 덕이 있으므로 임금이 그의 친구가 되느니라
12　여호와께서는 지식있는 자를 그 눈으로 지키시나 궤사한 자의 말은 패하게 하시느니라

지난 본문에서는 은이나 금보다 하나님의 은총을 더 귀한 보배로 아는 자들이 보이는 특징을 알려주셨습니다. 빈부가 섞여 있는 부조리한 세상이지만 그것을 하나님께서 자신의 뜻을 위하여 허락하신 것과 그 안에 있

는 가난한 자나 부자가 다 하나님의 형상을 따라 지음 받았음을 기억하여, 모두에게 의 안에서 공평과 인자를 이루기 위해 힘쓰는 것이었습니다. 그리고 겸손과 경외함으로 하나님의 뜻을 따라 행하여 궁극적으로 구원의 안식과 영광에 이르는 슬기로운 자들이 있을 것이며, 반대로 주님의 뜻에 반하여 자기 배만 채우고 자기 뜻대로만 하다가 멸망에 이를 어리석은 자들이 있을 것이라고 말씀하셨습니다.

이어지는 본문에서는 두 갈래로 나뉘어 다른 결과를 맞이하는 자들에 관한 말씀이 계속됩니다. **"패역한 자의 길에는 가시와 올무가 있거니와 영혼을 지키는 자는 이를 멀리 하느니라"**(5). **"패역한"**이라는 말은 '비틀어진, 일그러진'이라는 뜻입니다. 따라서 **"패역한 자의 길"**은 하나님께서 작정하신 삶의 원칙을 무시하고 자기 좋은 대로만 생각하고 그에 따라 사는 삶을 말합니다. 의 안에서 이루는 공평과 인자는 안중에도 없고 가난한 사람과 나누려는 모습도 없이 자기 배만 부르게 하거나 높이 앉아서 다른 사람들을 부리는 것만 좋아합니다. 여호와를 경외하여 말 한마디라도 조심하기보다는 부패한 본성을 따라 함부로 말하여 다른 사람의 마음에 상처 주는 것을 당연하게 여기며 삽니다. 그것이 비틀어지고 일그러진 삶의 방식입니다. 그런 사람이 사는 길에 **"가시와 올무"**가 있다고 합니다.

'가시와 올무가 있다'는 말은 형벌로 인한 고통이나 재앙을 받는다는 뜻입니다. 여호수아 23장에서 그 예를 찾을 수 있습니다. **"정녕히 알라 너희 하나님 여호와께서 이 민족들을 너희 목전에서 다시는 쫓아내지 아니하시리니 그들이 너희에게 올무가 되며 덫이 되며 너희 옆구리에 채찍이 되며 너희 눈에 가시가 되어서 너희가 필경은 너희 하나님 여호와께서 너희에게 주신 이 아름다운 땅에서 멸절하리라"**(수 23:13). 하나님께서 이스라엘에 가나안 땅을 주시면서 몰아내라고 하신 죄악된 세력들을 이스라엘이 계속하여 몰아내려는 의지를 보이지 않자, 하나님도 이제 그들을 위해 싸우지 않으심으로 그들이 큰 고통을 겪다가 멸망 당하리라는 말씀입니다. 그동안은 이스라엘이 죄악 세력을 몰아내려는 의지를 보이기만 해도 하나님께서 앞장서서 싸워주심으로 이길 수 있었으나, 전혀 그런 의향을 보이지 않는 지금은 하나님께서 그들을 돕지 않으심으로 죄악 세력에게 괴롭힘을 당할 것이요, 결국은 그 땅에서 멸절당할 것입니다.

하나님의 뜻을 거부한 채 비틀어지고 일그러진 말과 행동을 하는 사람들에게 그와 같은 가시와 올무가 있다는 것은, 하나님께서 그들을 돕는 일을 중단하셨다는 뜻입니다. 가시와 올무를 치워주시고 싸워주시는 일을 그만두신 것입니다. 의 안에서 이루는 공평과 인자가 없는 삶은 진정한 만족이나 기쁨을 갖지 못합니다. 하나님의 뜻을 무시하고 자기 뱃속만 채우려고 하는 자, 사람들 위에 군림하려고 하며 입과 혀를 제어하지 않는 인생은 하나님께서 지키지 않으실 것이요 끝내 멸망에 이를 것이기 때문입니다.

그러나 "영혼을 지키는 자는 이를 멀리 하느니라"고 합니다. 패역한 자와는 달리 하나님의 뜻을 우선으로 생각하여 말하고 행하는 자를 "영혼을 지키는 자"로 묘사합니다. 의 안에서 공평과 인자를 행하는 자가 자기 영혼을 지키는 자입니다. 그들에게는 가시와 올무가 없습니다. 어려움과 고난이 없다는 말이 아니라 형벌로 이어지는 고통이 없다는 뜻입니다. 고통스러운 일이라고 해도 영혼을 지키는 자들에게는 형벌이 아닌 일종의 훈련일뿐입니다. 하나님께서 그들을 고난을 통해서 자녀답게 만들어가십니다. 합력하여 선을 이루게 하십니다(롬 8:17-39). 고난과 핍박 중에도 세상이 알지 못하는 평강과 위로를 주십니다. 하나님께서 가시와 올무를 치워주시고 그들을 위해 싸워주시기 때문입니다.

그 원칙은 세상 끝날까지 계속될 것입니다. **"마땅히 행할 길을 아이에게 가르치라 그리하면 늙어도 그것을 떠나지 아니하리라"**(6). "가르치라"는 명령형을 사용하고 있습니다. 자녀들에게 뭔가를 가르친다는 것은 그 자녀들이 컸을 때도 그 일이 계속 필요한 것이기 때문입니다. 만일 다음 세대에는 없어질 것을 가르치고 교육한다면 그건 무의미한 일일 뿐만 아니라 어리석은 일일 것입니다. 다음 세대에도 계속되며 유용하다고 생각되는 것을 자녀에게 가르치는 법입니다.

의와 공평, 의와 인자를 더 나은 보물로 여기고 살아야 하는 삶은 변함없이 지속될 인생의 본질입니다. 하나님께서 그렇게 정하셨기 때문입니다. 하나님께서 아브라함에게 말씀하실 때 이미 그 점을 밝히셨습니다. "아브라함은 강대한 나라가 되고 천하 만민은 그를 인하여 복을 받게 될 것이 아니냐 내가 그로 그 자식과 권속에게 명하여 여호와의 도를 지켜 의와 공도를 행하게 하려고 그를 택하였나니 이는 나 여호와가 아브라함에게 대하여 말한 일을 이루려 함이니라"(창 18:18-19). 하나님은 자기 백성들이 영원토록 의와 공도, 즉 의와 공평을 행하는 자들이 되게 하시려고 아브라함을 조상으로 하는 나라를 만드셨다는 말씀입니다. 의와 공평은 하나님께서 믿음으로 말미암아 사람을 구원으로 이끄신 목적입니다. 오고 오는 세대에 계속되어야 할 삶의 목표이자 결코 변하지 않을 법칙입니다. 세상 끝날에는 이 원칙을 가지고 사람을 판단하시며 구원과 심판으로 나누실 것입니다. 그러니 지혜로운 자는 이를 자기만 행할 것이 아니라 자녀들에게도 가르치고 전해야 합니다.

이 일을 힘들여 가르쳐야 하는 이유는 그들이 살아갈 세상은 끝날까지 하나님의 뜻을 무시하고 반대할 것이기 때문입니다. **"부자는 가난한 자를 주관하고 빚진 자는 채주의 종이 되느니라"**(7). 부자가 가난한 자를 지배하고, 빚진 사람은 노예처럼 비참하게 살아야 되는 세상의 원리도 계속되리라는 말입니다. 다른 사람을 짓밟아도 된다는 생각을 가진 사람들은 세상 끝날 때까지 사라지지 않을 것입니다. '가난한 사람들이 항상 너희와 함께 있으리라'는 주님 말씀과 같습니다(마 26:11; 막 14:7; 요 12:8). 약점을 잡으면 그 사람을 노예처럼 부려도 괜찮다고 생각하는 자, 인격보다 돈이나 성공을 더 중요하게 생각하는 세상의 생각은 종말을 맞이할 때까지 계속 사람들을 주도하는 욕망으로 살아있을 것입니다. 그와 같은 세상에서 주의 백성들과 자녀들은 의 안에서 공평과 인자를 이루며 살아야 합니다. 하나님께서 그것을 보고 심판하시기 때문입니다. 다음 구절을 보십시오. **"악을 뿌리는 자는 재앙을 거두리니 그 분노의 기세가 쇠하리라"**(8).

세상의 원리로만 사는 자들을 **"악을 뿌리는 자"**라고 합니다. 인생을 농부에 비유하고 있습니다. 의 안에서 이루는 공평과 인자를 무시한 채 가난한 자와 나누는 법 없이 혼자만 배부르게 살며, 말과 행동으로 연약한 자를 억누르고 종으로 삼아 지배하는 자는 악의 씨앗을 뿌리는 농부와 같아서 나중에 거둘 것이 재앙밖에 없다는 것입니다. **"그 분노의 기세가 쇠하리라"** 고 합니다. 심판날에는 많은 것을 가진 부자라고 기세등등하던 모습들이 완전히 사라질 것이라는 말입니다. 그날에는 하나님께서 온 세상의 교만한 자들을 심판하셔서 다 영원한 형벌에 두실 것입니다. 애굽의 장자들이 모두 다 죽었던 그때처럼 역사의 마지막에 하나님은 모든 인간을 대상으로 두려운 심판을 행하실 것입니다. 지금은 악을 뿌리는 자들이 기고만장하고, 하나님은 계신지 안 계신지 모를 정도로 의와 공평과 인자가 무시되고 있지만 그 심판은 반드시 이루어질 것입니다.

물론 그날에는 상 주시는 일도 같이 이루어질 것입니다. **"선한 눈을 가진 자는 복을 받으리니 이는 양식을 가난한 자에게 줌이니라"**(9). 자기 먹을 양식 중에서 가난한 자들을 위해 나누는 자를 **"선한 눈을 가진 자"**로 묘사하고 있습니다. 이런 사람은 자기가 많이 가졌다는 것으로 군림하지 않고, 없는 사람의 인격을 무시하거나 종처럼 대하지 않습니다. 가난하고 굶주리고 헐벗은 자들을 찾아 자기 먹을 것을 나눠주고, 그 인격을 존중하며 그들을 위하고 격려하는 사람입니다. 그런 자는 복을 받을 것이라고 합니다. 악을 뿌리는 자들이 재앙을 거두는 것과 반대입니다. 나눠주는 사람이 복을 받습니다. **"재물과 영광과 생명"**(4)을 받을 것입니다.

그와 관련하여 지혜로운 자를 향한 권고가 주어집니다. **"거만한 자를 쫓아내면 다툼이 쉬고 싸움과 수욕이 그치느니라"**(10). **"쫓아내면"**이라는 말은 히브리어로 '쫓아내라'는 뜻의 명령형입니다. '거만한 자를 쫓아내라 그러면 다툼이 쉬고 싸움과 수욕이 그칠 것이라'는 의미입니다. 여기서 **"거만한 자"**는 삶의 방식에 관한 하나님의 가르침을 비웃으며 자기 뜻대로 살기를 고집하는 사람을 가리킵니다. 그런 자를 공동체의 일원으로 두지 말라는 것입니다. 의 안에서 이루는 공평과 인자를 삶의 목표로 두지 않는 자들은 하나님 나라의 구성원이 될 수 없다는 의미입니다. 목적 자체가 다르면 같은 구성원이 될 수 없습니다. 교회도 마찬가지입니다. 고린도전서 5장에서 이렇게 말한 것과 같습니다.

> **"너희의 자랑하는 것이 옳지 아니하도다 적은 누룩이 온 덩어리에 퍼지는 것을 알지 못하느냐"**(고전 5:6).
>
> **"외인들은 하나님이 판단하시려니와 이 악한 사람은 너희 중에서 내어 쫓으라"**(고전 5:13).

세상 원리로만 살려고 하는 사람을 교회의 일원으로 여기지 말라, 하늘나라를 향해 함께 걸어갈 지체로 받지 말라는 것입니다. 하나님의 백성들은 자기나, 혹은 자기가 속한 가정이나 교회에서 하나님의 뜻을 무시하고 육체의 즐거움과 세상의 원리로만 사는 그런 교만한 모습을 축출해야 한다는 말입니다.

물론 본문은 지혜로운 자에게 주는 권면입니다. 성도는 자기 안에서 세상의 원리를 따라 살고자 하는 거만을 버리고 의 안에서 이루는 공평과 인자를 최고의 목표로 알고 추구해야 한다는 말입니다. 그럴 때 복을 받습니다. 때로 외롭고, 세상에서 푸대접받고, 사도들이나 초대교회 교인들처럼 하나님을 안다는 자들로부터 핍박을 받을 수도 있지만 놀라운 복이 기다리고 있습니다. "마음의 정결을 사모하는 자의 입술에는 덕이 있으므로 임금이 그의 친구가 되느니라"(11).

'덕이 있다'는 말은 1절에서 '은총'으로 번역된 말과 같은 단어입니다. '입술에 덕이 있다'는 말은 하나님께 받은 은혜가 담긴 말을 한다는 뜻입니다. 따라서 이 구절은 '마음의 정결을 사모하고 말이 은혜로운 자는 임금을 그의 친구로 삼을 것이다'라고 할 수 있습니다. 하나님께서 친히 마음이 청결하고 은혜로운 말을 하는 자들의 이웃이 되어 함께 해주신다는 것입니다. 단순히 이웃집에 사신다는 말이 아니고, 함께 사느냐, 아니면 심판하여 처벌하실 것이냐로 나뉘는 문제입니다. 의와 공평을 행하며 의와 인자를 따라 말하는 자들은 하나님께서 함께하시는 친구가 되어주신다고 합니다.

12절은 그 점을 더 구체적으로 이야기합니다. "여호와께서는 지식 있는 자를 그 눈으로 지키시나 궤사한 자의 말은 패하게 하시느니라"(12). 9절에서 사람의 선한 눈은 도와줄 가난한 사람을 찾아 자기 소유를 나누어주는 자를 의미하였는데, 여호와의 눈은 지식에 대해 그리하신다는 뜻입니다. 이 구절을 직역하면 '여호와의 눈은 지식을 지키시지만 궤사한 자의 말은 무너뜨리신다'입니다. 의미상 "지식 있는 자"를 지킨다는 말이지만 문자적으로는 "지식"을 지키신다는 뜻입니다. "지식"은 하나님의 뜻을 겸손히 받고 의 안에서 공평과 인자를 행하는 것을 의미합니다. 그것이 "궤사한 자의 말"과 병행으로 사용되고 있습니다. "궤사한 자"란 하나님 앞에서나 사람 앞에서 불성실한 악인을 가리킵니다(출 21:8, 말 2:14). 그들의 말은 지식을 왜곡하는 말입니다. 마치 의와 공평과 인자가 하나님께서 사람에게 기대하시는 목표가 아닌 것처럼 믿게 하는 거짓말입니다. 하나님은 그들을 파멸시키십니다. 조만간 닥칠 심판의 날에 그들의 말이 죽음을 부르는 거짓이었음을 드러내실 것입니다. 여호와의 눈은 지식을 보호하시기 때문입니다.

하나님은 의 안에서 공평과 인자를 이루는 것을 최고의 목적으로 여겨야 한다는 이 지식이 올바로 지켜지는 것을 최고의 가치로 여기십니다. 그 지식으로 말하고 행하는 자에게 친구가 되어주시는 임금이십니다. 반면에 하나님의 뜻을 비틀어 악한 씨를 뿌리는 자들의 말은 무너지게 하시고 그들에게 심판의 재앙을 받게 하실 것입니다. 온 세상의 주권자께서 인생과 역사를 주관하시며 심판을 작정하셨으니 너희는 거만을 쫓아내라, 세상의 원리로 말하고 행동하고 마음먹어도 괜찮은 것처럼 속이는 궤사한 모습을 버리라는 것입니다. 지식 있는 삶, 즉 진정 무언가를 안다는 것은 바로 이런 인생이 복됨을 알고 그렇게 살려고 한다는 뜻입니다.

3. 깊은 함정
(잠 22:13-16)

13 게으른 자는 말하기를 사자가 밖에 있은즉 내가 나가면 거리에서 찢기겠다 하느니라
14 음녀의 입은 깊은 함정이라 여호와의 노를 당한 자는 거기 빠지리라
15 아이의 마음에는 미련한 것이 얽혔으나 징계하는 채찍이 이를 멀리 쫓아내리라
16 이를 얻으려고 가난한 자를 학대하는 자와 부자에게 주는 자는 가난하여질 뿐이니라

이전 본문에서는 의와 공평, 의와 인자와 관련하여 은이나 금보다 하나님의 은총을 더 귀한 보배로 아는 자들은 어떤 특징을 보이는지를 말씀하였습니다. 빈부가 섞여 사는 부조리한 세상을 하나님의 뜻을 시행할 마당으로 허락하셨습니다. 하나님의 은혜를 보배로 아는 자들은 세상에 있는 가난한 자나 부자가 다 하나님의 형상을 따라 지음 받았음을 기억하여 그들 모두에게 의 안에서 공평과 인자를 이루기 위해 힘쓰는 자들입니다. 그러한 자들을 겸손과 경외함으로 하나님의 뜻을 따라 행하여 궁극적으로

구원의 안식과 영광에 이르는 슬기로운 자들이라 하셨습니다.

　반대로 어리석은 자들은 주님의 뜻에 반하여 자기 배만 채우고 자기 뜻대로만 하다가 멸망에 이를 것이라고 말씀하셨습니다. 온 세상의 주권 자께서 인생과 역사를 주관하시며 궁극적으로 의와 공평과 인자와 관련하여 심판을 작정하셨기 때문입니다. 그러니 지혜로운 자는 자기 안에서 거만한 자를 쫓아내라, 세상의 원리로 말하고 행동하고 마음먹는 궤사한 모습을 버리라고 하셨습니다.

　그러나 이와 같은 말씀에도 전혀 개의치 않고 자기 본성대로 행하기를 고집하는 자들이 있습니다. 의 안에서 공평과 인자 행하기를 우습게 여기고 세상의 가치를 따르거나 악한 마음의 본성을 따라 말하고 행하는 자들입니다. 그런 자들을 이렇게 비유합니다. **"게으른 자는 말하기를 사자가 밖에 있은즉 내가 나가면 거리에서 찢기겠다 하느니라"**(13). "거리"는 모든 사람에게 완전히 개방된 장소, 사람들의 왕래가 잦은 번화가를 지칭합니다. 그런데 게으른 자는 자기가 나가면 바로 이러한 장소에서 사자에게 찢겨 죽게 될 것이라면서 일하러 나가지 못하겠다고 합니다. 어이없는 핑계입니다. 솔로몬은 이러한 표현을 통해 의 안에서 공평과 인자 행하기를 마다하는 자들의 어리석음을 부각시키고 있습니다. 어떤 이유를 대더라도 그건 핑계에 지나지 않는다는 뜻입니다.

　사람들은 핑계 대길 잘합니다. 특히 하나님의 일과 관련해서는 핑계가 더 많습니다. 이래서 예수 안 믿고, 저래서 교회 못 나오고, 이런저런 이유로 말씀 볼 시간도 없다는 등 하나님의 뜻대로 행하지 않을 이유가 어찌 그리 많은지 모릅니다. 그러나 무슨 일이 있어도 꼭 해야 하는 일이 있습니다. 목숨을 지키는 일입니다. 세상에 아무리 중요한 일이 있고, 아무리 재미있는 일이 있어도 목숨을 잃으면 아무 소용이 없기 때문입니다. 그래서 죽을 게 뻔한 위험한 일에 나서지 않는 것이 일반적인 현상입니다.

그런데 목숨보다 더 중요한 일이 딱 한 가지 있습니다. 하나님을 잃지 않는 일입니다. 세상에서 어떤 핑계도 통하지 않을 만큼 중요한 일이 하나 있다면 바로 하나님을 알고 섬기는 일입니다. 왜냐하면 하나님은 곧 영생이기 때문입니다. 영생은 우리에게 있어서 육신의 목숨보다 더 중요한 유일한 가치입니다. 예수 그리스도와 함께 영원한 하늘 영광을 누리는 목숨이기 때문입니다. 그 영생을 주시는 분이 하나님이십니다. 그 복된 하나님을 잃지 않기 위해 우리가 할 일은 달리 없습니다. 그의 뜻을 무시하지 않고 믿어 순종하는 것입니다. 그 뜻은 의와 공평과 인자와 관련 있습니다. 하나님은 사람들이 이 뜻을 어떤 자세로 대하느냐를 보시고 영생과 심판으로 나누십니다. 그러니 의와 공평과 인자에 대한 하나님의 뜻을 무시하고 자기 멋대로 사는 것은 사자 핑계를 대고 일하러 가지 않으려 하는 게으르고 어리석은 자와 같을 뿐입니다. '가난한 자와 내 양식 나눠 먹는 일 같은 건 못하겠다, 말 한마디도 내 마음대로 하지 못하고 하나님 눈치 보면서 살아야 되나, 그런 건 못한다'고 말하는 자들이 이에 해당합니다. 사소한 것을 핑계로 가장 중대한 것을 잃어버리는 어리석고 무모한 자입니다.

그러나 그처럼 핑계로 일관하는 자들이 많습니다. 그들이 그런 모습으로 계속 살아갈 수 있는 이유는 하나님께서 그들에게 노하사 그들을 내버려 두셨기 때문입니다. 하나님은 영적으로 뼛속부터 게으른 그런 자들을 내버려 두십니다. "음녀의 입은 깊은 함정이라 여호와의 노를 당한 자는 거기 빠지리라"(14). "음녀"는 '세상'을 상징하는 말입니다. 화려하게 꾸미고 사람을 유혹하나 모든 죄악의 원흉이 되는 존재라는 말입니다. 사도 요한은 음녀에 대해 이렇게 말하고 있습니다. "그 여자는 자주빛과 붉은빛 옷을 입고 금과 보석과 진주로 꾸미고 손에 금잔을 가졌는데 가증한 물건과 그의 음행의 더러운 것들이 가득하더라 그 이마에 이름이 기록되었으니 비밀이라 큰 바벨론이라 땅의 음녀들과 가증한 것들의 어미라 하였더라"(계 17:4,5).

음녀는 곧 공중 권세 잡은 자에 이끌려 죄와 사망으로 가득 찬 세상을 말합니다. 그 음녀의 입은 그가 전하는 교훈, 혹은 가치관을 말합니다. 주님의 교훈과 반대되는 교훈이자 화려한 모습과 달콤한 결과를 보장하며 따르게 하는 죄악된 가르침이 제국 바벨론에 비유할 만큼 크고 강력한 세력입니다. 실제로 세상은 누가 보아도 유혹을 받을 만큼 매력적인 모습이 아닐 수 없습니다. 그들이 말하는 삶의 방식과 만족에 대한 정의는 사람들의 구미를 쉽게 당깁니다. 세상 사람들뿐만 아니라 심지어 성도조차도 그 유혹에 쉽게 휩쓸리곤 합니다. 마치 그들이 은총을 받은 것처럼 보이기 때문입니다. 그런 점에서 지금도 많은 사람이 세상의 가치관과 쾌락에 잠겨 헤어나오지 못하고 있습니다. 날이 갈수록 거룩을 이루겠다는 열망을 가진 자들을 비웃고 조롱하며, 죄를 즐기고 부끄러움이 사라지는 추세입니다. 세상은 이러한 삶에서 돌아설 것을 권면하기보다는 한 번뿐인 인생이기에 그렇게 제멋대로 사는 것을 성공하는 인생으로 여기며, 마치 그러한 삶이 인간이 추구해야 할 가치라도 되는 양 부추기고 있습니다.

하지만 그건 하나님의 은총이 아닙니다. 화려하고 편안하게 사는 것처럼 보이지만 실은 깊은 웅덩이에 빠져 있는 상태입니다. 거기엔 더욱 안타까운 사실이 전제되어 있습니다. 음녀의 교훈이라는 화려하고 깊은 함정에 빠진 자들은 여호와의 노를 당한 자라고 합니다. 사악한 게으름 때문에 하나님께서 포기한 사람들만, 곧 나중에 심판받을 사람들만 그 웅덩이에서 빠져나올 줄 모른다는 것입니다. 하나님께서 그대로 살도록 내버려 두시기 때문입니다. 하나님께서 심판하시기로 작정한 사람들에게는 굳이 돌이키라고 하지 않습니다. 그렇게 사는 데도 아무 일이 일어나지 않고 계속해서 편안하게 잘 사는 것은 그래도 되기 때문이 아니며, 그런 자들을 기뻐하거나 어떻게 할 수 없어서도 아닙니다. 하나님께서 그들에게 진노하사 내버려 두신 결과입니다.

오히려 하나님의 자녀가 더 고생할 수 있습니다. 하나님은 자녀들을 그냥 내버려 두시지 않습니다. 징계해서라도, 회초리를 들어서라도 세상 교훈이라는 그 깊은 함정에서 빠져나오게 하십니다. **"아이의 마음에는 미련한 것이 얽혔으나 징계하는 채찍이 이를 멀리 쫓아내리라"**(15). 이 말씀은 단순히 아이들 교육 잘하라는 뜻이 아닙니다. 문맥에 따르면 마치 지혜로운 부모가 자녀 교육을 단단히 하는 것처럼 하나님은 자기 백성을 어린아이처럼 징계해서라도 세상 교훈의 깊은 함정에 빠지지 않게 하신다는 말입니다. 부모라면 자기 자식에 대해 그렇게 하지 않겠습니까? 밥 안 먹으면 부모가 더 속이 상하고, 아이가 아프면 부모가 더 힘들기 마련입니다. 자녀를 아끼기 때문입니다. 그러나 그렇다고 해서 자녀가 도둑질하고, 거짓말하고, 나쁜 짓 하는데도 무조건 지지해 주지는 않습니다. 악하고 나쁜 짓은 회초리를 대서라도 못하게 막는 게 부모 사랑입니다. 지지해 주는 것만 사랑이 아닙니다. 생명을 잃을 곳으로는 가지 못하게 막는 것도 사랑입니다. 하나님도 마찬가지입니다. 모든 성도는 육체적으로는 장성하였을지 모르나 그리스도의 완전하심에 비추어보면 영적으로는 어린아이에 지나지 않습니다. 그 때문에 우리 안에 견고히 묶여 있는 영적 우둔함과 죄의 성향을 제거하기 위해 강한 채찍과 회초리로 치실 때가 있습니다. 징계해서라도 음녀의 교훈에 빠지지 않도록 인도하시는 것입니다. 믿는 자들은 어떤 고난을 당해도 걱정할 필요가 없는 이유가 거기에 있습니다.

그런 점에서 하나님께서 사랑하시는 백성인지 아니면 진노로 내버려 두신 자인지가 어느 정도 이 땅에서 드러나게 되어 있습니다. 하나님은 자기 백성이 자기 마음대로 살도록 내버려 두지 않으십니다. 자기 뜻대로 안 되는 인생이 오히려 고마운 인생입니다. 징계와 채찍을 통해 우리는 생명을 얻을 수 있는 길이 무엇이며, 어떻게 해야 하나님을 기쁘시게 해드릴 수 있는지, 어떤 인생이 영생을 누릴 인생인지를 배우게 되기 때문입니다. 이렇게 큰 유익이 되는 징계와 채찍이기에 시편 기자는 "고난당한 것이 내게 유익이라 이로 인하여 내가 주의 율례를 배우게 되었나이다"(시 119:71), "여호와여 주의 징벌을 당하며 주의 법으로 교훈하심을 받는 자가 복이 있나니 이런 사람에게는 환난의 날에 벗어나게 하사 악인을 위하여 구덩이를 팔 때까지 평안을 주시리이다"(시 94:12,13)라고 말하였습니다. 이 세상에서 하나님의 간섭을 받고 징계를 받는 것이 하나님의 자녀된 증거입니다. 이 세상에서 자기 마음대로 할 수 있는 사람은 얼핏 보면 자유로운 것 같고, 많은 사람이 부러워하는 인생이긴 하지만 실제로는 하나님께서 내버려 두신 증거일 뿐입니다.

물론 끝까지 그렇게 마음대로 하도록 내버려 두지 않으십니다. 때가 되면, 예정하신 시간이 되면 그들은 하나님의 심판대 앞에 설 것이며, 그때는 그들이 땅에서 누리던 모든 것을 박탈당하고 바깥 어두운 데서 슬피 울며 이를 갈게 될 것입니다. **"이를 얻으려고 가난한 자를 학대하는 자와 부자에게 주는 자는 가난하여질 뿐이니라"**(16). 죽음 뒤에는, 주님께서 다시 오실 때는 그동안 의와 공평과 인자에는 관심 없이, 말 한마디라도 하나님을 경외하는 자세에서 한 적 없이 자기 마음대로 하며 살았던 것에 대해 하나님께 평가받을 것이고, 하나님은 반드시 죄를 물어 심판하신다는 말씀입니다. 그때는 더 많은 이득을 위해 가난한 자를 학대하고, 부자에게 불법적으로 뇌물 주는데도 아무런 제재 없이 잘 살았다고 즐거워했던 자들이 비참한 웅덩이에 빠질 뿐입니다. 그러니까 하나님의 뜻과 상관없이 자기 마음대로 하고 살아도 아무런 손해나 고통받는 일 없이 계속 편안하고 잘 되기만 하는 모습을 보더라도 속지 말라는 뜻입니다.

사람들은 각자 나름대로 가치관을 가지고 살아갑니다. 그렇기에 소중하게 생각하는 것도, 중요하게 생각하는 것도 다 다를 수밖에 없습니다. 어떤 사람들은 게을러서 온갖 핑계를 대고 일하러 나가지 않는 사람처럼 의와 공평, 말 한마디에 스며 있는 의와 인자같은 열매를 맺는 일에 아무런 관심이 없습니다. 하나님은 은과 금보다 그와 같은 열매를 더 귀하다고 하시고, 그런 자들에게 영원히 은총을 베푼다고 하셨음에도 불구하고 오히려 세상의 부귀와 영화와 권세를 더 사랑하고, 더 바라고, 더 열심히 가지려고 하는 자들이 있습니다. 심지어 교회 안에도 그 유혹에 빠지는 자들이 있어서 이 말씀을 주셨습니다. 한눈에 봐도 하나님의 뜻과 상관없이 사는 데도 아무런 불편함 없이 원하는 것 다 누리고 사는 자들을 본다고 해도 시험에 들지 말라는 의도입니다. 그들이 지금 편안하고 잘 되는 것은 하나님께서 그들을 사랑한 증거가 아니라 내버려 두신 증거이기 때문입니다.

　중요한 문제는 현재 누리고 있는 삶의 풍요와 만족이 아닙니다. 편안하냐, 잘 나가냐, 성공했냐, 부자냐, 이런 것이 중요하지 않습니다. 의 안에서 공평과 인자를 이루려고 애쓰는 인생인가 하는 것이 중요합니다. 어떤 대접을 받고 있든지 가난한 자들과 작은 것이라도 나누려 하고, 말 한마디를 어떤 자세로 하느냐 그 자체가 중요합니다. 그렇게 신실하게 살아도 사람들 눈에는 별것 없어 보이고, 잘 되는 일이 하나도 없는 것처럼 보여도 관계없습니다. 나중에 하나님께서 참되고 영원한 복을 입혀주실 것입니다. 그날에 하나님께서 주실 은총을 온전히 받을 것입니다. 이 세상에서 누리는 것이 은총의 본질이 아닙니다. 그 차이를 알고, 영원한 가치로 하나님께 인정받을 수 있는 인생을 살려고 애쓰는 자가 지혜로운 자입니다. 그것이 하나님께서 주시는 신령한 지혜이며 하나님을 경외함으로 얻게 되는 명철입니다.

4. 구조용 사다리

(잠 22:17-29)

17 너는 귀를 기울여 지혜있는 자의 말씀을 들으며 내 지식에 마음을 둘지어다
18 이것을 네 속에 보존하며 네 입술에 있게 함이 아름다우니라
19 내가 너로 여호와를 의뢰하게 하려 하여 이것을 오늘 특별히 네게 알게 하였노니
20 내가 모략과 지식의 아름다운 것을 기록하여
21 너로 진리의 확실한 말씀을 깨닫게 하며 또 너를 보내는 자에게 진리의 말씀으로 회답하게 하려 함이 아니냐
22 약한 자를 약하다고 탈취하지 말며 곤고한 자를 성문에서 압제하지 말라
23 대저 여호와께서 신원하여 주시고 또 그를 노략하는 자의 생명을 빼앗으시리라
24 노를 품는 자와 사귀지 말며 울분한 자와 동행하지 말지니
25 그 행위를 본받아서 네 영혼을 올무에 빠칠까 두려움이니라
26 너는 사람으로 더불어 손을 잡지 말며 남의 빚에 보증이 되지 말라
27 만일 갚을 것이 없으면 네 누운 침상도 빼앗길 것이라 네가 어찌그리하겠느냐
28 네 선조의 세운 옛 지계석을 옮기지 말지니라
29 네가 자기 사업에 근실한 사람을 보았느냐 이러한 사람은 왕 앞에 설 것이요 천한 자 앞에 서지 아니하리라

신자가 구원 얻은 이후, 의 안에서 공평과 인자를 시행하는 일의 중요성과 관련된 말씀이 계속되고 있습니다. 앞에 있는 13-16절에서는 지혜에 속한 주님의 가르침을 듣고도 전혀 개의치 않고 자기 본성대로 행하기를 고집하는 자들이 얼마나 어리석고 무모한지를 이야기했습니다. 그들은 어이없는 핑계를 대며 해야 할 일을 하지 않는 게으른 자들과 같다고 하였습니다. 하지만 단지 그들이 그렇게 하는 이유는 그들의 어리석은 게으름 때문만은 아니었습니다. 그들은 깊은 함정에 빠진 것과 같은데, 그 함정은 한 번 빠지면 재미있고 화려해서 쉽게 나가려고 하지 않는 함정이며, 동시에 자기 힘으로 빠져나올 수 없고 오직 하나님께서 건져 주셔야만 나올 수 있는 함정입니다. 세상이 주는 즐거움이라는 깊은 함정에 빠진 자들은 세상을 벗어나려고 하지도 않지만, 무엇보다 하나님께서 건져 주시지 않기 때문에 나갈 수도 없습니다. 그들이 세상에서 많은 것을 누린다고 해도 그것은 하나님의 은총을 받은 것이 아닙니다. 오히려 하나님의 자녀가 더 고생할 수 있다고 했습니다. 하나님은 사랑하시는 자녀들에게 회초리를 들어서라도 그 깊은 함정에서 빠져나오게 하시기 때문입니다. 오직 분노한 악인들에 대해서만 그 깊은 함정에 빠져 있도록 버려두셨다가 최후의 심판을 받게 하십니다. 이런 사실, 이런 차이를 알고 영원한 가치로 하나님께 인정받을 수 있는 인생을 살려고 애쓰는 자가 지혜로운 자요, 은총은 바로 그렇게 변화되는 삶을 얻는 것이라고 했습니다.

그런 게으른 자들과는 반대로 하나님께서 그 깊은 함정에서 빠져나오게 하시는 어떤 자들이 있습니다. 모든 사람이 다 깊은 웅덩이에 빠져 있었지만 하나님께서는 사랑하시는 자녀들을 거기서 빠져나오게 하십니다. 본문은 하나님께서 그렇게 하시는 구체적인 방법을 기록하고 있습니다. 하나님께서 사람을 죽음의 깊은 웅덩이에서 건지시는 방식은 그저 기절한 사람을 밧줄에 묶어 올리는 것과 같지 않습니다. 살아 있는 영혼을 구원하시는 방편은 특별합니다. 말씀을 통해서입니다. 말씀은 사람들이 사망의 깊은 웅덩이에서 빠져나올 수 있도록 하늘에서 내려보낸 구조용 사다리와 같습니다. 구원을 위한 하나님의 선물입니다. 본문은 말씀이라는 구원의 사다리를 어떻게, 그 선물을 어떻게 사용해야 하는지 그 방식에 대해서 알려주십니다.

가장 먼저 해야 할 일은, 말씀을 듣고 아는 데 온 힘을 기울이는 것입니다. 17-21절이 그에 대해 말씀합니다. "**너는 귀를 기울여 지혜 있는 자의 말씀을 들으며 내 지식에 마음을 둘지어다 이것을 네 속에 보존하며 네 입술에 있게 함이 아름다우니라**"(17,18). 그 지혜와 지식을 마음속에 보존하며 입술에 있게 하라고 합니다. 말씀이 마음과 행실을 주관하도록 말씀을 마음 깊이 두라는 뜻입니다. 하나님의 말씀은 구원받으려고 할 때뿐 아니라 구원받은 후에도 알아가고 순종해야 할 중요한 양식입니다. "아름다우니라"는 말은 그것처럼 즐겁고 복된 일은 없다는 뜻입니다. 이 세상에서 그 무엇보다 복된 일이 있다면 하나님 말씀을 마음에 중요하게 생각하고 듣고 배우려 하는 것입니다. 그 자체가 하나님의 선물입니다. 사망으로 인도하는 세상이라는 깊은 함정에서 빠져나올 수 있도록 마련해주신 유일한 구조 수단이기 때문입니다.

그 말씀을 듣고 배우는 것은 단순히 지식을 쌓는 선에서 끝나는 것이 아닙니다. "**내가 너로 여호와를 의뢰하게 하려 하여 이것을 오늘 특별히 네게 알게 하였노니**"(19)라고 하십니다. 말씀을 듣고 배우면 여호와가 하나님이시고 구원자이심을 확신하게 되어 그를 의뢰하게 됩니다. 구원을 위한 필수적인 요소를 갖게 하는 것입니다. 여호와 하나님께 자기를 맡기면 구원을 얻는다는 확신을 성경을 통해서 얻을 수 있습니다. 그래서 아름답다는 것입니다. 성경이 그 일을 해줍니다.

그걸 위해서 하나님께서 "**내가 모략과 지식의 아름다운 것을 기록하여 너로 진**

리의 확실한 말씀을 깨닫게 하며"(20,21)라고 합니다. 20절에서 **"아름다운"**으로 번역된 말은 18절에서 말한 '아름답다'는 단어와 달리 '세 번' 혹은 '세 겹'이라는 뜻으로 '뛰어나다', '완전하다'는 의미를 품고 있습니다. 완전한 지혜와 지식의 말씀을 기록하셨다는 것입니다. 성경은 구원에 필요한 모든 것을 다 갖추고 있습니다. 구원에 필요한 모든 것이 성경 안에 완전하게 기록되어 있습니다. 말씀을 올바로 듣고 배우는 사람마다 여호와 하나님을 신뢰하고 의지하여 깊은 함정에서 빠져나올 수 있습니다.

거기서 끝이 아닙니다. **"또 너를 보내는 자에게 진리의 말씀으로 회답하게 하려 함이 아니냐"**(21)라고 합니다. 이 구절은 난해 구절 중 하나입니다. 왜냐하면 여기서 **"너를 보내는 자에게"**라는 말이 원문에서는 복수형태로 '너를 보내는 자들에게'라는 뜻이기 때문입니다. 단수로 하면 말씀을 주시고 세상에 보내신 하나님께 회답하는 것이라고 보면 쉬운데, 복수로 하면 누가 보낸 자들인지 명확하지 않아서 어렵습니다. 그래서 여러 가지 해석이 있지만 제일 적합하다고 생각되는 해석은 '보내는 자들'이 파송하는 자가 아니라 '보냄 받은 대상들'을 의미한다는 주장입니다.

그렇게 보는 이유는 22절 이하에 계명에 관한 몇 가지 대표적인 사례를 언급하고 있기 때문입니다. 성도들은 부자나 가난한 자가 섞여 사는 세상, 강한 자가 약한 자를 괴롭게 하는 세상, 상대를 향하여 과격하게 분노하는 자들이 있는 세상에 보냄을 받았습니다. 그런 자들에게 내가 듣고 배우고 익힌 신앙으로 살아 그들도 진리를 깨닫고 복음에 반응하게 하기 위함입니다. 성도들이 자기가 배운 율례 따라 사는 것은 자기 생명을 보존하는 길일뿐만 아니라 다른 사람에게도 등불과 같은 역할을 합니다. 그리스도인들은 세상의 소금과 빛이라 말씀하신 후(마 5:13-16) 율법에 관한 대표적인 몇 사례를 언급하신 것과 유사합니다(마 5:17-48). 여호와를 의뢰하여 생명에 이르든지, 아니면 여전히 진리를 배척하고 자기 욕심을 위해 살다가 사망에 이르든지 두 가지 반응 중 어떤 것을 택할 수 있도록 증인의 신분으로 살아, 다른 사람들에게도 사망이라는 깊은 함정에서 빠져나가는 길을 보여주는 것입니다.

그런 점에서 22절부터 28절은 율법에 관한 몇 가지 사례를 구체적으로 언급합니다. 앞에서 의 안에서 이루는 공평과 인자를 말할 때 등장했던 익숙한 사례들입니다.

먼저, **"약한 자를 약하다고 탈취하지 말며 곤고한 자를 성문에서 압제하지 말라"**(22)고 합니다. 가난하고 헐벗은 사람들을 어떻게 대하는 것이 하나님의 뜻인지는 성경에서 누누이 가르치고 있습니다. 자기가 먼저 용서받은 사람이라는 증거가 이것입니다. 되돌려 받을 것을 기대할 수 없는 사람에게 내가 먹을 양식 중 일부라도 나눠 주고, 목마른 자에게 물 한 잔 대접하는 것 같이 적은 부분이라도 함께 나누는 것입니다. **"성문에서 압제하지 말라"** 는 말씀도 마찬가지입니다. 이 말씀은 재판정에서 돈이나 권력으로 다른 사람을 억울하게 하지 말라는 뜻이지만 근본적으로 의와 공평을 저버리는 모든 행위를 금하는 율례입니다. 값없는 은혜로 죄를 용서받아 구원 얻은 자들은 무엇보다 의 안에서 이루는 공평을 시행해야 할 책임과 의무가 있습니다. 왜냐하면 여호와께서 따로 재판을 여실 것이고, 압제하고 노략한 자의 생명을 빼앗을 것이기 때문입니다. **"대저 여호와께서 신원하여 주시고 또 그를 노략하는 자의 생명을 빼앗으시리라"**(23).

'신원하여 주신다'는 말씀은 '소송한다'는 뜻입니다. 하나님께서 세상을 빈부가 섞여 살게 하시고 강한 자와 약한 자가 함께 사는 세상이 되게 하신 의도가 있다 하였습니다. 많이 가진 자가 가난하고 약한 자와 나누며 살게 하기 위함입니다. 그 목적을 무시하고 자기 욕심만을 위해서 사는 자는 반드시 심판받을 것입니다.

말씀을 듣고 배운다는 것은 지식에서 끝나지 않고, 또 여호와를 신뢰하는 것에서 그치지 않고 그런 자로 살아내려고 하는 것까지입니다. 그렇게 살아가는 사람이 되는 데까지가 신앙이고 구원의 사다리를 타고 깊은 함정을 빠져나가는 과정입니다.

또 "노를 품는 자와 사귀지 말며 울분한 자와 동행하지 말라"(24)고 합니다. 화내는 것이나 욕하고 조롱하는 것쯤은 아무것도 아니라고 생각하는 사람들과 똑같이 살지 말라는 이야기입니다. 의 안에서 이루는 인자에 관한 대표적인 예입니다. 이 말씀의 참된 의미는 예수님께서 가르치신 말씀에서 찾아볼 수 있습니다. "옛 사람에게 말한바 살인치 말라 누구든지 살인하면 심판을 받게 되리라 하였다는 것을 너희가 들었으나 나는 너희에게 이르노니 형제에게 노하는 자마다 심판을 받게 되고 형제를 대하여 라가라 하는 자는 공회에 잡히게 되고 미련한 놈이라 하는 자는 지옥 불에 들어가게 되리라"(마 5:21,22) 하나님 나라에서는 형제에게 노하는 것도 살인죄와 다르지 않다는 말씀입니다. 이는 하나님께서 다스리시는 나라에서는 사람이 마음부터 거룩해야 하며, 형제에게 노하거나 욕하고 조롱하는 것은 이미 그 마음의 근원이 미움으로 가득 찬 것이기 때문에 지옥 불에 들어가는 심판을 받게 된다는 것입니다. 죄에 대한 기준이 세상과 다릅니다. 세상은 상해나 살인을 하지 않으면 그리 큰 죄로 생각하지 않는 반면 하나님 나라는 말 한마디도 살인이 될 수 있습니다. 잠언은 지금까지 여러 번 그 점을 밝혔습니다.

이 기준을 처음부터 만족시킬 자는 아무도 없습니다. 그러나 성도는 자기 죄를 용서받고 구원을 받은 자로서 이제는 이러한 계명을 지키기 위해 애쓰는 모습이 나타나게 되어 있습니다. 말 한마디라도 남을 해하거나 미워하거나 조롱하지 않으려고 노력하는 것입니다. 그렇게 하는 것도 사망을 부르는 깊은 함정에서 빠져나가는 과정입니다. 주님의 말씀이 구조용 사다리입니다.

26, 27절은 그 점을 더욱 분명히 합니다. "너는 사람으로 더불어 손을 잡지

말며 남의 빚에 보증이 되지 말라 만일 갚을 것이 없으면 네 누운 침상도 빼앗길 것이라 네가 어찌 그리하겠느냐"(26,27). '보증 서 주지 말라'는 말씀입니다. 이 말씀이 무슨 뜻인지 기억날 것입니다. 단순히 담보 잡혀 주지 말라는 뜻이 아니라고 했습니다. 세상과 연합한 자로 살지 말라는 뜻이었습니다. 보증을 서 준다는 것은 공동 운명체가 되는 일입니다. 저 사람이 어떻게 되는가에 따라 나도 함께 책임을 지겠다는 것입니다. 저 사람이 흥하면 나도 좋고 저 사람이 부도나면 나도 망하는 것이 보증입니다. 그런 보증제도의 위험을 비유로 해서 세상 사람들과 공동 운명체가 되는 일의 위험을 알리는 비유였습니다. 세상의 가치관과 똑같은 가치관을 갖고 살지 말라는 것입니다. 세상 사람들이 좋아하고 원하는 것을 똑같이 좋아하고, 세상이 가치를 두는 것과 똑같은 가치관을 갖고 살지 말라, 그건 보증 서 줬다가 함께 망하는 것과 같은 일이라는 말씀입니다. 똑같은 시대, 똑같은 환경에서 살지만 사는 방식이 다릅니다. 저들은 육적이나 성도는 영적이고, 저들은 땅에 가치를 두나 성도는 하늘에 가치를 두고, 저들은 보이는 세상이 전부라고 믿고 사나 성도는 보이는 것도 중요하지만 그보다는 보이지 않는 신령한 것이 더 중요하다고 믿고 사는 자들입니다. 그런 점에서 세상과 구별된 자들입니다. 그런 특성을 보이는 자들이 자기도 구조받고 남도 살리는 사람입니다.

또 "네 선조의 세운 옛 지계석을 옮기지 말찌니라"(28)고 하십니다. 율법에서는 이웃의 지계석을 옮기지 못하도록 규정하며(신 19:14) 어길 때는 여호와의 저주를 받을 것이라고 경고하였습니다(신 27:17). 하나님께서 정해서 나눠주신 영역을 자기 마음대로 넓히려는 악행이기 때문입니다. 당시 지계석은 오늘날처럼 문서나 정확한 측량으로 뒷받침되지 않고 단순히 돌로 땅 위에 세워 둔 것이었으므로, 몰래 그 돌을 옮기기만 해도 이웃의 땅을 자신의 소유로 취할 수 있었습니다. 따라서 이 말씀은 하나님 나라의 범위나 기준을 바꾸지 말라는 것입니다. 다시 말하면 참 종교와 거짓 종교의 경계선을 임의대로 바꾸지 말고 오직 성경이 말씀하신 것을 그대로 지키라는 말입니다. 한때 유다의 지도자들은 악한 것을 선하다고 하며 선한 것을 악하다고 규정하고, 뇌물을 받고 선량한 사람을 악인으로 만들었습니다(사 5:20-23). 그것은 하나님께서 정하신 진리의 지계석을 옮긴 심각한 죄악으로 하나님의 저주와 엄중한 심판을 초래하게 되어 있습니다(사 5:24).

하지만 현재도 옛 지계석을 옮기는 죄가 여전히 교회 안에서 저질러지고 있습니다. 자기가 먼저 용서받은 자로서 의 안에서 이루어야 할 공평과 인자를 중요한 목표로 삼지 않고, 자신이 중요하게 여기는 다른 무엇을 더 중요하게 여기며 부추기는 신앙행위가 그것입니다. 종교행위로 만족한다거나 은사주의, 신비주의에 더 무게를 두며, 계명 순종의 수준을 자기 마음대로 정하고 가르치는 무리가 여전히 있습니다. 그런 것이 지계석을 옮기는 일입니다. 신앙의 가치, 하나님 나라의 수준, 율법의 기준 등을 자기 마음대로 바꾸는 것입니다. 그렇게 하지 말라고 명하십니다. 하나님의 뜻은 처음부터 영원까지 변함이 없습니다. 아브라함에게 중요했던 믿음은 모든 인간에게 다 중요하며, 이스라엘에게 기대하셨던 거룩과 의와 공평은 모든 성도에게 똑같이 적용되며, 그 수준 또한 변함이 없습니다. 그 기준을 바꾸지 말아야 합니다.

그렇게 행하는 것은 자신이 함정에서 빠져나오는 길이자 또 세상의 빛과 소금이라는 정체성을 유지하는 방식입니다. 그래서 이렇게 결론 내리고 있습니다. "**네가 자기 사업에 근실한 사람을 보았느냐 이러한 사람은 왕 앞에 설 것이요 천한 자 앞에 서지 아니하리라**"(29). 이 구절은 마치 개발도상국 시절 어느 회사가 수출 몇억 불 달성했다고 대통령이 상 주고 치하한 것처럼 사업 잘하는 사람만 우대한다는 뜻이 아닙니다. 여기서 말하는 '사업'은 지금까지 주신 모든 율례를 열심히 순종하는 것을 의미합니다. 곧 말씀을 듣고 배워 여호와를 신뢰하게 되고, 더 나아가 하나님이 기대하시는 신자로 살기 위해 힘쓰는 것입니다. 그런 사람이 하나님 앞에 선다는 비유입니다. 세상이라는 깊은 함정에서 빠져나온 것입니다.

이런 방식을 통해서 사람들이 사망의 깊은 함정에서 빠져나오게 하셨습니다. 하나님은 성경을 세상의 깊은 함정에서 빠져나올 수 있는 사다리로 주셨습니다. 말씀을 받았다는 것 자체가 대단한 은혜입니다. 구원의 사다리를 우리에게 주신 것이기 때문입니다. 그러므로 우리는 그 사다리를 한 계단씩 딛고 올라가 죽음의 함정에서 나와야 합니다. 말씀을 마음 깊이 듣고 배우는 일을 통해서 그 일이 가능합니다. 물론 지식만으로 끝나는 것은 아닙니다. 사다리가 어디에 있고 어떤 용도인지, 한 번에 몇 명씩 타고 오를 수 있는지에 대한 자세한 정보를 갖고 있다는 사실만으로는 구출이 보장되지 않습니다. 직접 올라서서 사용하지 않으면 사다리나 사다리에 대한 지식은 아무 소용이 없습니다. 성경에 대한 지식도 마찬가지입니다. 지식은 여호와에 대한 믿음과 내 삶에서 이루어지는 순종이라는 결실을 얻기 위해 사용해야 합니다. 지식과 여호와 신뢰와 행실을 겸할 때 비로소 사다리를 타고 함정에서 빠져나가고 있다고 말할 수 있습니다. 그 일을 위해 말씀을 주셨습니다. 말씀을 듣고 배우고, 그 말씀을 통해 알게 되는 하나님을 마음으로 더욱 신뢰하고, 하나님을 향한 순종을 이루기 위해 애쓰는 것이 구원의 사다리를 타고 빠져나가는 방식입니다. 하나님께서 사람들을 그런 방식으로 사망의 깊은 함정에서 구출하기로 하셨습니다. 우리가 직접 올라가야 합니다. 그것이 하나님께서 지혜롭다고 하시는 자들의 특징입니다.

Proverbs

문맥으로 보는
잠언 강해 Ⅲ

23장

1. 헛된 부요
(잠 23:1-8)

1 네가 관원과 함께 앉아 음식을 먹게 되거든 삼가 네 앞에 있는 자가 누구인지 생각하며
2 네가 만일 탐식자여든 네 목에 칼을 둘 것이니라
3 그 진찬을 탐하지 말라 그것은 간사하게 베푼 식물이니라
4 부자 되기에 애쓰지 말고 네 사사로운 지혜를 버릴지어다
5 네가 어찌 허무한 것에 주목하겠느냐 정녕히 재물은 날개를 내어 하늘에 나는 독수리처럼 날아가리라
6 악한 눈이 있는 자의 음식을 먹지 말며 그 진찬을 탐하지 말지어다
7 대저 그 마음의 생각이 어떠하면 그 위인도 그러한즉 그가 너더러 먹고 마시라 할지라도 그 마음은 너와 함께하지 아니함이라
8 네가 조금 먹은 것도 토하겠고 네 아름다운 말도 헛된 데로 돌아가리라

본문은 얼핏 보면 온갖 수단을 다해서 부자 되려는 사람을 향한 말씀처럼 보입니다. 그것만 해도 그리스도인에게 주시는 메시지가 충분할 것 같습니다. 하지만 본문이 비유의 말씀이고, 그 정도는 믿지 않는 자들도

얼마든지 가질 수 있는 삶의 태도라는 점에서 이 말씀이 문자 그대로 부자 되려고 허튼짓까지 하는 것을 금하는 말씀이라고 볼 수 없습니다. 신령한 차원의 더 깊은 의미가 있습니다. 문맥을 따라 연결해서 보면 그 윤곽이 드러납니다.

22장에서는 의 안에서 공평과 인자를 행해야 한다는 가르침을 듣고도 전혀 개의치 않고 자기 본성대로 행하기를 고집하는 자들은 사망의 깊은 구덩이에 빠진 것과 같다고 하였습니다. 그 안에서 이루어지는 삶은 재미있고 화려해서 사람들이 한번 빠지면 나가려고 하지 않을 뿐만 아니라 스스로 헤어 나올 수도 없는 깊은 구덩이이기 때문입니다. 오직 하나님께서 건져주셔야만 빠져나올 수 있습니다.

그런데 하나님께서 어떤 사람들은 그 무서운 구덩이에서 빠져나올 수 있게 하십니다(잠 22:17 이하). 마치 구조대가 사다리를 제공하여 구덩이에 빠진 사람을 건져내는 것과 비슷합니다. 하나님께서 제공하시는 구조용 사다리는 '말씀'입니다. 말씀을 듣고 배우고, 그 말씀을 통해 알게 되는 하나님을 믿으며 온 힘을 기울여 순종하기를 힘쓰는 것이 구원의 사다리를 타고 빠져나가는 방식입니다. 하나님께서 그런 방식으로 사람들을 사망의 깊은 구덩이에서 구출하기로 하셨으니 말씀을 사다리 삼아 직접 올라야 하고, 그게 하나님이 지혜롭다고 하시는 자들의 특징이라 했습니다.

그 말씀에 이어 본문에서는 뇌물 받지 말고 부자 되려고도 하지 말라는 말씀이 이어집니다. 먼저, 누가 호의를 베풀어준다고 해서 덥석 받아먹지 말라고 합니다. "네가 관원과 함께 앉아 음식을 먹게 되거든 삼가 네 앞에 있는 자가 누구인지 생각하며 네가 만일 탐식자여든 네 목에 칼을 둘 것이니라"(1,2). 누가 아무 이유 없이 음식이나 귀한 것을 준다면 덥석 받지 말라는 말입니다. "네가 만일 탐식자여든"의 원문의 뜻은 '만일 네가 목숨의 주인이라면'입니다. '만일 네 자신을 위한다면' 정도의 의미입니다. '네 목숨을 위해서 정체불

명의 음식을 먹지 말라'는 것입니다.

왜 그렇습니까? "그 진찬을 탐하지 말라 그것은 간사하게 베푼 식물이니라"(3). 간사함으로 제공하는 진수성찬이 있습니다. 뇌물의 전형적인 수법입니다. 친근하게 접근해서 단순한 호의로 제공하는 것처럼 했다가 나중에 본색을 드러내면 부당한 요구라도 들어주지 않을 수가 없습니다. 받은 뇌물이 올가미가 되기 때문입니다. 호의를 받을 때도 분별이 필요합니다.

그 일은 단순히 비싼 밥 한 끼 얻어먹는 문제가 아닙니다. "**부자 되기에 애쓰지 말고 네 사사로운 지혜를 버릴찌어다**"(4). 하나님의 가르침과 상관없이 자기 지혜를 따라 부자 되려는 욕심을 이루려고 애쓰는 것이 뇌물을 탐하는 것과 같다는 의미입니다. 앞서 말한 진수성찬은 간사한 방식으로 부자 되게 해 줄 것 같은 거대한 이익을 가리킵니다. 이렇게 저렇게 해서 부자가 되어야겠다는 너의 생각은, 너를 옭아매 사망으로 이끄는 뇌물과 같으니 그 욕망을 버리라는 것입니다. 사사로운 지혜를 따라 부자가 되려고 애쓰는 것은 참 허망한 인생입니다. "**네가 어찌 허무한 것에 주목하겠느냐 정녕히 재물은 날개를 내어 하늘에 나는 독수리처럼 날아가리라**"(5). 뇌물을 취하듯 간사한 방식으로 부자가 되었다면 나중에 반드시 그 대가를 치르게 됩니다. 뇌물 받았다가 나중에 호되게 옥살이하는 자들을 많이 알고 있습니다. 부정하게 모은 재물은 아무 쓸모가 없습니다. 금방 사라지고 말 것입니다.

그래서 이렇게 권면합니다. "**악한 눈이 있는 자의 음식을 먹지 말며 그 진찬을 탐하지 말찌어다 대저 그 마음의 생각이 어떠하면 그 위인도 그러한즉 그가 너더러 먹고 마시라 할지라도 그 마음은 너와 함께하지 아니함이라**"(6,7). 정상적인 경제활동을 대상으로 하는 말이 아닙니다. 악한 술수를 사용해서라도 부자가 되어야겠다며 애쓰는 자들을 말합니다. 그런 자에게 파리가 꼬이는 법입니다. 악한 마음을 가진 자들도 얼마든지 형제처럼 친하게 굴면서 호의를 베풀 수 있다는 사실을 기억하고 아무리 좋아 보이는 것도 잘 분별하여 합당치 않은 이익은 갖지 않아야 한다는 말입니다. 그렇지 않으면 반드시 대가를 치를 것입니다. **"네가 조금 먹은 것도 토하겠고 네 아름다운 말도 헛된 데로 돌아가리라"**(8). 아무리 작은 것이라도 불법으로 뭔가를 얻었다면 진실이 밝혀질 때 그 대가를 톡톡히 치른다는 말씀입니다. 뇌물 받았다가 들통난 사람이 자리도 잃고 옥살이에 벌금까지 물곤 하는 것과 같습니다. 부정한 재물을 덥석 받았다가 나중에 패가망신하는 것입니다.

그런데 여기서 그와 병행으로 하는 말이 좀 특이합니다. **"네 아름다운 말도 헛된 데로 돌아가리라"**. '조금 먹은 것도 토해낸다'는 말과 '아름답게 말한 것도 헛된 데로 돌아가리라'를 비슷한 뜻으로 말합니다. 이 구절이 본문 전체가 어떤 의도인지 밝혀주는 열쇠와 같습니다. 원래 모든 것을 다 잃어버린 사람에 대해 이야기한다면, **"조금 먹은 것도 토하겠고"**라는 말 다음에는 '처벌받아 감옥에 가리라'든지, '한 푼도 남기지 않고 다 몰수당하리라', 이런 식으로 이어질 법합니다. 그런데 본문은 조금 의아하게 '아름답게 했던 말도 헛된 데로 돌아가리라'고 합니다. 이는 지금껏 말한 것이 단순히 돈이나 진수성찬 같은 뇌물 문제가 아니었다는 의미입니다. 이 말씀은 의 안에서 이루는 공평과 인자와 관련 있습니다.

앞에서 말 한마디, 행동 하나는 그 사람의 마음과 본질을 드러내는 증거물이며 하나님은 그걸 모두 다 보시고 의와 불의를 나누신다는 점을 확인했습니다. 그런데 여기서 나중에 불법적으로 취한 것이 들통나면 **"아주 조금 먹은 것도 토해낼 것이라"**고 하면서, 그것을 **"네 아름다운 말도 헛된 데로 돌아가리라"**고 합니다. 이 말씀은 허망하게 잃어버리는 것이 의와 관련된 일임을 알게 합니다. 부정하게 부자 되었다가 나중에 들통나면 그 모든 것을 다 허망하게 잃어버리는 것처럼, 의에 있어서 부자라고 생각한 사람은 그나마 좀 잘했다고 여겨지는 것들도 다 소용없어진다는 것입니다. 마치 선지자 노릇 하고, 귀신 쫓아내고 많은 권능을 행했다는 것에 자부심을 느낀

자들이 정작 천국 문 앞에서 쫓겨나는 것과 같습니다. 평균 이상으로 괜찮은 말과 행동을 보였어도 그 때문에 '나는 이러한 의를 가졌다'고 자부하는 자들은 그나마 좀 잘했다고 생각하는 것조차 아무 쓸모가 없다는 뜻입니다. 부정하게 모은 재물이 허무하게 사라져버리듯이 부정한 기준으로 의에 부자된 사람은 그가 이 세상에서 남들보다 뛰어나게 경건한 사람이었다 할지라도 아무 소용없습니다.

그처럼 부정한 방식으로 부자 되었다는 말은 '기준에 미치지 못하는 의로 만족하였다, 스스로 의로운 자라고 자부하였다'는 뜻입니다. 그 점은 마치 이 구절을 설명한 것처럼 보이는 부자 청년에 대한 말씀에서 잘 드러납니다. "어떤 사람이 주께 와서 가로되 선생님이여 내가 무슨 선한 일을 하여야 영생을 얻으리이까 예수께서 가라사대 어찌하여 선한 일을 내게 묻느냐 선한 이는 오직 한 분이시니라 네가 생명에 들어가려면 계명들을 지키라 가로되 어느 계명이오니이까 예수께서 가라사대 살인하지 말라, 간음하지 말라, 도적질하지 말라, 거짓 증거하지 말라, 네 부모를 공경하라, 네 이웃을 네 몸과 같이 사랑하라 하신 것이니라 그 청년이 가로되 이 모든 것을 내가 지키었사오니 아직도 무엇이 부족하니이까"(마 19:16-20). 여기서 말하는 부자 청년은 다분히 함축적입니다. 돈이 많다는 것 외에 율법을 다 지켰다고 자부한다는 점에서 그렇습니다. 이 사람은 예수님 앞에서 이웃을 대상으로 하는 계명은 다 지켰다고 말할 만큼 뛰어난 경건을 가진 자였습니다. 그가 일부러 거짓말한 것이 아닙니다. 예수님의 제자들도 그의 경건을 인정할 정도였습니다. 그런 점에서 그는 부자였습니다. 곧 의로움도 다른 사람들보다 많이 가졌다고 생각하는 것입니다. 그는 자기보다 뛰어난 의인을 본 적이 없었을 것입니다. 하나님의 계명을 지키려 하는 점에서 자기보다 더 열심히, 그리고 철저히 지키려고 하는 자가 없어 보였습니다. 그런 차원에서 부자였던 것입니다. 그렇게 살아놓고도 뭔가 불안했는지 이 사람은 예수님께 나아와서 '그런 것은 제가 남들보다 뛰어나게 했다고 자신할 수 있습니다. 혹시 부족한 것이 무엇이 있겠습니까?'라고 여쭈었습니다.

그러자 예수님께서는 이렇게 말씀하셨습니다. "예수께서 가라사대 네가 온전하고자 할찐대 가서 네 소유를 팔아 가난한 자들을 주라 그리하면 하늘에서 보화가 네게 있으리라 그리고 와서 나를 좇으라 하시니 그 청년이 재물이 많으므로 이 말씀을 듣고 근심하며 가니라"(마 19:21,22). 율법을 다 지켰다고 자부하는 그 부자 청년에게 예수님은 율법의 완전한 의미를 가르쳐 주신 것입니다. 이웃을 사랑하라는 계명에 담긴 하나님의 원래 의도는 자기 소유를 다 팔아 가난한 자들에게 주는 것이라는 말씀입니다. 누구나 그렇게 할 수 있다는 차원이 아니라 율법을 지켰다는 것으로 구원받으려면 최소한 그 정도는 되어야 한다는 뜻입니다. 그런데 재물이 많았던 이 부자 청년은 예수님의 그와 같은 말씀을 듣고 근심하며 갔습니다. 이는 그가 계명을 다 지키지 못했다는 증거입니다. 그는 계명을 다 지키지 못했으면서도 다 지킨 것처럼 자부하고 있었던 것입니다. 이 부자 청년은 율법을 지켜서 구원에 이르겠다고 생각하는 자들을 대표하는 사람입니다. 그들의 의가 다른 사람들보다 뛰어나다고 해도 그것이 천국을 보장해주는 만큼은 될 수 없습니다. 사람이 자기 노력으로 천국에 들어갈 수 있을 만큼 완전하게 율법을 다 지킬 수 없습니다. 아무리 노력해도 자기가 율법을 지킨 것으로는 구원받을 만한 수준까지 도달할 수 없습니다. 예수님께서 하신 말씀이 그 점을 이야기하고 있습니다. "예수께서 제자들에게 이르시되 내가 진실로 너희에게 이르노니 부자는 천국에 들어가기가 어려우니라 다시 너희에게 말하노니 약대가 바늘귀로 들어가는 것이 부자가 하나님의 나라에 들어가는 것보다 쉬우니라 하신대 제자들이 듣고 심히 놀라 가로되 그런즉 누가 구원을 얻을 수 있으리이까 예수께서 저희를 보시며 가라사대 사람으로는 할 수 없으되 하나님으로서는 다 할 수 있느니라"(마 19:23-26).

부자가 천국에 들어가기 어렵다는 말씀은, 스스로 의롭다고 생각하는 사람, 율법을 누구보다 많이 지켰으니 이만하면 천국 가기에 부족함이 없다고 생각하는 사람, 내가 열심히 수고하여 쌓아둔 의로 구원받을 수 있다고 생각하는 사람은 천국에 들어갈 수 없다는 의미입니다. 그런 사람은 그나마 이 땅에서 조금 의롭다고 인정받고 칭찬받았던 것까지 다 잃어버릴 것입니다. 사람이 아무리 의를 이루기 위해 애썼어도 그것으로 천국에 들어갈 수는 없습니다. 턱없이 부족합니다. 이만하면 됐다고 생각하는 것은 계명의 수준을 한없이 낮춰 생각한 것입니다. 그것이 부정한 방법으로 부자 되려고 하는 것과 유사하여 본문에서 비유로 제시하고 있습니다. 곧 부자 청년과 같은 믿음을 경고하고 있는 것입니다. 단순히 뇌물로 제공되는 것을 받아먹지 말라, 부정한 방식으로 부자 되려고 하지 말라는 뜻이 아니라 율법을 지켜서 구원에 이를 수는 없다는 의미입니다. 분명히 하나님의 말씀이 사망의 깊은 구덩이에 빠진 자들에게 제공되었으며 성도는 그 말씀을 구원의 사다리 삼아 배우고 믿고 순종하여 영생에 오르게 되지만, 내가 말씀을 열심히 공부하고 믿고 순종하는 그 자체가 구원을 보장해주지는 않습니다.

어려움에 빠진 사람이 구조되는 모습과 같습니다. 누가 깊은 웅덩이에 빠져 헤어 나올 길이 없습니다. 조금 있으면 죽고 말 것입니다. 그때 구조대가 도착해서 사다리를 던져 주었습니다. 마지막 힘을 다해서 사다리에 올라타자 구조대가 그 사람을 들어 올려 주어서 살아날 수 있게 되었습니다. 그럴 때 구출된 사람은 누구나 구조대에게 고맙다고 할 것입니다. 거기서 만일 어떤 사람이 구조대의 수고를 무시하고 '내가 사다리에 올라타려고 노력해서 살아났다'고 이야기한다면 사람들은 그를 정신 나간 사람 취급할 것입니다. 은혜를 모르는 자라고 비난할 것입니다. 영혼의 구원도 마찬가지입니다. 하나님께서 말씀이라는 구원의 사다리를 우리에게 던져 주셨습니다. 그걸 발판으로 해서 우리는 하늘에 도달할 수 있습니다. 그 자체가 은혜입니다. 말씀을 알고 순종한다고 해도 우리의 순종은 절대 완전할 수 없기 때문입니다. 부자 청년처럼 남들보다 조금 더 열심을 낼 수는 있겠지만 그조차도 일부분일 뿐입니다. 그중에 어떤 이는 세상 누구보다 말씀을 잘 알고 경건하게 순종하여 사람들에게 의인이라고 칭찬받을 수도 있습니다. 하지만 거기에 안주하면 뇌물로 부정 축재한 죄인과 같습니다. 율법이 요구하는 기준에 비추어보면 전혀 구원받을 만한 의의 수준에 미치지 못하기 때문입니다.

많은 성경 지식과 의로움과 경건을 소유했다고 하더라도 그 자체가 구원을 보장하는 수준은 아닙니다. 우리의 수고는 거의 시늉만 내는 정도일 뿐입니다. 어린아이가 1년 동안 용돈 받은 거 안 쓰고 열심히 저축했다고 세상에서 제일 크고 비싼 빌딩을 살 수 없는 것과 같습니다. 그런데 어리석게도 천국을 자기 힘으로 살 수 있다고 생각하는 사람들은 있습니다. 하나님 나라의 부요함이 얼마나 크고 높은지를 모르기 때문입니다. 만일 예수님께서 우리 대신 죽으사 이루신 구원의 은혜를 망각하고 내가 애쓰고 수고한 것 때문에 천국에 가게 된다고 생각한다면 그는 마지막 날에 천국 문 앞에서 쫓겨나게 될 것이며, 조금이라도 이 땅에서 의롭게 살려고 말하고 행동했던 것들조차 아무 소용이 없을 것입니다.

본문은 그 점을 올바로 알고 있어야 온전한 구원의 길을 걸어갈 수 있음을 알려주고 있습니다. 성도는 구원 얻은 후에 종교의식과 행위를 치르는 것으로 만족하지 않고 의 안에서 이루는 공평과 인자를 무엇보다 중시하며 순종해야 합니다. 또한 그것을 이루는 방편으로 말씀을 주셨음을 알고 말씀을 따르는 일에 수고해야 하지만, 그 수고 자체가 구원을 이루지 못함을 기억해야 합니다. 언제나 하나님의 은혜와 능력이 함께 임해야 한다는 사실을 잊지 않아야 합니다. 그것이 지혜입니다.

2. 옛 지계석
(잠 23:9-11)

9 미련한 자의 귀에 말하지 말지니 이는 그가 네 지혜로운 말을 업신여길 것임이니라
10 옛 지계석을 옮기지 말며 외로운 자식의 밭을 침범하지 말찌어다
11 대저 그들의 구속자는 강하시니 너를 대적하사 그 원을 펴시리라

    22장에 의하면 주님의 가르침을 듣고도 본성대로 행하기를 고집하는 자들은 사망의 깊은 구덩이에 빠진 것과 같았습니다. 사람들은 거기에서 나가려고 하지도 않지만 동시에 누가 건져주지 않으면 나갈 수 없었습니다. 그러나 하나님께서는 구조용 사다리와 같은 말씀을 제공하셨습니다. 하나님의 뜻에 순종치 않아 빠져들어 간 사망의 깊은 구덩이에서 빠져나올 수 있는 길은 오직 하나님의 말씀에 있는 것입니다.
    그런 배경에서 23장이 이어집니다. 그 말씀을 구원의 사다리로 대할 때 주의해야 할 점에 관해 알려주는 내용입니다. 1-8절은 하나님의 말씀을 잘 지켜 의롭게 되었다고 자부하는 것은 부정한 방식으로 부자 되려는 자와 같다는 의미였습니다. 자기 수고와 노력으로 구원받게 되었다고 생각하는 것은 그나마 잘한 것도 아무 의미 없게 만들 뿐입니다. "**먹은 것도 토하겠고**"(8)라는 말씀에 병행하여 "**네 아름다운 말도 헛된 데로 돌아가리라**"고 하신 것이 그 점을 확증하였습니다. 의 안에서 이루는 공평과 인자를 주제로 펼쳐 온 문맥에 비추어 볼 때, 자기가 말씀을 알고 순종했다는 사실을 자랑하는 것은 부정한 방식으로 부자 되려고 하는 자와 같습니다. 그러니 자기 힘으로 구원받을 수 있다는 생각을 버려야 한다는 의미였습니다. 하나님의 은혜보다 자기 열심과 공로를 더 크게 생각하는 우를 범하지 않아야 합니다.

본문은 그와 같이 자기 열심과 공로를 자랑하는 헛된 부요를 어떻게 정리해야 하는지를 알려줍니다. "**미련한 자의 귀에 말하지 말지니 이는 그가 네 지혜로운 말을 업신여길 것임이니라**"(9). 문자적으로 보면 이 구절은 아무리 좋은 말이라도 미련한 자에게 하는 건 어리석은 일이니, 조심하라는 정도의 뜻이 될 것입니다. 사는 데 도움이 된다고 초등학생에게 경제학을 가르치지 않습니다. 똑바로 살라고 사법고시를 준비시키지 않습니다. 상대를 가리지 않고 내가 하고 싶은 말만 한다면 아무리 좋은 말이라도 도리어 조롱과 멸시로 되돌아올 수 있습니다. 대상에 맞는 말과 행실이 있는 법입니다. 그 점을 기억하고 신중하게 행하는 것이 상식적인 일입니다.

그러나 이 구절은 더 깊은 의미를 담고 있습니다. 그것이 무엇인지 알기 위해서는 이와 유사하게 보이는 예수님의 말씀에 귀 기울일 필요가 있습니다. "**거룩한 것을 개에게 주지 말며 너희 진주를 돼지 앞에 던지지 말라 저희가 그것을 밟고 돌이켜 너희를 찢어 상할까 염려하라**"(마 7:6). 지혜의 말씀을 전해도 이미 악한 마음을 품고 복음을 대적하는 자들이 있습니다. 복음의 참된 가치를 부인하고 받아들이지 않을 뿐만 아니라 오히려 복음과 그 복음을 증거하는 자를 해치려 하는 자들입니다. 그런 상황을 잘 살펴 아무에게나 복음을 주지 말라고 하십니다. 만천하에 다니며 복음을 전하라고 제자들을 보내신 예수님께서 여기서는 이렇게 말씀하신 것입니다.

이 말씀의 참된 의미는 비판하지 말라는 말씀에 이어 나타난다는 점에서 확인됩니다. 예수님은 "**비판을 받지 아니하려거든 비판하지 말라 너희의 비판하는 그 비판으로 너희가 비판을 받을 것이요 너희의 헤아리는 그 헤아림으로 너희가 헤아림을 받을 것이니라**"(마 7:1,2)는 말씀에 이어 자기 눈의 들보를 보지 못하고 형제의 눈에서 티를 나무라는 자의 어리석음을 지적하셨습니다(마 7:3-5). 그 후에 거룩한 것과 진주를 구분하지 못하는 '개, 돼지'처럼 복음의 복됨을 알지 못하고 오히려 해치려 하는 자들을 분별하여 그들에게는 전하지 말라고 하셨습니다. 이 구조는 어찌 보면, 누구도 판단해서는 안 된다고 하신 후 곧바로 사람을 잘 판단하라고 하신 것처럼 느껴지는 말씀입니다.

하지만 이 말씀은 '비판하지는 말되 분별은 하라'는 뜻으로 이해해야 합니다. '비판'은 심판자의 입장에서 다른 사람을 정죄하거나 심판하는 것을 의미합니다. 그런 정죄나 심판을 해서는 안 되지만, 그렇다고 복음을 짓밟고 복음 전하는 자들을 해하는 자들을 분별하지 못하면 안 된다는 의미입니다. 예수님께서도 공생애 기간에 수없이 천국 복음을 전하셨지만 서기관과 바리새인 등 기득권을 가지고 있던 자들에게는 그렇게 하지 않으셨습니다. 그들이 주님의 말씀을 자신들을 향한 공격이자 모욕으로 여기고 오히려 예수님을 죽일 방책을 꾀하고 실행하였기 때문입니다. 예수님은 나사렛에 가셨을 때 많은 능력을 행치 않으셨으며(마 13:53-58) 헤롯과 같은 자에게는 침묵으로 일관하셨습니다(눅 23:8,9). 사도 바울 역시 동족의 구원을 위해 밤낮으로 기도하면서도(롬 9:1-3) 복음을 대적하고 훼방하는 유대인들을 만나면 미련 없이 발의 먼지를 털고 돌아서서 이방인들에게로 향했습니다(행 18:5,6).

하지만 우리에게는 이 일이 말처럼 쉽지는 않습니다. 비판하지 않으면서 복음을 전하지 않아도 될 자들을 분별한다는 것은 우리의 판단력으로 쉽게 해결될 문제가 아닙니다. 그래서 그다음 말씀이 **"구하라 그러면 너희에게 주실 것이요 찾으라 그러면 찾을 것이요 문을 두드리라 그러면 너희에게 열릴 것이니 구하는 이마다 얻을 것이요 찾는 이가 찾을 것이요 두드리는 이에게 열릴 것이니라"**(마 7:7,8)입니다. 다른 무엇이 필요할 때도 마찬가지이지만 무엇보다 비판이 아닌 분별을 통해 신앙에서 가장 좋은 길을 찾아갈 수 있도록 지혜를 구하라는 것입니다. 자기 지식과 능력으로 알 수 없고 행할 수 없는 것을 이루어주시라고 구하고 기도하라는 명령이자, 그러면 하나님께서 귀히 여기시고 필요한 은혜를 주신다는 약속입니다.

본문도 같은 의미로 이해해야 합니다. 단순히 '미련한 자에게 지혜로운 말을 하지 말라'는 뜻이 아니라 구원의 본질에 대해 신중하게 판단해야 한다는 의미입니다. 진리에 따라 무엇을 분별하여 행하는 일은 어려운 일입니다. 하나님께서 구조용 사다리로 주신 말씀을 누구보다 많이 알고 실행했다고 해도 그것으로 자기가 의에 대하여 부자요, 구원받기에 충분하다고 생각하는 것은 부정하게 부자된 사람과 같다고 하였습니다. 누구보다 올바른 모습을 보이는 것 같은데도 구원 얻지 못하는 불행한 자가 될 수 있다는 것입니다.

그래서 본문은 우리에게 신중하게 판단할 것을 요구하고 있습니다. 말씀을 소홀히 하지도 않고, 또 열심히 배우고 순종하면서도 자기가 행한 그것만 의지하고 자랑하는 것은 구원 얻는 올바른 신앙이 아니므로 주의해야 한다는 말입니다. 구조용 사다리로 주신 말씀을 사용하여 구원에 이르는 이 일에서도 올바른 분별력이 요구됩니다. 성경을 들고 연구한다고 해서 누구에게나 다 천국이 거저 허락되지 않습니다. 무엇보다 불법적인 방식으로 부자된 사람처럼, 말씀과 관련해서 마치 의인이 된 듯 자랑하거나 교만하지 않아야 합니다.

그것은 남의 땅을 강탈하려는 것과 같기 때문입니다. **"옛 지계석을 옮기지 말며 외로운 자식의 밭을 침범하지 말지어다"**(10). 지계석은 자기 땅 남의 땅을 가리키는 경계석입니다. 울타리와 같은 개념입니다. 하나님께서 애굽에서 종노릇 하던 이스라엘 백성들을 데리고 나오셔서 가나안으로 인도하신 후 땅을 거저 분배해 주셨습니다. 죄로 말미암아 돌이킬 수 없을 만큼 강퍅해진 가나안 땅의 모든 족속을 심판하사 몰아내시고 대신 거기에 옛적 아브라함에게 약속하셨던 하나님 나라를 건설하시고자 각 지파에 나눠주신 것입니다. 그렇게 분배받은 땅은 대대로 상속받아 누리게 되어 있었습니다. 백성들이 임의로 바꿀 수 없었습니다. 힘없는 이웃의 밭을 빼앗아서도 안 됩니다(신 19:14). **"외로운 자식"**은 원래 '고아'라는 의미로 도움이나 보호를 받지 못하여 착취당하기 쉬운 자들을 가리킵니다. 그런 자들의 밭을 부당하게 빼앗지 말라고 합니다. 하나님께서 애초에 부여하신 땅의 경계를 부당한 방식으로 넓혀서는 안 되었습니다. 하나님 나라에 거하는 일은 오직 하나님께서 은혜로 거저 주신 땅을 상속받는 것으로만 가능한 일이며, 그 외에 어떤 방식으로도 차지할 수 없음을 알게 하는 규례입니다. 그런 의미에서 옛 지계석을 옮기지 말라고 합니다. 자기 땅이 아닌 곳으로 부당하게 경계석을 옮기지 말라는 것입니다.

이는 하나님의 말씀을 신중하게 살펴 자랑하거나 교만하지 않아야 할 이유를 설명해줍니다. 의인인 것처럼 자랑하거나 교만한 것은 하나님께서 가난한 자들에게 배분하신 영토를 강탈하려는 것 같은 악한 일이기 때문입니다. 하나님께서 가난한 자들의 몫으로 배분하신 구원의 땅을 마치 자기에게 허락된 것처럼 울타리를 확장하는 악행입니다. 남의 땅에 말뚝 박고 자기 땅이라고 우기는 불한당과 같습니다.

그런 자들은 설 자리를 잃을 것입니다. 가난한 자들의 구속자가 나서서 그들을 처벌하실 것이기 때문입니다. "**대저 그들의 구속자는 강하시니 너를 대적하사 그 원을 펴시리라**"(11). "**구속자**"는 땅이나 권한을 되사서 돌려주는 책임을 진 자를 말합니다. '기업 무를 자'로 번역되기도 합니다. 율법에는 '기업 무를 자'에 대한 특별한 규정이 있습니다. 자신의 친척을 부당하게 살해한 자를 대신 처벌할 수 있으며(신 19:6), 빚 때문에 팔린 재산이나 사람이 있으면 형제나 친척이 대신 빚을 갚음으로 지분이나 권리를 되찾아 주어야 하며(레 25:24-41), 남편이나 아들이 일찍 죽어 후사가 없는 과부를 남편의 형제가 취하여 죽은 남편의 이름으로 후사를 잇게 하여 그 이름이 이스라엘 중에서 끊어지지 않게 하며, 죽은 남편이 원래 갖고 있던 땅의 계승을 보증해야 한다는 규정입니다(신 25:5-10). 잃어버린 생명이나 기업, 권리나 이름 등을 스스로 회복할 수 없을 때, 형제나 친족이 대신 찾아 주도록 한 것입니다. 형제를 대신하여 이 모든 일을 행하는 자를 '기업 무를 자'라 합니다. 가까운 형제로부터 시작하되, 그가 만일 어떤 사정으로 기업 무를 수 없는 형편이 되면 그다음 가까운 친족에게 의무가 넘어가는 방식입니다. "**그들의 구속자**", 곧 가난한 이스라엘의 기업 무를 자는 예수 그리스도께서 믿음으로 구원 얻은 자들의 생명과 소유를 영원히 책임지신다는 사실을 가리키는 예표입니다.

구속자는 강하시며 부당하게 다른 이의 영역을 침범한 자를 대적으로 간주하시고 대신 처벌하십니다. "**그 원을 펴시리라**"는 말씀은 가난한 자들의 원한을 대신 갚아 주신다는 뜻입니다. 연약한 자들을 대신하여 기업 무를 자가 하나님 나라를 부당하게 점유하려는 부자된 사람을 심판하시는 것입니다. 이같이 강력한 구속자가 계시니 이스라엘 백성은 옛 지계석을 부당하게 옮겨서는 안 되었습니다. 하나님께서 정해 주신 구원의 영역을 사람이 자기 마음대로 넓히거나 줄일 수 없습니다. 땅도 하나님의 것이고 분배도 하나님의 주권대로 행하셨습니다. 죄인이 예수님을 믿고 구원 얻어 하나님 나라를 상속받게 된 것은 모두 다 하나님의 은혜입니다. 오직 하나님께서 정하신 믿음의 법으로만 구원 얻을 자들을 정하시고 땅을 상속받게 하셨습니다. 그러므로 구원의 방편으로 제공하신 말씀을 부지런히 살피면서도 그것을 하나님 나라를 상속받을 의와 자랑으로 삼지 않도록 주의하라는 말씀입니다.

본문은 그 점을 전해줍니다. 얼핏 보면 단지 가난한 자의 것을 강탈하지 말라는 뜻으로 보입니다. 하지만 그 참된 의미는 이처럼 헛된 부요를 자랑하는 자들은 하나님 나라를 상속받지 못하니 하나님께서 제공하신 말씀을 가까이하여 살필 때 각별한 주의가 필요하다는 것입니다. 뭔가 올바른 지식과 방편으로 구원을 이루어갈 때도 분별력이 필요합니다. 믿음 외에 다른 것으로 하나님 나라를 상속받으려 하거나 그럴 수 있다고 믿는 것은 자기 소유 아닌 땅을 넘보는 강탈 행위와 같습니다. 우리의 기업 무를 자 되신 예수님께서 그것을 허락하지 않으신다는 점을 이와 같은 비유로 우리에게 알려주고 있습니다.

안타깝게도 교회 안에 여전히 지계석을 옮기는 자들이 있습니다. 예수님을 구주로 믿는 믿음이 아니라 다른 것에 근거해서 하나님 나라를 차지할 수 있다고 믿고 당당하게 나서는 자들입니다. 하나님께서 율법과 제사, 십자가와 복음을 통해서 어떤 믿음을 참된 믿음이라 가르치시면서 자녀들을 구원에 이르게 하시는지를 진지하게 살피지 않고, 적당히 알고 행한 것에 만족하며 구원받았다고 확신하는 자들이 그들입니다. 적지 않은 자들이 그저 자기가 남들보다 조금 더 많은 열심을 내고, 남들보다 좀 더 많은 순종을 보인 것을 자랑하며 구원이 자기에게 속했다고 자부합니다. 말씀을 구원의 사다리로 내려주신 분에게 고마워하며 거기서 요구하는 참된 믿음을 구하기보다는 어설픈 분별력으로 거짓 믿음을 가졌음을 자랑하며 스스로 만족합니다.

그러나 그것은 구속자의 분노에 찬 심판을 부르는 미련한 일입니다. 부당하게 자기 영토를 넓히려 한 악인과 같기 때문입니다. 그 길을 걷지 않도록 유의해야 합니다. 말씀에 유의하여 구원의 길을 걸으면서도 그것으로 자신의 수고와 공로를 내세우지 않아야 합니다. 하나님께서 주신 말씀을 열심히 수고하여 따르면서도 끝까지 겸손한 자세로 구원의 능력이 하나님께만 있음을 잊지 않아야 합니다. 다시 말하면 사망의 구덩이 바닥으로 내려주신 사다리를 부지런히 올라가면서도 이 모두가 다 하나님께서 구원자가 되시어 은혜로 허락해 주신 구원의 방편임을 망각하지 않도록 경계해야 합니다. 지혜로운 자는 그러한 특성이 나타나게 되어 있습니다. 심령이 가난하지 않아도 하나님의 땅을 상속받을 수 있다는 마음을 분별하여 멀리합니다. 그것은 이웃집 영토를 자기 땅이라고 우기며 말뚝 박는 행위와 같기 때문입니다.

3. 훈계에 착심하며
(잠 23:12-21)

12 훈계에 착심하며 지식의 말씀에 귀를 기울이라
13 아이를 훈계하지 아니치 말라 채찍으로 그를 때릴지라도 죽지 아니하리라
14 그를 채찍으로 때리면 그 영혼을 음부에서 구원하리라
15 내 아들아 만일 네 마음이 지혜로우면 나 곧 내 마음이 즐겁겠고
16 만일 네 입술이 정직을 말하면 내 속이 유쾌하리라
17 네 마음으로 죄인의 형통을 부러워하지 말고 항상 여호와를 경외하라
18 정녕히 네 장래가 있겠고 네 소망이 끊어지지 아니하리라
19 내 아들아 너는 듣고 지혜를 얻어 네 마음을 정로로 인도할지니라
20 술을 즐겨하는 자와 고기를 탐하는 자로 더불어 사귀지 말라
21 술 취하고 탐식하는 자는 가난하여질 것이요 잠자기를 즐겨하는자는 해어진 옷을 입을 것임이니라

23장 1-11절은 하나님께서 구원의 사다리처럼 주신 말씀을 진지한 열심으로 사용하는 자들에게 있을 만한 잘못을 경계하게 하는 내용이었습니

다. 말씀을 배우고 순종한 것을 자랑하거나 오만해진다면 그것은 부정한 방식으로 부자 되려는 악인과 같고 또한 다른 이의 땅을 강탈하여 자기 것으로 삼으려 하는 악행과 같다고 하였습니다. 참된 지혜는 말씀을 듣고 순종하는 일에 열심을 내면서도 자기 열심이나 공로를 자랑하지 않고 겸손히 하나님의 은혜만을 자랑하는 특징을 갖게 되어 있습니다.

본문은 그와 같은 말씀을 들을 때 자칫 기울기 쉬운 극단으로 치우치지 않도록 교훈하고 있습니다. 말씀을 구원의 사다리로 알고 부지런히 배우고 순종하여도 그 자체를 공로로 삼아 자랑하거나 오만해선 안 된다는 이야기를 들을 때 우둔한 인간 본성은 자칫 말씀을 소홀히 해도 괜찮다는 생각을 갖기 쉽습니다. 아무리 열심히 해도 그와 상관없이 거저 주시는 은혜로 구원의 땅을 상속받는다면 굳이 왜 그렇게 힘들여 묵상과 순종을 거듭해야 하는지 그 당위성을 잃어버리는 것입니다. 본문은 그 잘못에 빠지지 않도록 우리를 돕고 있습니다. 은혜로 거저 하나님 나라를 상속받아도, 받은 말씀을 듣고 순종하는 일에 소홀해서는 안 된다는 사실을 강조하는 말씀입니다. 완전히 순종할 수 없어도 열심히 해야 하는 일입니다. 열심히 해도 자랑할 수 없으며 완전히 순종할 수 없지만 가볍게 여기지 않습니다.

그 점에 대해 이렇게 말합니다. **"훈계에 착심하며 지식의 말씀에 귀를 기울이라"**(12). '착심하라'는 '마음을 쏟으라, 마음을 두라'는 뜻입니다. 하나님께서 구원의 사다리로 제공하신 모든 말씀을 온 마음을 기울여 듣고 받으라는 것입니다. 자랑할 수 없고 완전하게 순종하지 못하더라도 하나님의 뜻을 알고 배우고 순종하는 일에 온 마음을 기울여야 함을 이야기합니다.

하나님의 말씀을 **"훈계"**와 **"지식의 말씀"**으로 구분하고 있습니다. 훈계는 '훈련, 징계'라는 의미가 있는 단어입니다. 듣기 어려운 책망이나 꾸중처럼 느껴지는 교훈이라 할 수 있습니다. 지식의 말씀은 단순히 정보에 그치지 않고 영혼을 살게 하는 생명의 교제가 되는 말씀을 가리킵니다. 둘 다 하나님의 말씀을 가리키지만 굳이 이렇게 나누어서 말하는 것은 하나님의 말씀은 내 마음에 드는 것만 받아서는 안 된다는 의미입니다. 내가 알기 쉽고 좋아하는 내용만이 아니라 하나님께서 죄를 지적하시고 책망하시는 말씀같이 듣기 어렵고 또는 이해하기 힘든 말씀이라 할지라도 절대 외면하지 말라는 것입니다. 하나님의 말씀은 모두 다 받을 만하기 때문입니다.

그 일을 끝날까지 계속해야 합니다. **"아이를 훈계하지 아니치 말라 채찍으로 그를 때릴지라도 죽지 아니하리라 그를 채찍으로 때리면 그 영혼을 음부에서 구원하리라"**(13,14). 언뜻 보면 자식을 엄하게 교육하라는 말씀처럼 보이지만 이는 문자적일 뿐입니다. 회초리를 대서라도 자녀를 교육하라는 말씀은 잠언에서 서너 차례 나오는데, 그때마다 아이들만 맞는다면 아이들이 좀 억울할 것 같습니다. 이 말씀은 자식을 둔 부모에게만 해당되지 않고 모든 성도에게 주어지는 비유입니다. 그리고 자녀를 교훈하는 것은 영원히 변하지 않을 가치가 있을 때만 하는 법입니다. 문맥에 따르면 그 가치는 하나님의 말씀을 듣고 순종하는 것과 관련 있습니다. 아이의 장래를 위해서 악한 습관은 엄하게 해서라도 고치게 하는 것이 부모의 지혜이듯이 하나님의 말씀은 영원히 지속될 교훈이므로 모든 성도는 비록 책망이나 꾸중처럼 느껴지는 것이라도 언제까지나 마음을 다해 듣고 순종해야 한다는 것입니다. 자손의 자손 대대로 절대 변하지 않을 구원과 심판의 기준으로 남아 있을 말씀이기 때문에 끝까지 마음을 다해 듣고 순종해야 합니다. 그 모든 말씀을 다 받으려고 하는 것이 지혜로운 자의 모습이라는 것입니다.

그리하면 하나님께서 기뻐하신다고 합니다. **"내 아들아 만일 네 마음이 지혜로우면 나 곧 내 마음이 즐겁겠고"**(15). 올바른 길로 인도하려는 부모의 말을 자녀들이 순종하면 부모는 한없이 기쁘듯이 하나님도 그리하신다고 합니다. 단순히 부모 말을 잘 들어서가 아니라 그것이 자녀 인생을 더 의미 있게 하기 때문입니다. 자녀가 잘되는 것이 부모의 기쁨인 것처럼 하나님은 훈계와 지식의 말씀을 받아서 지혜롭게 된 자들을 기뻐하십니다. 그 자체가 성도의 생명을 복되게 하기 때문입니다. 들으려고 노력하는 것부터 하나님의 기쁨이 됩니다. 처음부터 완전히 순종했을 때만 기뻐하시지 않습니다. 애쓰는 모습, 점점 더 자라가는 모습을 보시며 기뻐하십니다. 성도들이 하나님의 말씀을 지켰다고 자랑하지도 않으며, 그렇다고 소홀히 하지도 않고 열심히 듣고 순종하려고 하는 모습을 하나님께서는 크게 기뻐하십니다.

물론 성도가 아무리 훈계에 착심하고 지식의 말씀에 귀 기울이려 해도 완벽할 수는 없습니다. 그래도 하나님은 기뻐하십니다. 우리가 정직하게 고백할 때입니다. **"만일 네 입술이 정직을 말하면 내 속이 유쾌하리라"**(16). 우리가 그 말씀에 절대적인 권위를 부여하고 따르고자 해도 우리는 부모 말을 거역하는 버릇없는 아이처럼 잘못하는 것이 많습니다. 그럴 때 우리가 정직하게 인정하면 하나님은 **"속이 유쾌하리라"**고 하십니다. 크게 기뻐하신다는 뜻입니다. 성도들이 완전해서가 아니라 정직할 때 크게 기뻐하신다는 것입니다. 못 했으면 못한 대로, 없으면 없는 대로 정직하고 진실하게 하나님 앞에 인정하고 그대로 고백하면 하나님은 무한히 기회를 주십니다. 기다려 주시고 새로운 힘을 주십니다. 죄인이 하나님께 내보이는 정직은 온전함을 얻을 수 있는 은혜의 방편입니다. 하나님은 그리스도의 희생을 근거로 정직한 자를 온전한 자처럼 여겨주시며 크게 기뻐하시기 때문입니다.

그렇기에 성도는 어떤 어려움을 만나도 중단하지 않고 끝까지 주님의 말씀을 마음을 다해 듣고 순종하려고 하는 것이 지혜입니다. **"네 마음으로 죄인의 형통을 부러워하지 말고 항상 여호와를 경외하라"**(17). 사람들은 여러 가지 이유로 하나님 말씀을 순종하지 않으려 합니다. 그중 첫 번째 이유는 죄를 지어도 별 탈 없이 승승장구하는 자들이 있기 때문입니다. 하지만 이 구절은 문자적으로 **"형통"**이라는 말이 없이 그저 '죄인을 부러워하지 말라'입니다. 순종과 정직이 없는 죄인들이 형통하게 지내는 모습을 보며 부러워하기도 하겠지만 본문은 더 근본적으로 죄된 삶 자체를 부러워하지 말 것을 명합니다. 부패한 본성은 죄인이 꼭 형통해서가 아니라 죄를 즐기며 사는 삶 자체를 부러워하기도 합니다. 특히 주변에 있는 많은 사람이 율법에 얽매이지 않고 죄 자체를 즐기며 편안하게 사는 모습을 보면서 안타깝게 여기거나 미워하지 않고 오히려 그들의 당당함을 닮고 싶어하는 것입니다.

그러나 그와 같은 현실에서도 항상 여호와를 경외하는 것이 지혜입니다. '경외'는 자원하여 기쁨으로 순종하는 거룩한 두려움을 말합니다. 폭군에게 향하는 두려움에서 보이는 어쩔 수 없는 순종이 아니라 한없이 공경하기에 자원하여 순종하는 것입니다. 성도는 하나님의 자녀이기 때문입니다. 하나님은 자기 자녀가 아닌 자들이 거룩하게 살지 않을 때 내버려 두실 권한이 있습니다. 자녀이니까 엄격하게 하고, 단속하고, 훈계하시는 것입니다. 그러므로 성도는 죄인들이 순종하지 않아도 무난하게 사는 모습을 보거나 하나님께 불순종하는 죄 자체를 오히려 즐기며 사는 모습을 보더라도 부러워하지 않고 항상 여호와를 경외하는 자로 살아갈 필요가 있습니다. 그 길만이 장차 영원한 만족을 누리게 하는 것이기 때문입니다. **"정녕히 네 장래가 있겠고 네 소망이 끊어지지 아니하리라"**(18).

말씀을 순종하지 않아도 잘 사는 것처럼 보이는 자들이나 죄 자체를 즐기며 사는 자들을 부러워하지 않고 항상 정직하여 하나님을 경외하는 자가 소망이 있는 인생입니다. 그의 장래가 보장되어 있기 때문입니다. 분별력 없이 옛 지계석을 마음대로 옮기는 악행을 저지르면서도 즐거워하거나 많은 것을 누리는 자들을 보면서도, 묵묵히 순종과 정직으로 항상 여호와를 경외하는 자를 하나님은 끝까지 책임지십니다. 현실에서 순종의 대가를 당장 주시지 않을 수도 있습니다. 하지만 하나님은 반드시 자신을 경외하는 자들에게 복을 주실 것이며 그들의 소망을 절대 부끄럽게 아니하실 것입니다. 장래가 없는 죄인들과 다릅니다. 그들의 영광은 땅에서 받는 것이 전부입니다. 그들은 장차 받을 영광에 대한 소망이 없습니다. 현재 모든 것을 다 누리고 있기 때문입니다. 그러나 여호와를 경외하는 자들에게는 훗날 하늘에서 받을 하나님의 영광이 보장되어 있으며 그에 대한 소망은 반드시 이루어질 것입니다. 우리가 알다시피 정직한 자에게 임하시는 하나님의 구원하시는 은혜가 독생자의 죽음과 부활로 담보되었기 때문입니다. 독생자의 보혈이라는 무한한 가치를 담보로 이미 지불하신 하나님은 여호와를 경외하는 정직한 자들이 가진 소망을 절대 외면하지 않으십니다. 그 사실을 기억하고 현실에서 순종의 결과물을 받지 못해도 항상 여호와를 경외하는 것이 지혜입니다.

그 안목을 견지할 필요가 있습니다. "**내 아들아 너는 듣고 지혜를 얻어 네 마음을 정로로 인도할지니라 술을 즐겨하는 자와 고기를 탐하는 자로 더불어 사귀지 말라**"(19,20). 이 말씀은 단순히 음주문화를 배척하자는 이야기가 아닙니다. 가야 할 길을 제대로 가지 못하게 만드는 사람이나 교훈 등을 따라가지 않는 안목을 유지해야 한다는 말입니다. 힘들더라도 가야만 하는 길이 있습니다. 최후에 영생을 얻는 길, 마지막에 영원한 영광을 받아 누리는 길입니다. 그러나 많은 사람이 그 길에서 벗어나 여기저기를 기웃거립니다. 당장에 결과를 얻고 현실에서 영광을 받는 인생을 부러워하느라 가야 할 길을 가지 못합니다. 그것을 날마다 술 마시고 파티하며 즐겁게 노는 자들과 사귀는 것으로 비유했습니다. 어쩌다 한번 하는 회식 자리도 차단하라는 이야기가 아닙니다. '술을 즐기고 고기를 탐하는 자', 그게 생활과 습관이 되어버린 자를 말합니다. 가정에서 밥 먹는 것보다 술 먹고 회식하는 것을 더 즐거워하고, 그걸로 사는 보람을 갖는 자들을 말합니다. 그런 자들과 사귀지 말라는 말은, 그런 자들의 생활방식을 부러워하거나 함께 하지 말라는 것입니다. 매일 저녁 술 먹고 회식하면서 집에 제시간에 들어가지 않는다면 당장은 취해서 기분 좋고 배불러서 기분 좋을지 몰라도 그 마지막은 뻔하기 때문입니다. "술 취하고 탐식하는 자는 가난하여질 것이요 잠 자기를 즐겨하는 자는 해어진 옷을 입을 것임이니라"(21).

보편적으로 내일은 오늘 시행한 선택의 결과입니다. 게으르고 낭비벽이 심한 자가 부자될 것을 기대할 수 없습니다. 운동도 전혀 하지 않은 채 매일 술 마시고 회식하면서 몸이 건강하기를 바랄 수 없습니다. 내가 원하는 것이 무엇인지를 확인하고 그걸 위해 오늘을 사는 자가 지혜롭습니다. 비틀거리지 않고 똑바로 걷고 싶으면 술 취하지 말아야 하며, 건강해지고 싶으면 매일 고기 안주에 취하도록 술 마시는 자와 어울리지 않아야 합니다. 건강한 가정을 지키고자 하는 자들은 허구한 날 술 먹자고 하는 친구를 멀리할 것입니다. 나중에 어떻게 될 것인지 뻔히 보이기 때문입니다. 순간의 즐거움을 위해 계속 어울리면 함께 망하게 되어 있습니다.

마찬가지로 성도는 훈계와 지식의 말씀을 받아들이는 일을 게을리하게 만드는 많은 유혹에 대해 단호한 태도를 보여야 합니다. 믿음의 눈을 떠 멀리 죽음 이후까지 바라보며 당장의 현실에서만 즐거움과 만족을 누리는 죄된 방식인지 아니면 장래가 있고 소망이 끊어지지 않는 복된 방식인지를 분별해야 합니다. 구원의 사다리로 주신 말씀을 올바른 방식으로 대할 때 그 일이 가능합니다. 곧 하나님 말씀을 성실하게 지키려 하되 자랑하지 않으며 동시에 듣고 순종하기를 소홀히 하지 않는 것입니다. 훈계와 지식의 말씀을 마음으로 듣고 순종하려는 이 일이야말로 영원한 만족을 얻게 하며 하나님을 기쁘시게 하는 일인 줄 알고 마음을 다해 듣고 순종하길 끝까지 힘쓰는 것입니다. 아울러 아무리 애써도 온전히 지킬 수 없음을 인정하고 하나님 앞에 정직하게 고백하는 것입니다. 그러면 감사하게도 그동안 우리가 하나님의 뜻과 반대로 인생을 낭비하고 하나님에게서 멀어지는 것을 좋아하는 삶을 살았다고 해도 하나님께서는 우리가 마치 완전하게 순종한 것처럼 인정해주실 것입니다. 동시에 우리가 올바른 길을 걷도록 도와주십니다.

그 은혜를 따라 우리는 이제 죄인들의 형통을 보면서도 흔들리지 않고 여호와를 경외하며, 현재 가는 길이 장래의 영광을 위한 소망의 길인지 아니면 단지 현세의 즐거움과 만족을 위한 선택인지를 분별하여 지혜로운 선택을 해야 합니다. 비록 어렵고 힘들어도 죽음 너머의 삶까지 나를 만족하게 하며 동시에 하나님의 마음도 즐거워하실 길을 찾아 걸어가야 합니다. 그런 사람이야말로 하나님께서 주신 구원의 사다리를 단단히 붙잡고 오르는 사람입니다. 그 사람처럼 복되고 지혜로운 사람은 없습니다.

4. 부모와 진리

(잠 23:22-28)

22 너 낳은 아비에게 청종하고 네 늙은 어미를 경히 여기지 말지니라
23 진리를 사고서 팔지 말며 지혜와 훈계와 명철도 그리할지니라
24 의인의 아비는 크게 즐거울 것이요 지혜로운 자식을 낳은 자는 그를 인하여 즐거울 것이니라
25 네 부모를 즐겁게 하며 너 낳은 어미를 기쁘게 하라
26 내 아들아 네 마음을 내게 주며 네 눈으로 내 길을 즐거워할지어다
27 대저 음녀는 깊은 구렁이요 이방 여인은 좁은 함정이라
28 그는 강도 같이 매복하며 인간에 궤사한 자가 많아지게 하느니라

현재 문맥은 하나님 말씀에 열심을 가진 자들에게도 주의해야 할 점이 있음을 알려주고 있습니다. 하나님 말씀에 진지한 열심을 가졌다고 해도 그것을 자기 자랑으로 삼거나 오만하게 되면 남의 땅을 부당하게 차지하려는 악인과 같을 뿐이므로 오직 하나님의 은혜만을 자랑하는지 확인해야 한다고 했습니다. 또한 그 반대편 극단으로 가지 않도록 주의시켜 주었

습니다. 은혜로 거저 하나님 나라를 상속받아도, 받은 말씀을 듣고 순종하는 일에 소홀해서는 안 된다는 사실도 일러주었습니다. 영원히 효력을 잃지 않을 말씀의 권위를 기억하여 성실히 지키기를 힘쓰되 정직함을 통하여 온전한 자처럼 여김받는 은혜를 누리는 것이 지혜라 하였습니다. 그 일을 위해서는 말씀을 구원의 사다리 삼아 붙잡고 오르려 하지 않는 자들과 죄를 즐기며 사는 자들을 부러워하지도 말고, 또 죽음 너머의 영광을 얻지 못하고 그저 현세의 만족으로 그치고 말 거짓 교훈을 분별하는 수고도 필요하다 했습니다. 하나님 말씀에 진지한 열심을 가지고 따르려 하는 자들은 그와 같은 주의를 기울여야 마땅하다는 것입니다.

이어지는 본문은 진리에 대한 말씀과 부모 공경에 관한 말씀이 번갈아 나옵니다. "너 낳은 아비에게 청종하고 네 늙은 어미를 경히 여기지 말지니라"(22). 부모 공경은 하나님께서 엄중하게 주신 계명입니다. 많은 사람이 이 계명을 가볍게 여기며 살아가고 있지만 모든 인간은 이 계명에 의해서도 심판을 받게 되어 있습니다. 하나님께서 인간을 만드실 때 목적하셨던 인간의 도리이자 창조 목적 중 하나이기 때문입니다. 부모가 범죄를 강요한다든가 신앙의 길을 막는다든가 하는 예외적인 경우는 제외하고, 부모를 공경하는 것은 모든 인간의 기본 도리입니다. 젊고 건강하여 뭐든지 다 해 주던 때만 아니라 늙고 병들어 오히려 수발이 필요할 때라도 자녀는 부모를 공경해야 한다고 명하십니다.

그러나 이 말씀은 부모를 공경하라는 것을 비유로 하여 현재 문맥에서 이야기하는 진리에 관해 알려주는 말씀입니다. 어떤 의미인지는 다음 절에 나타납니다. "**진리를 사고서 팔지 말며 지혜와 훈계와 명철도 그리할지니라**"(23). 지혜와 훈계와 명철은 다 진리와 함께 말씀의 다양한 면모를 지칭합니다. 부모 공경에 대한 말씀에 이어서 갑자기 진리를 사라, 그리고 팔지 말라고 한 것은 서로 동떨어진 이야기 같지만 여기에는 중대한 의미가 담겨 있습니다. 하나님 말씀의 모든 면을 듣고 순종하는 일은 마치 부모를 공경하는 일처럼 힘들고 어렵다가 중도에 그만둘 수 없다는 뜻입니다. 말씀을 소홀히 하는 죄인들은 아무런 걱정 없이 편하게 사는데, 말씀을 생명처럼 소중히 여기며 순종하려고 애쓰는 자신은 정작 하루하루 힘들게 살아가는 처지라고 해도 말씀을 버리거나 멸시해선 안 된다는 것입니다. 그건 마치 부모가 늙고 병들면 부모를 홀대하거나 버리는 것과 같이 패역한 일입니다. 부모 공경이 자녀들에게 언제까지나 계속되어야 하는 일인 것처럼 성도들에게 진리된 말씀의 모든 면을 살피며 구원의 사다리 삼아 하늘에 오르는 이 일이 어떤 어려움 속에서도 계속되어야 할 일이라는 것입니다.

말씀을 구원의 사다리 삼아 하늘에 오르는 일은 힘든 과정입니다. 하지만 그건 구조대가 던져준 유일한 구조 방편과 같아서 생존하기 위해서는 아무리 무섭고 힘들어도 절대 놓을 수 없는 일입니다. 조금만 참으면 무사히 구조될 것이기 때문입니다. 진리의 말씀도 마찬가지입니다. 다른 사람들처럼 편안하고 풍요롭게 살지 못해서 힘들 수 있고, 혹 어떤 사람들은 조롱과 핍박과 죽임을 당하기도 합니다. 그런 일을 당한다고 해도 진리의 말씀을 붙잡고 하늘에 오르는 이 일은 절대 포기해서는 안 될 중요한 일입니다. 신자로 살면서 당하는 모든 고난은 장차 받을 영원한 영광에 비하면 찰나에 지나지 않기 때문입니다. 그런 점에서 진리는 자녀가 부모를 대하는 특성과 닮았기에 부모 공경에 이어 진리를 사고서 팔지 말라고 명하는 것입니다. 부모가 늙고 병들었다고 해서 버린다든지, 혹은 이웃집 부모가 더 부자라고 해서 그 집 자녀가 되어 그들을 공경하며 순종하는 자녀는 없을 것입니다. 부모·자식 간의 관계가 끊어질 수 없는 천륜인 것처럼 구원받는 자에게 있어서 진리의 말씀은 결코 놓쳐서는 안 될 생명의 사다리입니다. 그 사실을 기억하여 힘들더라도 붙들고 놓지 않는 것이 지혜입니다.

　이렇게까지 해야 하는 이유가 있습니다. 진리의 말씀을 받아 순종하는 것은 하나님을 아버지로 섬기는 방편이기 때문입니다. "**의인의 아비는 크게 즐거울 것이요 지혜로운 자식을 낳은 자는 그를 인하여 즐거울 것이니라**"(24). 자기 역할 잘하는 자녀를 둔 부모들은 자랑을 금할 수가 없습니다. 자녀는 부모의 심장과 같기 때문입니다. 하지만 이 구절은 그처럼 훌륭한 자녀를 둔 부모가 즐겁다거나 지혜로운 자식을 낳은 자가 기쁠 것이라는 의미로 그치지 않습니다. 얼핏 보면 의롭고 지혜로운 자식을 둔 부모의 만족을 이야기하는 것처럼 보이지만 훨씬 더 깊은 의미가 있습니다. 부모가 자기 역할 잘하는 자녀를 기뻐하고 자랑스러워하듯이 하나님은 하나님의 말씀을 듣고 순종하기 위해 열심을 내는 의롭고 지혜로운 자들을 기뻐하시며 자랑스러워하신다는 뜻입니다. 여기서 "**의인**"과 "**지혜로운 자식**"이 병행으로 사용되고 있는데 이는 의와 지혜가 별개의 것이 아님을 알게 합니다. 의인은 하나님의 말씀을 듣고 순종하는 일에 열심을 내는 특성을 보이는 사람이며 그가 지혜로운 자라는 의미입니다. 그런 점에서 이 구절은 하나님께서는 말씀을 듣고 순종하기 위해 힘씀으로 의를 이루려 애쓰는 지혜로운 자녀를 보며 즐거워하신다는 사실을 드러내고 있습니다.

　어떤 점에서 그렇게 말할 수 있는지 이후의 구절에서 확인할 수 있습니다. "**네 부모를 즐겁게 하며 너 낳은 어미를 기쁘게 하라**"(25). 문자적으로 이 구절은 '네 부모를 즐겁게 하고 너를 낳은 자를 기쁘게 하라'는 뜻입니다. '부모'와 '너를 낳은 자'가 병행으로 되어 있습니다. 그런데 우리말 성경은 "**너 낳은 어미**"로 되어 있지만 원문은 그저 '너를 낳은 자'입니다. "**어미**"는 이미 전반부의 "**네 부모**"라는 말에서 언급되었습니다. 따라서 '너를 낳은 자'는 "**어미**"와 구분되는 분을 암시합니다. 그렇게 구분하고 있습니다. 말씀을 듣고 순종하여 의를 이루기 위해 힘씀으로 부모를 즐겁게 할 뿐 아니라 너를 낳은 자도 기쁘게 하라는 뜻입니다.

　이 구절이 쉽게 이해되지 않지만 다음절을 보면 어느 정도 그 의미를 짐작할 수 있습니다. "내 아들아 네 마음을 내게 주며 네 눈으로 내 길을 즐거워할지어다"(26). 25절에서 '네 부모를 즐겁게 하라'고 하였으나 26절에서는 "내 아들아"라고 합니다. 이는 25절에서 '너를 낳은 자'라고 했던 분은 "네 부모"와 구분되며 그분은 곧 하나님이심을 알게 합니다. 하나님께서 성도들을 상대로 말씀하시는 것입니다. 말씀을 듣고 순종하여 의를 이루려고 애쓰는 것은 부모를 즐겁게 하는 일이자 하나님을 기쁘시게 하는 일이기도 하다는 뜻입니다. 그것은 또 하나님께 마음을 드리는 일이자 하나님께서 가르쳐주신 길을 기쁨으로 걷는 것입니다.

　그런데 여기서 한 가지 더 생각해야 할 점이 있습니다. 하나님의 말씀을 마음을 다해 따르는 것을 두고 부모에게 청종하고(22절) 부모를 즐겁게 하는(25절) 일이라고 말한 이유가 무엇이냐는 점입니다. 그저 마음을 다해 하나님의 말씀을 듣고 순종하며 따르라고 말해도 될듯한데 본문은 그렇게 하지 않았습니다. 진리를 사고서 팔지 않아야 하는 일이 부모를 청종하는 일과 관련되어 있음을 밝혔습니다. 이는 지혜로운 자가 청종해야 하는 말씀은 신실한 부모에 의해 전수되기 마련이지만, 그 말씀의 근원이 하나님이심을 기억하게 하는 방식입니다. 앞의 문단에서 자녀 교육에 관한 비유를 통해, 진리는 후대에 영원히 그 의미와 효력을 잃지 않을 것임을 강조하였다면, 본문에서는 그 말씀의 근원이 첫 사람을 넘어 여호와 하나님이심을 강조하고 있습니다. 즉 첫 사람 아담부터 종말에 있을 심판에 이르기까지 어떤 인간도 무시하거나 불순종할 수 없는 말씀임을 밝히는 것입니다. 그런 배경에서 '네 부모를 즐겁게 하라'와 병행하여 '너를 낳은 자를 기쁘게 하라'고 한 것입니다(25절).

　하나님은 우리를 낳으신 분입니다. 특별한 출생을 주도하셨습니다. 거듭답입니다. "영접하는 자 곧 그 이름을 믿는 자들에게는 하나님의 자녀가 되는 권세를 주셨으니 이는 혈통으로나 육정으로나 사람의 뜻으로 나지 아니하고 오직 하나님께로서 난 자들이니라"(요 1:12,13)는 말씀이 잘 가르쳐줍니다. 성도는 부모에 의해 태어난 자녀이기도 하지만 하나님에 의해 특별한 출생을 경험한 자이기도 합니다. 성도는 하나님의 영적 자녀입니다. 부모자식과의 관계보다 더 근본적이고 긴밀하고 영원한 관계가 믿는 자와 하나님과의 관계입니다. 그러므로 모든 사람은 자녀에게 하나님의 말씀으로 훈계하거나, 또 부모가 전해주는 교훈을 마음을 다해 듣고 순종해야 합니다. 그 교훈의 근원이 하나님이시기 때문입니다.

그릇된 교훈으로 자녀를 교육하는 부모에게 무작정 순종하라는 의미가 아닙니다. 분별해야 합니다. 하나님의 말씀은 첫 사람부터 주어졌고, 자녀들에게 전하게 하셨으며, 끝날까지 지속될 것입니다. 사람들이 무시하고 조롱하며 망각하려고 애쓰는 어떤 행위에도 상관없이 역사를 관통하여 그 권위를 지속할 것이며 심판 때까지 효력을 잃지 않을 것입니다. 그 말씀을 듣고 순종하여 의를 이루는 자가 되려고 애씀으로 부모를 기쁘게 하는 것이 지혜로운 일이며, 하나님께서 크게 즐거워하시는 일입니다. 하나님은 자신의 자녀들이 천국에 오르기까지 말씀을 단단히 붙잡고 놓지 않는 것을 즐거워하시며 무한한 자랑으로 여기십니다.

그렇게 하는 자녀들을 기뻐하시는 이유가 있습니다. "대저 음녀는 깊은 구렁이요 이방 여인은 좁은 함정이라 그는 강도 같이 매복하며 인간에 궤사한 자가 많아지게 하느니라"(27,28). 성경은 하나님 말씀 외에 사람을 따르게 하는 다른 교훈을 음녀로 규정하고 있습니다. 잠시 죄악의 즐거움을 누리게 하다가 결국 영원한 패망에 떨어지게 하는 음란한 여인과 같다는 뜻입니다. 이방 여인이라고 말한 것도 마찬가지입니다. 이방 여인은 자기가 가진 매력으로 이스라엘 백성의 마음을 빼앗아 율법을 따르지 않게 하는 세상의 세력을 가리킵니다. 그들의 주장이나 교훈을 따르는 것은 깊은 구덩이나 돌아 나올 수 없는 함정에 빠지는 것과 같습니다.

그런 자들이 온 세상 곳곳에 강도처럼 매복해 있습니다. "궤사한 자", 곧 의와 지혜에 관해 관심 있는 척 모두를 속이고 그저 육체적인 쾌락만 따르는 자들이 많아지는 것은 매복한 강도들처럼 사람의 마음을 빼앗는 영적 강도들에게 자기 영혼을 빼앗긴 증거입니다. 그들은 사망의 심판으로 떨어질 것입니다. 그러나 말씀을 듣고 순종하여 부모를 기쁘게 하며 하나님을 즐겁게 하는 자는 생명을 얻고 영원한 영광의 나라에 들어갈 것입니다. 그래서 하나님께서 그 아들들을 기뻐하시는 것입니다.

결국 이 말씀은 구원의 사다리로 제공된 말씀을 열심히 붙잡고 순종하여도 왜 자랑하지 않아야 하는지, 완전하게 지키지 못하여도 소홀히 하지 않아야 하는지 그 이유를 밝히고 있습니다. 하나님께 기쁨과 자랑이 되는 자녀가 되기 위함입니다. 어떤 부모가 자녀를 낳아 기쁨으로 온갖 수고를 다하여 키웠는데, 그 자식이 부모가 늙고 병들었다고 멸시하고, 돈 많은 다른 집 부모를 좋아하고 그 집에 가서 살겠다고 하면 부모에게 얼마나 큰 상처고 절망이겠습니까? 반대로 어려운 가운데서도 부모가 늙고 병들어도 최선을 다해 공경하면서 부모의 은혜를 내가 받았으니 이제 내가 부모를 기쁘게 해 드려야겠다고 생각하며 사는 자녀는 부모에게 얼마나 기쁨이고 자랑이겠습니까? 어딜 가서도 자식 자랑이 끊이지 않을 것입니다.

우리가 주님의 말씀을 단단히 붙잡아 의롭고 지혜로운 자로 살려고 힘쓰는 것이 하나님께 그런 것과 같습니다. 하나님의 자랑은 다른 데 있지 않습니다. 우주 만물을 창조하고 소유했다는 것이 하나님의 자랑이 아니요, 아름다운 자연을 만들고 그것들을 뜻대로 움직이는 힘을 가진 것도 하나님의 기쁨이 아닙니다. 그건 자식이 아니기 때문입니다. 아무리 돈 많고 학식 많고 권력이 커도 자식이 망나니면 부모의 걱정은 가실 날이 없습니다. 하나님이 우리에 대해 그러십니다. 하나님의 자랑은 바로 믿는 사람들입니다. 믿는 사람이 사회적으로 성공하고 돈 많고 똑똑해서 높은 자리 차지한 것을 좋아하시는 것이 아닙니다. '의인의 아비', '지혜로운 자식을 낳은 자'라는 말을 들을 수 있을 때 기뻐하시고, 자녀들이 그런 자가 되기 위해 힘쓸 때 즐거워하시며 자랑하십니다. 하나님은 자신의 자녀들이 하나님의 자녀답게 자라가고 든든히 서가는 모습을 보고 싶어 하십니다. 그것은 첫 사람 아담부터 마지막 심판 때까지 그 권위와 효력을 잃지 않는 하나님의 말씀을 자녀된 신분에 합당한 올바른 자세로 듣고 순종하는 것을 통해 성취됩니다.

그런 점에서 성도는 모든 일에 대해 '죄인가 아닌가'를 따지는 소극적이고 부정적인 생각에서 그치지 말고 적극적으로 '어떻게 하는 것이 하나님을 기쁘시게 하는 일인가? 어떻게 사는 것이 하나님이 자랑하시는 자녀가 되는 길인가?'를 고민하는 자녀가 되어야 합니다. 내 삶의 목적이 단지 심판을 면하는 데 그치지 않고 나를 거듭나게 하신 하나님을 기쁘시게 하는 일이어야 합니다. 그게 우리의 복이기 때문입니다.

본문은 우리가 하나님에 대하여 그런 마음을 가져야 한다는 사실을 말하고 있습니다. 우리 삶의 기준을 하나님을 기쁘시게 하는 것에 두고 살 때, 의롭고 지혜로운 자가 되기 힘들더라도 그 길을 포기하지 않을 때, 하나님은 우리를 기뻐하시며 자랑스러워하십니다. 여기에 초점을 두면서 말씀을 붙들고 사는 자들이 가장 지혜로운 자들입니다.

5. 재앙이 뉘게 있느뇨
(잠 23:29-35)

29 재앙이 뉘게 있느뇨 근심이 뉘게 있느뇨 분쟁이 뉘게 있느뇨 원망이 뉘게 있느뇨 까닭없는 창상이 뉘게 있느뇨 붉은 눈이 뉘게 있느뇨
30 술에 잠긴 자에게 있고 혼합한 술을 구하러 다니는 자에게 있느니라
31 포도주는 붉고 잔에서 번쩍이며 순하게 내려가나니 너는 그것을 보지도 말지어다
32 이것이 마침내 뱀 같이 물 것이요 독사 같이 쏠 것이며
33 또 네 눈에는 괴이한 것이 보일 것이요 네 마음은 망령된 것을 발할 것이며
34 너는 바다 가운데 누운 자 같을 것이요 돛대 위에 누운 자 같을 것이며
35 네가 스스로 말하기를 사람이 나를 때려도 나는 아프지 아니하고 나를 상하게 하여도 내게 감각이 없도다 내가 언제나 깰까 다시 술을 찾겠다 하리라

하나님 말씀을 따르는 일에 열심을 가진 자들에게도 여러 가지 주의해야 할 점이 있습니다. 자기 자랑이나 오만을 경계하는 동시에 말씀을 듣고 순종하는 일에 소홀하지 않는 균형입니다. 또 부모 공경이 인간에게 마땅한 도리이듯이 그 근원이 여호와 하나님이신 이 말씀의 권위를 기억하여

신자들이 듣고 순종함이 마땅합니다. 말씀은 하나님에게서 발현하여 영원히 그 효력을 잃지 않을 것이며 그 권위로 모든 인간의 구원과 심판을 가늠할 것이기 때문입니다. 그 점을 기억하여 어떤 방해물에도 불구하고 듣고 순종하기를 힘쓰는 것이야말로 지혜 중의 지혜입니다.

이어지는 본문은 술 취한 자에게 일어나는 일들을 비유로 제시합니다. 앞에서(잠 23:27,28) 이야기한 대로 음녀를 따르려고 하다가 인생 망치는 자와 관련된 것입니다. 음녀는 거짓 교훈, 세상의 가치관을 따르는 자들에 대한 비유였습니다. 역시 그와 비슷한 영적 원리를 설명하기 위함입니다. 진리를 듣고 순종하지 않는 자들이 맞이할 결말에 대한 교훈입니다.

먼저, 술 취한 사람에게 일어나는 비참한 결과에 대해 이야기합니다. "**재앙이 뉘게 있느뇨 근심이 뉘게 있느뇨 분쟁이 뉘게 있느뇨 원망이 뉘게 있느뇨 까닭 없는 창상이 뉘게 있느뇨 붉은 눈이 뉘게 있느뇨 술에 잠긴 자에게 있고 혼합한 술을 구하러 다니는 자에게 있느니라**"(29,30). 물이 귀한 중동지방에서 포도주와 같은 술은 식사와 잔치 때 없어서는 안 될 귀한 음료였을 뿐 아니라(요 2:1-11) 상처를 치료하는 약품으로도 사용되었기 때문에(눅 10:34; 딤전 5:23) 포도주 자체가 금지된 것은 아니었습니다. 하지만 여기서는 "**술에 잠긴 자**", "**혼합한 술을 구하러 다니는 자**"라는 표현을 사용하고 있습니다. 술을 약으로 먹는 사람이 아니라 술을 즐기고 이것저것 섞어서 더 많이, 더 빨리 취하려는 목적으로 술을 찾아 먹는 자들에게 흔히 일어나는 결과들을 말합니다. 재앙과 근심, 분쟁과 원망, 까닭 없는 창상과 붉은 눈이 그것입니다. 술로 인한 해악을 요약해 놓았습니다. 건강을 해치는 것부터 사회적인 관계의 파괴에 이르기까지 인간이 당할 수 있는 모든 문제와 고통을 망라하고 있습니다. 세계적으로 1인당 술 많이 먹기로 다섯 손가락 안에 든다는 우리나라에서 별로 드물지 않게 볼 수 있는 그런 현실들입니다. 술 먹고 취하면 이성과 판단력이 마비되어 자기와 주변 사람들에게 심각한 해악을 가져다줍니다.

넘어져 다친다거나, 시비가 붙어 싸우기도 하고, 다음날 회의 시간에 벌건 눈으로 술 냄새 풀풀 풍기며 나온다거나, 심지어 어떤 사람은 취한 채로 운전하다가 사고를 내고 뺑소니를 쳤는데, 나중에 잡힌 후에 보니 자기 차에 치여 사망한 아이의 아버지였던 일도 있었습니다. 이처럼 술은 재앙과 근심, 상해와 다툼 등 말할 수 없는 해악을 끼치는 것입니다.

이렇게 술 취한 자들에게 일어나는 비참한 해악들을 이야기하는 것도 이전과 마찬가지로 단순히 술 먹지 말라는 의미가 아닙니다. 앞에서 이야기했던 권면을 따르지 않는 자들이 맞이할 결말은 술 취한 자에게 일어나는 비참한 결과들과 유사하다는 말입니다. 26-28절에 나타난 경고와 관련 있습니다. 거기서 지혜자는 진리의 말씀으로 사람을 거듭나게 한 영적 아버지의 심정으로 자녀들에게 하나님의 말씀을 전심으로 따르기를 권하면서, 음녀와 이방 여인을 따르지 말 것을 이야기했습니다. 음녀나 이방 여인은 진리의 말씀이 아닌 거짓 교훈과 이방의 세속적인 가치관을 비유한다 했습니다. 요한 사도가 정의해 놓은 세상을 의미하는 것입니다. **"육신의 정욕, 안목의 정욕, 이생의 자랑"**을 인생의 가치와 즐거움으로 삼는 가르침이나 교훈을 말합니다(요일 2:15,16). 그것이 당장은 즐거워 보이고 행복하게 해 주는 것 같으나 실은 사람들의 생명과 재산을 강제로 빼앗는 강도처럼 사람의 영혼을 천국에서 끌어내려 사망과 멸망으로 이끄는 강도와 같다고 했습니다. 세상이 자기 논리로 '인생은 이래야 된다', '이런 게 성공이고, 이런 게 복이다'라며 성경과 다른 주장을 펼치는 것이 여기에 해당합니다. 그런 것들이 사람의 영혼을 강탈하는 강도와 같습니다. 돈이나 육체의 생명을 빼앗는 강도만 나쁘지 않습니다. 그들보다 더 악하고 교활한 강도는 하나님 없는 교훈입니다. 구원과 영생과 영원에 대해 아무것도 보장하지 못하면서도 자기의 가르침이 진실하다고 주장하는 그런 교훈이 더 악합니다. 사람을 하나님에게서 영원히 분리되게 만들기 때문입니다.

그 결말이 술 취한 자에게 일어나는 비참한 결과와 유사하다는 비유로 말씀하고 있습니다. 술을 마실 땐 기분 좋으나 취하다 보면 재앙과 근심과 상해만 일어날 뿐인 것처럼, 진리의 말씀을 유일한 구원의 사다리로 여기고 붙잡고 오르지 않는 자들에게 일어날 결과가 그렇다는 말입니다. 그런데도 사람들은 그것이 가져다주는 달콤함을 잊지 못하고 계속 찾아 즐깁니다. 금방 자기 신체나 가족들에게 어떤 일이 생길지 모르는데도 눈앞의 즐거움을 위해 그 술, 그 가치관을 따릅니다. **"포도주는 붉고 잔에서 번쩍이며 순하게 내려가나니 너는 그것을 보지도 말지어다"**(31).

'포도주가 붉고 잔에서 번쩍인다'는 말은 보기에 참 매력적이라는 뜻입니다. '순하게 내려간다'는 것은 술이 아무런 부담도 없이 부드럽게 목을 타고 넘어간다는 표현입니다. 생각만 해도 입맛을 다시게 되는 매력이 있다는 것입니다. 술이 이처럼 매력적으로 사람을 유혹하는 것은 동서고금을 막론하고 공통적인 현상이라고 할 수 있습니다. 정작 사람들에게 필요한 것, 사람을 살리는 것은 물인데도 광고는 꼭 술을 마셔야 시원해지고 갈증이 풀리고 살 수 있는 것처럼 느끼게 만듭니다. 그런데 지혜자는 **"너는 그것을 보지도 말라"**고 합니다. 매력적으로 보이지만 사실은 그 결과가 쓰기 때문입니다. **"이것이 마침내 뱀 같이 물 것이요 독사 같이 쏠 것이며"**(32).

앞에서 이야기했던 비참한 결과를 맞이한다는 뜻입니다. 얼마 전 어떤 의사가 기고한 술에 관한 칼럼을 봤습니다. 포도주가 심장병에 좋으니까 먹어야 한다는 설이 있는데, 포도주를 먹어서 심장에 좋은 효과를 내려면 그 전에 알콜 중독이 되어야 할 만큼 먹어야 한다는 요지였습니다. 그리고 또 하나 술을 한 잔 정도 먹는 것은 두 잔 이상 먹는 사람들보다 오래 살고, 심지어 한 잔도 안 먹는 사람들보다 더 오래 산다는 발표가 예전에 있었는데, 알고 보니 잘못된 자료 수집이었다는 것입니다. 먹다가 끊은 사람들을 포함했을 때 그런 결과가 나왔던 것이며 완전히 안 먹은 사람들이 제일 오래 산다는 것이 증명되었다는 기고문이었습니다. 결국 먹으면 먹을수록 몸에 안 좋은 것을 그렇게 많은 돈을 들여가면서 광고하고 제조하고 유통하는 것이 세상입니다.

이 또한 술 자체로 끝나는 이야기가 아닙니다. 인간을 파멸로 이끄는 것들은 대개 화려하고 매력적으로 보인다는 것입니다. 생수와 같은 진리의 말씀이 아니라 술처럼 먹고 싶고, 좋아 보이는 교훈과 가치관에 관한 이야기입니다. 음흉한 계략을 마음에 품은 사기꾼들처럼 거짓 선생들의 경우도 대부분 듣기에 아름다운 말을 합니다. 예의도 바르고, 겉모습도 말쑥하여 사람들에게 매력적으로 보입니다. 당장이라도 현실의 모든 욕구를 만족시켜 줄 것처럼 치장합니다. 단순한 사람들은 바로 이러한 겉모습에 미혹되어 쉽게 자기 생명을 내어줍니다.

"너는 그것을 보지도 말지어다"(31)라는 말씀은 그런 모습에 미혹되지 않도록 깨어 있으라는 말입니다. 그러한 악을 바라보는 것조차 죄라는 사실을 생각하며 아예 자기 마음에 들어오지도 못하도록 해야 한다는 것입니다. "거짓 선지자들을 삼가라 양의 옷을 입고 너희에게 나아오나 속에는 노략질하는 이리라"(마 7:15)는 말씀이나 "그 여자는 자주 빛과 붉은 빛 옷을 입고 금과 보석과 진주로 꾸미고 손에 금잔을 가졌는데 가증한 물건과 그의 음행의 더러운 것들이 가득하더라 그 이마에 이름이 기록되었으니 비밀이라, 큰 바벨론이라, 땅의 음녀들과 가증한 것들의 어미라 하였더라"(계 17:4,5)고 하신 말씀과 같습니다. 사람을 파멸로 이끄는 세력과 교훈은 화려하고 매력 있게 보이지만 지혜는 그런 눈속임에 넘어가지 않도록 자기를 지키는 특징이 있습니다. 그 마지막 결과를 보고 술을 먹을 것인지 물을 먹을 것인지, 진리의 말씀을 받을 것인지 거짓 선생들의 말을 따를 것인지를 결정하여 힘들더라도 중간에 변심하지 않고 진리를 따라야 한다는 것입니다. 술은 쳐다보지도 말라는 것은 그런 거짓 교훈들은 아예 조금도 마음에 들이지 말라는 의미입니다.

그래야 하는 이유는 분명합니다. 33절 이하는 그처럼 보지도 말아야 할 이유를 알려주고 있습니다. 술 취한 사람이 사망의 구덩이로 점점 더 깊이 빠져들어 가는 모습을 비유로 하여 거짓 교훈을 받아들인 자가 멸망에 이르기까지 보이는 특징을 말하고 있습니다. 처음엔 보고 말하는 것에 관해 이야기합니다. "**또 네 눈에는 괴이한 것이 보일 것이요 네 마음은 망령된 것을 발할 것이며**"(33).

"**괴이한 것**"이라는 말은 문자적으로 '이방 여인', 혹은 '창녀'를 가리킵니다. '음녀'로 번역되기도 했습니다(잠 22:14). 그것을 본다는 말은 술 취하면 점점 더 자기를 망하게 하는 것, 인간의 존엄성을 망가뜨리는 것이 좋아 보인다는 뜻입니다. "**망령된 것**"은 '반역', '패역'을 뜻합니다. 부모도 몰라보고, 아내도 못 알아볼 정도로 술에 취했던 경험을 재미 삼아 이야기하는 사람을 봤습니다. 판단력이나 자신을 제어하는 능력을 잃어버려 맨정신일 때는 도저히 못 할 일을 하는 것입니다. 마찬가지로 거짓 교훈에 매료된 사람은 그 인격과 성품까지도 비참하고 추하게 전락하여 악한 것을 좋아하게 되고, 자신이 곧 멸망당할 줄도 모르고 하나님을 대적하는 모습을 보이게 됩니다. 그런 특징이 술 취한 사람이 이성을 잃고 망나니짓하는 모습과 유사하다는 말입니다.

그런데도 계속 술에 취하면 더 큰 위험에 처하게 됩니다. "**너는 바다 가운데 누운 자 같을 것이요 돛대 위에 누운 자 같을 것이며**"(34). 지극히 위험한 처지에 있으면서도 그걸 알지 못하고 누워 자는 사람과 같다고 합니다. 간혹 술 취한 사람이 길거리 아무 데서나 쓰러져 자는 모습이나 심지어 한밤중에 술에 취해 차도 한복판에 누워 자고 있다가 사고당했다는 뉴스를 접합니다. 감각이 둔해져 자기가 무슨 짓을 하는지도 모르는 것입니다. 거짓 교훈을 따르는 자가 그처럼 위험한 길을 걷고 있습니다. 사이비 이단 교리나 세속적인 가치관들, 그리고 유사 기독교 교리들입니다. 이 길로 계속

가면 즐거움과 영생이 있으리라고 생각하고 신나서 열심히 달려가지만 앞에서 설명한 그 진리의 말씀을 믿고 따르는 것이 아니라면 그는 술에 취해 한밤중에 차도 한가운데 누워 있는 취객과 같습니다.

거기서 좀 더 심해지면 나타나는 현상이 있습니다. "**네가 스스로 말하기를 사람이 나를 때려도 나는 아프지 아니하고 나를 상하게 하여도 내게 감각이 없도다 내가 언제나 깰까 다시 술을 찾겠다 하리라**"(35). 현실에 대해 무감각해지고 중독에 빠져 헤어나오지 못한다는 것입니다. 심각하게 알콜 중독에 걸린 사람을 비유로 들고 있습니다. 그들은 술에 취해 길거리에 쓰러져 잠들고, 지갑 훔쳐 가도 모르고, 상하고 다쳐도 알지 못합니다. 때론 얼어 죽기도 하고, 사고로 죽기도 합니다. 참 안타까운 일이 아닐 수 없습니다. 그렇게 위험한 고비를 넘기고도 중독이 되면 자기가 얼마나 위험한지도 모르고 또 술을 찾습니다. 마치 다시 취하기 위해 술에서 깨기를 바라는 사람처럼 보인다고 합니다. 중독이 심해지면 더 큰 자극을 주는 술을 찾아 헤매고, 심지어 마약 같은 치명적인 약물에 의지하게 되어 결국 건강한 인생이나 가정을 꾸릴 수 없게 됩니다. 헛되고 거짓된 교훈을 따르는 자들이 그와 같습니다. 영적인 마약 중독자입니다. 화려하고 즐겁고 매력적으로 보이는 교훈이나 가치관들을 따르기를 멈추지 않고 계속하게 되면, 영적 감각이 마비되고, 악하고 무가치한 교훈을 더욱 즐거워해서 점점 더 사망으로 치닫는 교리를 찾게 된다는 것입니다. 어느 순간 거짓 교리를 마음 한쪽에 들여놓고 즐거워하다가 점점 더 헤어나올 수 없는 깊은 사망의 구덩이에 빠지게 된 것입니다.

거짓 교훈, 세속적 가치관도 중독성이 있습니다. 사람들이 영적으로 망해가는 모습은 술에 중독되어가는 과정과 유사합니다. 그래서 "**너는 그것을 보지도 말지어다**"라고 하신 것입니다. 진리의 말씀, 하나님의 마음이 담긴 성경말씀 외에는 너를 맡길만한 의지처로 삼지 말라, 진리의 말씀 외에 다른 것이 너의 영혼을 만족시켜 줄 수 있을까 하고 생각도 하지 말라는 뜻입니다. 그건 화려하고 맛있게 보이는 술을 입에 대고 즐기다 중독으로 모든 것을 잃게 된 사람과 같습니다. 이런 사실을 알고 주님이 구원의 사다리로 주신 진리의 말씀만을 진지하게 배우고 순종하려는 자가 지혜로운 자입니다.

Proverbs

문맥으로 보는
잠언 강해 Ⅲ

24장

1. 부러워하지 말며

(잠 24:1-10)

1 너는 악인의 형통을 부러워하지 말며 그와 함께 있기도 원하지 말지어다
2 그들의 마음은 강포를 품고 그 입술은 잔해를 말함이니라
3 집은 지혜로 말미암아 건축되고 명철로 말미암아 견고히 되며
4 또 방들은 지식으로 말미암아 각종 귀하고 아름다운 보배로 채우게 되느니라
5 지혜 있는 자는 강하고 지식 있는 자는 힘을 더하나니
6 너는 모략으로 싸우라 승리는 모사가 많음에 있느니라
7 지혜는 너무 높아서 미련한 자의 미치지 못할 것이므로 그는 성 문에서 입을 열지 못하느니라
8 악을 행하기를 꾀하는 자를 일컬어 사특한 자라 하느니라
9 미련한 자의 생각은 죄요 거만한 자는 사람의 미움을 받느니라
10 네가 만일 환난날에 낙담하면 네 힘의 미약함을 보임이니라

24장은 23장 17절을 보충하는 내용이라 할 수 있습니다. 1절이 **"너는 악인의 형통을 부러워하지 말며 그와 함께 있기도 원하지 말찌어다"**(1)라고 시작하는

이유가 그것입니다. 이 구절에도 23:17처럼 원문에서는 **"형통"**이라는 단어가 없이 그저 '악한 자들을 부러워하지 말라'고 되어 있습니다. 악인들이 형통하게 지내는 모습을 보며 부러워한다는 사실 이전에 죄된 삶 자체를 부러워하지 말라는 명령입니다. 부패한 본성은 죄인이 꼭 형통해서가 아니라 죄를 즐기며 사는 삶 자체를 부러워하기도 합니다. 율법에 얽매이지 않고 죄 자체를 즐기며 편안하게 사는 모습을 보면서 그들을 안타깝게 여기거나 멀리하지 않고 오히려 그들과 함께하고 싶은 것입니다. 그러나 지혜의 말씀을 아는 인생이 훨씬 더 가치 있으므로 항상 정직하며 여호와를 경외하는 것이 지혜라 하였습니다. 인생을 끝까지 살펴보고 결정하는 지혜가 필요한 것입니다.

본문도 똑같이 악인이 아무리 자유롭고 형통한 것처럼 보여도 그를 부러워하지도 말고, 함께 있는 것조차도 바라지 말라고 합니다. 그리고 그에 대한 보충 설명으로 그렇게 해야만 할 이유를 분명히 밝힙니다. **"그들의 마음은 강포를 품고 그 입술은 잔해를 말함이니라"**(2). 그들이 비록 남들의 부러움을 살 정도로 가진 것이 많다거나 악을 행하면서도 당당하고 즐거운 듯한 인생으로 보일지는 모르나 정작 그 됨됨이가 파괴적이고 악하기 때문이라는 의미입니다. **"강포"**나 **"잔해"**는 단지 세상이 정의하는 악한 심보나 거친 욕지거리 정도를 가리키지 않습니다. 경건을 가장한 위선이나 부드러운 말로 거짓 교훈을 전하는 거짓 선지자의 언행까지 포함하는 말입니다. 특히 현재의 맥락에 따르면 자기 자랑이나 오만을 경계하는 동시에 말씀을 듣고 순종하는 일에 소홀해서도 안 된다는 지혜자의 권면을 무시하는 자들을 가리킵니다. 여호와 하나님께서 근원이 되시는 진리는 영원히 그 효력을 잃지 않을 권위와 가치를 지니고 있으므로 어떤 난관에도 듣고 순종하기를 포기하지 않아야 한다는 말씀을 외면하는 자들이 있습니다. 교회 안에 들어와 있는 자들도 예외가 아닙니다. 그런 자들을 됨됨이 자체가 파괴적이고 악하다고 규정합니다. 그렇기에 그들의 외적 조건이 좋아 보이거나 그 삶의 방식이 율법을 외면하면서도 즐거워 보여도 부러워하지 말고, 연합할 것을 기대하지도 말라는 것입니다. 공동 운명체가 되기 위해서는 그의 소유나 형통이 아니라 사람 자체를 살펴야 함을 알려줍니다.

그처럼 사람 자체를 살펴야 할 이유가 있습니다. 인생은 소유나 즐김이 아니라 지혜로 견고히 세워지기 때문입니다. "**집은 지혜로 말미암아 건축되고 명철로 말미암아 견고히 되며 또 방들은 지식으로 말미암아 각종 귀하고 아름다운 보배로 채우게 되느니라**"(3,4). 집은 지혜로 세워지고, 명철로 튼튼해지며, 그 방들은 지식을 통해 각종 귀하고 아름다운 보배로 채워진다고 합니다. 여기서 집은 '인생' 전체를 비유합니다(마 7:24 참조). 방은 삶의 각 영역을 가리킨다고 하겠습니다. 집을 지을 때 뼈대를 세우고 지붕을 덮어 그 안에 방을 두어 필요한 물품으로 채우듯 인생이라는 건축물은 지혜와 명철을 뼈대와 지붕 삼아 든든하게 세우고, 그 내부는 지식으로 채워질 때 귀하고 아름다운 인생이 된다는 것입니다.

집주인이 누구냐에 따라 집을 지은 재료나 방을 채워 넣은 물품이 달라지며 주인의 자부심도 달라집니다. 어떤 이는 화려하고 웅장한 건물과 온갖 값비싼 옷이나 빛나는 보석들을 자랑합니다. 또 소위 성공이나 명성을 얻을 때 자기 인생에 자부심을 느낍니다. 그것들을 소유할 때 인생이 견고하게 세워졌다고 생각하기 때문입니다. 그러나 지혜자는 진정 인생을 견고하게 세우는 가치 있는 소유는 하나님께서 주신 지혜와 명철과 지식의 말씀이라 합니다. 인생은 웅장한 건물이나 진귀한 보석보다 하나님 말씀을 소유할 때 더 견고하고 낫다는 의미입니다.

그 이유에 대해서 이렇게 말합니다. "**지혜 있는 자는 강하고 지식 있는 자는 힘을 더하나니 너는 모략으로 싸우라 승리는 모사가 많음에 있느니라**"(5,6). 지혜 있는 자가 강하고 힘이 더 셀 뿐만 아니라 이길 수 있는 지략도 많기 때문이라고 합니다. 6절에서 **"너는 모략으로 싸우라"**는 명령형으로 번역이 되어 있지만 문자적으로는 '싸움은 전략을 가지고 행하기 때문이다'라고 할 수 있습니다. 훌륭한 지략가들이 있으면 무턱대고 덤비는 적군을 쉽게 물리칠 수 있습니다. 이 싸움은 생존 문제가 걸려 있으므로 중대한 의미가 있습니다. 이와 같이 전략을 잘 갖춘 군대가 승리하는 것처럼 지혜와 명철과 지식이 인생을 견고하게 세우는 일에 강하고 힘이 있다고 말합니다. 왜냐하면 이 싸움이 일어나는 곳은 단순히 힘과 무기로 싸우는 전쟁터가 아니기 때문입니다.

이 싸움이 일어나는 곳은 재판정, 혹은 심판대입니다. **"지혜는 너무 높아서 미련한 자의 미치지 못할 것이므로 그는 성문에서 입을 열지 못하느니라"**(7). **"성문"**은 고대 이스라엘에서 재판정 역할을 하던 곳입니다. 미련한 자는 거기서 입을 열지 못한다고 합니다. 이는 마치 법정에서 검사와 변호사가 치열하게 유무죄를 다투는 상황과 유사합니다. 거기서 입을 열지 못한다는 것은 죄인이 자기 죄를 고발하는 검사의 발언에 아무 변명도 못 하고 그대로 죄를 인정할 수밖에 없다는 뜻입니다. 자기를 변호해 줄 사람도 없습니다. 지혜와 명철이 없는 자를 그렇게 비유하고 있습니다. 지혜가 너무 귀해서 미련한 자는 가질 수 없기 때문입니다. '높다'라는 말은 **"산호나 수정으로도 말할 수 없나니 지혜의 값은 홍보석보다 귀하구나"**(욥 28:18)라는 말씀의 **"홍보석"**과 같은 단어입니다. 지혜는 진귀한 보물과 같아서 미련한 자들은 갖지 못한다는 뜻입니다. 스스로 변호할 만한 법률 지식도 없고, 또 법정에서 자기를 도와줄 변호사도 없는 것과 같습니다.

본문은 사람이 받을 심판을 이러한 상황에 빗대어 말하고 있습니다. 심판은 법정에서 재판관이 최후의 선고를 내리는 것과 같습니다. 그때 지혜와 명철과 지식으로 인생이라는 집을 짓지 않은 사람, 하나님 말씀을 정직과 순종으로 올바르게 따르려 하지 않았던 사람은 영생과 영벌을 판결하는 그 최후의 법정에서 자기를 변론해 줄 변호인 한 명 없이 아무 대답도 못 하는 죄인과 같다는 것입니다. 그들은 율법이 죄목을 들어 고발할 때 아무 대답도 못 할 것입니다. "악을 행하기를 꾀하는 자를 일컬어 사특한 자라 하느니라 미련한 자의 생각은 죄요 거만한 자는 사람의 미움을 받느니라"(8,9). 이는 재판정에서 검사가 하는 일과 유사합니다. 재판장이 판결을 하기 전에 먼저 검사가 피고의 죄를 증거와 함께 나열하고 그에 합당하다 싶은 정도의 구형을 내리게 되어 있습니다. 그와 유사하게 심판대 앞에서 죄인들도 율법을 어긴 죄에 합당한 구형을 받습니다. 그들이 행한 것은 하나님 말씀과 아무 관계가 없었습니다. 육신의 정욕과 안목의 정욕과 이생의 자랑으로 특정되는 세상의 가치관이나, 종교성을 띠었으나 하나님의 뜻과 상관없는 거짓 교훈을 따를 뿐이었습니다. 말씀을 지키는 열심을 가진 것처럼 보였으나 오만과 자랑을 버려야 한다는 권면을 외면할 뿐이었습니다. 여기서는 그러한 자들을 "사특한 자"라 부릅니다. '악을 도모하는 자'라는 뜻입니다. 하나님의 법정에서는 이들이 '악을 도모한 자요, 생각이 죄로 가득 찬 자요, 사람들이 가증스럽게 여기는 거만한 자'라는 죄명으로 영벌을 구형 받을 것입니다. 죄인은 세상 법정에서 규정하는 단순 강도나 살인범들만을 의미하지 않습니다.

일반적으로 재판이 진행될 때는 변호인이 피고의 입장을 변론해야 합니다. 그러면 판사가 모든 증언과 변론을 규합해서 그에 합당한 판결을 하게 됩니다. 변호인이 있고 없고에 따라 피고의 형량이 크게 좌우됨을 볼 수 있습니다. 검사의 증거제시에 이의를 제기할 것은 없는지, 그에 따른 구형이 법적으로 타당한 것인지를 따져줄 수 있기 때문입니다. 하지만 마지막 심판날에 그들에게는 변호인이 없습니다. 자기가 어떤 사람이었는지, 뭐가 잘못된 증거고, 합법적으로 어떤 절차를 통해 형벌을 면제받을 수 있는지 등에 관해 이야기해 줄 수 있는 자가 아무도 없습니다. 자기 자신도 아무런 대답을 할 수 없습니다. 하나님께서 증거를 제시하고 내리는 구형을 그대로 다 받을 수밖에 없습니다.

죄를 짓고 사형을 구형받았는데도 변호인이나 대답할 말 하나 없는 피고와 같이 비참한 사람들이 바로 악인들입니다. 그들은 하나님 말씀을 가장 귀한 보배로 생각하지 않았습니다. 말씀을 듣고 지키기를 우스운 일로 여겼습니다. 형통한 인생에 아무 도움이 안 된다고 생각했습니다. 말씀 대신 세상에 속한 것을 더 가치 있게 생각하였고, 설령 어느 정도 말씀에 열심을 보였다고 해도 오만과 자랑을 위한 열심에 지나지 않았습니다. 그렇게 세운 인생은 심판날에 무너지고 말 것입니다. 지혜와 명철, 지식으로 하지 않고 다른 무엇으로 세웠던 인생이라는 집은 한동안 견고하고 화려하여 영원히 무너지지 않을 것처럼 보여도 그 전쟁의 날에, 그 심판날에 결국 완전히 허물어질 것입니다.

10절에서 그 사실을 확정합니다. **"네가 만일 환난 날에 낙담하면 네 힘의 미약함을 보임이니라"**(10). **"환난 날"**이란 재판정에 서 있는 날, 심판날을 가리킵니다. 원문 성경에는 **"만일"**이라는 단어가 없습니다. 따라서 '너의 힘이 미약하여 네가 환난의 날에 낙담했다'라고 말할 수 있습니다. 네가 꼼짝 못하고 심판받을 수밖에 없는 이유가 네가 힘이 없기 때문이라는 말입니다. 환난 날에 견딜 수 있게 하는 강한 힘은 오직 유능한 변호인과 같은 지혜와 명철과 지식, 곧 하나님 말씀입니다. 잠언에서 처음부터 계속하여 제시해 온 지혜와 명철의 말씀을 따라 자기 인생의 집을 짓는 자만이 심판날에 무너지지 않는 집을 짓습니다. 하지만 악인들이 짓는 집은 환난 날에 무너질 수밖에 없습니다. 얼른 보기엔 화려하고 웅장하고 돋보이며 오래 갈 것 같아도 그가 심판을 받아 영벌에 처하게 되는 것은 그날에 자기를 도와줄 힘 있는 변호인이 없기 때문입니다. 즉 사람이 심판의 날에 영원한 죽음에 처하게 되는 이유는 지혜와 명철과 지식, 곧 하나님의 말씀을 따라 지은 집이 아니기 때문입니다.

본문은 우리에게 그 점을 알게 합니다. 왜 악인을 부러워하지 않아야 하며 그와 함께 있기를 원하지도 말아야 하는지를 말해줍니다. 인생은 어떤 소유나 형통, 즐김 등 외적인 무엇으로가 아니라 인생 자체로 심판받기 때문입니다. 무엇으로 인생이라는 집을 지었느냐에 따라 환난 날에 무너짐이 심할지 아니면 "비가 내리고 창수가 나고 바람이 불어 그 집이 부딪히되 무너지지 아니"할지가 결정될 것입니다(마 7:25). 그 점을 기억하여 지혜와 명철의 말씀이 아닌 다른 것으로 인생이라는 집을 짓는 자들을 부러워하지 말라는 교훈입니다.

이와 같은 권면이 주어지는 이유는 그만큼 우리가 악인의 삶이나 그들이 누리는 형통을 부러워하는 성향이 다분하기 때문입니다. 또 심판을 부르는 죄악이 성도를 속일 수 있을 만큼 교활하기 때문입니다. 악인의 형통이나, 항상 당당하고 든든해 보이는 모습을 보면서 속아 넘어가기가 쉽습니다. 경건을 가장한 위선이나 부드러운 말로 거짓 교훈하는 거짓 선지자들도 신자들을 혼돈에 쉽게 빠지게 합니다. 예수님께서 "**그날에 많은 사람이 나더러 이르되**"(마 7:22)라는 말씀으로 시작하신 교훈이 그 점에 대해 분명히 알려줍니다. "**그때에 내가 저희에게 밝히 말하되 내가 너희를 도무지 알지 못하니 불법을 행하는 자들아 내게서 떠나가라 하리라**"(마 7:23). 교회 안에 들어와 열심히 집을 지었지만 심판날에 무너질 집을 지은 자들이 많다는 말씀입니다. 그들은 다름 아니라 교회 안에서 중추적인 역할로 인정받는 "**선지자 노릇하며**", "**귀신을 쫓아내며**", "**많은 권능을**" 행한 자들입니다. 하지만 그들은 심판날에 예수님에 의해 변호를 받지 못하고 천국 문 앞에서 쫓겨날 것입니다. 든든하고 웅장한 집을 지은 것 같았으나 그 심판날에 견디지 못하고 무너지고 말 집을 지은 연고입니다. 그 이유가 여기에 나타나 있습니다. 악인을 부러워하며 그와 함께 있기를 원했기 때문입니다.

본문은 그 위험성을 이처럼 분명히 알리며 우리에게 단호히 경고합니다. "악인들을 부러워하지 말며 그들과 함께 있는 것도 바라지 말라"(1). 이는 훗날 주님께서 "좁은 문으로 들어가라 멸망으로 인도하는 문은 크고 그 길이 넓어 그리로 들어가는 자가 많고 생명으로 인도하는 문은 좁고 길이 협착하여 찾는 이가 적음이니라"(마 7:13,14)고 교훈하신 것과 유사합니다. 교회 안에서 열심히 인생이라는 집을 짓고 있는 자들도 주의해야 한다는 것입니다. 잘한다고 인정받는 자들조차도 빠질 수 있는 위험이 있으니 조심하라는 권면입니다. 지혜의 말씀이 가르쳐 주시는 길만 따라가길 거부하며 악인들과 거짓 선지자의 달콤하고 그럴듯한 교훈을 분별하지 못해 이생의 자랑을 목적으로 집을 지으려고 해서는 안 된다는 것입니다. 하지만 그런 자들이 많다고 하신 말씀을 우리가 주의 깊게 들어야 합니다. **"좁은 문으로 들어가라"**, 곧 쉽지 않은 길이자 같이 가는 자들이 많지도 않아 외로운 길임을 염두에 두어야 합니다. 그런데도 어떤 인생이 마지막에 심판대 앞에 서서 예수 그리스도의 변호를 통해 무너지지 않을 집과 같을지 생각하고 묵묵히 그 좁은 길을 가려고 힘써야 합니다. 그렇게 하는 첫 발걸음이 악인을 부러워하지 않으며 그들과 함께 있는 것조차 바라지 않는 것입니다. 이 말씀으로 자기 인생을 건축해 가는 자가 지혜로운 자입니다.

2. 악인의 등불은
(잠 24:11-20)

11 너는 사망으로 끌려가는 자를 건져주며 살륙을 당하게 된 자를 구원하지 아니치 말라
12 네가 말하기를 나는 그것을 알지 못하였노라 할지라도 마음을 저울질 하시는 이가 어찌 통찰하지 못하시겠으며 네 영혼을 지키시는 이가 어찌 알지 못하시겠느냐 그가 각 사람의 행위대로 보응 하시리라
13 내 아들아 꿀을 먹으라 이것이 좋으니라 송이꿀을 먹으라 이것이 네 입에 다니라
14 지혜가 네 영혼에게 이와 같은 줄을 알라 이것을 얻으면 정녕히 네 장래가 있겠고 네 소망이 끊어지지 아니하리라
15 악한 자여 의인의 집을 엿보지 말며 그 쉬는 처소를 헐지 말지니라
16 대저 의인은 일곱번 넘어질지라도 다시 일어나려니와 악인은 재앙으로 인하여 엎드러지느니라
17 네 원수가 넘어질 때에 즐거워하지 말며 그가 엎드러질 때에 마음에 기뻐하지 말라
18 여호와께서 이것을 보시고 기뻐 아니하사 그 진노를 그에게서 옮기실까 두려우니라
19 너는 행악자의 득의함을 인하여 분을 품지 말며 악인의 형통을 부러워하지 말라
20 대저 행악자는 장래가 없겠고 악인의 등불은 꺼지리라

앞에서는 악인을 부러워하지 않아야 할 이유를 밝혀주었습니다. 24:1이 23:17처럼 "**너는 악인의 형통을 부러워하지 말며 그와 함께 있기도 원하지 말찌어다**"로 시작하여 심판날에 악인들이 보호받지 못한다는 내용을 서술한다는 점에서 그것을 알 수 있습니다. 하나님 말씀을 열심히 따르는 것처럼 보여도 오만과 자랑을 특성으로 삼는 악인의 삶이 지금은 든든하고 즐거워 보이더라도 결국 심판받을 수밖에 없기에 그들의 삶을 부러워하거나 동화되려고 할 필요가 없다는 말씀입니다. 오직 지혜와 명철과 지식의 하나님 말씀으로 쌓은 인생의 집만이 그날에 무너지지 않고 든든히 설 것입니다.

그런 다음 본문에서는 그와 같은 말씀을 들었을 때 생기기 쉬운 극단적인 태도를 주의하게 하는 교훈이 이어집니다. 악인의 삶을 부러워하지 말라는 말씀을 들은 자들이 쉽게 빠질 수 있는 함정은 악인들에 대해 적대적으로 될 수 있다는 점입니다. 그래서 악인들이 재앙을 당하면 시원해 하고, 그들이 부당하게 누리는 것에 대해서는 시기나 분노를 품어도 괜찮은 것처럼 여기기도 합니다. 그들의 형통과 삶을 부러워하지 않으며 가까이하지 않아야 한다는 말씀은 그들을 미워하거나 그들의 재앙을 즐거워하도록 허용하는 것은 아닙니다. 본문은 지혜와 명철의 말씀을 가진 자에게 그같은 일은 불필요한 일이며 버려야 할 모습임을 알려줍니다. 본문이 이런 방향에서 주어졌다는 사실은 특히 19절이 1절과 유사하게 "**너는 행악자의 득의함을 인하여 분을 품지 말며 악인의 형통을 부러워하지 말라**"고 하신 점에서 알 수 있습니다. 본문이 1절과 같은 맥락에서 주어지는 말씀임을 알게 합니다. 그렇게 볼 때 1-10절은 하나님의 재판정에 섰을 때 지혜와 명철을 따라 쌓은 인생의 집과 달리 악인의 삶은 보호받지 못하여 심판을 면치 못하므로 그들의 삶이나 형통을 부러워할 필요가 없음을 알려주고, 본문은 (11-20절) 그래도 악인을 미워하거나 적대시해서는 안 된다는 사실을 말씀하고 있음을 알 수 있습니다. 따르기 힘들고 어렵지만 지혜와 명철에서 점점 더 자라가야 하는(마 5:48 참조) 성도의 특성입니다. 든든하고 형통해 보이는 악인의 삶과 관련해서 성도들이 취해야 할 지혜로운 자세가 무엇인지를 가르쳐주시는 것입니다.

그에 관해 이렇게 시작합니다. "너는 사망으로 끌려가는 자를 건져주며 살륙을 당하게 된 자를 구원하지 아니치 말라"(11). 악인의 삶이나 그들의 형통을 부러워하지 않아야 하지만 그 사람들이 죽게 되었을 때는 돕는 것이 당연하다는 뜻입니다. 사망으로 끌려간다는 것은 육신적인 재앙뿐만 아니라 영적인 사망도 포함됩니다. 따라서 누가 육신적인 재앙을 당할 때만이 아니라 특히 그가 구원받지 못하여 영원한 사망으로 치닫고 있다면 그 사람을 구원하기 위해 당연히 마음을 기울여야 한다는 말입니다. 그리스도인은 어떤 악인이 재앙을 당하거나 죽었을 때 그것으로 즐거워하거나 속 시원하게 생각할 수 없는 자들임을 알게 합니다. 부러워하지 않는 것과 재앙을 고소해하는 것과는 전혀 다른 문제입니다. 일반적으로 사람들은 원수가 어려움을 당하면 고소해하고 잘된 일로 여기고 즐거워합니다. 하지만 신령한 지혜를 가진 자들은 그렇게 해서는 안 된다고 합니다. 악인들이 부정한 방식으로 성공한 것을 볼 때 부러워하거나, 그들이 재앙을 당할 때 즐거워하는 것은 하나님께서 금하시는 일입니다.

악인이 재앙을 당하는 것을 보고도 못 본 척하는 그런 일도 허락되지 않습니다. 그런 줄 몰랐다고 핑계대는 것조차 허락하지 않으신다고 합니다. "네가 말하기를 나는 그것을 알지 못하였노라 할지라도 마음을 저울질하시는 이가 어찌 통찰하지 못하시겠으며 네 영혼을 지키시는 이가 어찌 알지 못하시겠느냐 그가 각 사람의 행위대로 보응하시리라"(12). 재앙을 당한 악인을 보게 되면 마음을 다해 도우라는 것입니다. 우리 생각에는 악인이 재앙을 당할 때 가서 더 보태주지 않는 것만 해도 대단한 일을 하는 것 같은데, 마음까지 들여다보시는 하나님은 악인의 재앙을 못 봤다고 거짓말하는 자들을 다 파악하시고 그에 대해 보응을 내리신다고 합니다. 양심을 속이지 말라는 것입니다. 이 문제에 대해 우리는 쉽게 자신을 속입니다. '저런 사람은 어떤 어려움에 빠져도 내가 도와줄 필요가 없다'고 생각하며 악인의 재앙을 보고도 못 본 척하기 일쑤입니다. 그런 상황에서 성도는 '하나님께서 내 마음도 보고 계신다'는 사실을 기반으로 해서 모든 일을 행하되, 특히 악인이 재앙 당하는 문제와 관련해서도 그리해야 한다는 것입니다. 인간의 본성을 거스르는 힘들고 어려운 일이어서 제대로 시행할 자가 아무도 없을 테지만 지혜와 명철로 장성해가는 성도들은 이러한 모습을 가지려고 애쓰라는 말입니다.

하나님께서는 그 일의 복됨에 관하여 밝히며 이렇게 권합니다. **"내 아들아 꿀을 먹으라 이것이 좋으니라 송이꿀을 먹으라 이것이 네 입에 다니라"**(13). 악인을 부러워하지 않는 동시에 그들이 재앙 당할 때도 마음부터 즐거워하지 말고 영육간의 구원을 위한 도움을 베풀라는 말씀에 순종하는 것은 송이꿀을 먹는 것같이 복된 일이라는 의미입니다. 그 말씀에 순종하는 것이 마음만 먹으면 쉽게 이루어진다거나 언제나 즐거워하면서 행할 수 있다는 뜻이 아닙니다. 절대 쉽지 않은 일이지만, 그렇게 하라는 말씀을 따르려고 진지하게 시도하는 것처럼 유익하고 복된 일이 없다는 의미입니다.

어떤 유익인지에 대해서 이렇게 말씀합니다. **"지혜가 네 영혼에게 이와 같은 줄을 알라 이것을 얻으면 정녕히 네 장래가 있겠고 네 소망이 끊어지지 아니하리라"**(14). 영혼이 지혜의 인도하심을 따를 때 송이꿀을 먹는 것처럼 즐겁고 유익하다고 합니다. 그것처럼 귀하고 복된 일은 없다는 말입니다. 왜냐하면 지혜를 얻은 자에게는 영원한 구원이 주어질 것이며 그에 대한 소망 또한 끊어지지 않을 것이기 때문입니다. 다시 말하면 지혜의 인도하심에 순종하는 것처럼 구원받은 확실한 증거가 달리 없다는 뜻입니다. 악인을 부러워하지 않는 동시에 그들이 재앙 당할 때도 즐거워하지 않고 오히려 영육간의 구원을 위한 도움을 베풀라는 말씀에 순종하는 것은 영생 얻은 자들에게 나타나는 뚜렷한 증거입니다.

잠언 말씀을 처음부터 돌아보면 지혜는 믿음으로 얻는 구원부터 시작하여 그에 합당한 모습으로 장성해가는 특징을 보인다는 사실을 이야기하였습니다. 따라서 악인의 재앙을 즐거워하지 않고 오히려 도우려 할 때 장래가 분명하며 소망이 끊어지지 아니하리라는 이 말씀은, 행위에 의한 구원을 의미하는 구절이 아니라 믿음을 통해 은혜로 구원받은 자에게는 이같은 증거들이 반드시 나타나게 되어 있으며, 더 나아가 그들이 받은 구원을 더욱 확신할 수 있음을 의미하는 구절입니다. 예수님께서 "**나는 너희에게 이르노니 너희 원수를 사랑하며 너희를 핍박하는 자를 위하여 기도하라 이같이 한즉 하늘에 계신 너희 아버지의 아들이 되리니 이는 하나님이 그 해를 악인과 선인에게 비취게 하시며 비를 의로운 자와 불의한 자에게 내리우심이니라**"(마 5:44,45)고 가르치신 것과 같습니다. 이미 '심령이 가난한 자가 복이 있다. 천국이 그들의 것이기 때문이다'(마 5:3)라고 하셔서 오직 믿음으로 구원 얻어 천국 백성이 된다는 사실을 말씀하신 후 이처럼 원수를 사랑해야 하나님의 아들이 되는 것처럼 보이는 교훈을 주십니다. 이는 구원 얻은 자들은 선인과 악인에게 해와 비를 골고루 내리시는 하나님의 성품을 닮아가게 되어 있으며, 그렇게 자라갈 때 하나님의 아들다운 모습으로 인정받으며, 그처럼 분명한 구원의 확실한 증거는 달리 없다는 뜻입니다. 계속해서 지혜의 인도하심을 받아 장성하는 모습처럼 장차 받을 영생이 확실하다는 다른 증거는 없습니다. 악인을 부러워하지도 않는 동시에 그들이 재앙 당할 때도 즐거워하지 않고 오히려 도우려 하는 자들이 누릴 유익이 이렇습니다.

한편, 그렇게 하려는 사람을 주저하게 하는 한 가지 구실이 있습니다. 악인이 재앙을 당할 때 그들을 도와주면 그들의 잘못은 어떻게 처리되며,

하나님의 공의는 언제 세워지는가 하는 염려입니다. 심지어 어떤 악인은 자기 잘못을 덮어주는 의인을 오히려 욕되게 하거나 누명을 뒤집어씌우고 괴롭히기도 합니다. 그런 일을 보며 사람들은 대개 악인이 재앙 당할 때 도와줄 필요 없다고 생각합니다. 어떤 사람은 '악의 열매가 더 커지기 전에 줄기를 잘라야 한다'고 생각하며 자기 손으로 악인을 처벌하려고까지 합니다. 그런 상황에서는 심판자가 되어도 괜찮다는 생각으로 악인이 재앙 당할 때 도와주길 거부하는 것입니다. 그런 것을 잘했다고 칭찬하는 것이 세상의 상식적인 반응입니다. 하지만 본문은 그건 성도들에게 주어진 권한이 아니며, 성도의 본분을 다하지 못할 구실로 삼을 수 없다고 하십니다. 왜냐하면 궁극적인 심판이나 멸망은 하나님의 권한이기 때문이며, 그들이 회개하여 돌이키지 않으면 반드시 멸망의 심판을 받게 되어 있기 때문입니다. 15, 16절에서 악인들에게 경고를 발하시는 이유가 그것입니다. "악한 자여 의인의 집을 엿보지 말며 그 쉬는 처소를 헐지 말찌니라 대저 의인은 일곱 번 넘어질찌라도 다시 일어나려니와 악인은 재앙으로 인하여 엎드러지느니라"(15,16).

재앙 당하는 자신을 돕는 의인을 우습게 여기고 오히려 호의를 악용하여 그들에게 악행을 더하는 악인들은 반드시 재앙으로 갚을 것이며 의인은 아무리 많은 고난을 당해도 다시 일어나게 하시리라는 선언입니다. 악인은 이 세상에서 아무리 형통하고 성공해도 끝에는 반드시 멸망 당할 것이며 의인은 이 땅에서 아무리 힘들고 어려운 일을 당해도 끝에는 반드시 다시 일어나 하나님 앞에 서게 될 것입니다. 하나님께서 악인들에게 직접 경고를 보내시는 방식으로 말씀하십니다. 악인들을 심판하고 동시에 의인을 보존하겠다는 하나님의 강력한 의지가 담긴 선포입니다. 하나님의 백성은 '칠전팔기'라는 말과 유사하게 그 마지막이 반드시 영광과 생명일 것이요 악인은 반드시 심판의 재앙으로 끝난다는 것입니다. 이는 다른 의미가 아니라 성도는 오직 주님의 말씀을 따라 악한 자가 재앙 당할 때 다른 구실을 대며 도움 주기를 피하지 않아야 한다는 것입니다. '악인을 도와주면 기고만장해지니까 그들이 재앙을 당할 때 도와줄 필요가 없다'며 지혜가 요구하는 대로 하지 못하겠다는 사람들을 향하여 '아니다, 돌이키지 않는 악인들에 대한 심판은 확정되어 있고, 그 심판을 행할 권한은 하나님에게만 있으니 그들이 앞으로 어떻게 될 것인가 하는 걱정은 접어두고 너희는 그들이 재앙을 당할 때 단지 도와주기만 하라, 그게 신령한 지혜를 가진 자들의 모습이다'라는 의미입니다.

이 구절이 그와 같은 의미라는 점은 이후의 말씀에서도 확인됩니다. "네 원수가 넘어질 때에 즐거워하지 말며 그가 엎드러질 때에 마음에 기뻐하지 말라 여호와께서 이것을 보시고 기뻐 아니하사 그 진노를 그에게서 옮기실까 두려우니라"(17,18). 11절에서 밝힌 주제를 반복하고 있습니다. 여전히 악인의 재앙에 관한 성도의 자세가 어떠해야 하는지를 이야기하는 중임을 알 수 있습니다. 하나님께서 반드시 악인을 심판하실 것이고 그 권한은 하나님께 있으니 너는 악인이 재앙을 당할 때 마음에서도 기뻐하지 말라고 합니다. 만일 순종하지 않으면 악인에게 내려야 할 진노를 옮길 수도 있을 만큼 하나님은 대적의 재앙을 기뻐하는 것을 범죄 수준으로 여기심을 보여줍니다. 하나님께서 당신의 백성들에게 얼마나 높은 수준의 자비와 긍휼의 성품을 요구하시는지를 알 수 있습니다. 의인과 악인의 결말에 대한 하나님의 선포를 확신하는 가운데 하나님의 성품을 닮은 모습으로 재앙 당한 악인들을 대해야 한다는 교훈입니다. 장성한 신자다운 마음 자세를 가지라는 것입니다.

그 다음 19, 20절은 1절부터 주신 말씀을 종합해서 결론적으로 말합니다. "너는 행악자의 득의함을 인하여 분을 품지 말며 악인의 형통을 부러워하지 말라 대저 행악자는 장래가 없겠고 악인의 등불은 꺼지리라"(19,20). 악인의 등불은 금방 꺼질 것입니다. 그들의 든든함, 그 인생의 형통은 순식간에 소멸될 것입니다. 그들의 장래는 암울합니다. 그들이 가졌던 모든 부요함과 형통함은 죽음과 함께 다 잃게 될 것입니다. 언제까지나 무너지지 않고 든든하게 버틸 것만 같았던 그들의 인생은 그날에 완전히 무너져 캄캄한 어두움만이 그들을 휩쌀 것입니다. 악인의 실상이 그러하니 성도들은 저들에 대해 두 가지가 병행되게 하라고 하십니다. 부러워도 말고 분노하지도 말라는 것입니다.

부러움은 1-10절까지의 말씀의 주제였습니다. 불의한 방식으로 악행을 일삼는 그들의 인생과 그들이 가진 형통에 대해 부러워하지 말라고 하셨습니다. 그리고 본문은 '분을 품지 말라'고 요약할 수 있습니다. 그래서 그들이 재앙을 당할 때 기꺼이 도와주라고 하셨습니다. 그것 때문에 그들이 더욱 기고만장해져서 악행을 계속하며 의인들을 조롱하고 누명을 씌운다고 해도 그에 대해 분노하지 말고, 그들의 재앙을 고소해하지도 말며 그저 죽음을 면할 수 있도록 도와주기만 하라고 하십니다. 왜냐하면 그들에게는 장래가 없고, 그들의 찬란한 등불은 금방 꺼질 것이기 때문입니다. 그들의 결말을 보면 이렇게 하는 것이 당연하다는 말입니다.

죄를 일삼으면서도 아무 일 없이 즐겁게만 보이는 악인의 삶, 부정한 방식으로 누리는 많은 소유를 부러워할 것도 없고, 그들의 악행을 내 손으로 처리 못 해서 분을 품을 것도 없습니다. 그렇게 할 권한은 우리에게 주어지지 않았습니다. 부러워할 권한도 없고, 분노할 권한도 없습니다. 하나님께서 우리에게 맡기신 일은 오직 그들이 재앙을 당했을 때 묵묵히 도와주는 것뿐입니다. 참으로 어렵고 힘든 일이지만 하나님께서는 지혜로 장성해가는 자녀들을 이같이 교훈하십니다. 그리고 우리 사는 세상은 이와 같은 교훈을 따라 살아야 하는 사건 사고와 그런 사람으로 가득합니다. 그런 일과 사람들 앞에서 이 말씀을 따라 행하기를 힘써 하나님 나라에서 영원히 빛나는 등불처럼 되기를 바랍니다.

3. 집 지을 준비
(잠 24:21-34)

21 내 아들아 여호와와 왕을 경외하고 반역자로 더불어 사귀지 말라
22 대저 그들의 재앙은 속히 임하리니 이 두 자의 멸망을 누가 알랴
23 이것도 지혜로운 자의 말씀이라 재판할 때에 낯을 보아주는 것이 옳지 못하니라
24 무릇 악인더러 옳다 하는 자는 백성에게 저주를 받을 것이요 국민에게 미움을 받으려니와
25 오직 그를 견책하는 자는 기쁨을 얻을 것이요 또 좋은 복을 받으리라
26 적당한 말로 대답함은 입맞춤과 같으니라
27 네 일을 밖에서 다스리며 밭에서 예비하고 그 후에 네 집을 세울지니라
28 너는 까닭없이 네 이웃을 쳐서 증인이 되지 말며 네 입술로 속이지 말지니라
29 너는 그가 내게 행함 같이 나도 그에게 행하여 그 행한대로 갚겠다 말하지 말지니라
30 내가 증왕에 게으른 자의 밭과 지혜 없는 자의 포도원을 지나며 본즉
31 가시덤불이 퍼졌으며 거친 풀이 지면에 덮였고 돌담이 무너졌기로
32 내가 보고 생각이 깊었고 내가 보고 훈계를 받았었노라
33 네가 좀더 자자, 좀더 졸자, 손을 모으고 좀더 눕자 하니
34 네 빈궁이 강도 같이 오며 네 곤핍이 군사 같이 이르리라

24장에서 살피고 있는 두 가지 큰 주제는 악인의 삶을 부러워하지 않아야 할 이유와 그 사실을 알았을 때 생기기 쉬운 또 다른 잘못을 주의하게 하는 말씀입니다. 심판날에 악인들이 보호받지 못한다는 사실을 기억하여 오직 지혜와 명철과 지식의 말씀으로 인생의 집을 지어야 하되 악인들이 재앙 당하는 모습을 보면 즐거워하지 말고 오히려 도와줘야 한다고 했습니다. 심판하시는 하나님에 의해 그들의 화려한 등불은 금방 꺼질 것이나 성도들의 삶은 하나님께서 책임지신다고 하셨으니 약속을 믿고 악인의 삶을 부러워도 말고 분노하지도 않아야 한다는 말씀이었습니다. 그것이 악인들을 대하는 지혜 있는 자의 자세입니다.

본문도 그와 연관된 말씀입니다. 악인의 형통을 부러워하지도 말고, 그들의 재앙을 기뻐하지도 말라는 말씀이 소극적인 차원의 이야기라면, 이제 적극적인 차원에서 구체적으로 어떻게 해야 하는지를 알려주시는 부분이라 할 수 있습니다.

우선, "내 아들아 여호와와 왕을 경외하고 반역자로 더불어 사귀지 말라 대저 그들의 재앙은 속히 임하리니 이 두 자의 멸망을 누가 알랴"(21,22)고 하십니다. 성부 성자 하나님을 경외하라, 그러나 하나님께 그처럼 자발적인 순종을 보일 의사가 없는 자들과는 연합하지 말라는 뜻입니다. "사귀지 말라"는 말은 한통속이 되지 말라는 의미입니다. 하나님을 경외하지 않는 인생들을 부러워하지도 말고 재앙을 기뻐하지도 않는 동시에 그들과 하나가 되지도 말라는 것입니다. 악인들은 가만 놔둬도 속히 멸망할 것이기 때문입니다. 여호와 하나님께 자발적인 순종으로 경외심을 갖는 자로 살되 악인들과 운명공동체가 되지 않도록 주의해야 합니다. 그 점을 기억하여 주님 말씀대로 사람들과의 관계를 균형 있게 해 나가는 자가 지혜로운 사람입니다.

그 균형을 이루는 구체적인 방식에 대해 이렇게 말씀합니다. "이것도 지혜로운 자의 말씀이라 재판할 때에 낯을 보아주는 것이 옳지 못하니라"(23). 언제 어디서든지 공의를 놓치지 말라는 것입니다. 공평을 유지하기 위해 힘써야 합니다. 이 점을 놓치기 쉽습니다. 불의를 저지른 사람이 가난한 경우에는 불쌍해서 그냥 봐준다거나, 그와 반대로 돈이나 힘 있는 사람 같은 경우에는 부당한 이익을 기대하면서 그렇게 하기 쉽습니다. 하지만 어느 경우가 됐든 죄를 묵인하는 것은 옳지 않은 일입니다. 가난한 자에게 자비와 긍휼을 베푼다거나 아니면 힘 있는 사람에게 호의를 보여주면서도 항상 중요하게 생각해야 하는 것은 어떤 경우에도 공의를 잃지 않아야 한다는 점입니다. 레위기 19장에서도 하나님 백성들이 일상생활을 어떻게 해 나가야 하는지를 말씀하시는 중에 이런 명령을 내리셨습니다. "**너희는 재판할 때에 불의를 행치 말며 가난한 자의 편을 들지 말며 세력 있는 자라고 두호하지 말고 공의로 사람을 재판할찌며**"(레 19:15). 가난하다고 불의를 봐주지 말고 힘 있는 자라고 편들지 말고 항상 진리와 공의를 잃지 않는 가운데 사랑과 호의를 베풀라는 말씀입니다. 인간의 연약함을 아시는 하나님께서 처음부터 이러한 규범을 주셨습니다. 사랑을 베풀되 연약하든 강하든, 가난하든 부하든 그리스도인은 늘 공의를 잃지 않는 상황에서 이루어야 합니다. 왜 그래야 합니까? "**무릇 악인더러 옳다 하는 자는 백성에게 저주를 받을 것이요 국민에게 미움을 받으려니와 오직 그를 견책하는 자는 기쁨을 얻을 것이요 또 좋은 복을 받으리라**"(24,25).

불공평하게 행하는 자는 하나님 나라에서 발붙일 곳이 없다는 사실을 이와 같이 말씀하십니다. "**견책**"은 '꾸짖는다'는 뜻입니다. 가난한 자에게나 세력 있는 자에게나 누구에게든지 악을 의라고 해서도 안 되고, 의를 악이라고 해서도 안 된다는 것입니다. 그게 균형 잡힌 자세입니다. 죄를 죄라 하고 의를 의라고 하는 것은 너무도 당연한 일이지만 그게 어렵습니다. 하지만 그 어려운 일을 하는 자가 복 받을 자라고 합니다.

그 복에 대해 본문은 "**적당한 말로 대답함은 입맞춤과 같으니라**"(26)고 합니다. "**적당한 말**"은 '올바른 말'을 의미합니다. 가깝다고, 불쌍하다고, 뭔가 도움받을 게 있다고 불의를 편들거나 동조하지 않고 항상 진리와 거룩의 편을 드는 사람이야말로 '기쁨을 얻고 좋은 복을 받을'(25) 인생이라고 합니다. 그렇게 하는 자들이 하나님의 백성이라는 뜻입니다. 막상 실천하긴 어렵지만, 가난한 자라고 무조건 편들지 않고, 또 힘 있는 자는 불의를 행해도 잘했다고 치켜세우지 않으며 진실의 편에 서서 항상 공정함을 잃지 않는 태도로 사는 자가 참된 지혜를 가진 하나님의 백성입니다.

그러므로 성도는 그 일을 신중한 자세로 수행해야 합니다. "**네 일을 밖에서 다스리며 밭에서 예비하고 그 후에 네 집을 세울찌니라**"(27). 모든 일을 성실하고 계획성 있게 진행해야 인생이라는 집을 든든하게 세울 수 있다는 뜻입니다. "**세울찌니라**"는 말씀은 얼핏 권면하는 말처럼 보이지만 실은 '세우게 되리라'는 단순 미래형입니다. 어떤 사람이 집을 하나 짓기로 하면 예산이 얼만지, 어디에 지어야 하는지, 언제 지어야 하는지를 다 따져보고 그 준비가 되어야 집을 세울 수 있는 것과 같습니다. '일을 밖에서 다스리라'는 말씀은 외부적으로 결격사유가 없게 하라는 뜻입니다. 요즘으로 하면 관공서에서 건축허가가 나오는 땅인지, 재해가 일어나기 쉬운지 제대로 알아본 뒤에 건축을 시행한다는 말입니다. 그 점을 정확하게 판단해보고, 또 '밭에서 예비하라'고 합니다. 미리미리 일해서 예산도 확보해야 집을 세울 수 있습니다. 건축비를 조달할 수 있는지 없는지 계산도 안 해 보고, 집을 지을 수 있는 땅인지 알아보지도 않고 덜컥 공사부터 시작하는 것은 결과가 불을 보듯 뻔한 일입니다.

이처럼 집 짓는 과정을 비유로 하여 진실과 거룩을 편드는 일에서 신중해야 함을 말씀합니다. 사람이 지어야 할 집 중에 제일 가치 있고 영원한 집은 죽음 이후에 들어가 살게 될 집입니다. 풍광 좋은 어느 땅에 돈 들여 짓는 집이 아닙니다. 의와 거룩으로 짓는 집입니다. 그것은 언제나 진리의 편에 서서 공평을 잃지 않는 태도로 사는 것입니다.

다음 구절에서 그 점에 관해 더욱 분명히 밝힙니다. "너는 까닭 없이 네 이웃을 쳐서 증인이 되지 말며 네 입술로 속이지 말찌니라 너는 그가 내게 행함 같이 나도 그에게 행하여 그 행한대로 갚겠다 말하지 말찌니라"(28,29). 모함하지도 말고 심판자가 되려고도 하지 말라는 뜻입니다. 이 역시 재판정을 배경으로 하여 이해할 수 있습니다. 무죄한 자를 아무 근거없이 해치려 하는 사악한 태도를 금하는 동시에 설령 그가 나에게 명백한 잘못을 저질렀다고 해도 내가 직접 복수하려는 태도를 금하는 명령입니다. 무고히 이웃을 괴롭게 한다거나 내게 잘못한 자에게 복수하려는 것은 모두 심판자의 역할과 관련 있습니다. 잘못이 없는 자를 악심을 품고 벌 받게 하려는 것이든지, 잘못이 분명한 자에게 복수하려는 것이든지 둘 다 내가 누군가를 벌할 자격이 있다는 오만함에서 나온 행위입니다. 그런 점에서 공평을 잃지 않는 삶의 방식을 권하는 말씀입니다.

지혜로운 사람은 거짓 증언을 자기 입 밖으로 내는 것조차 조심하는 자이며, 명백히 나에게 잘못한 자에게조차 복수를 행하려 하지 않는 사람입니다. 본성상 억울한 일을 당하면 분노로 복수해야겠다는 생각이 들지만, 하나님은 심판의 권한이 오직 하나님께만 있음을 분명히 하시며 우리가 직접 원수를 갚지 말라고 하셨습니다. "내 사랑하는 자들아 너희가 친히 원수를 갚지 말고 진노하심에 맡기라 기록되었으되 원수 갚는 것이 내게 있으니 내가 갚으리라고 주께서 말씀하시니라"(롬 12:19, 신 32:35 참조). 심판권은 개인에게 있지 않고 하나님께 있습니다. 하나님은 인간의 모든 삶을 은밀한 것까지 낱낱이 다 알고 계시고 그대로 다 처벌하실 능력과 권한이 있는 신이십니다. 성도는 그 사실을 믿는 자입니다. 살면서 그 믿음을 보여줘야 할 책임을 요구받고 있습니다. 그것이 지혜롭게 자라는 것이고 하늘에 집 지을 준비를 하는 것입니다. 하늘에 짓는 우리 집은 돈과 벽돌이 아니라 우리의 말과 행실로 짓는 집입니다. 그렇게 할 때 영원히 무너지지 않을 인생의 집을 짓게 되는 것입니다.

오해는 없어야 합니다. 앞에서도 한번 언급했듯이 이러한 구절이 마치 행위로 구원 얻음을 가르친다고 생각하는 자들이 있기 때문입니다. 하지만 이는 이미 구원 얻은 자들이 장성해가는 시점에 관해 이야기하는 부분임을 기억해야 합니다. 마치 한 아이가 자기 의지나 행실과 전혀 상관없이 태어나지만 일단 태어난 후에는 '인간은 이렇게 살아야 한다, 저런 건 하지 말아야 한다'는 식으로 교육받는 것과 같습니다. 구원은 오직 믿음으로 말미암아 값없이 주어집니다. 그리고 구원 얻은 사람에게 이와 같은 말씀이 주어집니다. 참된 성도는 당연히 이 길을 걷게 되어 있고, 이러한 특성을 가진 인생의 집을 지으려고 애쓰는 것이 그 신분에 어울리게 장성해가는 일이라는 의미입니다. 개나 고양이에게 사람답게 살 것을 요구하지 않는 법입니다. 개나 고양이가 아무리 귀엽고 기특하다고 해도 '인생의 의미가 뭐냐?'와 같은 질문은 절대 하지 않습니다. 사람이니까 '공부해라', '인간이 되라'와 같은 요구를 하는 것입니다. 마찬가지로 이미 믿음으로 말미암아 구원을 얻은 하나님의 백성에게 이와 같은 요구가 주어집니다. 그리고 거듭난 하나님의 백성들만 이와 같은 말씀을 중요하게 생각하며 진지한 반응을 보이게 되어 있습니다. 구원받은 자들에게만 이와 같은 말씀이 의미 있게 들려 고민하며 순종하게 되는 것입니다.

그와 같은 관점에서 잠언 말씀을 계속 살펴나가야 합니다. 영혼이 하나님 앞에서 살아 있는 사람은 이런 말씀이 마음에 들어와 살아있게 되어 있습니다. 다 지키지 못하는 건 분명합니다. 하지만 잘하지 못하는 것은 용서를 구하며, 다시 일어나 이와 같은 말씀을 그대로 지키려고 애쓰게 되어 있습니다. 그렇게 하는 것이 바로 하늘에서 살 집을 준비하는 것입니다.

30절 이후의 말씀은 이 일에 열심을 내야 마땅하다는 지혜자의 권면입니다. 그걸 위해 게으른 주인이 방치한 한 포도농장을 예로 듭니다. "내가 증왕에 게으른 자의 밭과 지혜 없는 자의 포도원을 지나며 본즉 가시덤불이 퍼졌으며 거친 풀이 지면에 덮었고 돌담이 무너졌기로 내가 보고 생각이 깊었고 내가 보고 훈계를 받았노라 네가 좀더 자자, 좀더 졸자, 손을 모으고 좀더 눕자 하니 네 빈궁이 강도 같이 오며 네 곤핍이 군사 같이 이르리라"(30-34). "증왕에"는 '이전에'라는 의미로, 전에 게으르고 지혜 없는 자의 포도원을 지나가 본 적이 있었다는 것입니다. 게으른 것과 지혜 없는 것이 병행으로 쓰였습니다. 지혜가 없으니 가꿔야 할 농장을 게을러서 가꾸지 않고 방치했다는 뜻입니다. '좀 더 자고, 좀 더 졸고, 좀 더 눕자'는 말은 지금 당장 편하고 즐거운 시간을 위해 해야 할 일을 게을리하는 모습을 말합니다. 열매를 얻기 위해 오늘의 수고를 인내하기보다는 근시안적으로 당장 오늘의 편함과 즐거움만을 추구하는 인생들이 있습니다. 농장주 이야기가 아닙니다. 주님의 말씀대로 살아보려고 애쓰지 않고 자기 마음 내키는 대로 말하고 행동하는 자들에 대한 비유입니다.

가꾸지 않은 포도원이 어떻게 되는지는 농사짓지 않는 자들도 짐작할 수 있습니다. 농부가 밭에 하루만 안 나가도 표시가 난다고 합니다. 잡초는 어찌 그리 빨리 자라는지, 또 벌레는 어찌 그리 끊임없이 덤벼드는지 하루만 관리 안 해도 두세 배로 힘들어진다는 이야기를 들었습니다. 농부는 비가 오나 눈이 오나 바람이 부나 자기 농장을 관리하는 것을 최고의 사명으로 아는 사람입니다. 그의 부지런함에 따라 가을에 거둘 열매가 달라지게 되어 있습니다. 지혜자는 게으른 주인이 방치한 포도원을 보고 생각이 깊어졌고 훈계를 받았습니다. 농부가 게으름을 피울 때 농장이 어떻게 변하고, 얼마나 곤핍해지는지를 보며 우리에게 권면합니다. 우리 인생도 이처럼 가꿔야 할 농장과 같음을 알라는 것입니다.

우리는 우리 자신이라는, 우리 인생이라는 살아 있는 농장을 하나님께 공짜로 위임받았습니다. 이 농장은 말과 행실을 어떻게 하느냐로 가꾸게 되어 있습니다. 그 지침을 말씀으로 주셨습니다. 이 일에 게을러 자기 하고 싶은 대로 말하고 행동하는 것은 농장 주인이 게을러 관리하지 않아서 가시덤불과 잡초가 가득하고 담벼락도 무너져 흉측하게 변한 농장과 같다고 하십니다. 관리해야 합니다. 전에는 악인의 삶을 보면서 예수 믿고 말씀 따라 사는 삶에 대한 회의가 들었더라도, 이제 악인과 지혜를 가진 자의 결말이 각각 어떻게 되는지 알았으니 악인을 부러워하지도 말고, 그들의 재앙을 즐거워하지도 않으며, 오직 하나님만 심판자이심을 믿고 공의와 진실을 편드는 증거가 내 삶에 나타나기 위해 애써야 합니다. 말과 행실에서 그 뜻을 이루기 위해 힘쓰는 것이 하늘에서 살게 될 집을 예비하는 일이며 하나님은 성도들에게 그 일에 절대 게으르지 말 것을 교훈하십니다. 이와 같은 하나님의 말씀을 마음으로 받아 따르는 자들이 지혜롭고 충성된 자들이요, 하늘에 집을 짓는 자들입니다.

Proverbs

문맥으로 보는
잠언 강해 III

25장

1. 대인의 자리
(잠 25:1-7)

1 이것도 솔로몬의 잠언이요 유다 왕 히스기야의 신하들의 편집한 것이니라
2 일을 숨기는 것은 하나님의 영화요 일을 살피는 것은 왕의 영화니라
3 하늘의 높음과 땅의 깊음 같이 왕의 마음은 헤아릴 수 없느니라
4 은에서 찌끼를 제하라 그리하면 장색의 쓸만한 그릇이 나올 것이요
5 왕 앞에서 악한 자를 제하라 그리하면 그 위가 의로 말미암아 견고히 서리라
6 왕 앞에서 스스로 높은 체 하지말며 대인의 자리에 서지 말라
7 이는 사람이 너더러 이리로 올라오라 하는 것이 네 눈에 보이는 귀인 앞에서 저리로 내려가라 하는 것보다 나음이니라

22장 이후에서 지혜자는 하나님께서 멸망의 웅덩이에 빠진 인류를 구하시기 위해 구원의 사다리인 말씀을 주셨다는 사실과, 사람이 멸망을 벗어나 하늘 영광에 이르게 되기 위해서는 그 말씀을 어떻게 사용해야 하는지를 이야기해 주셨습니다. 특히 악인의 삶이나 그들의 형통으로 시험에 들기 쉬운 성도를 위해 그럴듯해 보이는 악인의 삶이 얼마나 가볍고 허망

한지를 밝히고 그와 관련된 의문점들을 분명히 설명함으로써, 그 시험을 이기고 오직 주님의 말씀을 배우고 순종하는 것만이 영원한 구원에 이르는 참된 지혜임을 알려주셨습니다. 하늘에 거할 집을 준비하는 지혜로운 자의 특성에 그러한 모습이 포함되었습니다. 그런 다음 25장 이후의 말씀에서는 그처럼 시험을 이기고 말씀을 부지런히 살피고 배우는 자들이 주의해야 할 점에 대해 알려주십니다. 잠언 후반부로 갈수록 소위 열심 있는 신자들, 연륜 있는 성도들이 경계하며 나아가야 할 모습에 관한 교훈이 이어지고 있습니다.

25장은 이후의 말씀이 히스기야의 신하들에 의해 편집되었음을 밝힘으로 시작합니다. "**이것도 솔로몬의 잠언이요 유다 왕 히스기야의 신하들의 편집한 것이니라**"(1). 솔로몬 이후 2백여 년 지나 이스라엘을 다스리던 히스기야의 사람들이 편집한 부분이라는 뜻입니다. 솔로몬은 주전 970년경부터 약 40년을 다스렸고, 히스기야는 주전 715년경부터 29년을 다스렸습니다. 히스기야는 다윗 왕에 버금갈 정도로 하나님의 뜻에 따라 충실히 다스리던 왕이었습니다. 그가 다스리던 당시에 하나님의 뜻을 더욱 명백히 알고자 하였고, 신하들을 통해서 그 일을 이루고자 했습니다. 솔로몬의 잠언이 히스기야 때 하나님의 말씀으로 확정된 것입니다. 그 과정을 이야기하면서 새로운 문단으로 들어가고 있습니다.

본문은 왕을 중심으로 기록하고 있습니다. 우선 왕은 하나님과 방불한 권세와 능력을 지닌 자임을 밝힙니다. "**일을 숨기는 것은 하나님의 영화요 일을 살피는 것은 왕의 영화니라**"(2). 하나님께서 인간이 헤아리지 못하는 신비한 방식으로 당신의 뜻을 성취해 가심을 가리켜 '일을 숨긴다'라고 하였습니다. 그것이 "**하나님의 영화**", 즉 하나님의 지위와 품격에 어울리는 모습이라고 합니다. "**오묘한 일은 우리 하나님 여호와께 속하였거니와**"(신 29:29)라는 말씀과 같습니다. 하나님께서 친히 계시해주시기 전에는 사람이 하나님의 섭리에 관해 도저히 알 수 없습니다. 천지 창조의 역사도, 성육신도, 십자가 사건과 그 목적 등도 하나님께서 가르쳐주시기 전에는 아무도 몰랐습니다. 오직 하나님께서 계시로 알려주신 것만 알 수 있을 뿐입니다. 이사야 선지자도 여호와 하나님에 대하여 **"스스로 숨어 계시는 하나님"**(사 45:15)이시라고 말하였습니다. 하나님께서 계시하시기 전에는 하나님께서 하시는 일뿐만 아니라 하나님의 존재 자체도 알 수 없다는 사실을 이렇게 말하고 있습니다. 그런 특성을 갖고 계시는 높고 크신 분이라는 점이 하나님의 영광입니다.

그런데 **"일을 살피는 것은 왕의 영화니라"**고 합니다. 하나님 나라의 왕은 아주 특별한 존재입니다. 하나님께서 계시해주시지 않으면 사람들이 도저히 알 수 없는 하나님의 섭리와 존재의 본질에 대해 그 비밀을 살펴 드러내는 자입니다. '살피는'은 애써 행한 조사나 탐구를 의미합니다. 하나님 나라의 왕들은 근본적으로 그렇게 해서 알게 된 하나님의 뜻으로 자기에게 맡겨진 나라를 다스려야 했습니다. 그것이 이스라엘 왕의 영화입니다. 2, 3절에서 **"왕"**은 단수로 번역되었으나 원래는 복수 형태입니다. 이스라엘 '왕들'의 영광은 원래 그래야 한다는 일종의 정의라 할 수 있습니다. 그래서 하나님의 뜻을 무시하고 자기 생각과 고집대로만 통치했던 이스라엘의 왕을 악한 왕이라고 하는 것입니다. 고대에 이스라엘 외의 다른 나라에서는 왕 자신이 곧 법이고 신이 되어서 자기 뜻대로 다스려도 아무 문제 삼지 않았지만 이스라엘에서는 그렇지 않습니다. 하나님의 뜻을 살펴 그 뜻이 반영되는 통치를 베푸는 자가 선한 왕이자 이스라엘 왕이 가진 영화의 특성입니다.

그렇기에 자기 역할에 충실한 왕은 하나님의 영광과 유사한 특성을 가집니다. **"하늘의 높음과 땅의 깊음 같이 왕의 마음은 헤아릴 수 없느니라"**(3). 여기 **"왕"**도 복수형태의 '왕들'입니다. 사람은 왕들의 마음을 쉽게 이해할 수 없다는 것입니다. 하나님의 마음은 고사하고 애써 탐구하여 하나님의 뜻을 알게 된 왕들의 마음조차 헤아릴 수 없다는 의미입니다. 일반적인 세상의 왕 같으면 이렇게 이야기할 수 없습니다. 그들 역시 인간의 한계를 벗어나지 못하기 때문입니다. 하지만 하나님의 뜻을 애써서 탐구하는 왕은 그에게 주어진 하나님의 영광과 계시로 인하여 사람들이 쉽게 이해할 수준을 벗어납니다. 다윗과 솔로몬이 지혜와 권세와 부요함에 있어서 역사상 어떤 왕들보다 뛰어났다는 사실이 그 점을 암시합니다. 사람들은 솔로몬의 지혜조차도 짐작할 수 없었습니다. 하나님께서 특별한 영광을 허락하셨기 때문입니다. 하나님의 뜻을 알고 따르는 왕의 영광은 하나님의 영광과 방불합니다. 신적 권위를 부여받은 이스라엘 왕이라고 할 수 있습니다.

그러나 이 사실을 완전하게 이루신 왕은 메시아 한 분뿐이십니다. 예수님은 단순히 인간의 수준에서 연구하고 묵상해서 얻는 정도가 아니라 **"근본 하나님의 본체"**(빌 2:6)로서 하나님의 영광과 계시를 완전히 동일하게 소유한 왕이십니다. 따라서 예수님은 왕들 중에서도 참된 왕이시며 하나님과 동일한 권세와 영광을 가지셨습니다. 세상은 그분에 대해 가난한 목수의 아들이자 십자가에 못 박혀 죽으신 연약한 인간으로만 알고 있지만 실제로는 하늘과 땅의 주인으로 하나님 보좌 우편에 앉아 계시는 참된 왕이십니다. 오묘하신 하나님의 뜻 그대로 온전한 통치를 베푸시는 왕이기 때문입니다. 본문은 그분이 다스리는 나라를 바라보게 하고 있습니다.

그분이 다스리는 왕권의 속성은 이렇습니다. **"은에서 찌끼를 제하라 그리하면 장색의 쓸만한 그릇이 나올 것이요 왕 앞에서 악한 자를 제하라 그리하면 그 위가 의로 말미암아 견고히 서리라"**(4,5). 여기 **"왕"**은 단수로 한 왕을 가리킵니다. 이분이 다스리는 나라는 거룩이 기반이 되는 왕권이라는 뜻입니다. 메시아 왕권을 암시합니다. 거룩함이 없으면 그의 왕국에서 거할 수 없으며, 왕은 나라의 거룩을 유지함으로 그 보좌를 견고히 하는 분이라는 뜻입니다. 하나님께서 이 왕에게 그와 같은 나라를 세우라고 정권을 맡기셨습니다. 이 나라에서 죄는 치워져야 합니다. 그걸 위해 은을 정련해서 만든 그릇을 예로 들고 있습니다. 은이 은의 가치를 지니기 위해서는 은에서 찌꺼기를 제거하는 작업을 반드시 거쳐야 합니다. 불순물이 섞인 은을 뜨거운 불로 정련하기를 계속해야 순전한 은이 남게 되고 그 은으로 그릇을 만들어야 가치 있는 그릇이 나옵니다. "장색"은 '대장장이'라는 말로 지금으로 말하자면 '금속공예사' 정도 되겠습니다. 그들이 좋은 그릇을 만들기 위해서는 먼저 은에서 찌꺼기를 제거해야 합니다. 좋은 결과가 나오기 위해서는 반드시 그 작업이 선행되어야 합니다.

마찬가지로 하나님의 깊으신 섭리를 따라 그 뜻대로 다스림 받는 이 왕국은 먼저 죄를 제거해야 견고히 세워지게 됩니다. 이 나라의 왕은 무엇보다 열심히 자기 왕국에서 죄를 없애고 악한 자를 제거하는 일에 힘을 쏟을 것입니다. 이 나라는 지혜와 권세와 부요함도 물론 뛰어나고 영원하지만 이 나라가 하나님의 뜻을 살핀 특별하고 유일한 나라라는 점은 이 나라는 완전한 거룩을 이루고 유지하는 왕국이라는 데 있습니다. "**그 보좌가 의로 말미암아 견고히 서리라**"는 말씀이 그 점을 더욱 강조하고 있습니다. 왕의 보좌, 그 왕권은 의가 없으면 무너지는 나라입니다. 그래서 죄와 악한 자를 치워야 합니다. 이 나라는 악한 자가 거할 곳이 없습니다.

그러면 하나님 나라에 거하는 의를 얻기 위해 어떠한 죄를 버려야 합니까? "**왕 앞에서 스스로 높은체 하지 말며 대인의 자리에 서지 말라 이는 사람이 너더러 이리로 올라오라 하는 것이 네 눈에 보이는 귀인 앞에서 저리로 내려가라 하는 것보다 나음이니라**"(6,7). 이 말씀은 구원의 사다리인 말씀을 나름대로 잘 활용해 왔다고 생각하는 자들에게 해당됩니다. 말씀을 절실한 구원의 사다리라 생각하고 열심히 배우고 순종하려 했던 자라고 해도 절대 자기가 한 일을 자랑으로 생각한다거나 왕과 사람 앞에서 자기를 스스로 높이지 않아야 한다는 것입니다. 지혜의 말씀은 열심히 지키려고 해야 하지만 다 지킬 수 없는 것들입니다. 왜냐하면 하나님 나라에서 요구하는 거룩의 수준은 완전한 의여야 하기 때문입니다. 조금이라도 부족하거나 어두운 불의나 부정이 있으면 이 나라에서 받아주지 않습니다.

그래서 이 나라는 아주 특별한 방식으로 백성을 받습니다. 하나님 말씀을 다 지키지 못했어도 그 사실을 진실로 인정하고 자기를 낮추는 자를 받아주는 방식입니다. 은혜와 긍휼의 방식입니다. 그 점에 관해 설명하는 것이 이 구절입니다. 어디든지 귀중한 모임에 가면 앉는 자리가 정해져 있습니다. 청와대에 초청받아 간 사람이 자기 마음대로 상석에 앉을 수는 없습니다. 비서들이 와서 '저쪽으로 가십시오. 거긴 대통령이 앉는 자리입니다'라거나 아니면 '더 귀중한 손님이 앉아야 할 자리입니다'라고 말하며 옮기게 할 것입니다. 그러니 어디 왕궁 같은 데 들어가면 차라리 말석에 앉아 있는 것이 부끄러움을 당하지 않을 것이 아니냐는 말입니다. 이로써 하나님 나라에서 사람을 세워주는 방식을 이야기하고 있습니다. 모든 사람이 율법을 다 온전히 지키지 못했습니다. 그러나 왕은 자기를 죄인이라고 생각하고 오직 하나님의 은혜와 긍휼에만 의지하는 자는 높여서 하늘에 거할 곳을 주십니다. 반면에 자기는 누구보다 더 열심히 일했고 거룩하게 살았으니 이만하면 천국에서도 높은 자리에 앉을 것이라고 믿는 사람은 낮춰서 쫓아내실 것입니다. 종교적인 면에서 나름의 열심을 냈다고 자부하는 자들이 경계해야 하는 교훈입니다.

훗날 예수님께서 말씀하신 바리새인과 세리에 대한 비유가 이와 같습니다. 누구보다 뛰어난 경건을 자랑했던 바리새인은 하나님 앞에서 자기를 이렇게 제시하였습니다. "바리새인은 서서 따로 기도하여 가로되 하나님이여 나는 다른 사람들 곧 토색, 불의, 간음을 하는 자들과 같지 아니하고 이 세리와도 같지 아니함을 감사하나이다 나는 이레에 두번씩 금식하고 또 소득의 십일조를 드리나이다"(눅 18:11,12). 종교 의식적인 면에서나 도덕적인 면에서 누구에게도 뒤지지 않으므로 다른 사람들과 같은 자리에서 기도하는 것도 창피한 일로 여길 만큼 자기를 높이는 모습입니다. 이스라엘 백성 중에서 최상급의 경건을 보이는 자들이라고 자타가 공인하던 바리새인이 하나님 나라에 거할 수 없는 이유가 그것입니다. 자기가 행한 것에 만족하였고, 그것이 하나님 나라에 거할 만한 충분한 이유가 된다고 생각하였습니다. 왕 앞에서 스스로 높은 자리에 서려고 한 것입니다. 착각입니다. 반면에 세리는 달랐습니다. 세리는 이런 자세로 하나님 앞에 나갔습니다. "**세리는 멀리 서서 감히 눈을 들어 하늘을 우러러 보지도 못하고 다만 가슴을 치며 가로되 하나님이여 불쌍히 여기옵소서 나는 죄인이로소이다 하였느니라**"(눅 18:13). 세리는 겸손한 것이 아니고 실제로 그렇게 죄인으로 살았던 자였습니다. 누가 봐도 천국에 들어갈 만한 경건을 가졌다고 할 수 없는 자였습니다. 그런데 하나님 나라의 왕은 거룩한 자들만 백성으로 받는다는 사실을 알고는 있었습니다. 그래서 하나님 앞에 자신에 대한 진실을 고백하며 은혜와 긍휼을 구합니다.

이에 대해 예수님은 일반적으로 사람들이 기대하는 바와 달리 세리가 도리어 하나님 나라에 받아들여졌다고 선언하십니다. "**내가 너희에게 이르노니 이 사람이 저보다 의롭다 하심을 받고 집에 내려 갔느니라 무릇 자기를 높이는 자는 낮아지고 자기를 낮추는 자는 높아지리라 하시니라**"(눅 18:14). 잠언 말씀 그대로입니다. 바리새인이 행한 일 자체는 잘못이 아닙니다. 그가 행한 일은 오히려 칭찬받아 마땅한 일입니다. 그러나 중요한 것은 구원에 이르는 의의 수준입니다. 완전해야 의를 가졌다고 말할 수 있습니다. 바리새인이 사람 중에서는 뛰어나다고 할 수 있지만 그가 가진 의가 완전할 수는 없습니다. 의인이라 할 수 없는 것입니다. 왕의 나라에 거할 수 없습니다. 그러나 그가 낮아져서 자기의 의 없음을 고백하면 긍휼하시고 자비로우신 하나님은 그를 높여 의인의 자리에 앉히실 것입니다. 결국 의인으로 여겨져 왕의 나라에 거하기 위해서는 누구나 세리처럼 자기가 부족한 자라는 사실을 고백해야 합니다. 자기 스스로 대인의 자리, 곧 하나님 나라의 높은 자리를 탐하는 어리석음을 버려야 합니다. 완전한 의와 거룩을 이룬 순종이 아니면 하나님 왕국에 들어가 살 수 없기 때문입니다.

왕의 나라에 거하는 데 필요한 것은 무엇보다 가난한 심령임을 인정하고 긍휼을 청하는 자세입니다. 아무리 열심히 노력해도 율법을 다 지킬 수 없다는 사실을 인정하는 자세, 그것이 하나님 앞에서 의인으로 인정받고 받아들여지는 길입니다. 주님의 말씀을 지키고 순종하는 일에 누구보다 열심히 했다고 자부하는 자들에게 필요한 교훈이 이것입니다. 스스로 높은 체하지 않고 높은 자리에 서지 않으려 하는 마음을 견지해야 합니다. 이와 같은 말씀을 받아서 구원의 사다리로 주신 말씀을 부지런히 배우고 순종해도 그 자체만으로는 왕의 나라에 들어갈 수 없음을 알고 자기를 낮추는 자가 지혜있는 자입니다. 온전한 거룩을 가진 자들만 거하는 왕의 나라에 거하는 복을 얻었기 때문입니다.

2. 교만의 두 얼굴
(잠 25:8-14)

8　너는 급거히 나가서 다투지 말라 마침내 네가 이웃에게 욕을 보게 될 때에 네가 어찌 할 줄을 알지 못할까 두려우니라
9　너는 이웃과 다투거든 변론만 하고 남의 은밀한 일을 누설하지 말라
10　듣는 자가 너를 꾸짖을 터이요 또 수욕이 네게서 떠나지 아니할까 두려우니라
11　경우에 합당한 말은 아로새긴 은쟁반에 금사과니라
12　슬기로운 자의 책망은 청종하는 귀에 금고리와 정금 장식이니라
13　충성된 사자는 그를 보낸 이에게 마치 추수하는 날에 얼음 냉수 같아서 능히 그 주인의 마음을 시원케 하느니라
14　선물한다고 거짓 자랑하는 자는 비 없는 구름과 바람 같으니라

　　지난 본문에서는(잠 25:1-7) 구원의 사다리로 주신 말씀을 비교적 잘 사용한 것으로 보이는 자들에게 교훈을 주셨습니다. 하나님의 뜻대로 통치하는 특별한 왕이 다스리는 나라에서는 자기를 높이거나 스스로 높은 자리에 서려고 하는 자들은 발붙이지 못하므로 자기를 의롭다고 여기는 교

만을 버려야 한다는 말씀이었습니다. 금속 공예사가 은에서 찌꺼기를 제거한 후에야 좋은 그릇을 만드는 것처럼 성도는 자기를 의롭다고 여기는 것까지도 죄의 찌꺼기로 여기고 제거해야 함을 알려주셨습니다. 하나님께서 구원의 사다리로 주신 말씀을 성실하게 사용하여 순종한 자들이 가져야 하는 중요한 특징입니다.

본문은 그 교만이 반드시 하나님께 대한 자세로만 결정되지 않는다는 사실을 밝혀줍니다. 하나님 앞에서는 겸손한 척하면서도 실제로는 교만을 버리지 않을 수 있습니다. 이웃을 대하는 모습에서 그 증거를 찾을 수 있다고 합니다. "**너는 급거히 나가서 다투지 말라 마침내 네가 이웃에게 욕을 보게 될 때에 네가 어찌할 줄을 알지 못할까 두려우니라**"(8). 다투는 일은 신중에 신중을 거듭해야 합니다. 권세 있는 자들이나 자기보다 돈 많은 사람 앞에서는 책잡힐 행동을 하지 않는 경우가 많습니다. 그가 교만하다는 증거가 밖으로 나타나지 않을 수 있습니다. 하지만 그가 교만하다는 사실을 확인할 수 있는 진정한 증거는 자기와 같은 사람, 혹은 자기에게 잘못한 이웃을 대할 때입니다. 직급이 낮거나 약한 사람에게 행하는 모습이 그의 본질입니다. 성도의 경우도 마찬가지입니다. 하나님 앞에서는 자기 죄와 자기 수준을 인정하며 겸손한 척 할 수 있습니다. 그러나 그것은 그의 본질이 아닙니다. 다른 사람 앞에서 보이는 행동, 엄밀히 말하면 약하게 보이는 다른 사람을 대하는 자세가 그의 본질입니다.

일만 달란트 빚진 종의 비유가 그 점에 관해 잘 알려줍니다. 그는 자기의 채권자이기도 한 왕에게는 얼마나 올바른 자세로 겸손하게 자기 죄를 인정하고 용서를 청했는지 모릅니다. 자기가 평생 먹지도 않고 쓰지도 않고 모아도 갚을 수 없는 돈을 갚아야 할 채권자인 왕 앞에서 그는 이렇게 합니다. "**그 종이 엎드리어 절하며 가로되 내게 참으소서 다 갚으리이다**"(마 18:26). 엎드려 절을 했다고 합니다. 왕 앞에서 최대한 낮은 자세를 취했다는 말입니다. 그러면서 왕의 긍휼을 구하고 있습니다. '조금만 참아 주십시오. 열심히 노력해서 다 갚겠습니다', 이렇게 간청하고 있습니다. 그가 죄인의 신분으로 절대 권력자인 왕 앞에서 행하는 자세로서는 흠잡을 데 없습니다. 교만하다는 증거를 찾아볼 수 없습니다.

하지만 그가 나가서 자기 동료를 만났을 때는 달랐습니다. 그 동료는 자기가 탕감받은 것에 비하면 아주 적은 돈을 자기에게 빚진 사람이었습니다. 그 동료를 만나자 이 사람은 태도가 바뀝니다. **"그 종이 나가서 제게 백 데나리온 빚진 동관 하나를 만나 붙들어 목을 잡고 가로되 빚을 갚으라"**(마 18:28). 왕 앞에서는 겸손하게 보였지만 자기에게 빚진 동료 앞에서는 갑중의 갑으로 행동하였습니다. 자신은 평생 모아도 자기 생애에 갚을 수 없는 돈, 오늘날 시세로 하자면 수조 원을 탕감받았으면서 자기한테 기껏 노동자의 두세 달 치 월급 정도 빚진 동료에게는 그렇게 대했습니다. 그걸로도 분이 안 풀렸는지 자기가 왕에게 했던 말처럼 그 동료가 자기에게 용서를 빌고 기한을 주면 갚겠다고 하는데도 불구하고 **"허락하지 아니하고 이에 가서 저가 빚을 갚도록 옥에 가두"**어 버렸습니다(마 18:30). 왕 앞에서는 겸손한 척, 죄인인 척 말하고 행동하면서도 자기 동료나 자기에게 조금 잘못한 사람에게는 무자비하게 구는 것입니다. 이것이 교만의 다른 면입니다. 교만은 사람에게 하는 말이나 행동에서 구체적으로 확인됩니다. 특히 내가 잘했고 다른 사람이 못했다고 볼 수 있는 상황에서 어떻게 하느냐는 것입니다. 그러니 이웃을 대하는 일에 신중해야 합니다. 일만 달란트 빚진 종처럼 하나님 앞에선 겸손하게 보이나 동료 앞에선 교만하게 행하는 자로 확인되지 않아야 합니다.

물론 이 일에 균형이 필요합니다. **"너는 이웃과 다투거든 변론만 하고 남의 은밀한 일은 누설하지 말라"**(9). 이웃을 자비로 대하되 공의는 무시하지 않아야 한다는 말씀입니다. 잘못은 잘못입니다. 죄는 죄입니다. 죄는 처벌받아야 하고 교정되어야 합니다. 죄를 방치한다거나 교회나 가정이 세속화되는 것을 허용하는 태도를 보여서는 안 됩니다. 그러나 그것을 내가 벌주려 한다거나 내가 옳다는 사실을 입증하기 위해 상대방의 다른 죄까지 다 들춰내서 소문내고 매장하는 것은 옳지 않다고 합니다. 동료에게 무자비하게 구는 것이 교만입니다. 내가 할 수 있는 것은 죄를 죄라고 하며 아닌 걸 아니라고 말하는 데까지입니다. 자기가 입은 피해에 대해 있는 사실 그대로만 이야기하는 것입니다. 그 이상을 넘어가지 않도록 조심해야 합니다. 그렇지 않으면 말씀을 부지런히 배우고 순종한다는 점에서는 남들보다 뛰어날지 모르지만 하나님께는 정죄를 받게 되어 있습니다. "**듣는 자가 너를 꾸짖을 터이요 또 수욕이 네게서 떠나지 아니할까 두려우니라**"(10).

일만 달란트 빚을 왕에게 탕감받은 종이 자기 동료에게 한 행동을 보고 다른 동료들이 왕에게 고한 결과와 같습니다. "**그 동관들이 그것을 보고 심히 민망하여 주인에게 가서 그 일을 다 고하니 이에 주인이 저를 불러다가 말하되 악한 종아 네가 빌기에 내가 네 빚을 전부 탕감하여 주었거늘 내가 너를 불쌍히 여김과 같이 너도 네 동관을 불쌍히 여김이 마땅치 아니하냐 하고 주인이 노하여 그 빚을 다 갚도록 저를 옥졸들에게 붙이니라 너희가 각각 중심으로 형제를 용서하지 아니하면 내 천부께서도 너희에게 이와 같이 하시리라**"(마 18:31-35), 그 일로 해서 이 종은 왕의 심판을 피하지 못하는 처지가 되고 맙니다. 왕 앞에서는 잘못을 인정하고 겸손한 척 용서를 빌었지만, 이웃에게는 조그마한 자비도 보이지 않았던 사람에 대하여 하나님은 심판을 선언하십니다. 권력이나 돈 있는 사람들 앞에서만 잘하는 것은 겸손이 아니고 아첨입니다. 진짜는 평범한 이웃들 앞에서 하는 행동입니다. 하지만 절대 평범하지만은 않습니다. 그들의 증언에 따라 하나님께서 판단하시기 때문입니다. 법정을 예로 들자면 이웃은 일종의 배심원과 같습니다. 가난한 자일수록 중요한 배심원입니다. 혹은 하늘 법정에서 나에 대해 증언할 증인들입니다. 그가 나를 하나님께 어떻게 말하느냐에 따라 나의 영생이 좌우되기 때문입니다. 가난하고 힘없는 사람들에게 하나님께서 그 일을 맡기셨습니다. 그들이 중요한 사람들입니다. 이런 사실을 알고 교만을 버리고 참된 겸손을 가져야 합니다.

그러면 그 일은 구체적으로 어떻게 하는 것입니까? 두 가지가 있습니다. 우선 "**경우에 합당한 말은 아로새긴 은쟁반에 금사과니라**"(11)고 합니다. "**경우에 합당한 말**"이란 말을 잘한다는 것이 아니라 자기 자신에 대한 진실을 바탕으로 하는 말이어야 한다는 뜻입니다. 일만 달란트 탕감받은 자가 자기에게 적은 빚을 진 동료를 만났을 때 할 수 있는 "**경우에 합당한 말**"이 무엇이겠습니까? '나는 너보다 더 많은 빚을 탕감받았으니 나도 너한테 독촉할 수 없다. 그 정도는 내가 용서받은 거에 비하면 아무것도 아니다. 내가 탕감받은 은혜로 네가 나에게 빚진 것도 탕감해 주지 않을 수 없다.' 이런 정도일 것입니다. "**아로새긴 은쟁반에 금사과니라**"는 말씀은 그런 말이 무엇보다 귀한 말이요, 하나님 앞에서 교만하다고 정죄 받지 않는 복된 자세라는 뜻입니다. 단순히 말만 그렇게 내뱉으면 된다는 뜻이 아닙니다. "**너희가 각각 중심으로 형제를 용서하지 아니하면**"(마 18:35)이라고 하셨습니다. 진실한 마음으로 그렇게 하는가가 중요합니다. 하나님께 용서받은 사실을 알고 감사하는 상태로 다른 사람을 대하는 자세, 그것이 교만하지 않은 것이고, 겸손이고, 심판받지 않을 인생입니다.

그러면서도 죄를 지적해야 할 때가 있습니다. 그리스도인은 이웃을 배심원으로 여겨야 하지만 자기도 이웃에게 배심원이기도 합니다. 그래서 두 번째 원칙이 생겨납니다. 누군가를 책망할 때도 지혜롭게 하는 것입니다. "**슬기로운 자의 책망은 청종하는 귀에 금고리와 정금 장식이니라**"(12). 죄를 지적하고 책망하는데 그 말이 어떤 사람의 귀에는 금으로 만든 귀고리나 순금으로 만든 장식과 같다고 합니다. 책망하는데도 상대를 존귀하게 하는 말이 있다는 것입니다. 부모가 아이를 책망할 때도 정당한 책망은 아이를 살립니다. 하지만 기분에 따라서 이랬다저랬다 한다거나, 정당한 이유가 아닌 것들로 책망한다면 책망받는 처지에서는 긍정적으로 배우지 못할 것입니다. 그런 책망은 그를 꾸며주는 귀한 장식품이 아니라 인생을 망치는 독소와 같습니다. 책망도 지혜가 필요합니다.

그러면 이웃의 죄와 관련해서 어떻게 하는 것이 슬기로운 책망입니까? 다른 사람을 살리려는 목적으로 책망하는 것입니다. 상대가 정죄 받고 벌 받는 것이 좋아서, 내가 옳았다는 사실이 확실해져서 상대의 죄를 지적하고 책망하는 것이 아닙니다. 회개하고 돌이키면 용서받고 살 수 있다는 사실을 알려주는 것입니다. 사도들이 죄를 지적하고 책망하는 이유가 다 그랬습니다. 어느 한 군데서도 '너희가 망했으면 좋겠다, 너희가 벌을 받아야 내 맘이 시원하겠다', 이런 심보로 유대인들의 죄를 지적한 적이 없습니다. 자기들의 선생이자 주님이신 예수님을 유대인들이 못 박아 죽인 후에 베드로가 나서서 유대인들의 죄를 지적한 적이 있습니다. 그는 예수님을 죽이는 데 앞장선 유대인들을 "형제들아"(행 2:29)라고 부르며 그들이 자기 잘못을 깨닫고 돌이켜 회개하면 언제든지 용서받고 구원얻을 수 있다는 사실을 전했습니다. "이스라엘 온 집이 정녕 알찌니 너희가 십자가에 못 박은 이 예수를 하나님이 주와 그리스도가 되게 하셨느니라 하니라"(행 2:36).

자기들의 주님이신 예수님을 잔인한 형벌로 죽인 자들에 대한 강한 반감이 없습니다. 그들이 꼭 벌을 받아야만 하겠다는 의지도 없습니다. 저들의 죄를 지적하면서도 베드로는 그들이 용서받고 구원받기를 원했습니다. 그렇게 하는 것이 하나님의 뜻입니다. 놀라운 은혜와 사랑이 아닐 수 없습니다. 다음 구절이 그 점을 알려줍니다. "저희가 이 말을 듣고 마음에 찔려 베드로와 다른 사도들에게 물어 가로되 형제들아 우리가 어찌할꼬 하거늘 베드로가 가로되 너희가 회개하여 각각 예수 그리스도의 이름으로 세례를 받고 죄 사함을 얻으라 그리하면 성령을 선물로 받으리라"(행 2:37,38).

이 말씀을 받고 안 받고는 듣는 사람의 책임입니다. 하지만 진리와 공의를 따라 말하는 사람의 처지에서는 이처럼 저들을 살리려는 목적으로 잘못된 것을 지적해야 합니다. 세상 사람들은 다른 사람이 잘못을 저질러 자기나 주변 사람들이 피해를 받았다면 복수심에 불타서 정의를 부르짖습니다. 책망하고 고발하고 벌 받게 하는 것 자체가 목적입니다. 하지만 그리스도인들은 정의를 추구할 때 다른 목적으로 해야 합니다. 곧 상대가 죄를 깨닫고 회개하고 용서받아 구원받는 것입니다. 그것이 슬기로운 책망입니다. 죄를 지적하고 의를 세우려 하면서도 상대가 처벌받는 데에만 목적을 두지 않는 것입니다. 들을 귀 있는 자가 그 책망을 듣고 순종하면 생명을 얻을 것이라는 생각으로 하는 책망이 슬기로운 책망이고 경우에 합당한 말입니다.

하나님께서는 자기 종들을 그렇게 사용하십니다. 자기가 먼저 용서받은 자로서 다른 사람을 대하고, 그를 책망하면서도 돌이켜 회개하기를 원하는 마음을 갖고 하는 그런 자가 그리스도인이며 슬기로운 자입니다. **"충성된 사자는 그를 보낸 이에게 마치 추수하는 날에 얼음 냉수 같아서 능히 그 주인의 마음을 시원케 하느니라"**(13). 충성된 사자, 곧 신실한 심부름꾼은 자신이 먼저 용서받은 자입니다. 하나님은 그를 다른 사람의 소금과 빛이 되는 자리에 두셨습니다. 다른 사람들에게 자기가 무서운 죄를 다 용서받았다는 사실을 아는 자로서 말하고 행동하며, 또한 죄를 지적하고 책망해야 할 일이 있더라도 그가 회개하고 돌이킬 수 있도록 도우려는 목적을 가지고 해야 합니다. 하나님께서는 그런 자들을 추수하는 날에 목마른 일꾼들의 목을 적셔주는 시원한 물처럼 주님의 마음을 시원하게 해 주는 자들이라고 하십니다. 그런 자들처럼 지혜롭고 현명한 사람은 없다는 것입니다. 그런 의도와 목적이 없이 무조건 책망만 하는 사람, 상대가 매장되거나 영원히 돌이키지 못할 처벌을 받는 것에만 목적을 두고 정의와 진리를 외치는 사람은 비 없는 구름과 바람 같다고 합니다. **"선물한다고 거짓 자랑하는 자는 비 없는 구름과 바람 같으니라"**(14).

특히 가나안 지역에서 구름이나 바람은 비를 몰고 오는 것이 보통입니다. 강수량이 부족한 그 지역 사람들은 구름이 끼고 바람이 불면 커다란 기대와 소망을 갖기 마련입니다. 그런데 마치 비가 올 것처럼 구름이 끼었는데도 비가 내리지 않으면 그 실망감은 어느 때보다 클 것입니다. 의와 진리를 위하여 누군가를 책망하고 잘못을 지적해야 하는 자가 있습니다. 만일 그들이 정의를 위한다며 누군가를 책망하되 그가 회개하고 구원 얻게 할 목적이 전혀 없다면 그는 비 없는 구름과 바람 같이 아무 유익이 없는 사람일 뿐입니다. 유다서는 이 비유를 거짓 선지자들을 설명할 때 사용하고 있습니다(유 1:12). 겉으로는 진리를 위하는 것 같으면서도 사실은 아니라는 말입니다. 사람을 살리려는 목적으로 하는 책망이 아니면 거짓된 선물로 자랑하는 자와 같습니다. 진리와 공의를 위한 자가 아니라는 말입니다.

이 모든 것이 다 교만의 다른 면입니다. 하나님 앞에서만 겸손한 척하고 이웃에게는 군주나 되는 것처럼 군림하려는 자나, 자기는 전혀 잘못한 것이 없는 사람처럼 남의 잘못에 대해 유달리 가혹하게 구는 자, 진리와 공의를 위한다면서 용서나 자비가 전혀 보이지 않고 오직 정죄와 처벌을 목적으로 정의를 외치는 자, 그런 자들이 교만한 자라는 말입니다. 그런 사람은 주님의 말씀을 많이 배우며 순종하려고 애를 썼다 해도 비 없는 구름과 바람처럼 헛수고에 지나지 않습니다. 이와 같은 말씀을 듣고 말과 행실을 다잡는 사람이 지혜로운 자입니다.

3. 이웃 사랑의 균형
(잠 25:15-23)

15 오래 참으면 관원이 그 말을 용납하나니 부드러운 혀는 뼈를 꺾느니라
16 너는 꿀을 만나거든 족하리만큼 먹으라 과식하므로 토할까 두려우니라
17 너는 이웃집에 자주 다니지 말라 그가 너를 싫어하며 미워할까 두려우니라
18 그 이웃을 쳐서 거짓 증거하는 사람은 방망이요 칼이요 뾰족한 살이니라
19 환난날에 진실치 못한 자를 의뢰하는 의뢰는 부러진 이와 위골된 발 같으니라
20 마음이 상한 자에게 노래하는 것은 추운 날에 옷을 벗음 같고 쏘다 위에 초를 부음 같으니라
21 네 원수가 배고파하거든 식물을 먹이고 목말라하거든 물을 마시우라
22 그리하는 것은 핀 숯으로 그의 머리에 놓는 것과 일반이요 여호와께서는 네게 상을 주시리라
23 북풍이 비를 일으킴 같이 참소하는 혀는 사람의 얼굴에 분을 일으키느니라

구원받은 사람들이 지혜롭게 살 수 있도록 돕는 잠언 말씀이 계속되는 가운데 25장은 구원의 사다리로 주신 말씀을 비교적 잘 사용한 자들에게

주시는 말씀입니다. 그런 사람도 하나님 앞에서는 자기가 잘했다고 교만하지 않아야 한다는 것과 그 교만이 하나님을 향한 자세로만 국한되지 않는다는 사실을 알게 해 주셨습니다. 하나님 앞에서는 겸손한 체하면서도 이웃을 무자비하게 대하는 것은 교만의 다른 얼굴이었습니다.

본문은 그와 같은 흐름에 자연스럽게 이어지는 내용입니다. 이웃을 무자비하게 대하는 것은 교만의 다른 얼굴이라 하였는데, 그러면 그리스도인은 어떻게 이웃을 대해야 하는가에 대한 교훈입니다. 우선 **"오래 참으면 관원이 그 말을 용납하나니 부드러운 혀는 뼈를 꺾느니라"**(15)고 합니다. 인내와 온유를 가지고 이웃을 대해야 한다는 말씀입니다. 특별히 관원을 언급하는 것은 권위주의에 젖어 다른 사람을 얕잡아 보는 사람을 상징합니다. 오늘날이야 '공무원'이라 하면 백성을 돕는 자리라는 인식이 일반화되고 있지만 옛날에는 동네 사또만 돼도 주민들을 자기 마음대로 처리할 수 있다고 생각했었습니다. 탐관오리의 악행은 더욱 심했던 것을 우리는 잘 알고 있습니다.

그런데 그런 사람이라도 인내하는 중에 부드러운 말로 계속 이야기하면 들어준다고 합니다. 고압적인 자세로 다른 사람을 대하는 자라고 해도 온유한 모습으로 끝까지 부드러움을 잃지 않으면 그들조차도 마음이 변화되어 선한 결과를 얻을 수 있다는 것입니다. 효과적인 민원 제기 방법을 이야기하는 것이 아닙니다. 그리스도인이 이웃을 대하는 기본적인 원리를 말하는 것입니다. 기본적으로 인내와 온유가 필요하다는 것입니다. 세상은 그리스도인들을 항상 마음 편하게 해 주는 곳이 아닙니다. 세상은 기본적으로 그리스도인들이 오래 참아야 할 만큼 뭔가 다른 원리로 살아가는 곳입니다. 그렇기에 그리스도인은 이웃을 대하는 기본적인 자세가 오래 참는 것과 부드러운 말과 겸손한 행실이어야 한다는 것입니다.

이어서 이렇게 말씀합니다. **"너는 꿀을 만나거든 족하리만큼 먹으라 과식하므**

로 토할까 두려우니라"(16).

'꿀은 달기도 하고 몸에 좋은 것이나 너무 많이 먹으면 오히려 부작용이 날 수 있으니 적당히 먹으라'는 말입니다. 갑자기 꿀 이야기가 왜 나오는가 하겠지만 이것이 비유라는 사실을 생각해 보면 무슨 뜻인지 조금 짐작이 됩니다. 곧 좋은 일도 어떤 한계가 있다는 것입니다. 멈추어야 할 때를 아는 것은 중요합니다. 이런 이야기를 이웃을 대하는 자세를 말하는 도중에 한다는 것은 이웃사랑도 어떤 한계가 있다는 것입니다. 자동차가 빨라서 사람을 멀리 있는 곳까지 편하게 데려다주지만 과속하면 문제가 되는 것과 같습니다. 꿀이 달고 영양가가 많아도 많이 먹을 수 없는 것처럼 이웃을 사랑하는 것도 어떤 한계가 있습니다. 영적, 정신적 일치나 연합을 이루는 데까지는 사랑할 수 없다는 것입니다. 그것이 지혜입니다. 이웃에 대해 오래 참으며 부드러운 말과 겸손한 행실로 대해야 하지만 그 사랑이 영적 가족을 대하는 것과 같을 수는 없습니다. 이웃에게 친절하게 대해야 하지만 그 자세가 자기 남편, 자기 아내를 대하는 것과 같을 수는 없는 법입니다. 그리스도인이 세상을 대하는 자세도 마찬가지입니다. 최대한 인내하며 겸손한 행실로 대해야 하되 영적으로나 정신적으로 연합이나 일치를 이루기까지 가서는 안 됩니다. 세상에 너무 깊이 빠져 있어서는 안 된다는 것입니다. 세상 한가운데서 살 수밖에 없으되 그리스도의 신부라는 그 고귀한 신분을 훼손할 만큼 세상과 구별되지 않는 생활을 한다는 것은 꿀을 너무 많이 먹어 토하는 것과 같은 것입니다.

17절에서 그 점에 대해 조금 더 명백하게 말합니다. "**너는 이웃집에 자주 다니지 말라 그가 너를 싫어하며 미워할까 두려우니라**"(17). 16절을 보충 설명해주고 있습니다. 그리스도인에게 있어서 세상은 자기 집이 아니라 이웃집이라는 뜻입니다. 이웃집은 가끔 찾아가야 반기는 법입니다. 아무리 친한 사이라도 시도 때도 없이 찾아가고 재워 달라고 하면 불편합니다. '사람 좋다'는 말을 듣는 자 중에는 자기 집과 남의 집을 구분 못 하는 스타일이 가끔 있습니다. 세상 사람들이 다 자기 같은 줄 아는 것입니다. 그게 진심으로 가족처럼 생각해서 하는 행동이라 할지라도 이웃집을 자기 집처럼 생각하는 것은 어리석은 일입니다. 이것은 그리스도인이 이웃을 사랑으로 대할 때 가져야 할 원칙을 이야기하는 것입니다. 인내하며 겸손한 행실로 사랑해야 하되 일종의 한계가 있음을 기억하라는 뜻입니다. 아이가 매일 옆집에 가서 잔다고 하면 부모는 꾸짖어서라도 그렇게 못 하게 할 것입니다. 옆집 아이와 친하게 지내는 것과 다른 문제입니다. 자기 식구처럼 대하지 않는다고 해서 이웃을 사랑하지 않는 것은 아닙니다. 넘지 않을 선이 있을 뿐입니다. 그 선을 지키면서 사는 자가 지혜로운 자입니다.

그러면 어떻게 하는 것이 한계를 지키는 지혜로운 사랑인가에 대해 본문은 비교, 대조하는 형식으로 우리에게 알려줍니다. **"그 이웃을 쳐서 거짓 증거하는 사람은 방망이요 칼이요 뾰족한 살이니라"**(18).

먼저, 말로라도 거짓된 정보로 위해를 가하지 않아야 한다고 합니다. 이웃에 대해 거짓말하는 것도 살인과 같은 범죄라는 뜻입니다. '방망이, 칼, 뾰족한 화살'은 말이 갖는 위력을 말합니다. 가끔 뉴스에 SNS에서 따돌림을 당한 사람이 자살했다는 소식이 전해집니다. 말로 사람을 죽인 것입니다. 설령 실제 있었던 일이라고 해도 다른 사람에게 해가 되는 말을 할 권리는 누구에게도 없습니다. 세상 사람들은 말로 하는 살인에 대해 너무도 관대하지만 하나님은 그렇지 않습니다. 말 한마디를 어떻게 하느냐가 그 사람의 영생을 좌우하는 증거가 된다고 했습니다(마 5:22). 다른 사람을 해하는 거짓말은 절대 내뱉지 않아야 합니다. 그것이 이웃을 사랑하는 한계 중 한 부분입니다. 세상에 속한 자들에 대해서도 거짓 증거하지 않는 것입니다.

그러면서 한편으로는 그들을 의지하지도 않습니다. **"환난날에 진실치 못**

한 자를 의뢰하는 의뢰는 부러진 이와 위골된 발 같으니라"(19).

믿었던 사람에게 배신당하여 경험하게 되는 당혹감을 다루고 있습니다. 부러진 이와 탈골된 발은 실제로는 아무런 도움이 되지 못하는 현상을 비유합니다. 부러진 치아로 씹을 수 없으며 탈골된 발로 걸을 수 없는 것처럼 믿지 않는 이웃은 성도가 갖는 어려움에 도움이 될 수 없는 대상이라는 것입니다. 세상은 그리스도인과 공존해야 하며 거짓 증거 하지 않아야 하는 대상이지만, 그렇다고 그들의 힘과 능력과 세력을 의지하지도 않아야 합니다. 그런 방식이 그리스도인이 이웃을 사랑하는 한계입니다.

다음 세 구절은 그리스도인을 원수처럼 대하는 이웃과 관련된 말씀입니다. 성도를 조롱하고 핍박하여 성도와 그리스도의 원수로 자처하는 자들이 있습니다. 이웃사랑은 그런 자들이 곤란 당할 때라도 즐거워하지 않는 것을 말합니다. 악한 일을 행한 사람이 벌을 받는 것은 당연한 일입니다. 심지어 까닭 없이 교회를 욕보이는 자들이 심판받는 것은 당연해 보입니다. 하지만 그리스도인은 저들이 곤란을 당할 때도 즐거워해서는 안 됩니다. "마음이 상한 자에게 노래하는 것은 추운 날에 옷을 벗김 같고 쏘다 위에 초를 부음 같으니라"(20).

"옷을 벗김 같고"라는 말은 문자적으로 '옷을 빼앗음 같다'는 뜻입니다. 옷을 더 입어도 추운데 입은 옷조차 빼앗는 것처럼 비인간적인 행위는 없을 것입니다. "쏘다 위에 초를 부음 같으니"는 상처를 오히려 더 키우는 모습을 묘사하는 말입니다. 부드러운 기름으로 고통을 완화 시켜야 할 상처에 초를 부어서 더 아프게 한다는 뜻입니다. 원수라 할지라도 재앙을 보고 즐거워하는 것은 추위에 떨고 있는 사람의 옷을 빼앗는 것이나 상처에 초를 부어서 더 아프게 하는 것과 같이 비인간적인 일입니다. 의무병은 아군이나 적군을 가리지 않고 환자를 치료해주는 사람입니다. 그리스도인은 세상에 대해 의무병과 같습니다. 전쟁의 결과는 하나님께서 책임지실 것입니다. 나에게 주어진 임무는 세상을 심판하는 것이 아니고 세상을 치료하는 의무병과 같습니다. 그리스도인은 악인의 재앙을 보고 즐거워하지 않는 사람입니다. 그가 아무리 원수 같은 자라고 해도 마찬가지입니다.

대신에 그는 이렇게 하는 사람입니다. "네 원수가 배고파하거든 식물을 먹이고 목말라하거든 물을 마시우라 그리하는 것은 핀 숯으로 그의 머리에 놓는 것과 일반이요 여호와께서는 네게 상을 주시리라"(21,22). 바울 사도는 이 구절을 로마서 12장에서 믿음으로 말미암아 구원 얻은 자가 세상에 대해 가져야 할 태도를 말할 때 인용합니다. "너희가 친히 원수를 갚지 말고 진노하심에 맡기라 기록되었으되 원수 갚는 것이 내게 있으니 내가 갚으리라고 주께서 말씀하시니라 네 원수가 주리거든 먹이고 목마르거든 마시우라 그리함으로 네가 숯불을 그 머리에 쌓아 놓으리라 악에게 지지 말고 선으로 악을 이기라"(롬 12:19,20). '원수들이 너희를 미워하고 핍박해도 너희가 친히 원수를 갚지 말라, 그건 하나님의 권한이니 하나님께 맡기고 너희는 그저 원수가 주리거든 먹이고 목마르거든 마실 것을 주라'는 명령입니다. 달리 설명하기를 "악에게 지지 말고 선으로 악을 이기라"고 합니다.

이 말씀은 "북풍이 비를 일으킴 같이 참소하는 혀는 사람의 얼굴에 분을 일으키느니라"(23)는 말씀을 설명한 것입니다. 악을 악으로 상대하는 것은 어떤 유익한 결과를 내지 못합니다. 잘못한 사람은 대부분 자기 잘못을 인정하기보다는 오히려 고소한 사람을 해코지하려는 경향이 많습니다. 피해 당사자가 정당하게 법에 호소해도 아예 피해자를 협박하거나 증인을 죽이면서까지 자기 죄를 감추려고 하는 것을 우리는 종종 봅니다. 하물며 악인에게 직접 악으로 갚는다는 것은 더 말할 나위가 없습니다. 싸움만 더 커질 뿐이고, 화만 더 돋우는 것뿐입니다. 나중에는 누가 잘했느냐 못했느냐가 아무런 의미가 없이 서로 피해 본 것만 가지고 씩씩대는 결과가 될 수밖에 없습니다. 그러나 그리스도인은 "악에게 지지 말고 선으로 악을 이기라"는 권면을 받고 있습니다. 그리스도인이 원수를 대하는 방식은 저들과 다른 무기로 저들을 대하는 것입니다. 저들은 미움과 멸시와 조롱과 핍박으로 그리스도인들을 대한다고 해도 그리스도인은 인내와 겸손한 행실과 선행으로 저들을 대하라고 하셨습니다. 그리스도인이 손해 보는 것처럼 보이지만 엄밀히 말하면 서로 사용하는 무기가 다른 것입니다. 하나님께서 우리에게 그런 무기를 사용해서 저항하라고 하셨습니다. '그러면 저들의 악행이 더 심해지지 않겠습니까?'라는 걱정이 앞설 테지만 그런 걱정은 접어 두고 너희는 저들의 악행에 대해 선행으로 맞서 싸우라고 하십니다. 그것이 악에게 지지 않는 방식이고 나중에 하나님께 칭찬받을 전쟁이라는 것입니다.

'숯불을 그 머리에 쌓아 놓는다'는 말씀은 여러 가지 해석이 있지만, '심판을 예비하는 증거'라는 뜻이라 할 수 있습니다. 그리스도인이 원수된 악인에게 선행으로 일관되게 반응하는 모습은 그의 머리 위에 숯불을 쌓아 놓는 것과 같습니다. 만일 그가 회개하면 하나님께서는 그 숯불이 그에게 위로가 되게 해 주실 테지만 만일 그가 돌이켜 회개하지 않으면 그에게 쌓인 그리스도인의 선행이라는 숯불은 나중에는 그를 태울 심판의 연료가 될 것입니다. 하나님께서 심판하실 때는 결코 돌이킬 기회가 주어지지 않을 것입니다. 그러니 결과에 대해서는 아무 걱정할 것 없이 우리는 그저 악에게 지지 말고 선으로 악을 이길 방법을 찾아야 하는 자들입니다. 그것이 장성한 신자, 지혜로운 자들이 이웃을 대하는 원칙이요 방식이라고 합니다. 구원의 사다리로 주신 말씀을 잘 이용하는 자들, 남들보다 좀 더 구원의 길에 깊이 들어선 자들은 이런 원리로 살려고 하는 자들이라는 말입니다.

성도는 하나님 앞에서 교만하지도 않고 이웃에게 무자비하게 대하지도 않으면서, 또한 구별되고 신령한 원칙을 따라 이웃을 대하는 자들입니다. 인내로 겸손한 행실을 보이면서도 세상과의 교제를 과하지 않게 적절히 누리며, 그들에 대해 거짓 증거 하지도 않고 그들을 내 삶을 풍요롭게 해 주는 우상이라도 되는 것처럼 의지하지도 않습니다. 또 저들의 재앙을 즐거워하지도 않고, 오히려 저들이 생계가 곤란한 처지에 빠지면 적극적으로 나서서 그들의 필요를 채워주는 방식으로 사는 것입니다. 악을 악으로 갚는 것은 누구에게도 유익이 되지 않는 줄 알아서 심판은 오직 하나님께 맡기고 그리스도인은 세상이라는 이웃에게 선을 행함으로써 자기 정체성과 자기 지혜를 드러내는 자들입니다. 한계를 분명히 정하고 있습니다. 이웃을 사랑하되 내 집은 아니며, 내 집이 아니더라도 그가 어려울 때 반드시 도우라고 하나님께서 백성들에게 내리신 명령입니다.

나머지는 하나님께서 다 처리하실 것입니다. 악인의 심판이나 세상의 질서, 성도의 고난과 같은 풀기 어려운 문제들은 우리 소관이 아닙니다. 우리는 주님께서 말씀하시고 가르쳐주신 것만 배우고 순종하려고 해도 부족한 사람들입니다. 우리 힘으로 이처럼 신령하고 복된 행실을 가질 수 없습니다. 불가능합니다. 그저 겸손히 엎드려 이 가르침을 따를 수 있는 생명력과 지혜를 달라고 구할 뿐입니다. 그 지혜가 참된 지혜이며, 이 지혜는 오직 그리스도인들만이 가질 수 있는 지혜입니다.

4. 성읍이 무너지고
(잠 25:24-28)

24 다투는 여인과 함께 큰 집에서 사는 것보다 움막에서 혼자 사는 것이 나으니라
25 먼 땅에서 오는 좋은 기별은 목마른 사람에게 냉수 같으니라
26 의인이 악인 앞에 굴복하는 것은 우물의 흐리어짐과 샘의 더러워짐 같으니라
27 꿀을 많이 먹는 것이 좋지 못하고 자기의 영예를 구하는 것이 헛되니라
28 자기의 마음을 제어하지 아니하는 자는 성읍이 무너지고 성벽이 없는 것 같으니라

본문은 구원의 사다리로 주신 말씀과 관련된 내용을 일단락 지으면서 주시는 몇 가지 교훈을 담고 있습니다. 우선 24절의 **"다투는 여인과 함께 큰 집에서 사는 것보다 움막에서 혼자 사는 것이 나으니라"**는 말씀은 이미 21:9절과 19절에서 그대로 주어졌던 말씀이었습니다. 똑같은 말씀이 이렇게 다른 본문에서 사용된 것은 잠언이 비유의 말씀이기에 가능합니다. 표현이 같기에 영적인 어떤 원리는 같아도 문맥에 따라 세미한 부분에서 의미가 달라지는 것입니다. 그 본문이 어떤 맥락이었느냐에 따라 그 의미가 조금씩

달라집니다.

21장 9절 같은 경우에는 그 앞의 내용이 이러했습니다. 마음속 깊은 곳까지 살피시며 왕의 마음까지도 인도하실 수 있는 하나님께서 엄격한 규례를 따라 제사 드릴 것을 명령하셨습니다. 그러나 동시에 의와 공평을 이루라고도 명령하셨다는 말씀 뒤에 **"다투는 여인과 함께 큰 집에서 사는 것보다 움막에서 혼자 사는 것이 나으니라"**(잠 21:9)는 구절이 이어집니다. 이는 의식을 갖춰서 하나님을 예배하는 것과 일상생활에서 의와 공평을 행하며 사는 것 둘 다 중요한 일이지만 의와 공평을 행하는 생활이 없다면 차라리 예배를 드리지 않는 것이 낫다는 뜻이었습니다. 형식을 갖춘 예배를 드리지 말라는 이야기가 아니라 일상생활에서 의와 공평을 행하는 것이 하나님께서 바라시는 신앙의 본질이라는 의미입니다. 겉으로 보이는 예배는 가짜 신자도 얼마든지 드릴 수 있지만 의와 공평을 중요하게 여겨 그대로 사는 자들은 가짜가 있을 수 없기 때문입니다.

그런 뜻에서 21:9절에 그와 같은 말씀이 있었고, 19절에서는 재물과 의를 비교하면서 무엇이 참된 힘이고 능력인지를 알아보게 하였습니다. 재물은 분명히 무언가를 행하거나 갖게 하는 힘이 있지만 지혜로운 자는 나중에 심판을 면하고 영생과 영광을 물려받을 수 있는 의를 가지는 것이 더 큰 힘인 줄 알고 의를 취하려 한다는 뜻이었습니다. 정당하게 노력해서 재물을 많이 가지는 것도 나쁘지는 않지만 만일 의를 갖는 것에는 관심 없이 재물만 가지려 한다면 그거야말로 헛된 인생이라는 뜻에서 **"다투며 성내는 여인과 함께 사는 것보다 광야에서 혼자 사는 것이 나으니라"**(잠 21:19)고 한 것입니다.

이처럼, 같은 말이 어느 문맥에 놓여 있느냐에 따라서 원리는 비슷하지만 세부적인 내용에서 조금씩 차이가 있습니다. 이제 본문을 이해하기 위해서는 25장의 배경에 대해 생각해야 합니다. 25장은 하나님께서 구원의 사다리로 주신 말씀을 남들보다 좀 더 잘 활용한 사람들에게 주시는 말씀입니다. 성경 지식이 뛰어나고 말씀을 배우고 순종하는 일에 남들보다 더 열심을 내는 사람들도 주의할 점이 있었습니다. 하나님 앞에서는 자기가 뭘 잘했다고 교만하지 않아야 한다는 것과 그 교만이 반드시 하나님께 대한 자세로만 국한되지 않는다는 것이었습니다. 하나님 앞에서는 겸손한 체하면서도 이웃을 무자비하게 대하는 것은 교만의 다른 얼굴이었습니다(8-14). 그렇다고 해서 이웃을 같은 믿음 가진 식구처럼 여겨 일치와 연합을 이루며 살아갈 수는 없으니 하나님께서 주신 한계와 균형 안에서 이웃을 사랑하되 심지어 원수까지도 어떻게 대해야 하는지를 알려주셨습니다. 그들이 재앙 당할 때 마음으로도 즐거워하지 말고 그들이 배고프면 먹이고 목마르면 마시게 해 주는 것이 그리스도인들이 가져야 할 이웃사랑의 균형이었습니다.

그런 문맥에 이어 또 **"다투는 여인과 함께 큰 집에서 사는 것보다 움막에서 혼자 사는 것이 나으니라"**(24)고 합니다. 이는 말씀을 배우는 일에 누구보다 더 큰 열심을 내는 자라는 사실이 분명해도, 그 때문에 교만해져서 무너질 수 있으니 주의하라는 뜻임을 짐작할 수 있습니다. 교만해지고, 이웃에게 무자비하게 대하는 것보다는 차라리 말씀을 조금 모르는 것이 더 낫다는 것입니다. 이런 구절을 보면 어떤 사람은 성경을 굳이 열심히 공부하지 않아도 된다는 핑곗거리로 삼으려 하지만 그건 부패한 우리 마음의 침전물이고 하나님의 참뜻은 말씀도 부지런히 배우고 순종하며 동시에 교만하지도 않는 모습을 겸비하라는 것입니다. 의와 공평을 행하니까 돈은 안 벌어도 된다고 생각하는 사람이 없듯이 성경을 지식적으로 열심히 배우려고 하는 것과 하나님과 사람 앞에서 겸손하여 한계와 균형 속에서 이웃을 사랑하는 실생활의 모습은 병행되어야 합니다. 그것이 지혜로운 신앙임을 이야기하고 있습니다.

그렇게 사는 참된 그리스도인들에게 훗날 위로가 주어질 것입니다. "먼 땅에서 오는 좋은 기별은 목마른 사람에게 냉수 같으니라"(25). 지금처럼 SNS가 발달한 시대는 지구 반대편에 있는 사람에게도 즉시 연락하고 소식을 주고받을 수 있지만, 그런 기술이 없던 예전 시대에는 편지를 보내 답장받으려면 몇 달씩 걸리기 일쑤였습니다. 그런 상황에서 특히 먼 곳에 있는 사람에게서 좋은 기별이 왔다는 것은 무엇보다 반가운 일이었을 것입니다. 시대적 상황이 그러하니까 오래 기다릴 수밖에 없고, 기다리고 기다리던 중에 좋은 소식을 전해 받으니 무엇보다 반갑고 즐겁다는 뜻을 목마른 사람이 들이켜 마시는 냉수로 비유하고 있습니다. 이 말씀의 요지는 참된 신앙을 경주하는 그리스도인들에게 위로는 먼 훗날 주어진다는 것입니다. 오늘날처럼 전화기만 들면 말이나 영상을 바로바로 듣고 볼 수 있는 시대가 좋긴 하지만 한 가지 점에서는 부작용이 있을 수 있습니다. 기다릴 줄 모르게 된다는 점입니다. 우리나라 사람이 그 점에서는 특별하다죠? 커피 자판기 버튼 눌러 놓고 그 몇 초를 못 기다리고 고개 숙여 들여다보는 사람들이 우리랍니다. '빨리 빨리'라는 말을 외국 사람들도 따라 할 정도로 우리는 뭔가 급하게 하는 데 익숙해 있습니다. 그런 문화가 꼭 나쁜 것만은 아닙니다. 좋은 점도 참 많습니다. 하지만 조심해야 할 부분도 있습니다. 조급증은 안 된다는 것입니다. 여유가 없고, 빨리 안 되면 화를 내는 상황까지 가서는 안 됩니다.

우리의 일상생활을 이야기하자는 것이 아닙니다. 주님께서 말씀하신 지혜로운 모습으로 살려고 하는 자들에게 찾아오는 위로는 '먼 땅에 사는 친구가 보내는 좋은 기별처럼' 오래 기다린 후에야 찾아온다는 것입니다. 신앙생활을 잘해도 보상과 칭찬과 영광을 여기 이 땅에서 받지 못할 수 있습니다. 이 점을 알고 먼 훗날 주어질 칭찬과 영광을 기다리며 사는 자들이 하나님 백성입니다. 믿음의 조상들이 증인입니다. 히브리서 11장에 나타난 모든 사람이 다 그러한 사실을 증거하고 있습니다. 대표적으로 모세에 관한 말씀을 보면 이렇습니다. "믿음으로 모세는 장성하여 바로의 공주의 아들이라 칭함을 거절하고 도리어 하나님의 백성과 함께 고난 받기를 잠시 죄악의 낙을 누리는 것보다 더 좋아하고 그리스도를 위하여 받는 능욕을 애굽의 모든 보화보다 더 큰 재물로 여겼으니 이는 상주심을 바라봄이라"(히 11:24-26). 이 땅에서 아무리 잘해도 칭찬과 영광이 돌아오지 않고 오히려 고난만 주어졌으나 하늘에서 상 받을 것을 기대하고 하나님 백성과 함께 고난받기를 죄악의 낙을 누리는 것보다 더 좋아했으며, 그리스도를 위하여 받는 능욕을 애굽의 모든 보화를 가진 것보다 더 큰 재물로 여겼다는 것입니다. 먼 훗날에 받을 칭찬을 기대하고 있었기 때문에 가능한 일입니다.

우리 주님이신 예수님도 마찬가지입니다. 오직 진리와 거룩과 의와 사랑으로만 사셨던 예수님이지만 이 땅에서 받은 것은 고난과 핍박과 조롱과 침뱉음과 극한의 고통을 곁들인 죽음이었습니다. 예수님에게 있어서 위로는 죽음 뒤에 하나님께서 상을 주신다는 사실이었습니다. 히브리서 기자는 예수님도 우리의 본이라고 합니다. "이러므로 우리에게 구름 같이 둘러싼 허다한 증인들이 있으니 모든 무거운 것과 얽매이기 쉬운 죄를 벗어 버리고 인내로써 우리 앞에 당한 경주를 경주하며 믿음의 주요 또 온전케 하시는 이인 예수를 바라보자 저는 그 앞에 있는 즐거움을 위하여 십자가를 참으사 부끄러움을 개의치 아니하시더니 하나님 보좌 우편에 앉으셨느니라"(히 12:1,2). 예수님은 죽음 뒤에 주어질 영광을 기다리며 이 세상에서 십자가를 참으시고 부끄러움을 개의치 않으셨습니다. 그러니 우리가 무슨 일을 열심히 했다고 이 세상에서 칭찬과 위로를 받기를 기대한다는 것은 얼마나 어울리지 않는 일입니까? 우리는 영적 조급증을 버려야 합니다. 이 세상에서 영광과 칭찬을 받으리라 기대하는 것 자체가 어리석은 생각임을 알아야 합니다. 우리의 영혼을 시원하게 적셔줄 냉수와 같은 기별은 하늘에서 주어질 것입니다. 그걸 기다리며 땅에서 주어지는 보상이 있건 없건 상관하지 않고 참된 신앙생활을 영위해 나가야 합니다.

그 일을 계속하는 것이 무엇을 가리키는지 이렇게 말씀합니다. **"의인이 악인 앞에 굴복하는 것은 우물의 흐리어짐과 샘의 더러워짐 같으니라"**(26).

세상과 타협하지 말라는 뜻입니다. 말씀을 부지런히 배우고 순종하는 것도 힘들고, 좀 잘한다고 교만해서도 안 되고, 겸손하게 살면서 원수까지도 사랑해야 하고, 그렇게 열심히 하는데도 칭찬은커녕 고난만 닥치는 현실입니다. 그래도 의인의 삶을 버리는 것은 우물이 썩고 샘이 더러워지는 것과 같은 것이라는 말입니다. 힘들고 어렵다고 성도다운 삶을 포기하면 마치 모든 사람이 먹을 우물에 배설물을 넣는 것과 같은 일입니다. 깨끗한 물을 먹기 위해 사람들이 모든 노력을 기울이듯이 성도는 악에 굴복하지 않으려고 힘써야 하는 사람입니다. 하나님께서 교회를 세상 가운데 두신 이유 중 하나는 부패를 방지하는 데 있습니다. 하늘 영광의 부요함을 외면하고 온통 부패한 육신의 정욕과 안목의 정욕, 이생의 자랑으로 우물을 부패시켜 가고 있는 현실에서 맑은 물을 뿜어내는 작은 샘이 되는 것입니다. 주님의 말씀을 인생 최고의 교훈으로 삼고 살아가는 모습이 그 일을 이루는 것입니다. 영광이나 칭찬이 주어지지 않고 오히려 고난과 조롱만 주어져도 그 일을 멈추지 않습니다. 세상과 타협하지 않습니다. 즉각적인 칭찬과 부요함이 없더라도 악에게 굴복하지 않습니다. 먼 곳에서 찾아올 좋은 기별을 바라며 오늘의 부끄러움을 개의치 않아야 합니다. 내가 이만큼 했는데 여기 이 세상에서 이 정도는 받아야지 하는 생각은 독약과 같은 것입니다. 다음 구절이 그 점에 대해 분명히 밝힙니다. **"꿀을 많이 먹는 것이 좋지 못하고 자기의 영예를 구하는 것이 헛되니라"**(27).

꿀 비유가 또 나왔습니다. 꿀은 좋긴 하지만 많이 먹으면 오히려 탈이 나는 현상을 비유로 삼았습니다. 진실한 성도의 인생을 추구해서 칭찬과 영광을 받는 것이 마치 꿀을 먹는 것처럼 달콤한 것임을 암시하고 있습니다. 하지만 함정이 있습니다. 많이 먹으면 안 됩니다. 부패한 인간의 본성은 이 말씀조차 잘못 해석하여 '그래도 이 세상에서 칭찬과 영광을 조금은 바라도 된다'는 뜻으로 받아들입니다. 그러나 아닙니다. 칭찬과 영광이 주어질 수는 있으나 우리가 그걸 바라고 구해서는 안 됩니다. 우리가 기다리는 것은 장차 하나님께서 주시는 칭찬이어야 하고, 하늘에서 누릴 영광이어야 합니다. 그것이 아닌 기대는 꿀을 과용해서 해롭게 되는 것과 같은 일입니다. 우리 믿음의 특성도 히브리서 11장의 증인들이나 예수님과 같아야 합니다. **"예수를 바라보자 저는 그 앞에 있는 즐거움을 위하여 십자가를 참으사 부끄러움을 개의치 아니하시더니 하나님 보좌 우편에 앉으셨느니라"**(히 12:2).

열심히 하면서도 교만하지 않아야 하고 이웃을 사랑해야 하고, 칭찬과 영광이 오랜 후에야 주어지더라도 세상과 타협하지 않으며 이 세상에서 모든 상급을 받아야 한다는 생각을 버려야 합니다. 믿음으로 말미암아 값없이 은혜로 구원을 얻은 사람들이 이 땅에서 신자로 살아가면서 보이는 영적 성장의 모습이 이런 것입니다. 그 점에서 오해가 없어야 합니다. 이렇게 하면 구원을 준다는 뜻으로 하는 말씀이 아닙니다. 구원 얻은 자들은 이런 원리로 사는 것이 참 어울린다는 뜻입니다. 구원받은 이후에 지혜로운 모습으로 성장해 가며 사는 모습을 밝히고 있습니다.

성도는 이 모든 교훈을 마음으로 진실하게 따르는 자여야 합니다. **"자기의 마음을 제어하지 아니하는 자는 성읍이 무너지고 성벽이 없는 것 같으니라"**(28). 그리스도인은 감정이 시키는 대로, 자기 기분 내키는 대로 살지 않는 사람입니다. 그런 사람은 무너진 성에 사는 위험한 주민과 같다고 합니다. 대적이 침공해 왔을 때 자기를 보호해줄 방어막이 없어서 속수무책으로 당할 수밖에 없습니다. 대적의 침공을 대비해 무기를 준비하고 대피소를 만드는 것은 적대국과 맞서는 국가의 지혜입니다. 그러나 그보다 더 중요한 대비가 있습니다. 자기 마음을 다스리는 것입니다. 사람들은 대개 주님께서 가르쳐주신 이 모든 말씀을 무시하고 부패한 본성이 원하는 대로, 육신이 하고 싶은 대로 하도록 내버려 둡니다. 진리와 반대쪽으로 가기를 좋아합니다. 하나님을 즐거워하며 예배하기보다 죄악을 즐거워하며 쾌락을 따라 살기를 더 좋아합니다. 그것은 강한 대적이 군대를 대동하고 쳐들어오는 데도 무너진 성벽을 보수하지도 않은 채 쾌락을 즐기는 군대 장관과 같습니다.

자기 마음을 믿지 마십시오. 하고 싶은 대로 하는 것이 자유라고 말하는 말에 속지 마십시오. 그건 마귀의 속임수입니다. 하나님을 거역하는 죄를 짓는 것을 그렇게 달콤하게 말하는 것뿐입니다. '하나님의 말을 뭐하러 들어? 그건 너를 옭아매는 밧줄일 뿐이야, 너 하고 싶은 대로 하고 살아', 이런 말은 자기를 위하는 말 같지만 사실은 죄를 좋아하라는 말 밖에 아무 것도 아닙니다. 자기 마음에 재갈을 물릴 줄 아는 자가 지혜로운 자입니다. 뭐가 더 나은 선택인지, 왜 칭찬과 영광은 멀리서 오는 좋은 기별과 같다고 했는지, 세상과 타협하지 않는데도 불구하고 왜 이 땅에서 영광과 칭찬을 구할 필요가 없는지, 이런 점을 생각하지 않고 그저 자기 마음이 원하는 대로 살려고 하는 사람들은 하나님께서 어리석은 자라고 판결하실 것입니다. 현재의 죄악된 즐거움을 위해 장래에 받을 거룩한 영광과 칭찬을 차버리는 미련한 짓을 저지른 자이기 때문입니다. 신앙생활에 있어서 가장 큰 대적은 자기 자신입니다. 자기 마음입니다. 타락했고, 부패했고, 일그러졌으며, 거룩한 진리를 오히려 꺼리는 성향으로 오염되어 있기 때문입니다. 이런 사실을 기억하고 자기 마음을 절제시켜야 하겠습니다. 그렇지 않으면 자기가 거할 성이 무너지는 낭패를 당할 것이기 때문입니다.

Proverbs

문맥으로 보는
잠언 강해 Ⅲ

26장

1. 미련한 자
(잠 26:1-12)

1. 미련한 자에게는 영예가 적당하지 아니하니 마치 여름에 눈오는 것과 추수 때에 비오는 것 같으니라
2. 까닭 없는 저주는 참새의 떠도는 것과 제비의 날아가는 것 같이 이르지 아니하느니라
3. 말에게는 채찍이요 나귀에게는 자갈이요 미련한 자의 등에는 막대기니라
4. 미련한 자의 어리석은 것을 따라 대답하지 말라 두렵건대 네가 그와 같을까 하노라
5. 미련한 자의 어리석은 것을 따라 그에게 대답하라 두렵건대 그가 스스로 지혜롭게 여길까 하노라
6. 미련한자 편에 기별하는 것은 자기의 발을 베어 버림이라 해를 받느니라
7. 저는 자의 다리는 힘 없이 달렸나니 미련한 자의 입의 잠언도 그러하니라
8. 미련한 자에게 영예를 주는 것은 돌을 물매에 매는 것과 같으니라
9. 미련한 자의 입의 잠언은 술 취한 자의 손에 든 가시나무 같으니라
10. 장인이 온갖 것을 만들지라도 미련한 자를 고용하는 것은 지나가는 자를 고용함과 같으니라
11. 개가 그 토한 것을 도로 먹는 것 같이 미련한 자는 그 미련한 것을 거듭 행하느니라
12. 네가 스스로 지혜롭게 여기는 자를 보느냐 그보다 미련한 자에게 오히려 바랄 것이 있느니라

26장은 미련한 자에 관한 이야기로 시작합니다. 얼핏 보면 익숙한 단어여서 쉬운 이야기처럼 보이지만 주의해야 합니다. 세상 사람들이 상식선에서 말하는 미련한 자와 다르기 때문입니다. 잠언의 맥락에서 미련한 자가 어떤 사람을 가리키는지 알아야 합니다.

지난 몇 장에서 말씀을 배우고 순종하는 일에 나름대로 열심을 내는 자들도 주의해야 할 점이 있음을 알려주셨습니다. 특히 25장 24절 이후에서, 말씀을 배우는 일에 큰 열심을 내는 자라는 사실이 분명해도 그 때문에 교만해져서 무너질 수 있으니 주의해야 한다고 하며(25:24), 삶을 살아내는 지식이어야 함을 이야기했습니다. 또 그렇게 사는 성도들에게 주어질 칭찬과 상급은 죽음 이후에 주어짐을 기억하여(25:25), 땅에서 주어지는 보상이 없어도 세상과 타협하지 않는 특징이 있다고 했습니다(25:26). 말씀을 따라 살려고 애써도 칭찬은커녕 고난만 닥치는 현실이지만 먼 곳에서 찾아올 좋은 기별을 바라며 오늘의 부끄러움을 개의치 않는 가운데(히 12:2) 의인의 삶을 포기하지 않는 것입니다. 땅에서 어느 정도 영광을 받아야겠다는 생각은 꿀을 많이 먹어 오히려 해롭게 된 것과 같고(25:27), 또 그처럼 마음을 제어하지 않는 사람은 성벽이 무너진 성에 사는 주민처럼 위험에 노출된 사람임을 알아 자기 마음을 제어하는 자였습니다(25:28).

그런 다음 미련한 자에 관한 말씀이 이어진다는 점은 이와 같은 말씀을 무시하고 따르지 않는 사람이 미련한 자임을 알게 합니다. 곧 말씀을 배우려고도 하지 않는 사람은 말할 것도 없고, 열심을 내서 말씀을 배워 교만해진 사람도, 하늘에서 받을 상급을 기다리기보다는 이 세상에서 칭찬과 영광을 다 받아야 된다고 생각하는 사람도, 그럴 목적으로 세상과 타협하며 살려고 하는 사람도, 그쪽 방면으로 쏠리는 마음을 제어하지 않고 마음 내키는 대로 사는 사람도 모두 여기에 해당합니다. 그런 사람을 미련한 자라고 정의하고 있습니다. 본문은 그런 자들과 관련된 내용입니다. 그런 점에서 보면 하나님께서 미련하다고 하신 사람은 세상에서 말하는 가장 똑똑한 사람일 수 있으며, 또 교회에서 지도자요 선생이라고 불리는 사람도 포함될 수 있습니다.

1, 2절은 그런 자들이 훗날 맞이하게 될 결말을 이야기합니다. "미련한 자에게는 영예가 적당하지 아니하니 마치 여름에 눈 오는 것과 추수 때에 비 오는 것 같으니라"(1). 그들이 하나님께 영광을 받는 일은 마치 여름에 눈 오고, 추수하는 날에 비 오는 것처럼 어울리지 않는 일이라고 합니다. 미련한 자는 결코 영광과 상급을 받을 수 없다는 것입니다. 1절이 그 점을 소극적으로 말했다면 2절은 적극적입니다. "까닭 없는 저주는 참새의 떠도는 것과 제비의 날아가는 것 같이 이르지 아니하느니라(2). 참새처럼 작은 새들이 주변에서 날아다니거나 제비 같은 철새가 철마다 어디론가 갔다가 돌아오는데는 다 이유가 있습니다. 거기에 먹이가 있다든지, 집을 지어야 한다든지, 추위나 더위를 피해 머나먼 지방으로 가야 한다든지 하는 이유입니다. 마찬가지로 미련한 자들에게 주어지는 저주도 까닭이 없지 않다는 말입니다. 미련한 자들이 심판받는 것은 지극히 당연하다는 사실을 이렇게 말씀하고 있습니다.

"말에게는 채찍이요 나귀에게는 자갈이요 미련한 자의 등에는 막대기니라"(3). 미련하니까 짐승 다루듯이 때려도 된다는 뜻이 아닙니다. 25장에서 원수라도 균형과 한계 속에서 사랑하라고 하신 하나님이십니다. 사람이 말 안 듣는 짐승과 같은 대접을 받는다는 것은 저주와 심판의 대상 그 자체라는 의미입니다. 미련한 자는 무서운 심판을 받게 되어 있습니다. 그 당시 생활에서 고집 센 말이나 나귀를 길들일 때 채찍과 재갈을 쓰는 것이 당연하게 받아들여지고, 혹 어리석은 일을 계속 고집하는 사람에게는 징계를 내려서라도 어리석은 일을 중단시키는 것이 자연스럽게 받아들여졌습니다. 마찬가지로 영적인 차원에서 지혜자의 가르침을 외면하고 미련한 삶을 고집하는 자들은 무서운 고통에 울부짖는 심판을 받는 것이 지극히 당연하다는 뜻입니다.

그처럼 미련한 자에게 심판이 예비되어 있다는 사실을 밝힌 후 지혜자는 자기 백성들에게 권면합니다. 앞으로 미련한 자들에게 일어날 결과가 어떨지를 알게 되었으니 미련한 사람이 되는 일을 피하라는 의미입니다. "미련한 자의 어리석은 것을 따라 대답하지 말라 두렵건대 네가 그와 같을까 하노라 미련한 자의 어리석은 것을 따라 그에게 대답하라 두렵건대 그가 스스로 지혜롭게 여길까 하노라"(4,5). 얼핏 보면 서로 모순되는 말처럼 보입니다. 4절에서는 미련한 자의 어리석은 것을 따라 대답하지 말라고 했다가 5절에서는 반대로 미련한 자의 어리석은 것을 따라 대답하라고 합니다. 사람들이 일반적으로 하는 대화라면 한 입으로 두말하는 것 같은 말씀입니다. 하지만 이는 미련한 자도 두 부류가 있으며 그들 각자에게 대응하는 방식이 달라야 한다는 의미의 비유입니다.

첫째는 하나님을 아예 모르거나 부인하는 부류입니다. 4절의 미련한 자가 그들입니다. 그들은 하나님의 교훈을 무시합니다. 말과 행동이 전부 하나님을 배제한 가치관에서 이루어지는 자들입니다. 신자들은 이러한 사람들과 어떠한 말로도 가치관을 공유할 수 없습니다. **"두렵건대 네가 그와 같을까 하노라"**는 말씀이 그 점을 나타냅니다. 하는 말이나 행동이 모두 세상과 구별이 되지 않을 정도로 미련한 자는 심판을 피할 길이 없으므로 자신을 그들과 같은 반열에 두는 행위를 경계하라는 뜻입니다. 대화나 교제 자체를 경계해야 할 대상입니다.

둘째는 자기가 하나님을 안다고 생각하며 남들을 가르치기 좋아하지만 실제로는 미련한 부류입니다. 5절이 그들을 가리킵니다. 앞에서 말한 것처럼 말씀에 관한 어떤 열심이 있으되 교만하고, 지식이 삶과 연관이 없으며, 그릇된 기대감으로 종교 생활에 그치는 자들이 이에 해당합니다. 대표적으로 바리새인과 서기관 같은 거짓 선생들을 들 수 있습니다. 그들은 성경도 많이 알고, 종교적 차원에서 경건하다고 사람들에게 인정도 받는 사람들이었으나 하나님께 영광 대신 심판의 고통만 받을 것입니다. 그런 자들에게는 그들의 "**어리석은 것을 따라 그에게 대답하라 두렵건대 그가 스스로 지혜롭게 여길까 하노라**"고 하십니다. 지식은 있으되 순종이 없는 거짓 선생들에 대해서는 그들의 지식을 따라 대응하되 행위는 본받지 말라는 것입니다. 예수님께서 그들에 대해 "**그러므로 무엇이든지 저희의 말하는 바는 행하고 지키되 저희의 하는 행위는 본받지 말라 저희는 말만 하고 행치 아니하며 또 무거운 짐을 묶어 사람의 어깨에 지우되 자기는 이것을 한 손가락으로도 움직이려 하지 아니하며 저희 모든 행위를 사람에게 보이고자 하여 하나니**"(마 23:3-5)라고 하신 것과 같습니다. 지식적으로는 뛰어나 보여도 행함이 없어 미련한 자로 인정받는 부류입니다.

다시 말하자면 '세상에는 두 종류의 미련한 자가 있다, 하나는 말과 행동이 모두 하나님을 무시하고 부인하여 자기 생각이 최고인 줄 알고 사는 사람이요, 하나는 지식적으로는 올바른 말을 하지만 실제로는 행함이 없어 하나님께 영광을 얻지 못할 가르침을 베푸는 거짓 선생들이다, 그런 경우를 잘 분별하여 세상과 똑같이 미련하다는 말을 듣지 않도록 해야 하며, 동시에 말만 하고 행위는 없는 거짓 선생들의 가르침에 동조하는 어리석음을 범치 않도록 하라'는 뜻입니다. 지혜자는 세상과 구별되는 생각으로 사는 자들인 동시에 천사로 가장한 거짓 교사들의 교훈을 분별해서 진리로 대응하는 사람입니다.

6, 7절은 반드시 그렇게 해야 할 이유에 관한 설명입니다. "**미련한 자 편에 기별하는 것은 자기의 발을 베어 버림이라 해를 받느니라**"(6). 우선 4절에서 말한 미련한 자와 하나된 자에게 해당하는 결말이 무엇인지를 밝힙니다. 기업이나 사람의 운명을 좌우하는 중요한 일을 미련한 자에게 맡기려 하는

자는 아무도 없을 것입니다. 마찬가지로 하나님을 부인하는 세상 사람들과 같은 생각, 같은 행실을 갖는 것은 스스로 자기 발목을 자르는 것처럼 미련한 일입니다. 훗날 하나님의 영광을 얻는 대신 심판을 받을 것이기 때문입니다.

다음은 5절에서 언급한 거짓 선생과 관련된 교훈입니다. "저는 자의 다리는 힘 없이 달렸나니 미련한 자의 입의 잠언도 그러하니라"(7). "미련한 자의 입의 잠언"이란 거짓 선생들도 지식적으로는 무언가를 주장하고 가르친다는 사실을 암시하고 있습니다. 거짓 선생들도 진리에 대해 말할 수는 있습니다. 그러나 그들은 진리를 교활하게 변질시킵니다. 그들의 가르침은 하나님의 권위라는 탈을 썼지만 속으로는 사람의 몸과 영혼과 재물을 빼앗아 가는 이리떼의 교훈입니다. "거짓 선지자들을 삼가라 양의 옷을 입고 너희에게 나아오나 속에는 노략질하는 이리라"는 말씀과 같습니다(마 7:15). 자기 배를 불리기 위해 진리를 변질시켜 전하는 것입니다. 그러한 거짓 선생들의 주장을 저는 자의 다리에 비유하고 있습니다. 형체는 있으되 제 기능을 하지 못한다는 뜻의 비유입니다. 거짓 선생들이 가르치는 잠언, 그들이 전하는 말은 비록 하나님의 말씀이라는 형태를 가졌지만 생명을 살리는 말씀이 아닙니다. 멀리서 오는 좋은 기별을 전해 줄 수 없는 교훈입니다(잠 25:25). 죽음 이후에 하늘에서 영광과 칭찬을 받을 수 있게 해 주는 교훈이 아니며 참생명을 얻게 해주는 것도 아닙니다. 그들이 전하는 교훈을 분별하지 않고 수용하는 자들은 자기 영혼을 스스로 해하는 것과 같습니다. 그로 인해 초래될 결말이 끔찍하기 때문입니다. "미련한 자에게 영예를 주는 것은 돌을 물매에 매는 것과 같으니라 미련한 자의 입의 잠언은 술 취한 자의 손에 든 가시나무 같으니라"(8,9).

1절과 유사한 비유로 미련한 자에게 영예를 주는 일, 곧 미련한 자들을 분별하여 올바르게 대응하지 않았을 때 일어나는 위험이 어떤 것인지를 밝힙니다. 세상 사람들의 생각과 행실을 분별하여 멀리하지 않고 오히려 높이 여기는 것은 **"돌을 물매에 매는 것과 같으니라"** 고 합니다. 원래는 투석기 위에 돌을 얹어놔야 전쟁 중에 제대로 사용할 수 있습니다. 하지만 돌을 묶어 놓으면 위기 상황에서 아무런 도움을 얻지 못합니다. 세상 사람들의 교훈에 동참하는 것이 그와 같음을 이야기합니다.

또 거짓 선생들의 교훈은 **"술 취한 자의 손에 든 가시나무 같으니라"** 고 합니다. 언제 어떻게 사람을 해할지 모르는 자에게 무기를 쥐여 주는 것과 같다는 뜻입니다. 술 취한 사람에게 칼을 쥐여 주고 휘둘러보라고 하는 것과 같습니다. 실제 생활에서 술 취한 사람에게 그렇게 할 정도로 미련한 사람은 없을 것입니다. 다들 조심해서 행동할 것입니다. 하지만 영적 차원에서는 그런 일이 수시로 벌어집니다. 땅에서 받을 영광에 취해 세상의 가치관이나 거짓 교훈을 분별하지 않고 그대로 받아들이는 것이 그같은 위험을 자초하는 미련한 일입니다.

그러므로 성도는 어떤 교훈을 받아들일지, 누구의 말을 들을 것인지에 대해 신중해야 합니다. **"장인이 온갖 것을 만들찌라도 미련한 자를 고용하는 것은 지나가는 자를 고용함과 같으니라"**(10). 뛰어난 기술자가 자기를 도와줄 자를 찾을 땐 아무나 고용하지 않을 것입니다. 중요한 회사 일을 아무에게나 부탁하지 않습니다. 시험 보고, 면접 봐서 적당하다 싶은 사람을 고르고 골라서 뽑습니다. 그런데 주님께서 말씀하신 지혜의 말씀을 배우고 실행하는 것을 최고의 가치로 여기지 않는 자는 지나가는 사람 아무나 불러 자기 회사에서 가장 중요한 사업을 맡기는 것과 같다는 것입니다. 아무리 열심히 배우고 무슨 일을 한다고 해도 누구 말을 따르는가, 누구와 연합되었는지가 중요합니다. '하나님 말씀인가? 이교도의 교훈인가? 아니면 성경을 빙자한 거짓 선생의 교훈인가?' 성도는 이 일에 대해 신중하게 분별력을 발휘해야 합니다.

그렇게 하지 않는 미련함을 이렇게 말합니다. "**개가 그 토한 것을 도로 먹는 것 같이 미련한 자는 그 미련한 것을 거듭 행하느니라**"(11). 이 구절은 베드로후서 2:22에서 인용되었습니다. 베드로후서 2장은 거짓 선생들을 주의하라는 맥락입니다. 그들에게 속아 넘어가는 것이 얼마나 위험하며 미련한 일인가를 말씀합니다. "만일 저희가 우리 주 되신 구주 예수 그리스도를 앎으로 세상의 더러움을 피한 후에 다시 그 중에 얽매이고 지면 그 나중 형편이 처음보다 더 심하리니 의의 도를 안 후에 받은 거룩한 명령을 저버리는 것보다 알지 못하는 것이 도리어 저희에게 나으니라 참 속담에 이르기를 개가 그 토하였던 것에 돌아가고 돼지가 씻었다가 더러운 구덩이에 도로 누웠다 하는 말이 저희에게 응하였도다"(벧후 2:20-22). 예수님을 믿는다고 한 후에 다시 세상과 일치된 삶을 살며 또 거짓 교훈을 전하는 자들을 분별하여 떠나지 않는 것을 두고, 토한 것을 다시 먹는 개나 씻은 뒤에 곧바로 더러운 구덩이에 뒹구는 돼지처럼 자기를 더럽히는 일이라고 합니다. 역겹고 더러운 것에 다시 자기를 빠뜨리는 미련한 일입니다. 거짓 선생의 활동은 역사가 끝날 때까지 교회 안에 있을 것입니다. 그러니 그들의 모든 교훈과 가치관을 분별하여 미련한 자의 행보에서 벗어나야 합니다. 적극적으로 자기 영혼을 위해 그 수고를 해야 합니다.

신앙의 연륜이 자라갈수록 그 수고가 얼마나 중요한 일인지를 이렇게 밝힙니다. "**네가 스스로 지혜롭게 여기는 자를 보느냐 그보다 미련한 자에게 오히려 바랄 것이 있느니라**"(12). 자기가 지혜롭다고 스스로 생각하는 자는 지금까지 말한 미련한 사람보다 더 소망이 없다는 뜻입니다. 그는 이와 같은 경고조차 아예 무시하고 들으려 하지 않기 때문입니다. 자기가 똑똑하다고 믿는 사람은 다른 이의 충고에 귀 기울이지 않습니다. 세상의 교훈이나 거짓 선생의 유사복음을 받아들인 미련한 자라도 혹시 이러한 권면을 받을 때 돌이키는 경우가 있으나, 자기가 똑똑하다고 믿는 자는 하나님께서 주시는 복된 교훈이라도 무시해버립니다. 그 결과 거짓 교훈을 분별하여 진리 안에 올바로 설 기회 자체를 얻지 못하는 것입니다. 그런 사람은 지금까지 말한 미련한 사람보다 더 기대할 것이 없습니다. 그러므로 겸손히 하나님 말씀을 따라 자기 귀에 들리는 모든 교훈과 가치관을 분별하는 이 일은 무엇보다 중요한 일입니다.

영적인 미련함을 벗고 멸망을 피하는 길은 겸손히 자기 부족함을 인정하고 정직하게 하나님의 말씀을 귀담아듣는 일에 달려 있습니다. 주님의 말씀을 어두운 인생길을 비추는 등불로 삼아 묵묵히 걸어가는 사람이야말로 참으로 지혜로운 자입니다. 멀리서 오는 좋은 기별의 소망이 그에게 있기 때문입니다.

2. 횃불을 던지며 화살을 쏘아서
(잠 26:13-22)

13 게으른 자는 길에 사자가 있다 거리에 사자가 있다 하느니라
14 문짝이 돌쩌귀를 따라서 도는 것 같이 게으른 자는 침상에서 구으느니라
15 게으른 자는 그 손을 그릇에 넣고도 입으로 올리기를 괴로와 하느니라
16 게으른 자는 선히 대답하는 사람 일곱보다 자기를 지혜롭게 여기느니라
17 길로 지나다가 자기에게 상관없는 다툼을 간섭하는 자는 개 귀를 잡는 자와 같으니라
18 횃불을 던지며 살을 쏘아서 사람을 죽이는 미친 사람이 있나니
19 자기 이웃을 속이고 말하기를 내가 희롱하였노라 하는 자도 그러하니라
20 나무가 다하면 불이 꺼지고 말장이가 없어지면 다툼이 쉬느니라
21 숯불 위에 숯을 더하는 것과 타는 불에 나무를 더하는 것 같이 다툼을 좋아하는 자는 시비를 일으키느니라
22 남의 말하기를 좋아하는 자의 말은 별식과 같아서 뱃 속 깊은 데로 내려가느니라

앞의 내용에서는 말씀에 대한 열심을 어느 정도 보이면서도 미련하다고 평가받는 자들의 특징과 그들이 맞이할 두려운 결말을 밝히고, 또 그들

을 분별하여 올바로 대응하지 않을 때 어떤 위험이 있을지도 알려주셨습니다. 얼핏 보면 그럴듯하게 보여도 훗날 영광 대신 심판을 받게 되어 있는 거짓 신앙을 분별하여 거기에 빠지지 않고 진리 안에 올바로 서기 위해 애쓰는 것처럼 중요한 일도 없다는 의미입니다.

이어지는 본문은 그 중요성을 더욱 분명히 하는 말씀입니다. 우선 그와 같은 경고를 듣고도 외면하는 자를 게으른 자에 비유하여 이렇게 말합니다. "게으른 자는 길에 사자가 있다 거리에 사자가 있다 하느니라"(13). 밖에 사자가 있으니 못 나간다면서 게으름 피우는 것을 정당화하는 이 말씀은 이미 22장 13절에 있었던 내용입니다. 비유가 중복될 때는 그 의미가 원리적으로는 유사하여도 문맥에 따라 구체적인 의미는 조금씩 다르다고 했습니다. 여기서는 현실이 그러니 어쩔 수 없다고 변명하면서 자신이 마땅히 해야 할 행동을 하지 않는다는 의미로 사용했습니다. 게으른 자는 현실을 극복하며 나아갈 방법을 찾기보다 온갖 핑계를 둘러대며 자신의 책임을 회피합니다. 여기서 게으른 자는 앞에 나오는 스스로 지혜롭다고 여기는 자와 관련 있습니다. 지혜가 무엇이며, 미련한 것이 어떤지에 관한 이야기를 듣고도 아무런 경각심을 갖지 않고 아무 반응을 보이지 않는 사람을 뜻합니다. 무엇을 어떻게 해야 신령한 차원에서 미련한 사람이라는 오명을 벗어버리는 줄 알면서도 아무 노력도 하지 않는다는 것입니다.

그들이 지혜롭게 될 수 있는 모든 환경은 다 마련되어 있습니다. 하지만 그걸 이용하려고 하지 않습니다. 그 모습을 비유해서 이렇게 말하고 있습니다. "문짝이 돌쩌귀를 따라서 도는 것 같이 게으른 자는 침상에서 도느니라 게으른 자는 그 손을 그릇에 넣고도 입으로 올리기를 괴로워하느니라"(14,15). 게으른 사람을 묘사하는 대표적인 특징이 여기 나타나 있습니다. 문짝이 움직여봤자 돌쩌귀를 떠난 적이 없듯이 게으른 사람은 침대 밖으로 나가서 뭘 하는 걸 싫어하는 사람이며, 숟가락질하기 싫어서 밥 못 먹는 사람과 같다는 말입니다. 일상생활에서는 그 정도로 게으른 사람은 없을 것입니다. 하지만 영적인 일에서는 그 정도로 게으른 자들이 있다는 뜻입니다. 읽을 수 있는 말로 기록된 하나님의 말씀이 주어졌으며 마음대로 성경 볼 수 있는 자유와 신체적 능력이 있고, 요즘 같으면 더 나아가 성경을 더 잘 이해할 수 있도록 설명해 놓은 경건 서적, 해설서, 주석, 성경 공부 교재 등 원하기만 하면 얼마든지 다 보고 배울 수 있는 자료와 환경이 마련되어 있음에도 불구하고 아무것도 하지 않는 자들을 말합니다. 영적 차원에서 무지한 것은 머리가 나쁘거나 책이 없거나 교회가 없어서가 아니라 근본적으로 게으르기 때문이요, 그것은 스스로 지혜롭게 여기는 데서 비롯된다는 지적입니다. 마치 문짝이 돌쩌귀에서만 도는 것처럼 사람들은 손만 뻗으면 꺼내 볼 수 있는 성경조차도 보려고 하지 않습니다. 저주와 사망을 부르는 미련함을 없앨 양식이 상 위에 차려져 있는데도 먹지 않아 굶주려 죽는 것과 같습니다.

신자들은 자신의 삶을 돌아볼 필요가 있습니다. 많은 교인이 하나님 말씀은 주일에 교회당에 와서 설교 한 번 들으면 대단히 헌신한 것처럼 생각합니다. 다른 것을 할 수 있는 시간이나 경제적 여유는 많은데 정작 하나님께서 원하시는 영적 지혜를 가질 수 있는 일에 시간이나 돈을 쓰는 데는 인색합니다. 성경 공부만 해야 한다는 이야기는 아닙니다. 우선순위에 관한 문제입니다. 게을러서 미련해지는 일은 피해야 합니다. 영적인 일에 우선순위를 부여하고 시간이나 비용을 균형 있게 배분해야 합니다. 하나님은 누가 진실하고 부지런한지, 누가 게으르고 핑계 대는지 다 아십니다.

그러나 게으른 사람은 자기가 영적으로 무지하다는 사실을 전혀 인정하지 않습니다. "**게으른 자는 사리에 맞게 대답하는 사람 일곱보다 자기를 지혜롭게 여기느니라**"(16). 자기 전문 분야에서는 인정받는 위인일지도 모릅니다. 하지만 그것이 영적 지혜를 갖춘 증거가 될 수 없습니다. 오히려 스스로 지혜롭다고 여기게 만드는 원흉이 될 수도 있습니다. 구원의 사다리로 주신 말씀에 대해서는 게으르면서 다른 많은 일을 하는 것에 대한 자부심으로 자기가 잘한다고 생각하는 것입니다. 다른 일에는 부지런해도 성경에 대해 게을러서 미련한 사람들은 자기가 하는 신앙행태가 제일 올바른 것이라고 믿습니다.

그런 점에서 어리석은 자들이 가진 위험성에 대해 이렇게 말합니다. "길로 지나가다가 자기와 상관없는 다툼을 간섭하는 자는 개의 귀를 잡는 자와 같으니라"(17). "간섭하는"은 '지나가다, 어기다, 소멸하다, 화내다' 등의 여러 의미가 있으며 여기서는 '화내다'는 뜻으로 사용되었습니다. 자기와 상관없는 다툼에 끼어들어 화내는 어리석은 사람을 가리킵니다. 자기 주제를 모르고 여기저기 나서서 똑똑한 체하는 것입니다. 그런 사람의 어리석음을 가리켜 개의 귀를 잡는 것과 같다고 합니다. 옛 유대 땅에 있던 개들은 사나운 들개를 말합니다(왕하 9:30-37). 이스라엘 지역을 여행하는 자들에게 들판을 헤매는 들개 무리는 공포의 대상이었습니다. 지금의 애완견과는 다르게 길들지 않아서 사납기 짝이 없고, 또 무리 지어 다녔기 때문에 외딴 지역에서 개떼를 만난다는 것 자체가 생명을 위협받는 일이었습니다. 그런 개의 귀를 잡는 것은 자기를 큰 위험에 빠뜨리는 어리석은 짓입니다. 스스로 지혜롭다고 여겨 하나님 말씀을 듣고 배우려 하지 않는 자들의 위험성을 이렇게 비유하고 있습니다. 주제를 모르고 무모한 일을 벌이는 어리석은 자라는 뜻입니다. 하나님의 말씀보다 세상의 가치관을 우선하는 인생이 여기에 해당합니다. 사람들이 훌륭하다, 성공했다는 말로 치하하는 자들에 대해 주님은 그건 마치 사나운 들개가 지나갈 때 귀를 잡는 것처럼 미련한 일이라고 말씀하십니다.

그다음 18-22절은 거짓 교훈을 전하는 자들의 위험성을 알리는 교훈입니다. "횃불을 던지며 화살을 쏘아서 사람을 죽이는 미친 사람이 있나니 자기의 이웃을 속이고 말하기를 내가 희롱하였노라 하는 자도 그러하니라"(18,19). 이웃을 속여 치명적 피해를 입히고서도 후에 이를 농담이라고 말하는 사람을 횃불을 던지며 활을 쏘아서 사람을 죽이는 미친 사람으로 비유하고 있습니다. 아무나 죽이는 미친 사람과 이웃을 속이고선 나중에 '농담이었다'고 말하는 사람이 받을 심판이 서로 다르지 않다는 말입니다. 이는 거짓 교훈을 전하는 자들에 대한 비유입니다. 5절에서 말했던 미련한 자가 그들입니다. 잠언이 정의하는 미련한 자는 두 부류가 있으며, 하나는 하나님과 진리를 부인하고 거부하는 세상과 똑같이 사는 사람이고, 또 하나는 하나님을 인정하는 듯하면서도 거짓 교훈을 전하는 자들을 분별하지 않고 따르는 자들이라 했습니다(잠 26:4,5). 그들 모두가 나중에 하나님의 저주와 심판을 피할 수 없다는 점에서 똑같이 미련하다는 의미였습니다. 그런데 거짓 교훈을 전하는 자들의 실체가 바로 불특정 다수에게 불화살을 쏘아대는 미친 사람과 같다는 것입니다. 요즘 식으로 하면 많은 사람이 모인 길거리에서 기관총을 들고 난사하는 살인마와 같습니다. 실은 그런 살인마보다 더 악하고 교활한 자들이 거짓 교훈을 전하는 자들입니다. 거짓 선생들은 영혼의 생명을 빼앗기 때문입니다. 거짓 교훈을 전하는 자들이 그처럼 사악함에도 불구하고 그런 자들의 말을 분별하지 않고 따라가는 것은 미친 자가 총을 난사하고 있는 현장에 무방비상태로 걸어 들어가는 사람과 같습니다. 세상은 말할 것도 없고, 교회라고 모인 자리에서 거짓 교훈을 베풀면 거기가 바로 영적 살인의 자리입니다. 거짓 선생은 영혼의 연쇄살인마, 혹은 집단살인마입니다.

그와 같은 일이 일어나서는 안 되겠지만 불행히도 그런 일은 세상 끝날까지 계속될 것입니다. "나무가 다하면 불이 꺼지고 말쟁이가 없어지면 다툼이 쉬느니라 숯불 위에 숯을 더하는 것과 타는 불에 나무를 더하는 것 같이 다툼을 좋아하는 자는 시비를 일으키느니라"(20,21). 모닥불을 피웠는데 땔 나무가 없으면 불을 더 이상 피울 수 없어서 꺼지고 마는 것처럼 수다쟁이가 없어지면 사람들 간의 다툼도 없어질 것이지만, 만일 땔감이 남아 있으면 불을 꺼트리지 않고 계속 피울 수 있는 것처럼 수다쟁이로 인해 사람들 사이에서 다툼과 시비도 끊이지 않을 것이라는 뜻입니다. 문자적으로는 분란을 일으키는 수다쟁이 이야기 같지만 이는 거짓 선생들에 관한 비유입니다. 교회 구성원들을 이간질해서 서로 시기하고 다툼이 일어나게 하는 원흉인 수다쟁이처럼 거짓 선생은 성도들에게 분란이 일어나게 하고 시기와 다툼 속에 결국 구원을 기대하지 못하게 만듭니다. 그런 자들이 없어져야 비로소 교회는 잠잠해지고 안정을 찾을 것입니다.

그러나 세상 끝날까지 거짓 선생들의 활동은 쉬지 않고 계속될 것입니다. 다툼을 좋아하고 시비를 불러일으키는 자들은 사라지지 않을 것입니다. 가라지 비유가 그 점을 알려주고 있습니다. 마태복음 13장에서 예수님은 이 땅에 임한 하나님 나라의 특징에 관한 비유를 말씀하셨습니다. 씨 뿌리는 자의 비유를 통해 하나님 나라가 복음을 세상에 뿌림으로써 시작된다는 사실을 알려주신 다음 가라지 비유를 말씀하셨습니다. 복음의 씨를 뿌려 경작해 놓은 하나님 나라의 밭에 마귀가 와서 가라지 같은 거짓 선생, 거짓 성도들을 심어 놓을 것이라는 뜻입니다. 교회가 오염되고 시끄러워지고 알곡들이 피해를 볼 것 같으니까 종들이 와서 '저 가라지를 뽑을까요?'라고 묻습니다. 하지만 그때 주인은 이렇게 말씀하십니다. **"가만 두라 가라지를 뽑다가 곡식까지 뽑을까 염려하노라 둘 다 추수 때까지 함께 자라게 두라 추수 때에 내가 추수꾼들에게 말하기를 가라지는 먼저 거두어 불사르게 단으로 묶고 곡식은 모아 내 곳간에 넣으라 하리라"**(마 13:29,30). 마지막 심판 날까지 가라지를 교회 안에서 완전히 뿌리 뽑지는 않겠다는 것입니다. 그래서 세상 끝날까지 교회 안에 가라지가 있을 것입니다. 사람이 사는 동안은 버거운 수다쟁이가 있을 수밖에 없고 그 사람 때문에 다툼과 시비가 일어날 수밖에 없는 것처럼, 사람들에게 불화살을 쏘아대듯 거짓 교훈을 전하여 영혼을 죽이는 자의 활동도 멈추지 않을 것입니다. 거짓 선생들도 마지막 심판 날까지 교회 안에서 활동할 것이라는 뜻입니다. 불을 피울 나무나 숯이 없어지는 때는 세상이 끝나는 그날입니다. 하나님께서 그들만 먼저 따로 모아 묶어서 불쏘시개로 태우실 것입니다. 그때까지 교회를 훼파하는 거짓 선생들의 존재는 사라지지 않을 것입니다. 세상의 교훈을 따르는 미련한 자의 위험성에 이어 이처럼 거짓 선생의 달콤한 가르침을 따르는 일이 얼마나 위험한 일인지를 알려주십니다. 이러한 위험성을 알았으니 그 길을 피하고 지혜로운 자의 길을 걸으라는 뜻입니다.

그러려면 세상의 교훈과 거짓 선생들의 가르침을 분별하고 피해야 하는데, 그것도 쉽지 않습니다. 오히려 제 발로 거기를 찾아갑니다. "**남의 말 하기를 좋아하는 자의 말은 별식과 같아서 뱃속 깊은 데로 내려가느니라**"(22). 이 구절도 잠언 18:8에서 사용됐던 비유입니다. 몸에 안 좋은 음식이 입에 더 단 것처럼 거짓 교훈이 사람들 마음에 더 달콤하게 받아들여진다는 말입니다. 조금만 분별력이 있어도 허망한 세상의 교훈이나 사악함을 감춘 거짓 선생의 가르침을 피할 것 같은데, 그들의 말이 더 재미있고 그럴듯해서 심지어 하나님 말씀을 듣겠다고 모인 교인들조차 좋아하고 따른다는 것입니다. '말씀 듣겠다고 모인 교인들이 설마 그러겠는가?' 하는 생각이 들지 모르겠지만 성경은 그것을 여러 군데에서 지적합니다. 에스겔 선지자도 이렇게 전합니다. "**인자야 네 민족이 담 곁에서와 집 문에서 너에 대하여 말하며 각각 그 형제와 더불어 말하여 이르기를 자, 가서 여호와께로부터 무슨 말씀이 나오는가 들어 보자 하고 백성이 모이는 것 같이 네게 나아오며 내 백성처럼 네 앞에 앉아서 네 말을 들으나 그대로 행하지 아니하니 이는 그 입으로는 사랑을 나타내어도 마음으로는 이익을 따름이라**"(겔 30:30,31). 에스겔 선지자가 하나님 말씀을 전할 때 이스라엘 민족이 여호와께서 주신 말씀을 듣겠다고 모두 몰려와서 설교단 앞에 앉아서 말씀을 들을 것이나 순종하지는 않을 것이며, 그것은 겉으로는 하나님을 사랑한다고 하나 속으로는 철저히 이익될 것만 찾고 그렇지 않으면 별 관심이 없기 때문이라는 뜻입니다. 전체 이스라엘이 모여 와서 말씀을 듣겠다고 나왔으나 실상은 아니었습니다.

사람들은 시비와 다툼을 부르는 수다쟁이의 말을 더 즐거워합니다. 땅에서 누릴 어떤 이익을 보장하는 말을 더 좋아하여 찾습니다. 하지만 모든 죄가 다 그렇듯이 그것은 멸망의 달콤함일 뿐입니다. 어릴 때는 밥보다 입에 단 사탕을 더 좋아하는 것과 같습니다. 치아나 몸에 좋지 않다는 사실을 알고 절제할 수 있는 때는 훨씬 자란 후입니다. 부패한 본성은 진리보다 거짓 교훈이 더 좋아 보이기 마련입니다. 넓은 길로 가는 사람들이 많다고 하신 이유가 거기 있습니다. 진리를 좋아하고 따르는 사람들은 많지 않습니다. 그러나 이러한 경고를 들은 우리는 주님의 가르침을 받는 일에 부지런하여 귀에 달콤한 거짓 교훈을 분별하고 생명으로 인도하는 길을 가야 합니다. 거기는 좁은 문, 좁은 길입니다(마 7:13-15).

3. 낮은 은을 입힌 토기
(잠 26:23-28)

23 온유한 입술에 악한 마음은 낮은 은을 입힌 토기니라
24 감정있는 자는 입술로는 꾸미고 속에는 궤휼을 품나니
25 그 말이 좋을지라도 믿지 말 것은 그 마음에 일곱 가지 가증한 것이 있음이라
26 궤휼로 그 감정을 감출지라도 그 악이 회중 앞에 드러나리라
27 함정을 파는 자는 그것에 빠질 것이요 돌을 굴리는 자는 도리어 그것에 치이리라
28 거짓말하는 자는 자기의 해한 자를 미워하고 아첨하는 입은 패망을 일으키느니라

26장은 하나님께서 구원의 사다리로 주신 지혜의 말씀에 열심을 보이는 데도 미련하다고 일컬어지는 사람들에 대해 알게 해 주는 말씀입니다. 미련한 자들의 유형과 그들이 가진 위험성을 알려주심으로써 성도들이 올바른 분별력을 가지고 생명 얻는 좁은 길로 가도록 인도하여 주십니다. 그리고 그와 관련된 주제가 이어집니다. 거짓 선지자를 주의해서 살펴 멀리해야 할 이유에 관해 더 구체적으로 이야기합니다.

우선 **"온유한 입술에 악한 마음은 낮은 은을 입힌 토기니라"**(23)고 합니다. "온유한 입술"이란 불타는 입술이라는 뜻으로 애정이 넘치는 말로 상대를 대하는 모습을 가리킵니다. 그러나 마음은 악하다고 합니다. 앙심을 품고 있으면서 겉으로는 친한 척, 잘해 주는 척하는 사람을 가리킵니다. 거짓 선생들을 그들에 빗대어 설명하면서 **"낮은 은을 입힌 토기"**라고 합니다. 낮은 은은 불순물 함유량이 높은 은, 찌꺼기들이 많이 섞인 은을 말합니다. 그런 은을 흙으로 만든 그릇에다 입혔습니다. 순은으로 만든 그릇이어야 가치를 인정받을 텐데 흙으로 만들어 놓고 겉만 은으로 도금한 겁니다. 그것도 질 낮은 은으로 도금했습니다. 거짓 선생들이 하는 온유한 입술이 그렇다는 말입니다. 22절에 따르면 **"별식과 같아서"** 맛있게 먹게 되는 음식입니다. 입에 단 음식을 즐거워하듯이 많은 사람이 거짓 선생들의 가르침을 듣고 좋아합니다. 언뜻 들으면 좋아 보이기 때문입니다. 그러나 영혼을 파멸시키는 값비싼 대가를 치르게 하는 거짓 교훈입니다. 그 점을 알고 사람의 마음을 현혹하는 말을 들을 때는 더욱 그 진위를 분별하는 수고가 있어야 합니다.

그처럼 애써서 분별해야 할 이유에 대해 이렇게 말씀합니다. **"감정 있는 자는 입술로는 꾸미고 속에는 궤휼을 품나니"**(24). "감정 있는 자"는 '미워하는 자', '미움을 품은 자'라는 뜻입니다. 미움을 가진 자는 입술로는 존중해주는 척하면서 속으로는 궤휼을 품고 있습니다. 속임수를 쓴다는 말입니다. 그 말을 듣고 따르면 반드시 패망하게 되어 있습니다. 현란한 말로 사람을 속이는 사기꾼과 같습니다. 요즘 많은 사람이 속아 넘어가는 '보이스피싱' 범죄와 같습니다. 이런 자를 불특정 다수에게 불화살을 쏴대는 사람 같다고 비유했는데(잠 26:18), 여기서는 화려한 입담으로 사람들의 혼을 빼놓고 치명적인 손실을 입히는 보이스피싱 범죄자 같은 사기꾼으로 비유하고 있습니다. 둘 다 거짓 선생의 특징을 가리키고 있습니다. 불화살을 쏴대는 사람처럼 극도로 위험한 사람이지만 겉으로만 보면 전혀 위험하지 않아 보인 다는 뜻입니다. 말로는 내 통장을 범죄조직으로부터 지켜주는 경찰이나 검찰 공무원인 것처럼 하면서 나중에 그 말대로 다 하고 보면 전 재산이 어디로 갔는지도 모르게 사라져버리게 만드는 극히 사악한 범죄자입니다. 그 점을 알고 주의하듯이 성도는 자기가 믿고 따를 교훈에 대해 신중하게 구별해야 합니다.

값비싼 귀금속일수록 신중하게 구매하는 것과 같습니다. 진품 귀금속 인 줄 알고 비싸게 샀는데 나중에 모조품임을 알게 되면 그처럼 큰 낭패는 없을 것입니다. 그 낭패를 겪지 않기 위해서 사람들은 값비싼 것일수록 여러모로 검증해보고 확실할 때 사는 법입니다. 하지만 그 무엇도 영혼보다 값지지 않습니다. 어떤 교훈을 구원의 도리로 믿고 따른다는 것은 자기 영혼을 대가로 지급하는 일과 같습니다. 아무리 값진 귀금속이라도 자기 영혼만큼 귀하지 않습니다. 그러므로 자기가 좋아하는 말, 자기가 믿고 따를 만한 교훈에 대해서 깊이 생각하고 분별해야 합니다. 이 분별을 제대로 하지 않는 것은 진품인지 모조품인지 확인도 하지 않고 은도금한 토기를 비싼 값에 사들이는 사람과 같으며, 귀에 달콤한 말로 사람의 영혼을 갈취하는 범죄자의 요구대로 자기 전 재산을 내어주는 사람과도 같습니다.

그러므로 자기 귀에 달콤하게 들리는 교훈이라도 결국엔 자기를 죽이는 것이 있으니 주의해야 한다고 합니다. **"그 말이 좋을찌라도 믿지 말 것은 그 마음에 일곱 가지 가증한 것이 있음이라"**(25). 죽이려는 의도로 아주 예쁘게 말하는 사람도 있으니 그걸 알고 주의하라는 것입니다. 보이스피싱 범죄를 주의하는 것과 같습니다. 범죄자가 잡히는 경우도 있지만 날로 진화하는 범죄 방식 때문에 지금도 피해자들이 많다고 합니다. 뉴스를 보니까 개인이 제일 크게 사기당한 사례는 한 의사가 41억 원을 송금해 준 것이고 국가 전체적으로 신고된 피해액은 수천억 원 정도라고 합니다. 막대한 피해입니다. 평상시에 잘 대비한다고 생각하던 사람도 막상 그런 전화를 받으면 자기도 모르게 넘어간다고 합니다. 악행을 위해 그만큼 치밀하게 계획하고 덤벼드는 것입니다. 불화살을 쏴대지 않는 것 같은데도 사람을 죽이는 악질 범죄입니다. 하지만 수십억 원에 비교할 수 없을 만큼 악질인 범죄가 있습니다. 사람의 영혼을 잃어버리게 만드는 범죄입니다. 달콤한 말로 천국과 이 세상의 부요와 행복을 보장하면서 그 말대로 따라가면 마지막에 지옥의 심판만 남는 거짓 교훈이 그것입니다. 사람의 영혼은 아무리 많은 금전으로도 바꿀 수 없을 만큼 고귀한 가치가 있습니다. 다른 건 다 잃어도 이것만은 잃으면 안 됩니다. 그러므로 입에 발린 말, 마음에 드는 말이라고 검증 없이 따르지 말아야 합니다. 귀에 좋은 말이 자기 영혼을 심판의 죽음에 빠지게 하는 거짓 교훈일 수도 있음을 알고, 보이스피싱 주의하듯 하나님 말씀이라고 전하는 말들을 분별해야 합니다.

분별이 쉽지 않지만 불가능하지는 않습니다. **"궤휼로 그 감정을 감출찌라도 그 악이 회중 앞에 드러나리라"**(26). 그 감정을 감춘다는 말은 미움과 증오를 숨긴다는 뜻입니다. 겉으로는 위하는 척 위장한다는 것입니다. 그래서 이 사람의 말이 진짜 하나님 말씀인지, 아니면 마귀의 수작인지 얼핏 봐서는 잘 드러나지 않습니다. 손에 칼 들고 돌아다니는 사람만 범죄자가 아닙니다. 지극히 평범한 행색을 하고 있어도 살인범일 수 있습니다. 마귀의 끄나풀도 마찬가지입니다. '빛나는 천사'로도 변장할 수 있다고 했습니다(고후 11:4). 본색을 감추고 활동하며 하나님 말씀의 본질을 교묘히 숨겨 사람들의 마음을 빼앗아 불법에 빠져들게 하기 때문입니다. '믿음으로 말미암아 구원을 얻는다'는 교리를 부정하거나 기복신앙과 물질만능의 교리로 사람을 현혹하는 곳으로 많은 사람이 몰려드는 현상이 그 증거입니다. 영혼을 보이스 피싱 당한 것입니다.

하지만 영적인 문제에 있어서 잠언 26장에서 우리에게 알려주시는 사실은 우리가 게을렀기 때문이기도 하다는 점입니다. 하나님께서 선물로 주신 말씀을 살피면 그런 수작을 눈치챌 수 있기 때문입니다. 보이스피싱 범죄가 기승을 부리니까 나라에서 그에 대비하는 안내문까지 공지해 놓았습니다. '국가기관에서는 전화로 돈을 요구하지 않는다'든지, '통장의 돈을 다른 곳으로 옮기라고 하지 않는다'든지, 그동안 피해를 봤던 사례들을 종합해서 예방할 수 있도록 공지문을 다 띄워 놓고 있습니다. 국민 전체가 자동으로 알 수 있게 하는 방식은 아니지만 경찰청이나 보이스피싱 전담 사이트에 가보면 그런 지침들이 있습니다. 물론 악인들은 또 다른 유형으로 남을 등쳐먹으려고 애를 쓸 것입니다만 그런 것을 참고해서 주의하면 피해를 줄일 수 있습니다.

그처럼 하나님은 먼저 우리에게 거짓 교훈을 분별할 수 있는 공지를 내려주셨습니다. 성경입니다. 하나님께서 성경을 누구나 다 볼 수 있도록 준비해 주셨습니다. 책으로든지, 요즘 같으면 핸드폰이나 컴퓨터로 얼마든지 볼 수 있도록 인도하셨습니다. 마귀의 수작에 대해 쉽게 눈치챌 수 있는 진리가 성경에 가득 들어 있습니다. 보이스피싱 당하지 않았다고 자랑할 것이 아닙니다. 돈 얼마 잃지 않았다는 것으로 끝내서는 안 됩니다. 하나님께서 주신 공지를 손에 들고도 읽지 않아서 지금도 그 많은 사람이 영혼을 마귀에게 빼앗기고 있습니다. 칼과 창을 아무 데서나 휘두르는 살인마나(잠 26:18), 달콤한 입술로 꼬드겨 사람의 인생을 파멸로 이끄는(잠 26:23) 사기꾼처럼, 거짓 선생들의 가르침은 사람의 영혼을 파멸에 이르게 합니다. 그같은 위험이 교회 안에도 있음을 미리 경고하셨으니 모든 성도는 하나님께서 주신 생명과 지혜의 말씀을 펼쳐 놓고 모조품을 분별하는 수고를 해야 마땅합니다. 지금까지 잠언에서 주신 지혜의 말씀을 따라 올바른 믿음과 참된 생명과 그 안에서 진리와 함께 자라가게 하는 가르침인지, 아니면 사람의 영혼을 대량학살하는 포악하고 달콤한 거짓 교훈인지를 분별해야 하는 책임이 모든 성도에게 맡겨져 있습니다.

크게 두 가지로 진위여부를 판단할 수 있습니다. 하나는 그가 전하는 교훈이 진리인지 거짓인지, 성경의 가르침 그대로인지 아니면 성경을 위장한 거짓 가르침인지를 살펴보는 것입니다. "**만군의 여호와께서 이같이 말씀하시되 너희에게 예언하는 선지자들의 말을 듣지 말라 그들은 너희에게 헛된 것을 가르치나니 그들의 말한 묵시는 자기 마음으로 말미암은 것이요 여호와의 입에서 나온 것이 아니니라**"(렘 23:16). 자기 마음에서 하고 싶은 말을 하나님의 말씀인 것처럼 가르치는 자들이 거짓 선지자입니다. 또 하나는 그들의 열매를 보는 것입니다. "**거짓 선지자들을 삼가라 양의 옷을 입고 너희에게 나아오나 속에는 노략질하는 이리라 그의 열매로 그들을 알찌니 가시나무에서 포도를, 또는 엉겅퀴에서 무화과를 따겠느냐**"(마 7:15,16). 만일 그들의 삶이 성령의 열매가 아닌 육체의 열매를 맺는 것이 현저할 땐 그들이 가르치는 교훈을 거짓으로 봐도 무방하다는 말씀입니다. 가르침과 병행하여 삶의 열매로 거짓 선지자들을 분별할 수 있습니다. "**누구든지 이를 행하며 가르치는 자는 천국에서 크다 일컬음을 받으리라**"(마 5:19). 성도는 장성해가는 동안 분별을 해야 할 책임이 있다는 말씀입니다. 하나님께서 그 책임을 우리에게 주셨습니다.

교회 지도자나 교회의 행태가 뉴스거리가 되어 세상에 크게 알려지는 경우가 있습니다. 교회가 좋지 않은 일로 뉴스거리가 되어 세상이 시끄러운 것은 참 안타깝고 부끄러운 일이지만 한편으론 하나님께서 은혜를 주시는 일이기도 합니다. 그것은 저들이 그동안 목사 행세하고 하나님의 종처럼 행세했던 것이 거짓이었다는 사실을 분명히 알게 되었기 때문입니다. 온갖 불법과 부정을 저지르며 교회를 그저 사리사욕의 사업장으로만 생각하고 목회를 해 왔다는 사실이 만천하에 드러났다면 성도들은 그런 일을 분별할 수 있어야 합니다.

안타깝게도 상황이 그 지경이 되어도 교훈을 얻지 못하는 자들이 많습니다. 그건 마치 화재나 지진으로 건물이 불타고 무너지고 있는데도 안일하게 생각하여 대피하지 않는 것과 같습니다. 육신의 죽음을 직감할 때면 사람들은 재빨리 그곳에서 도망치려고 합니다. 하지만 그보다 더 중요한 영혼의 거처가 무너지려고 하는데도 불구하고 위기감이 없는 자들이 많습니다. 기복신앙, 물질 만능주의, 공로주의, 은사주의, 신비주의, 종교다원주의, 무율법주의, 율법주의 등 여러 가지 거짓 교리라는 속임수에서 벗어나려고 하지 않습니다. 도망가려고 하지 않습니다. 성경에 게을러서 그렇습니다. 밥그릇에 손을 넣고도 숟가락을 입에 올리기 귀찮아서 배고프고 게으른 사람처럼, 하나님께서 주신 성경이 손에 있어도 눈으로 읽어 자기 마음에 넣어 간직하는 일이 귀찮아서 지금 그 많은 사람이 거짓 가르침에서 빠져나올 생각을 하지 않습니다. 영적 미련함은 다른 데서 오지 않습니다. 다른 일에는 부지런하면서도 영적인 일, 주님께서 우리 품에 안겨 주신 성경을 먹는 일에 게을러서 오는 무서운 결말입니다.

물론 영적 측면에서 대량 학살자나 사기꾼들의 범행은 영원할 수 없습니다. 하나님께서 반드시 책임을 물으실 것입니다. **"함정을 파는 자는 그것에 빠질 것이요 돌을 굴리는 자는 도리어 그것에 치이리라"**(27). 20절과 21절이 거짓 선생들의 활약이 세상 끝날까지 계속될 것임을 이야기한다면 27, 28절은 그들이 반드시 심판받음으로 끝날 것임을 확인하고 있습니다. **"함정을 파는 자는 그것에 빠질 것이요"**라는 문구는 성경에서 죄인이 심판받는다는 뜻으로 자주 사용되고 있습니다. **"돌을 굴리는 자는 도리어 그것에 치이리라"**는 말씀도 마찬가지입니다. 죄인의 어리석음을 비유하는 말씀입니다. 죄인은 다른 사람을 해하려고 산 위에서 돌을 굴렸다가 도리어 자기가 그 돌에 깔려 죽는 어리석은 사람과 같다는 것입니다. 다른 사람을 거짓 교훈으로 속이는 자들이 그처럼 어리석습니다. 결국 자기를 죽음의 심판에 빠지게 하기 때문입니다. 한때는 많은 사람을 속이면서 종교적, 물질적 부귀영화를 다 누리고 살았어도 결국엔 죄를 따져 물으시는 하나님 앞에서 피할 수 없는 증거들을 통해 지옥의 심판을 받게 될 것입니다. "**거짓말 하는 자는 자기의 해한 자를 미워하고 아첨하는 입은 패망을 일으키느니라**"(28).

입으로는 구원과 복과 은혜를 말해도 속으로는 미움이 가득했기 때문입니다. 그들이 사랑했던 것은 진리가 아니었습니다. 사람들이 하나님을 즐거워하며 그 뜻에 따라 살아 세상의 소금과 빛된 역할을 하며, 그리스도의 장성한 분량까지 자라나는 성령의 열매를 키워나가는 것은 그들이 바라는 바가 아니었습니다. 말은 은혜와 진리와 성령의 역사를 논하여도 속으로는 헌금과 규모와 화려함과 권세를 탐하는 자들이었습니다. 그런 자들은 반드시 심판받을 것임을 선언하고 있습니다. 그런 결말을 맞이할 자들이 전하는 말을 어찌 따르겠습니까? 아무리 달콤한 말로 지상 낙원을 약속한다고 해도 그것이 구원의 사다리로 주신 지혜의 말씀에 합당한 것인지, 하나님의 성품과 지혜와 뜻을 따르는 교훈인지를 부지런히 살피고 따진 후에 자기 영혼을 맡겨야 합니다. 그 일에 게으르지 말라, 게을러서 영적 일에 미련하여 결국 저들처럼 영혼을 파멸에 빠뜨리는 어리석은 자가 되지 말라는 가르침입니다. 다른 어떤 시대와 마찬가지로 오늘날 한국 교회 교인들도 이 말씀을 가슴 깊이 새겨야 할 필요가 있습니다. 눈에 보이는 화려한 것, 귀에 들리는 달콤한 약속, 이런 것에 휘둘리지 않고, 오직 진리의 말씀으로만 생각과 말과 행동, 그리고 인생의 등불과 인도자로 삼는 그 지혜를 달라고 기도하는 일부터 부지런해야 하겠습니다.

Proverbs

문맥으로 보는
잠언 강해 III

27장

1. 친구의 책망
(잠 27:1-10)

1 너는 내일 일을 자랑하지 말라 하루 동안에 무슨 일이 날는지 네가 알 수 없음이니라
2 타인으로 너를 칭찬하게 하고 네 입으로는 말며 외인으로 너를 칭찬하게 하고 네 입술로는 말지니라
3 돌은 무겁고 모래도 가볍지 아니하거니와 미련한 자의 분노는 이 둘보다 무거우니라
4 분은 잔인하고 노는 창수 같거니와 투기 앞에야 누가 서리요
5 면책은 숨은 사랑보다 나으니라
6 친구의 통책은 충성에서 말미암은 것이나 원수의 자주 입맞춤은 거짓에서 난 것이니라
7 배부른 자는 꿀이라도 싫어하고 주린 자에게는 쓴 것이라도 다니라
8 본향을 떠나 유리하는 사람은 보금자리를 떠나 떠도는 새와 같으니라
9 기름과 향이 사람의 마음을 즐겁게 하나니 친구의 충성된 권고가 이와 같이 아름다우니라
10 네 친구와 네 아비의 친구를 버리지 말며 네 환난날에 형제의 집에 들어가지 말지어다 가까운 이웃이 먼 형제보다 나으니라

잠언 후반부로 오면서 장성해가는 신자들이 주의해야 할 점에 관한 말씀이 이어집니다. 지혜를 향한 첫 출발에 관한 내용으로 시작했던 전반부와 대조적입니다. 이미 하나님의 말씀을 믿고 따르는 자들에게도 경계해야 할 위험이 있음을 알려 최종적인 심판을 면하게 하려는 것입니다. 주님의 말씀을 순종하려 애쓰는 성도들이 주의해야 할 점입니다. 10절까지 두 절씩 짝을 이루어 우리에게 교훈을 전하고 있습니다.

먼저 자랑과 관련된 말씀이 두 가지로 주어집니다. "너는 내일 일을 자랑하지 말라 하루 동안에 무슨 일이 날는지 네가 알 수 없음이니라 타인으로 너를 칭찬하게 하고 네 입으로는 말며 외인으로 너를 칭찬하게 하고 네 입술로는 말찌니라"(1,2). 첫째로 내일 일에 대한 자랑은 미련한 것임을 밝힙니다. 내일 일을 자랑한다는 것은 자기 주제를 모른다는 뜻입니다. 사람은 내일 무슨 일을 당할지 알지 못합니다. 그저 뭔가를 바라고 준비하는 것밖에 없습니다. 야고보서 4장에서 말씀하신 바와 같습니다. "들으라 너희 중에 말하기를 오늘이나 내일이나 우리가 아무 도시에 가서 거기서 일년을 유하며 장사하여 이를 보리라 하는 자들아 내일 일을 너희가 알지 못하는도다 너희 생명이 무엇이뇨 너희는 잠간 보이다가 없어지는 안개니라 너희가 도리어 말하기를 주의 뜻이면 우리가 살기도 하고 이것저것을 하리라 할 것이거늘 이제 너희가 허탄한 자랑을 자랑하니 이러한 자랑은 다 악한 것이라"(약 4:13-16). 무슨 일이든 계획대로 다 되는 법이 없습니다. 언제나 생각지 못한 일이 일어납니다. 우리가 계획하고 추진하는 일이라고 해도 하나님께서 허락하실 때야 이루어집니다. 그 사실을 망각하고 모든 일이 자기 손안에 달린 것처럼 자랑하는 행위는 미련한 일이자 하나님의 주권을 넘보는 악한 일입니다.

이 말씀은 단순히 신중하게 사업하라는 뜻이 아닙니다. 제일 중요한 일, 가장 우선해서 해야 할 일을 뒤로 미루지 말라는 의미입니다. 제일 중요한 일을 뒤로 미루어 놓는 것은 내일을 내가 주관할 수 있다고 믿는 오만함의 증거입니다. 내일이 내 계획대로 되지 않거나 설령 내일이 나에게 허락되지 않아도 오늘 내가 반드시 해야 할 일이라면 먼저 해 놓는 것이 지혜로운 모습입니다. 그 일은 주님 만날 준비가 되어 있는지입니다. 주님 만날 준비가 되어 있는 자임을 확인하는 것이 우선입니다. 잠언의 맥락에 따르면 그건 구원의 사다리로 주신 말씀과 관련된 교훈을 잊지 않고 오늘을 사는 것을 의미합니다. '그것은 다음에 시간 날 때 하고, 오늘은 더 중요한 일부터 먼저 해야겠다'는 생각이 내일 일을 자랑하는 오만한 자의 모습입니다. 그러지 말라는 것입니다. 사람은 내일을 주관할 수 없습니다. 그 점을 알고 가장 중요한 일, 반드시 해야 할 일을 먼저 하는 자가 지혜로운 자입니다.

둘째로, 미련한 자랑은 자기가 자기를 자랑하는 것입니다. 어딜 가나 자기 자랑만 늘어놓는 사람을 좋아하는 사람은 별로 없을 것입니다. 지혜자는 다른 사람이 칭찬해주는 사람이지 자기가 스스로 칭찬하는 사람이 아닙니다. 이것은 문자 그대로의 뜻을 말하려고 하는 것이 아닙니다. 이를 비유로 영적 차원의 진리를 교훈하고 있습니다. 주님의 말씀을 알고 순종하는 일에 스스로 이 정도면 됐다고 판단하지 말라는 뜻입니다. 신앙생활 하는 일에 자기 스스로 만족하는 것처럼 어리석은 일은 없습니다. '내가 저 사람보다 낫지, 지식이나 행위에 이 정도면 누구에게도 뒤지지 않지', 신앙에서 이런 식으로 생각하는 것처럼 어리석은 일은 없습니다.

이처럼 두 가지 자랑을 하지 말라고 하십니다. 내일을 자랑하지 말고 자기를 자랑하지 말라, 곧 주님을 믿고 순종하는 것은 내일로 미룰 수 없는 일이며, 언제나 겸손한 자세로 배우고 순종하려고 해야 한다는 것입니다. 그게 하나님 앞에서 인간의 올바른 자세입니다. 그 선을 넘어가는 것이 미련이고 죄악입니다.

다음은 분노와 투기에 관련된 비유입니다. **"돌은 무겁고 모래도 가볍지 아**

니하거니와 미련한 자의 분노는 이 둘보다 무거우니라 분은 잔인하고 노는 창수 같거니와 투기 앞에야 누가 서리요"(3,4). 이 말씀의 문자적인 뜻은 이렇습니다. '돌과 모래를 지는 것도 무겁지만 미련한 자의 분노는 더 무겁다. 분노는 홍수보다 더 처참하지만 투기는 더 무섭다.' 미련한 사람이 분노하는 것도 감당할 수 없고, 투기는 더욱 감당 못 한다는 것입니다. 자랑하는 자에게 임하는 심판의 무서움에 관한 이야기입니다. 내일을 자랑한다는 것은 마치 '지금은 바쁘니까 예수님 믿는 것은 나중에 늙고 힘 떨어졌을 때, 죽기 전에 그때나 생각해 보겠다.' 이렇게 말하는 것과 같습니다. 하지만 그건 마치 한 여인이 '내가 앞으로 몇 년 동안은 다른 남자 좀 만나다가 지겨워지면 그때 남편한테 돌아가지 뭐' 이렇게 말하는 것과 같습니다. 교회는 그리스도의 신부입니다. 그건 신랑되신 예수님을 분노하게 만드는 것이고 또 투기하게 만드는 것입니다. 하나님은 질투도 하시는 분이십니다. 신명기 4장에서 그 점을 이렇게 알리고 있습니다. "너희는 스스로 삼가서 너희 하나님 여호와께서 너희와 세우신 언약을 잊어버려서 네 하나님 여호와께서 금하신 아무 형상의 우상이든지 조각하지 말라 네 하나님 여호와는 소멸하는 불이시요 질투하는 하나님이시니라"(신 4:23,24). 하나님은 우리의 인격을 만드신 분으로 우리를 인격적으로 대하십니다. 우리가 하나님 외에 다른 것을 사랑하면 노하시고 질투하십니다. 하나님께서 분노하시고 시기하시면 감당할 만한 사람이 누가 있겠습니까? 바위나 모래주머니 하나도 들지 못하고, 시기로 가득 찬 사람들의 손에서도 벗어나지 못하는 사람이 어찌 하나님의 진노와 질투를 감당할 수 있겠습니까? 하나님의 진노와 질투는 한 번 발하시면 견뎌낼 사람이 없습니다. 그 진노와 질투를 받지 않는 것이 가장 지혜로운 일입니다. 그러니 예수님을 믿고 순종하는 일을 내일로 미루지 말고, 이만하면 됐다고 스스로 만족하지도 말라는 것입니다.

그 일을 행할 때 주의해야 할 점이 또 있습니다. "면책은 숨은 사랑보다 나으니라 친구의 통책은 충성에서 말미암은 것이나 원수의 자주 입맞춤은 거짓에서 난 것이니라"(5,6). "면책"은 드러내어 책망한다는 뜻이고, "숨은 사랑"이란 사랑의 표현을 숨긴다는 의미가 아니라 해야 할 말을 숨긴 채 좋은 말만 해주는 것을 사랑이라고 생각하는 것을 말합니다. 그는 사랑하는 친구가 잘못했어도 혹시 친구를 잃게 될까 봐 친구의 잘못에 대하여 말하지 못합니다. 이는 진정한 사랑이 아닙니다. 아프고 힘들어도 잘못은 잘못이라고 따끔하게 질책하는 것이 참된 사랑입니다. 물론 누구나 칭찬을 좋아하며 책망을 좋아하지 않습니다. 더구나 가까운 사람의 잘못을 지적하는 것은 더 어렵습니다. 하지만 친구가 내 잘못을 책망한 것이 원수가 내 잘못에 대해서는 아무 말도 하지 않고 그저 나를 좋아하고 칭찬하는 것보다 훨씬 더 나를 사랑하는 것입니다.

이 구절은 단지 친구의 잘못을 보면 무조건 지적하고 책망하라는 의미는 아닙니다. 이 비유를 통해 우리에게 가르쳐주시는 교훈은 우리의 죄와 잘못을 책망하시는 하나님 말씀에 대해 우리가 지녀야 할 마음 자세에 관한 것입니다. 하나님께서 우리의 잘못을 책망하실 때 기꺼이 받는 것이 지혜입니다. 귀에 좋은 말, 회개와 거룩이 없는 축복과 평안만 외치는 말, 내 잘못에 대해서는 아무 말도 하지 않음으로 회개하지 않은 자도 들으면 기분 좋아지는 그런 말보다 내 죄를 아프게 지적하고 책망하고 애통하며 회개하라는 상처 되는 말이 훨씬 더 나를 위한 말씀임을 기억하라는 것입니다. 몸이 아픈 아이한테 아이가 좋아한다고 사탕만 먹인다면 아동학대에 지나지 않습니다. 써서 안 먹으려고 해도 어떻게든 약을 먹여서 낫게 하는 것이 사랑입니다. 늘 칭찬만 듣고 기분 좋은 것보다 주님께 죄를 책망받고 애통하는 것이 훨씬 더 좋은 일입니다. 단순히 내 기분이 좋다 나쁘다의 문제가 아니라 의와 죄의 문제고, 생명과 사망의 문제입니다. 진심에서 나오는 친구의 책망의 말은 참된 사랑이며 그 말을 기꺼이 받는 사람에게 큰 유익이듯이 비록 책망의 말씀일지라도 하나님의 말씀을 모두 받는 것은 자기 영혼을 살리는 것입니다. 특히 세상 사람들이 극도로 듣기 싫어하는 말인 '너는 죄인이니 회개하라'는 말이나 '완전한 거룩을 위해 끝까지 애쓰라'는 말이 그렇습니다. 당장은 즐겁지 않아도 하나님의 말씀이라면 책망이라도 기꺼이 듣는 것이 참된 복입니다. 하나님의 말씀은 사망을 부르는 죄의 질병에서 나를 건지시기 위해 참된 영혼의 의사로서 주시는 생명의 교훈이기 때문입니다. 의사의 정확한 진단은 생명을 구하기 위해 필수적인 것처럼 우리의 죄와 허물을 드러내시고 책망하시는 하나님의 말씀은 구원을 위해 반드시 있어야 하는 일입니다. 그 점을 알고 자기 영혼에 복이 되는 말씀을 듣고 순종해야 합니다.

하지만 책망을 싫어하는 자들이 있습니다. 자기에 대해 스스로 만족하는 사람입니다. "배부른 자는 꿀이라도 싫어하고 주린 자에게는 쓴 것이라도 다니라"(7). 배부르면 아무리 좋은 것을 줘도 먹으려 하지 않는 법입니다. 하지만 배가 고프면 맛이 없어도 달게 먹습니다. 마찬가지로 오직 의와 거룩에 대하여 주리고 목마른 자만 책망의 말씀이라도 달게 받습니다. 그는 자기를 칭찬하고 부담 없이 해주는 말만 들으려고 하지 않습니다. 하나님의 말씀 모두를 다 받고 순종해야 하는 줄 압니다. 마치 배고픈 사람이 입에 쓰더라도 찾아 먹으려고 하는 것처럼 하나님의 말씀이라면 모든 것을 다 좋아하게 되어 있습니다. 그가 지혜로운 사람입니다. 하지만 자기에 대해 배부른 사람, 2절에서 말한 대로 자기 스스로 이만하면 됐다며 만족하는 사람은 하나님의 말씀이 아무리 복되고 귀해도 듣기 싫어합니다. 잘난 자기는 그런 말 듣지 않아도 된다고 생각합니다. 그가 배부른 사람입니다.

그들을 가리켜 이렇게 말합니다. "본향을 떠나 유리하는 사람은 보금자리를 떠나 떠도는 새와 같으니라"(8).

"본향"은 '자기가 있어야 할 곳'이라는 뜻입니다. 거기를 떠난 사람은 둥지를 놔두고 이리저리 떠도는 미련한 새와 같다고 합니다. 7절에 비추어 보면 이는 듣기 좋은 말만 찾아다니는 자들을 빗댄 말씀입니다. 자기를 만족하게 하는 교훈을 하나님 말씀보다 더, 율법보다 더 좋다고 찾아다니는 것을 말합니다. 자기가 있어야 할 자리에 있지 않는 것입니다. 자기 자리를 지키는 일의 중요성은 이루 말할 수 없습니다. 축구 시합할 때 골키퍼가 골문을 안 지키고 자기도 스포트라이트 받고 싶어서 상대편 골문에만 가 있다면 그 팀은 이길 수 없는 것이 당연할 뿐만 아니라 그런 선수를 계속 기용할 감독도 없을 것입니다. 지혜로운 사람은 내가 가고 싶은 자리를 찾아다니는 사람이 아니라 내가 있어야 할 자리에 있는 사람입니다. 칭찬해주는 말, 원수의 입맞춤 같은 말이 좋다고 여기저기 기웃거리고 다니는 사람이 아닙니다. 하나님의 말씀이기에 무슨 말씀이라도 달게 받겠다고 엎드리는 자가 지혜로운 사람입니다. 다른 사람이 아무리 유혹해도 신부는 자기 남편을 떠나지 않습니다. 다른 데서 무슨 칭찬을 들어도, 어떤 이익이 있어도 성도는 하나님의 말씀을 떠나지 않는 것이 당연합니다. 설령 하나님께서 하시는 말씀이 나를 책망하고, 나를 괴롭게 하더라도 하나님께서 나를 사랑하셔서 하늘 영광에 어울리는 수준의 신부로 가꾸기 위해 그리하시는 줄 알고 기꺼이 그 말씀을 떠나지 않는 것입니다.

그렇게 하는 자가 지혜로운 자라는 의미입니다. 자기를 더 복되고 이롭게 하기 때문입니다. **"기름과 향이 사람의 마음을 즐겁게 하나니 친구의 충성된 권고가 이와 같이 아름다우니라 네 친구와 네 아비의 친구를 버리지 말며 네 환난 날에 형제의 집에 들어가지 말찌어다 가까운 이웃이 먼 형제보다 나으니라"**(9,10). 친구의 충성에서 나오는 책망은 자기를 더 복되게 만들어주는 향수와 같다고 합니다. 썩은 냄새 풍기는 자보다 깨끗하게 씻고 향기 나는 사람이 더 호감 가는 법입니다. 마찬가지로 하나님 말씀은 우리를 깨끗하게 하고 하늘에 어울리는 향기를 나게 해 준다는 것입니다. 하나님 말씀에는 책망만 있다는 뜻이 아닙니다. 얼마나 귀하고 아름다운 말씀이 많습니까? 하지만 책망의 말씀, 내가 즐거워할 수 없는 말씀까지 다 듣고 순종하면 향기 나는 사람처럼 하나님께 기쁨으로 받아들여질 것이라는 뜻입니다. 영혼의 향기를 풍기는 사람입니다.

'친구와 아버지의 친구를 버리지 말고 환난 날에 형제의 집에 들어가지 말고 가까운 이웃에게 가라'는 것은 심판 날에 나를 도와줄 자는 나를 충심에서 책망하던 자라는 뜻입니다. 갑자기 재앙이 닥치면 멀리 있는 형제보다 가까운 이웃이 더 힘이 되는 법입니다. 내가 잘못을 저질렀을 때 잘못했다고 말해주는 사람이 바로 가까이 있는 이웃입니다. 늘 좋게만 말해주는 사람이 아니라 사랑으로 지적해 주고 돌이키게 하는 그 친구와 또 아버지의 친구가 내가 어려울 때 도움을 얻을 자라는 말입니다. 요즘은 잘못을 지적해도 왜 간섭하냐고 반항하는 시대지만 본문은 모르는 사람이 지적해도 잘못한 게 맞으면 받아들이는 것이 지혜이고, 그렇게 하는 사람이 가까이 있는 이웃이라는 뜻입니다. 이 모든 것이 다 나를 교훈하시는 하나님의 말씀을 어떻게 받아들이냐에 대한 말씀입니다. 나를 책망하시고 죄를 지적하시는 하나님이 실은 나를 사랑하고 재앙 당할 때 나를 도와주는 분이십니다. 재앙에서 건지시는 작업이 바로 죄를 지적하고 책망하는 말씀을 들려주시는 것입니다.

하나님 말씀을 떠나 듣기 좋은 말만 찾아다니는 것은 둥지를 놔두고 엉뚱한 데서 떠돌다가 집도 잃어버리고 새끼도 잃어버리는 미련한 새와 같습니다. 반대로 하나님 말씀이라면 아무리 아프고 아무리 힘들어도 그 모든 것을 다 알고 다 받으려고 힘쓰는 것이 참 지혜요, 향기 나는 자요, 보금자리에 거하는 사람이라는 증거입니다. 그런 분별력을 가지라고 교훈하시는 말씀입니다.

2. 물에 비친 얼굴
(잠 27:11-19)

11 내 아들아 지혜를 얻고 내 마음을 기쁘게 하라 그리하면 나를 비방하는 자에게 내가 대답할 수 있겠노라
12 슬기로운 자는 재앙을 보면 숨어 피하여도 어리석은 자들은 나아가다가 해를 받느니라
13 타인을 위하여 보증이 된 자의 옷을 취하라 외인들의 보증이 된 자는 그 몸을 볼모잡힐찌니라
14 이른 아침에 큰 소리로 그 이웃을 축복하면 도리어 저주 같이 여기게 되리라
15 다투는 부녀는 비오는 날에 이어 떨어지는 물방울이라
16 그를 제어하기가 바람을 제어하는 것 같고 오른손으로 기름을 움키는 것 같으니라
17 철이 철을 날카롭게 하는 것 같이 사람이 그 친구의 얼굴을 빛나게 하느니라
18 무화과나무를 지키는 자는 그 과실을 먹고 자기 주인을 시종하는 자는 영화를 얻느니라
19 물에 비취이면 얼굴이 서로 같은 것 같이 사람의 마음도 서로 비취느니라

지혜로운 성도로 장성해가는 데 필요한 교훈들이 계속되고 있습니다.

10절까지는 말씀을 부지런히 살피며 그 뜻대로 순종하는 것과 그러면서도 자기에 대해 스스로 만족하지 않는 것이 지혜임을 알려주셨습니다. 그렇지 않은 자들을 향한 하나님의 분노와 투기는 누구도 감당할 수 없는 일이기 때문입니다. 따라서 지혜로운 성도는 듣고 싶은 말만 찾아 여기저기 다니는 어리석은 자와 달리, 원수의 입맞춤보다 친구의 책망이 자기를 더 복되게 만들어주는 향수와 같음을 알고 그 책망을 기꺼이 받아들이는 자라 하였습니다. 아무리 아프고 힘들어도 하나님의 말씀이라면 모두 다 받으려고 힘쓰는 자가 복을 얻은 자입니다.

그와 같은 교훈에 이어 하나님께서 자기 자녀들에게 친히 권고하시는 말씀이 이어집니다. "내 아들아"라는 말로 그 점을 알려주고 있습니다. "**내 아들아 지혜를 얻고 내 마음을 기쁘게 하라 그리하면 나를 비방하는 자에게 내가 대답할 수 있겠노라**"(11). "지혜를 얻고", "기쁘게 하라"는 말씀은 하나님의 자녀들이 지혜롭게 행하는 것을 하나님께서 기뻐하시며 거기에 성도로 부르신 목적이 있다는 뜻입니다. 성도들이 지혜롭게 행하여 하나님을 기쁘시게 할 때 사람을 창조하시고 죄인들을 구원하신 하나님의 위엄과 영광이 드러납니다. 하나님의 영광은 성도들의 삶으로 확인됩니다. 하나님은 자신의 영광을 성도의 거룩한 삶에서 찾으십니다. 성도가 하나님의 말씀을 듣고도 순종하지 않는 것은 원수에게 하나님을 욕되게 하는 빌미를 던져주는 일과 같습니다. 그러므로 하나님을 기쁘시게 하고 그 이름에 영광을 돌리기 위해 지금까지 알려주신 교훈을 따라 지혜롭게 살아야 마땅하다는 것입니다.

그러나 성도들이 지혜롭게 살아야 하는 이유는 단지 하나님만의 기쁨이기 때문은 아닙니다. 성도가 심판을 면하는 길이기도 하기 때문입니다. "**슬기로운 자는 재앙을 보면 숨어 피하여도 어리석은 자들은 나아가다가 해를 받느니라**"(12). 지혜롭게 행하여 하나님의 마음을 기쁘시게 해 드리는 일은 하나님의 영광이 될 뿐만 아니라 우리에게는 심판의 재앙을 면하는 복을 누리는 길이기도 하므로 기꺼이 순종할 만하다는 뜻입니다. 알려주신 말씀대로 우리가 지혜롭게 행하여 앞으로 닥칠 심판의 재앙을 피하는 복을 누릴 때 하나님은 기뻐하시며 영광을 얻으십니다. 불순종은 파멸을 자초하는 어리석은 일일 뿐입니다. 그처럼 우리가 지혜롭게 행하는 것은 우리의 복이자 하나님의 영광과 기쁨이 되므로 우리는 완전한 성숙을 위해 주의해야 할 여러 가지 교훈을 기꺼이 순종해야 마땅하다는 것입니다. 하나님의 기쁨은 우리의 행복과 영생에 초점이 맞춰져 있습니다.

이어지는 구절은 그 순종의 중요성을 주제로 말씀합니다. 말씀을 듣기만 하고 순종하지는 않는 그런 믿음으로 만족하지 말라는 것입니다. **"타인을 위하여 보증이 된 자의 옷을 취하라 외인들의 보증이 된 자는 그 몸을 볼모잡힐찌니라"**(13). 율법은 누가 옷을 담보로 잡으면 해가 지기 전에 돌려주라고 명시하였습니다. 옷을 담보로 맡겼다는 것은 그 정도로 가난한 상태라는 뜻입니다. 그만큼 가난하고 약한 자들을 제 몸같이 생각해야 하는 자들이 이스라엘입니다. 왜냐하면 하나님께서 이스라엘을 구원하실 때 자기들이 처했던 현실이 그와 같았기 때문입니다. 이스라엘은 모든 것을 다 잃고 그날 밤이 지나면 죽을 수밖에 없는 처지에서 구원받았습니다. 이스라엘이 그런 구원을 받았기 때문에 하나님은 주변에 있는 가난하고 연약한 자들에 대해 그와 같이 대해야 한다고 명하셨습니다. 다른 사회에서는 선택일지 몰라도 이스라엘에서는 필수적으로 해야 하는 법입니다. 하나님 나라의 헌법입니다. 그런 점에서 **"타인을 위하여 보증이 된 자의 옷을 취하라"**는 말씀은 가난해서 옷까지 담보로 맡긴 사람의 옷을 사서 돌려주라, 곧 지극히 작은 자들을 위해 자기 것을 나눠주라는 의미입니다.

팔려간 자에 대해서도 마찬가지입니다. **"그 몸을 볼모잡힐찌니라"**는 말씀은 담보로 이방인에게 종으로 팔려간 자는 되사야 한다는 뜻입니다. 내 자식, 내 친척만이 아니라 성도라면 누구나 많이 가진 자가 가난한 성도의 몸값을 내야 한다는 것입니다. 그것이 하나님 백성이 지혜롭게 행하여 하나님의 마음을 기쁘게 하는 일입니다.

이 말씀의 요지는 말씀을 듣기만 하는 자가 되지 말고 행하는 자가 되라는 뜻입니다. 참 지혜는 하나님께서 주신 교훈을 배우고 아는 데서 머물지 않고 반드시 지극히 작은 자에게 행하라는 이 어렵고 신령한 명령을 순종하는 행실까지 나타내는 것입니다. 단순히 가난한 자를 돕는 일에만 국한되지 않습니다. 하나님께서 주신 모든 계명에 순종하는 것이 다 포함됩니다. 자기를 지켜 성결하게 하고, 부모나 자식 노릇을 어떻게 해야 하는지, 이웃은 물론 심지어 원수를 어떻게 대해야 하는지 등 모든 규례를 하나님께서 명하신 대로 행하기를 힘쓰는 것이 다 해당됩니다. 그렇게 하는 것이 심판을 면하고 영생에 드는 참 지혜라는 말씀입니다.

그렇게 하지 않고 지식으로만 하나님 말씀을 아는 것에 그치는 모습에 대해 이렇게 비유하십니다. **"이른 아침에 큰 소리로 그 이웃을 축복하면 도리어 저주 같이 여기게 되리라"**(14). 형식에 그치는 모습을 보여주고 있습니다. 인사를 하긴 하는데 상대를 존중하지 않는 인사가 있습니다. 인사는 상대에게 호의를 보이고 적절한 예를 갖춰야 합니다. 만일 인사한답시고 상대방이 잠에서 깨기도 전에 매일 아침 큰 소리로 인사한다면 반갑기보다 도리어 짜증 날 것입니다. 인사하는 건지 괴롭히는 건지 도무지 알 수 없는 인사입니다. 신앙을 지식으로만 갖고 성품이나 행실에는 전혀 반영이 안 되는 모습을 비유하는 말입니다. 입으로는 하나님, 예수님, 구원, 사랑, 믿음, 영생 등 성경의 모든 좋은 것들을 다 알고 있는 것처럼 말하면서 성품이나 행동은 전혀 하나님의 뜻과 상관없는 모습은 이웃에게 저주로 여겨지는 인사와 같다는 말입니다. 형식은 인사요 축복인데 실은 저주요 악담입니다. 말이나 지식으로만 끝나는 신앙이 그런 것입니다. 삶으로 배어 나오는 지식이 듣는 이에게 축복으로 여겨지는 인사와 같습니다. 그것이 참된 지혜입니다.

당연한 말이지만 그것은 저절로 되지 않습니다. 마치 태어나는 것은 자기 뜻과 상관이 없어도 그 이후의 삶은 스스로 노력해야 하는 것과 같습니다. 그 일을 위해 진지한 노력을 기울여야 합니다. "**다투는 부녀는 비 오는 날에 이어 떨어지는 물방울이라**"(15). 사람이 자기 선택과 수고에 진지한 노력을 기울여야 한다는 비유입니다. 그 원리는 19장에서 유사한 구절을 설명했던 내용과 같습니다. "**미련한 아들은 그 아비의 재앙이요 다투는 아내는 이어 떨어지는 물방울이니라**"(잠 19:13). 파괴적인 한 집안을 묘사하는 말로써 악하고 게으르고 지혜롭지 못한 아들이나 허구한 날 싸우려고만 드는 아내를 둔 집은 기대할 것이 없다는 뜻입니다. 이 비유를 통해 주님께서 가라고 하신 좁은 길이 힘들다며 포기하고, 대신 많은 사람이 가는 쉽고 편한 넓은 길을 가는 사람은 이미 재앙을 품고 있는 자요, 소망이 없는 자라는 의미를 전달하였습니다. "**물은 돌을 닳게 하고 넘치는 물은 땅의 티끌을 씻어 버리나이다 이와 같이 주께서는 사람의 소망을 끊으시나이다**"(욥 14:19)라는 말씀과 같습니다. 끊임없이 떨어지는 물방울이 바위를 뚫기도 하고 먼지를 다 쓸어가기도 하는 것처럼 하나님은 자기에게서 소망을 남김없이 빼앗아 가셨다는 뜻입니다. 그러므로 장성해가는 동안 하나님의 교훈을 귀담아듣고 순종하기 위해 애쓰지 않는 사람은 끊임없이 떨어지는 물로 지붕이 뚫려 비가 새는 집처럼 소망이 없다는 것입니다.

더 나아가 그와 관련하여 이렇게 말씀하였습니다. "**집과 재물은 조상에게서 상속하거니와 슬기로운 아내는 여호와께로서 말미암느니라**"(잠 19:14). 집과 재물처럼 내 의사와 상관없이 상속으로 받은 것과, 아내처럼 은혜로 받기는 하지만 자기 선택도 포함되어야 얻을 수 있는 대상을 비교하고 있습니다. 슬기로운 아내는 분명히 하나님께서 주신 선물입니다. 하지만 그런 아내를 얻기 위해서는 본인도 찾고 구해야 하는 법입니다. 찾는다고 다 얻어지는 것이 아니기 때문에 하나님의 선물이기도 하고, 또 하나님께서 주시려고 해도 본인이 돈 많고 이쁜 여자만 찾는다면 얻지 못하기 때문에 자기 선택도 포함된 것입니다. 집과 재물을 상속받는 것은 자기의 선택과 아무 상관이 없지만 슬기로운 아내는 선물로 받는 것이면서도 선택도 해야 하는 그런 차이가 있습니다.

그 이야기를 꺼낸 이유를 다음 절이 밝혀줍니다. **"게으름이 사람으로 깊이 잠들게 하나니 해태한 사람은 주릴 것이니라"**(19:15). 지혜를 얻는 일에 게으르고 태만한 사람에게 소망이 없다는 뜻입니다. 지혜는 분명히 하나님의 선물이지만 집과 재물을 상속받는 것과 달리 자기 노력과 수고, 또 선택도 겸비된 상태에서 받는 것인데 그런 노력이 전혀 없으므로 영생에 대한 소망이 전혀 없다는 것입니다. 슬기로운 아내를 전혀 바라지도 않고 또 어떤 수고도 하지 않아 매일 다투기만 하는 아내와 함께 사는 남편이 가정에서 소망이 없는 것처럼, 지혜로운 인생을 살게 해 달라고 하나님께 은혜를 구하지도 않고 자기도 애쓰지 않는 사람은 영원한 주님의 은혜 아래 거할 소망이 없다는 뜻입니다. 지혜를 얻는 것은 하나님의 은혜와 자기의 선택과 수고가 신비롭게 결합된 섭리로 이루어지기 때문입니다. 농부의 수고에 하늘의 해와 비가 결합되어야 열매를 얻는 것과 같습니다. 해와 비가 아무리 적절하게 내려도 농부의 수고가 없으면 좋은 열매를 얻지 못하는 것처럼 하나님의 말씀과 계명이 머리에만 있고 믿음과 삶으로 나타내기 위한 수고가 없으면 영생과 상관없는 인생입니다. 지식만 있고 말과 행실로 나타나지 않는 신앙은 껍데기만 있고 알맹이는 없는 빈 열매와 같습니다.

16절이 그 점에 관해 이야기합니다. **"그를 제어하기가 바람을 제어하는 것 같고 오른손으로 기름을 움키는 것 같으니라"**(16). 불가능한 일을 의미하는 비유입니다. '제어한다'는 말은 원래는 '저장한다, 숨긴다'는 뜻입니다. 다투는 여인을 숨기는 일은 바람을 잡아두려 한다거나 미끄러운 기름을 손안에 움켜쥐려고 하는 것처럼 불가능한 일이라는 말입니다. 지식만 있고 순종하려는 의지가 전혀 없는 사람은 영생을 결코 보장할 수 없다는 것입니다. 성경이 말하는 지혜는 진리에 관한 지식이 있어야 하되 거기서 끝나지 않고 반드시 행실로 이어져야 함을 이 비유로 알려주고 있습니다.

하나님께서 성도를 사람들 가운데 두신 이유가 그것입니다. **"철이 철을 날카롭게 하는 것 같이 사람이 그 친구의 얼굴을 빛나게 하느니라"**(17). 이 구절은 해석이 둘로 나뉩니다. 어떤 주석은 우리말 번역처럼 친구가 친구의 인격과 성품에 영향을 미쳐 서로의 얼굴을 빛나게 해 준다는 뜻으로 해석하고, 어떤 주석은 정반대로 한 사람의 분노 섞인 말이 다른 사람의 분노를 가져온다는 뜻으로 해석합니다. 이 두 가지 해석을 문자적으로 살펴보면 우리말로 번역된 것보다 후자의 경우가 더 맞는 것 같습니다. 왜냐하면 '빛나게 한다'는 말이 원문 성경에서는 '날카롭게 한다'는 말과 같은 단어이기 때문입니다. 사람이 친구의 얼굴을 날카롭게 한다, 곧 친구를 화나게 하고 분노하게 한다는 말입니다. 70인역 성경과 원문에 충실한 성경들이 그렇게 번역하고 있습니다. 이는 행실이라는 열매를 맺어야 하는 환경을 이야기하는 것으로 보입니다. 주님께서 의도하신 신앙의 실체는 아무런 도발이 없는 산에 들어가서 혼자 지식을 쌓고 도 닦는 식의 영성이 아닙니다. 기독교 신앙은 악하고 드센 사람들과 부딪치며 살면서 거기서 맺는 열매라는 것입니다. 아무도 화나게 하는 사람이 없는 곳에 혼자 살면서 '나 화내지 않았다, 잘못한 거 없다', 그러면 경건이 아닙니다. 들판에 움막 짓고 혼자 살면서 '나 도둑질 하지 않았다, 간음하지 않았다', 자랑할 수 없는 법입니다. 하나님께서는 그런 신앙을 의도하지 않으셨습니다. 힘들게 하는 사람, 분노를 일으키는 환경, 심지어 원수까지도 공존하는 세상 한복판에서 말씀을 배우고 그 뜻에 순종하는 자가 되기를 의도하셨습니다. 완전하지 못하고 실패가 반복되지만 그렇게 하도록 만드셨습니다. 거기서 성령의 열매를 맺는 사람이 영광을 얻을 것입니다. **"무화과나무를 지키는 자는 그 과실을 먹고 자기 주인을 시종하는 자는 영화를 얻느니라"**(18).

나무를 부지런히 돌보는 농부가 과실을 먹듯이 하나님의 뜻에 순종하는 자, 곧 불의한 자들로 가득 찬 세상에서 하나님 말씀을 아는 것과 행하는 것에 게으르지 않고 부지런히 수고하는 자가 하늘 영광을 열매로 얻을 것입니다. 하나님께서 성도들을 일정 기간 세상 한가운데서 살게 하신 이유가 그것입니다. 우리는 나 혼자 살기 좋은 데를 찾는 자들이 아닙니다. 이 꼴 저 꼴 안 보는 산속에 혼자 들어가 맘 편히 살기를 바라는 자들이 아닙니다. 세상의 빛과 소금의 역할을 하게 되어 있는 자들입니다. 고달프더라도 하나님께서 보내신 그 자리에서 하나님의 뜻을 이루며 살아야 합니다.

그 일을 마음까지 다하여 행해야 합니다. **"물에 비취이면 얼굴이 서로 같은 것 같이 사람의 마음도 서로 비취느니라"**(19). 이 구절도 무슨 의미인지 확인하는 데 어려움이 있습니다. 우리말 성경을 보면 사람들이 서로 바라보면서 자기를 이해한다는 뜻으로 보이지만 실은 '서로'라는 말이 원문에는 없습니다. 문자적으로 이런 뜻입니다. '그 얼굴이 물에 비친 그 얼굴인 것처럼 그 사람의 마음도 그에게 그러하다.' 이 말씀의 의미는 야고보서 1장에서 설명해주는 것 같습니다. **"너희는 도를 행하는 자가 되고 듣기만 하여 자신을 속이는 자가 되지말라 누구든지 도를 듣고 행하지 아니하면 그는 거울로 자기의 생긴 얼굴을 보는 사람과 같으니 제 자신을 보고 가서 그 모양이 어떠한 것을 곧 잊어버리거니와 자유하게 하는 온전한 율법을 들여다보고 있는 자는 듣고 잊어버리는 자가 아니요 실행하는 자니 이 사람이 그 행하는 일에 복을 받으리라"**(약 1:22-25). 말씀을 듣고 알았어도 행함에 게으른 사람을 거울로 자기 얼굴을 확인해 놓고는 금방 잊어버린 사람에 비유하고 있습니다. 거울을 보고 얼굴에 더러운 것이 묻었는지 확인했으면서도 돌아서면 안 보이니까 씻는 것을 잊어버린 사람처럼 어리석다는 것입니다.

19절도 유사합니다. 맑은 물은 거울처럼 자기 얼굴을 보여주기도 합니다. 하나님의 말씀이 마음을 비출 때 깨달음을 얻어놓고도 순종하지 않는 사람은 물에 얼굴을 비추어 본 뒤에 돌아서서 자기 얼굴에 뭐가 묻었는지 잊어버리고 씻지 않아 여전히 더러운 사람과 같다는 것입니다. 얼굴을 씻지 않는다면 거울에 비춰본 것이 아무 소용없듯이 순종이 없다면 지식도 무의미하다는 의미입니다.

하나님의 뜻을 듣고 아는 것이 신앙을 완성해주지 않습니다. 그건 거울을 본 것에 지나지 않습니다. 거울을 보는 것은 씻기 위함입니다. 하나님 말씀은 삶으로 살아내라고 있는 것이지 머리에 지식으로 쌓아두라고 주신 것이 아닙니다. 듣기만 하여 자신을 속이는 자가 되지 말라는 말씀이 그 뜻입니다. 순종하기 어렵고 힘든 환경이지만 그 안에서 듣고 배운 말씀대로 믿음의 순종을 보이려고 애쓰는 자들, 그 일을 부지런한 농부처럼 하는 자들이 지혜롭게 행하여 하나님을 기쁘시게 해 드리는 자들이며, 자신도 하늘 영광을 열매로 얻을 자들입니다. 성경 지식은 반드시 삶으로 이어져야 합니다. 행함이 없는 지식으로 절대 만족하지 않아야 합니다.

3. 소떼에 마음을 두라
(잠 27:20-27)

20 음부와 유명은 만족함이 없고 사람의 눈도 만족함이 없느니라
21 도가니로 은을, 풀무로 금을, 칭찬으로 사람을 시련하느니라
22 미련한 자를 곡물과 함께 절구에 넣고 공이로 찧을지라도 그의 미련은 벗어지지 아니하느니라
23 네 양떼의 형편을 부지런히 살피며 네 소떼에 마음을 두라
24 대저 재물은 영영히 있지 못하나니 면류관이 어찌 대대에 있으랴
25 풀을 벤 후에는 새로 움이 돋나니 산에서 꼴을 거둘 것이니라
26 어린 양의 털은 네 옷이 되며 염소는 밭을 사는 값이 되며
27 염소의 젖은 넉넉하여 너와 네 집 사람의 식물이 되며 네 여종의 먹을 것이 되느니라

지혜로운 성도로 장성해갈 때 필요한 교훈들이 계속되고 있습니다. 말씀을 배우고 순종하며 자라가면서도 스스로 만족하지 않으며, 원수의 입맞춤보다 친구의 책망을 더 기뻐하며 수용하는 자가 지혜로운 자입니다.

아프고 힘들어도 하나님의 말씀이라면 모두 다 받으려 하는 자가 지혜로운 자인 것입니다. 또한 11절 이후에서는 듣기만 하고 순종치 않는 자의 결말이 어떤지를 알려주심으로 지식이 순종으로 열매 맺어야 하는 필연성과 그 일의 중요성을 일러 주셨습니다. 이 가르침을 따르지 않는 신앙은 아무리 놀라운 일을 해도 참된 신앙이 아닙니다. 하나님을 아는 지식이 행위와 삶으로 나타나는 것처럼 중요한 일은 달리 없습니다. 그것이 신앙의 본질입니다. 믿음으로 말미암아 값없이 구원 얻은 사람은 하나님 말씀을 철저히 순종하려는 열망으로 자기 신앙을 증거하게 되어 있습니다.

본문은 그렇게 해서 참 신앙을 이루어가려고 애쓰는 자들이 자기만족과 관련해서 주의해야 할 점을 말씀하십니다. 먼저 **"음부와 유명은 만족함이 없고 사람의 눈도 만족함이 없느니라"**(20)고 합니다. **"음부"**에 해당하는 말 '스올'은 히브리 사람들이 죽은 자가 거하는 처소로 여겼던 지하 세계를 가리키고, **"유명(幽冥)"**에 해당하는 '아밧돈'도 '멸망', '심연'이라는 뜻으로 음부와 마찬가지로 죽은 자가 거하는 처소를 가리킵니다. 지옥을 상징하는 말들입니다. 히브리인들은 사람이 아무리 많이 죽어도 그곳을 다 채울 수 없다고 믿었습니다. 항상 불만족스러운 상태라는 뜻입니다. 그런데 **"사람의 눈도"** 그와 같이 만족함이 없다고 합니다. 인간의 욕망이 결코 채워질 수 없음을 강조하고 있습니다.

무엇에 대한 욕망인지는 21절에서 이야기합니다. **"도가니로 은을, 풀무로 금을, 칭찬으로 사람을 시련하느니라"**(21). 문자적으로만 보면 '은은 도가니로, 금은 풀무로, 사람은 그의 칭찬으로'라는 말로 동사가 없는 문장이나 개역성경은 '시험하고 단련하다'라는 뜻의 '시련하느니라'는 말을 추가해서 의역했습니다. **"도가니는 은을, 풀무는 금을 연단하거니와 여호와는 마음을 연단하시느니라"**(잠 17:3)는 말씀과 유사합니다. 여기에는 '연단하다'에 해당하는 히브리어가 있습니다. 하나님께서 마음을 연단하여 시험하신다, 혹은 검증하신다는 뜻입니다. 본문도 그와 유사한 의미로 이해하여 '시련하느니라'는 말을 추가한 것 같습니다. 요지는 사람의 마음은 칭찬받을 때 어떤 반응을 보이느냐로 그 사람이 어떤 사람인지 검증된다는 뜻입니다.

인간의 욕망은 결코 채워질 수 없는 음부와 유명 같다는 앞 구절과 관련하여 생각해 보면 이 구절은 칭찬받고자 하는 욕망, 사람 중 으뜸 되고자 하는 욕망이 끝이 없으며 성도는 그 사실을 알고 주의해야 한다는 의미입니다. 누구나 칭찬받을 때는 교만해지기 쉽습니다. 남들보다 잘하는 무엇이 그를 오만하게 하는 것입니다. 하나님의 말씀으로 자신의 실체를 살펴보는 은혜를 얻지 못하면 칭찬받으면서 겸손해지기는 불가능합니다. 성도는 악행을 저질러 비난받아서도 안 되지만 칭찬받을 때도 조심해야 합니다. 신적 지식이 행위에까지 이어지는 모습으로 칭찬을 들을 때 바리새인처럼 스스로 '이만하면 됐다'고 자부하고 자랑하며, 다른 사람을 정죄하고 멸시한다면 심판을 면치 못할 것이기 때문입니다. 잘할 때도 주의하며 오직 하나님의 은혜 아래 겸손하게 머리 숙여 감사드리는 것만이 참된 지혜요 참된 신앙입니다.

그 점에 주의하지 않으면 성경 지식이 많으며 경건하다 인정받는다고 해도 참된 생명을 갖지 못한 미련한 사람입니다. **"미련한 자를 곡물과 함께 절구에 넣고 공이로 찧을지라도 그의 미련은 벗어지지 아니하느니라"**(22). 미련함은 인간의 교육이나 훈련, 징계와 같은 외부 수단으로 제거되지 않는다는 뜻입니다. 잠언의 흐름에 따르면 미련한 사람은 여러 부류입니다. 지식이 없는 사람, 지식은 있으나 행실이 없는 사람, 지식과 행실이 있으나 자만에 빠진 사람입니다. 그런 미련함은 세상의 어떤 교육이나 수단으로도 벗어버릴 수 없음을 이야기하고 있습니다. 뛰어난 사람 중에서 믿지 않는 사람이 있는 경우가 그 증거입니다. 오직 성령 안에서 완전한 율법으로 자신의 실체를 깨닫게 될 때 미련함을 벗어버릴 수 있습니다. 성도는 미련을 벗은 자여야 합니다.

그러면 우리는 어떻게 해야 합니까? 평범한 일상을 사는 모습을 통해 그에 관한 교훈을 주십니다. 우선, 한 집의 가장이 식구를 위해 수고롭게 일하는 모습을 묘사하고 있습니다. "네 양떼의 형편을 부지런히 살피며 네 소떼에 마음을 두라 대저 재물은 영영히 있지 못하나니 면류관이 어찌 대대에 있으랴"(23,24). 특별한 부자나 큰 권세를 누리는 일은 영원한 가치가 되지 못하니 평범한 일상을 성실하게 사는 것에 마음을 두라고 합니다. 주어진 평범한 환경에서 성실하게 사는 것이 훨씬 중요하고 본질적인 일이라는 의미입니다. 재물이나 권세를 최고 가치로 알고 사는 인생은 얼마 가지 않아 허망한 결말을 맞이할 것입니다. 그것들은 대대로 이어지지 않는 특성이 있기 때문입니다.

하지만 평범한 가정이나 일터에서 자기 책임을 성실하게 감당하는 자들은 마지막에 영광을 얻게 되어 있습니다. 하나님께서 그 삶을 계획하셨기 때문입니다. 사람들은 많은 재물과 큰 권세를 누리기를 원하여 그것을 얻기 위해 온갖 노력을 기울이며 인생을 허비하나 하나님은 한 가장이 식구들을 책임지며 성실히 살아내는 삶을 귀하고 의미 있는 인생으로 여기십니다. 세상은 그것을 평범하다며 대수롭지 않게 여기지만 하나님은 처음부터 그와 같은 삶에 의미와 가치를 두고 세상을 계획하셨습니다. 부부가 인생의 기본 단위가 되는 창조의 질서를 하나님께서 제정하셨습니다. 평범해 보이는 가정생활은 인간의 가장 본질적이자 중요한 삶의 방편입니다. 따라서 자기에게 맡겨진 가정이나 소유를 책임지고 성실하게 돌보는 자들은 영원히 이어질 그 특성을 따라 마지막에 영광을 얻게 되어 있습니다. 재물이나 권세는 한번 소유해도 대대로 지속되는 법이 없이 수시로 바뀔 것이나 가정을 성실히 책임지며 누리는 행복과 만족은 절대 사라지지 않을 것입니다. 하나님께서 세우신 질서이기 때문입니다.

더 나아가 하나님은 그와 같은 원리로 사는 자들의 삶을 책임지실 것입니다. **"풀을 벤 후에는 새로 움이 돋나니 산에서 꼴을 거둘 것이니라"**(25). 풀을 베어도 잠시 후면 새로운 싹이 돋아나서 한 가정이 생존할 수 있게 됩니다. 성실하게 살려고 하는 가정의 생계가 유지될 수 있도록 하나님께서 자연의 법칙을 두셨다는 뜻입니다. 인간의 성실함이 생존을 보장하는 것이 아닙니다. 사람은 풀을 벨 수는 있어도 나게 할 수는 없습니다. 다시 나는 식물은 하나님의 은혜입니다. 농부의 수고가 있어도 해와 비가 적절히 내리지 않으면 아무 열매를 거둘 수 없는 것처럼 하나님께서 성실한 자들의 삶이 보존되도록 책임져 주십니다. 어리석은 자들은 자기 열심으로 모든 것을 다 이룬다고 생각하거나 혹은 반대로 하늘에만 맡기고 게으름 피우기도 하지만 실은 농부의 수고에 해와 비를 더하여 의미 있는 열매를 맺게 하시는 분이 하나님이십니다. 사람들은 자연현상이라며 대수롭지 않게 여기지만 사실은 하나님께서 정하신 특별한 원칙입니다. 하나님께서 귀히 여기는 자들은 재벌이나 권세자들이 아니라 일상생활에서 자기 맡은 일에 성실한 평범한 가장들입니다. 그런 구조는 심판날까지 계속됩니다. 하나님께서 이 구조를 계획하셨기 때문입니다.

하나님의 은혜 안에서 성실을 다할 때 그 가정과 소유는 생존을 유지하게 됩니다. **"어린 양의 털은 네 옷이 되며 염소는 밭을 사는 값이 되며 염소의 젖은 넉넉하여 너와 네 집 사람의 식물이 되며 네 여종의 먹을 것이 되느니라"**(26,27). 평범한 가장이라도 성실히 살기만 하면 그가 돌보는 어린 양의 털로 옷을 해 입게 되고 염소를 키워 밭을 사며, 식구뿐만 아니라 집에 거하는 종들에게도 넉넉한 양식을 제공하게 된다고 합니다. 한 집의 가장이 열심히 일하면 그 가족 구성원이 먹고살 수 있습니다. 하나님께서 세우신 보편적인 질서입니다. 간혹 사악한 권세가 탐욕을 부려 국민이 수탈당하는 경우가 있으나 그들은 반드시 심판받을 것이어서 근본적인 삶의 원리는 바뀌지 않습니다. 평범하게 보이는 가장의 성실한 삶을 하나님께서는 부자나 권세자들보다 더 귀히 여기시고 그와 식구들을 평안 중에 살게 하십니다. 이처럼 평범한 가장이 성실하게 자기 일을 감당할 때 그와 가족의 삶에 하나님께서 복을 주사 생존하게 하신다는 사실을 이야기하고 있습니다. 이는 단순히 가장을 향하여 경제활동을 성실하게 하라는 뜻으로 하시는 말씀이 아닙니다. 일반적인 삶에서 당연하게 여기는 일을 비유 삼아 주시는 영적인 교훈입니다. 장성해가는 참된 신앙은 평범한 삶을 성실하게 살아내는 모습과 유사하다는 의미입니다.

보편적으로 평범한 가장의 역할은 외적으로 주어지는 보상과 상관없이 자기 임무를 책임감 있게 감당하는 것 자체에 있습니다. 재물이나 권세, 또는 직분이나 감투 등 어떤 보상이 결과로 주어져야 행하는 일이 아닙니다. 자식들이 매일 저녁 부모에게 감사 편지를 써줘야 양육하겠다는 부모는 없습니다. 성실하게 자기 역할을 감당해도 대단한 상을 주지 않습니다. 때로는 자녀들한테 '이것밖에 못 해주느냐'며 원망 섞인 말을 듣기도 합니다. 그래도 부모는 자식을 포기하지 않고 더 잘해 주지 못하는 것 때문에 가슴 아파하면서 눈물을 닦고 자기 책임을 위해 수고를 계속합니다. 그게 가장이요 부모입니다. 대다수 가정에서 평범한 부모들이 일상을 살아가는 모습입니다. 상을 줘야 한다면 재벌이나 권세자들이 아니라 이처럼 칭찬이나 위로를 받지 못해도 식구들 먹여 살리기 위해 손에 굳은살이 박이도록 일하는 평범한 부모들에게 줘야 합니다. 혹자는 다람쥐 쳇바퀴 돌 듯하며 고생하는 인생이 허무하다고 하지만 그렇지 않습니다. 하나님께서는 사람들이 삶의 의미를 어떤 권세나 부요나 업적을 남기는 데서가 아니라 하루하루를 하나님께 순종하여 거룩하고 사랑하는 삶을 사는 데서 찾게 하셨습니다. 겉으로는 다람쥐 쳇바퀴 돌 듯해도 자기 인생을 하나님께 순종하는 것에 목표를 두고 사는 사람이 허망하지 않은 결말을 맞이하게 되어 있습니다. 그런 점에서 평범하게 보여도 주님께 순종하려고 애쓰는 삶이 가장 복되고 의미 있으며 가치 있는 삶입니다. 비록 땅에서 받는 상이 없고 누가 알아주지 않아도 그 사실은 변함이 없습니다.

마찬가지로 신앙은 주님의 말씀을 배우며 그 배운 것을 매일의 삶에서 행실로 옮기는 그 자체에서 가치와 만족을 찾는 법입니다. 잘했다고 칭찬해주지 않아도 성실하게 그 일을 힘쓰며, 또 칭찬받았다고 오만해지지도 않으며 당연히 해야 할 일을 한다는 생각으로 수고하는 것입니다. 그게 신앙이라고, 지혜 있는 사람의 모습이라고 하십니다. 그렇게 할 때 하나님께서 날마다 필요한 양식으로 채우실 것이며, 더욱 풍성한 은혜로 함께하실 것입니다. 주님의 말씀을 배우고 순종하여 행실로 증거하는 인생 자체가 가장 위대한 신앙입니다. 권세나 재물에 해당하는 어떤 결과가 생겨야 신앙의 가치와 위대함이 증명되는 것이 아니고, 하나님의 말씀을 믿고 순종하기 위해 애쓰는 그 자체가 이미 가장 귀한 영광을 누리는 것입니다. 가족을 위해 일하는 것 자체가 인간의 숭고함을 드러내는 것과 같습니다. 주님 말씀을 듣고 사랑하며 그 뜻대로 살아보려고 애쓰는 인생 자체가 이미 진정한 신앙이라는 증거요 가장 숭고한 인생이라는 표시입니다.

이와 다른 내용이나 가치관 때문에 흔들리지 않아야 합니다. 다른 결과를 통해 그 신앙이 확인되는 것이 아닙니다. 예를 들면 '예수 믿었더니 누구는 이런 복을 받았다더라, 신앙생활을 열심히 하더니 유명해졌다더라, 기도해서 어떤 자리에 올랐다더라, 십일조 해서 돈 많이 벌었다더라', 이런 말들에 속지 않아야 합니다. 지식과 행위에 일치하는 신자가 되려고 애쓰는 것 자체가 본질적인 신앙이고 가장 가치있는 인생입니다. 그 신앙이 있는 자체가 땅에서 어떤 권세나 부요나 명예를 누리는 것보다 더 큰 복락이자 하나님을 기쁘시게 하는 최고의 선물입니다. 하나님 자녀로 태어나 그 신분에 어울리는 모습으로 자라는 사실만큼 하나님을 영화롭게 하는 일은 없습니다.

그러한 생각으로 살아가는 신자들에게 하나님은 매일매일 또 하루를 살아갈 수 있는 양식과 은혜를 베푸십니다. 오늘 풀을 베어버려서 내일은 먹을 게 없지 않을까 생각하기 마련이지만 내일 가보면 그 자리에 또 새로운 풀이 자라나 양떼가 먹고 살 수 있듯이 하나님은 성실하게 영의 양식을 구하는 자기 백성들에게 날마다 새로운 은혜를 허락해 주십니다. 평범한 가장과 같이 성실하게 자기 역할을 살아내려고 애쓰는 자들을 기뻐하시며 함께 하십니다. 그 사실을 마음에 두고 하나님의 도우시는 은혜와 복을 기대하며 묵묵히 자기 신앙의 길을 가는 것이 지혜입니다.

Proverbs

문맥으로 보는
잠언 강해 Ⅲ

28장

1. 의인은 사자같이
(잠 28:1-6)

1 악인은 쫓아 오는 자가 없어도 도망하나 의인은 사자 같이 담대하니라
2 나라는 죄가 있으면 주관자가 많아져도 명철과 지식 있는 사람으로 말미암아 장구하게 되느니라
3 가난한 자를 학대하는 가난한 자는 곡식을 남기지 아니하는 폭우같으니라
4 율법을 버린 자는 악인을 칭찬하나 율법을 지키는 자는 악인을 대적하느니라
5 악인은 공의를 깨닫지 못하나 여호와를 찾는 자는 모든 것을 깨닫느니라
6 성실히 행하는 가난한 자는 사곡히 행하는 부자보다 나으니라

지혜로운 신자로 장성해가는 동안 주의해야 할 교훈을 주신 데 이어, 27장 마지막 문단에서는 신앙생활이 마치 성실한 가장이 자기 책임을 묵묵히 감당하는 것과 유사하다고 말씀하셨습니다. 재물이나 권세나 명예 같은 결과물을 얻는 것이 신앙생활의 목적이나 참신앙의 증거가 아니라 주님의 말씀에 순종하는 것이 신앙생활의 목적이자 증거이며 최고의 영광이라 했습니다. 한 집의 평범한 가장이 누가 알아준다거나 늘 칭찬이나 상

을 받아서가 아니라 그저 자신과 식구들을 위해 수고하며 책임을 다하려고 하는 것 자체가 숭고한 삶인 것처럼 신앙생활도 마찬가지라 했습니다. 이 세상에서 무슨 보상이나 영예가 주어지지 않아도 그저 하나님 말씀에 순종하는 그 자체를 생명으로 여기고 성실하게 사는 인생이 지혜로우며 고귀한 삶임을 일러주셨습니다.

본문은 평범한 자가 자기 역할을 성실히 감당하며 일상을 사는 것처럼 성도가 지혜의 가르침을 따라 살아가려고 할 때 가져야 할 마음 자세를 알려주고 있습니다. 먼저 **"악인은 쫓아 오는 자가 없어도 도망하나 의인은 사자같이 담대하니라"**(1)고 합니다. 하나님 백성들은 이 세상을 살아갈 때 담대한 마음을 갖고 살아가는 자들이라는 것입니다. 세상에서 믿음으로 사는 일이 환영받지 못하고 칭찬이 주어지는 일도 아니라는 배경에서 이 말씀이 주어지고 있습니다. 열심히 주님 말씀을 배우고 순종하며 살아도 특별히 상받거나 높아지는 일도 없습니다. 손해 보고 조롱받기도 하며, 악한 사람들에게 핍박받기도 합니다. 그럴 때 주님께 순종하는 삶이 틀린 것은 아닌가 하는 생각이 들게 되어 있습니다. 그 생각을 방치하면 신자의 삶이 무력하게 되거나 아예 다른 길을 택하게 되기도 합니다. 하지만 그리스도인은 그런 상황에서도 담대하게 살아갈 충분한 이유가 있습니다. 자기가 어떤 나라에 속해 있는지를 알기 때문입니다. 그걸 위해 두 사람을 비교하고 있습니다. 악인과 의인입니다.

악인에 대해서는 **"쫓아오는 자가 없어도 도망하는 자들"**이라고 합니다. 늘 불안하고 죄책감에 시달리며 고통 속에 사는 사람을 묘사하고 있습니다. 죄를 지으면 그 자체가 고통입니다. 잡힐까봐 마음이 불안합니다. 그 자체가 형벌입니다. 뉴스에서 죄를 저지른 범인이 잡힌 뒤에 '차라리 잡히니까 속 편하다'고 고백하는 말을 듣습니다. 죄를 숨기고 있는 것 자체가 형벌이었다는 것입니다. 그와 같은 불안감과 죄책감 속에서 사는 자들이 한 부류입니다.

반면에 의인들은 그렇지 않습니다. 여기서 말하는 의인은 한 번도 잘못한 적 없는 완전한 사람이라는 뜻이 아닙니다. 똑같은 죄인이었는데 믿음으로 값없이 죄사함을 받은 뒤에 이제는 지혜의 말씀을 귀담아듣고 순종하려고 애쓰는 자들입니다. 그런 자들을 의인으로 부르고 있습니다. 그들은 사자같이 담대하다고 합니다. 어떤 위험이나 암울한 현실 속에서도 전혀 동요함이 없으며, 무엇보다 형벌에 대한 두려움이나 조바심이 없이 당당하게 사는 자들이라고 합니다. 마치 다윗이 어린 목동이었을 때 무장한 거인 장수 골리앗 앞에서 두려움을 갖지 않은 것과 같습니다. 하나님께서 주신 지혜의 말씀을 순종하기 위해 애쓰는 성도는 이 세상에서 자기에게 칭찬이나 영광 같은 대단한 보상이 주어지지 않더라도 동요됨 없이 당당하게 살며, 또 전에 지은 죄로 인해 마귀로부터 숱한 공격을 받아도 낙심하지 않고 담대하게 사는 자들입니다.

그 이유에 대해 세상에는 서로 다른 두 왕국이 있음을 이야기합니다. "나라는 죄가 있으면 주관자가 많아져도 명철과 지식 있는 사람으로 말미암아 장구하게 되느니라"(2). "나라"라는 말은 원래 '땅'이라는 뜻입니다. 하늘 왕국과 대조되는 지상 왕국들을 강조하는 의미입니다. 땅에 있는 왕국들은 왕조가 계속 바뀐다는 뜻입니다. 땅에 속한 나라들은 누가 권력을 잡아도 영원하지 않습니다. 경건치 않은 자들의 죄 때문에 권력투쟁이 일어나고 이런저런 싸움으로 서로 죽이고 죽으면서 정권이 교체되고 왕조가 바뀌는 일이 계속되어왔습니다. 땅에 있는 나라들은 죄 때문에 결코 영원할 수가 없기 때문입니다.

그러나 왕권이 영원히 지속될 나라가 하나 있습니다. '명철과 지식 있는 사람'이 다스리는 왕국입니다. 이 나라는 땅의 왕국들과 대조되는 하나님 나라이자 예수님이 왕이 되셔서 다스리는 하늘 왕국입니다. 교회가 바로 그의 나라요, 그의 왕국입니다. 이 나라는 통치자이신 예수님이 명철과 지식에서 완전하기에 하나님께서 왕조를 교체할 필요가 없습니다. 영원히 하나님 나라로 남을 것입니다. 성도들은 이러한 나라에 소속된 자들입니다. 땅에 속한 나라뿐만 아니라 신령한 나라에도 소속된 특별한 백성입니다. 그 점이 성도들이 당당하게 이 세상을 살 수 있게 하는 원동력이 됩니다. 그렇게 말할 수 있는 이유가 있습니다.

우선 땅의 권세들은 학대의 원리로 운영되기 때문입니다. **"가난한 자를 학대하는 가난한 자는 곡식을 남기지 아니하는 폭우 같으니라"**(3). 세상의 불의한 권세를 묘사하고 있습니다. **"가난한 자를 학대하는 가난한 자"**라는 말에서 가난하다는 말이 두 번 나오는데, 원문 성경에는 다른 단어가 쓰였습니다. 학대받는 대상을 가리키는 앞의 **"가난한 자"**는 연약하고 가난하다는 뜻으로서 부의 결핍뿐만 아니라 사회적인 힘도 없는 상태를 나타내는 말이고, 학대의 주체인 뒤의 **"가난한 자"**는 '실제로 가난하지만 법적인 권한을 강하게 행사할 수 있는 사람'을 뜻합니다. 둘 다 별것 없는 약한 존재들이나 둘 사이에선 상대적으로 강한 사람을 가리킵니다.

'학대한다'는 말은 자기보다 연약한 자를 억누르고 짓밟아 강탈하는 행위를 의미합니다. 실제로는 별반 차이가 없으면서 조금이라도 더 강한 자가 자기보다 약한 사람을 억압하고 강탈하는 것입니다. 그러한 상황에서 학대하는 사람들을 두고 **"곡식을 남기지 아니하는 폭우"** 같다고 합니다. 추수 때에 폭우가 내려 다 익은 곡식도 쓸려가 버리는 것처럼 가난한 사람을 더 힘들게 만드는 것입니다. 간혹 뉴스에 돈이 많거나 우월한 지위에 있는 자들의 갑질 행태가 보도되지만 어찌 그들만의 문제겠습니까? 세상에는 있는 자가 없는 자를 억누르고 짓밟는 것이 보편화되어 있습니다. 힘 있는 나라가 힘없는 나라를 침략해 식민지 삼는 것을 당연하게 생각하는 제국주의 시절이 있었습니다. 지금도 기회만 있으면 그렇게 할 나라들이 많으며 기업이나 개인적인 관계도 그와 같은 원칙에서 형성되기도 합니다. 학대하고 학대받는 사람들이 끊이지 않습니다. 불의한 권세는 그러한 특징으로 운영됩니다.

그와 같은 권세를 대하는 자들도 두 부류입니다. "**율법을 버린 자는 악인을 칭찬하나 율법을 지키는 자는 악인을 대적하느니라**"(4). 어떤 이들은 불의한 권세를 당연하다고 생각하기도 합니다. 율법을 떠난 사람들은 그처럼 학대의 원리로 사는 불경건한 모습을 오히려 칭찬합니다. 세상이 그렇습니다. 다른 사람을 섬기는 자보다 부리는 자를 더 부러워하지 않습니까? 권세 잡은 자를 부러워하지 않습니까? 몇 사람 죽이면 연쇄살인마라 하지만 자기 정권을 위해 수백만 명, 수천만 명을 죽이면 영웅으로 불리는 역사와 나라가 엄연히 존재합니다. 예수님처럼 하늘 보좌 버리시고 낮고 천한 곳에 내려와 심령이 가난한 자들을 위해 대신 죽어주시고 그들을 높여 하늘 영광에 올리시는 일을 권세라 여기고 본받아야 한다고 생각하는 세상 사람들은 없습니다. 율법을 잊어버린 사람들, 곧 하나님 나라의 통치 법칙을 염두에 두지 않는 사람들은 오히려 가난한 자를 학대하는 통치 원칙을 더 좋아합니다.

그러나 율법을 지키는 사람들은 그렇지 않습니다. 하나님 나라의 통치 법칙인 율법을 사랑하고 따르는 자들은 그와 같은 학대를 반대하고 대적합니다. 지상에 같이 살면서도 서로 다른 통치 원칙을 따릅니다. 성도들이 인정하는 권세는 예수님처럼 낮아지고 섬기며 희생하여 다른 이를 유익하게 하는 것입니다. 권세의 이같은 성격을 기억하는 자들은 약한 자를 학대하는 악인을 대적하게 되어 있습니다. 지상에 있는 사람들이 비록 같은 나라나 같은 직장에 속해 있으며 심지어 한 가정을 이루고 있더라도 서로 다른 통치 원칙이 반영되는 다른 나라 소속으로 살아가고 있다는 것입니다.

5절은 그런 차이가 왜 일어나는지를 말합니다. "**악인은 공의를 깨닫지 못**

하나 여호와를 찾는 자는 모든 것을 깨닫느니라"(5). 하나님의 말씀만이 참된 의가 무엇인지, 사람이 어떻게 살아야 하며, 약하고 가난한 자를 어떻게 대해야 하는지를 올바로 알게 해주신다는 뜻입니다. **"공의"**라는 말은 '공평, 심판'이라는 뜻입니다. 어떻게 가난한 사람을 대해야 하는지, 어떻게 해야 심판을 면하는지에 대해 율법을 따르지 않으면 깨달을 수가 없습니다. 오직 여호와를 찾는 자들, 율법을 지키려고 하는 자들만이 그것을 깨달아 가난한 자를 억압하고 착취하는 자들을 악인으로 여겨 대적하게 되어 있습니다. 하나님께서 주신 헌법, 나중에 심판하실 때 기준으로 삼을 그 율법을 따르지 않으면 약한 자를 학대하는 권세는 더욱 심해질 수밖에 없습니다. 서로 섬기고 위함으로 다른 사람을 살리는 세상이 아니라 약하고 가난한 자를 부려 부자 되고 섬김받는 것이 지극히 당연하다고 믿는 세상이 되는 것입니다. 하지만 그건 심판을 자초하는 행위입니다. 영원토록 유효한 하나님의 법이 이미 확정되어 있기 때문입니다. 그러므로 악인들이 아무리 많은 부요와 권세를 누린다고 해도 그들은 쫓아오는 자가 없어도 도망하는 범죄자의 처지일 수밖에 없습니다. 강도가 체포당하기 전까지 불안에 떨면서 훔친 돈으로 배부르게 먹고사는 것과 같은 것입니다. 성경은 바로 그와 같은 원리로 사는 자를 악인이라고 말합니다. 뉴스에 나온 범죄자만 아니라 가난한 자들과 작은 것이라도 나누려고 하지 않는 사람들을 다 악인이라고 정의하는 겁니다.

결론적으로 평범하여도 자기 책임을 다하며 성실하게 사는 사람이 사자같이 담대할 수 있는 이유를 이렇게 밝힙니다. **"성실히 행하는 가난한 자는 사곡히 행하는 부자보다 나으니라"**(6). '성실히 행한다'는 말은 여기서 완전하기 위해 최선을 다한다는 뜻으로 사용되었습니다. 하나님 나라의 헌법을 지키기 위해 최선을 다하는 사람은 비록 가난해도, 즉 이 세상에서는 환영받지 못하고 억압받고 핍박받을 수 있어도 '사곡히 행하는 부자보다 낫다'고

하십니다. '사곡히 행하는 자'는 하나님의 법을 떠나 일그러지고 비뚤어진 원리를 자기 인생의 가치관으로 삼고 사는 사람을 말합니다. 그런 사람이 재물이나 권세나 명예를 가진 부자일 수 있으나 그런 부자보다 더 낫다는 것입니다. 근본적으로 소속된 나라가 다르기 때문입니다. 땅에서 받는 특별한 결과물이 없어도 오직 하나님의 뜻을 따르기 위해 최선을 다하는 평범한 성도는 예수 그리스도의 통치를 받는 백성입니다. 그 왕국의 권세는 영원하며, 무엇보다 가난한 자를 위하여 자기 목숨을 내어주시기까지 하는 섬김과 희생으로 왕노릇하는 권세입니다. 이 나라에 속한 것보다 복된 일은 달리 없습니다. 그러나 악인들이 소속된 나라는 그렇지 않습니다. 왕조가 영원하지도 못하고 권세의 성격도 불의합니다. 힘 있는 자가 자기 이익을 위해 가난하고 연약한 자를 억압하고 부려 먹는 권세입니다. 그런데도 사람들은 이 땅에서 부자되고 높은 자리 앉아 다른 사람을 아래에 두고 사는 그것이 최고의 인생인 줄 알고 삽니다. 하지만 두 나라의 속성을 보면 비록 가난하고 연약하더라도 하나님의 법을 따르는 것을 최고의 목적으로 삼고 사는 자들이야말로 복되고 영광스러운 백성임이 분명합니다.

그러므로 성도들은 험악한 이 세상을 **"사자같이 담대한"** 모습으로 살아가도 된다는 말입니다. 담대하게 살아갈 이유가 여기에 있습니다. 영구히 소속된 나라의 본질이 완전히 다르기 때문입니다. 엄밀히 말하면 신자들은 이중국적자입니다. 지상의 한 나라 소속이자 동시에 하늘나라 소속 신분증을 가졌습니다. **"오직 우리의 시민권은 하늘에 있는지라 거기로서 구원하는 자 곧 주 예수 그리스도를 기다리노니 그가 만물을 자기에게 복종케 하실 수 있는 자의 역사로 우리의 낮은 몸을 자기 영광의 몸의 형체와 같이 변케 하시리라"**(빌 3:20,21)고 말한 바와 같습니다. 이 하늘나라 시민권이 당시 지상 최고의 권세와 부요를 자랑하던 로마 시민권보다 더욱 좋은 신분증이라는 말씀입니다. 가장 못 사는 나라에서 살아도 이 하늘 왕국의 신분증을 마음에 가진 자들이 복을 얻은 자들입니다. 이 하늘 왕국은 영원히 주님께서 다스리시며 주님은 그 권세로 백성들에게 죄와 눈물과 슬픔과 애통과 죽음이 없는 영생을 베푸시기 때문입니다. 성도들이 비록 많은 것을 누리지 못하는 평범한 자라 해도 담대하게 성도다운 순종을 성실하게 할 수 있는 이유가 이것입니다. 욕심을 위한 열심은 거짓입니다. 지혜로운 자들은 오직 주님께서 다스리시는 나라에 소속되어 있다는 사실에서 힘을 얻어 성도된 삶을 성실하게 살아가는 평범한 자들입니다. 더 나아가 하늘 왕국에 완전히 거할 날을 소망하며 학대와 억압이 보편화된 이 세상에서 사자처럼 당당히 하나님 말씀에 순종하려고 힘쓰는 자들입니다.

2. 의인이 득의하면
(잠 28:7-18)

7 율법을 지키는 자는 지혜로운 아들이요 탐식자를 사귀는 자는 아비를 욕되게 하는 자니라
8 중한 변리로 자기 재산을 많아지게 하는 것은 가난한 사람 불쌍히 여기는 자를 위하여 그 재산을 저축하는 것이니라
9 사람이 귀를 돌이키고 율법을 듣지 아니하면 그의 기도도 가증하니라
10 정직한 자를 악한 길로 유인하는 자는 스스로 자기 함정에 빠져도 성실한 자는 복을 얻느니라
11 부자는 자기를 지혜롭게 여겨도 명철한 가난한 자는 그를 살펴 아느니라
12 의인이 득의하면 큰 영화가 있고 악인이 일어나면 사람이 숨느니라
13 자기의 죄를 숨기는 자는 형통치 못하나 죄를 자복하고 버리는 자는 불쌍히 여김을 받으리라
14 항상 경외하는 자는 복되거니와 마음을 강퍅하게 하는 자는 재앙에 빠지리라
15 가난한 백성을 압제하는 악한 관원은 부르짖는 사자와 주린 곰 같으니라
16 무지한 치리자는 포학을 크게 행하거니와 탐욕을 미워하는 자는 장수하리라
17 사람의 피를 흘린 자는 함정으로 달려갈 것이니 그를 막지 말지니라
18 성실히 행하는 자는 구원을 얻을 것이나 사곡히 행하는 자는 곧 넘어지리라

6절까지의 말씀은 신앙생활 잘한다고 해도 이 세상에서 뚜렷한 보상과 영광이 주어지지 않는 것에 대해 올바로 생각하게 하는 내용이었습니다. **"성실히 행하는 가난한 자는 사곡히 행하는 부자보다 나으니라"**(잠 28:6)는 말씀은 땅에서 많은 것을 누리는 부자면서 율법을 무시하는 사람보다 비록 힘들고 가난해도 율법을 지키려고 최선을 다해 애쓰는 사람이 무한히 더 나은 복락을 받은 사람이라는 뜻이었습니다. 악인이 많은 것을 누리는 부자가 될 수 있지만 그건 범죄자가 체포될 때까지 훔친 돈으로 잠시 호의호식하는 것과 같을 뿐이기 때문입니다. 의인은 그 사실을 알고 땅에서 모든 영광을 다 갖지 못해도 사자같이 당당하게 사는 자들이라고 했습니다. 지혜로운 자는 이 세상에서 현재 무언가를 많이 누리느냐 적게 누리느냐로 율법을 따르는 태도를 바꾸지 않는다는 것입니다.

　　이어지는 본문도 그와 연관된 내용입니다. 이는 18절이 6절과 거의 같은 문구라는 점에서 확인할 수 있습니다. 유사한 주제가 계속되는 것입니다. 가난해도 하나님 말씀을 지키고 순종하는 일에 최선을 다하는 자가 왜 복된지를 구체적으로 이야기합니다. **"율법을 지키는 자는 지혜로운 아들이요 탐식자를 사귀는 자는 아비를 욕되게 하는 자니라"**(7). 지혜로운 아들과 부모를 욕되게 하는 미련한 아들을 대조하고 있습니다. '탐식자를 사귄다'는 말은 탐욕스럽고 방탕한 자의 친구라는 뜻입니다. 이전 문단과 연결하여 생각해 보면, **"율법을 지키는 자"**는 비록 힘들고 가난해도 율법을 지키려고 최선을 다해 애쓰며 당당하게 사는 사람을 가리키며 **"탐식자를 사귀는 자"**는 가난하게 살기 싫어 율법을 버리고 호화롭게 살 수 있는 자와 어울려 다니는 사람이라 할 수 있습니다. 그는 아비를 욕되게 하는 자입니다. 가난해도 율법을 따르는 일에 최선을 다하는 자가 하나님께는 기쁨을 주는 자녀와 같습니다. 하나님은 자녀들이 어떤 어려움과 불이익에도 불구하고 말씀을 배우고 순종하는 일에 최선을 다할 때 가장 기뻐하시는 아버지이십니다.

하나님은 그를 끝까지 붙드시며 책임지실 것입니다. 가난해도 율법을 지키려고 애쓰며 당당하게 사는 자에게 복이 있는 이유가 거기 있습니다.

하나님은 탐식자를 벌하시고 말씀에 순종하는 자를 위하십니다. "**중한 변리로 자기 재산을 많아지게 하는 것은 가난한 사람 불쌍히 여기는 자를 위하여 그 재산을 저축하는 것이니라**"(8). 율법은 이스라엘 백성들이 돈이나 곡식을 꾸어주고 이자를 받는 행위를 엄격히 제한합니다. 이방인들에게 꿔줬을 때는 이자를 받을 수 있어도 동족에게는 받지 못하게 하셨습니다(출 22:25; 레 25:35-37; 신 23:19,20). 이스라엘이 구원받은 것은 전적으로 하나님의 은혜와 자비로만 이루어졌음을 믿는다는 증거였습니다. 형제에게 이자를 취하려는 자는 하나님의 진노를 받으리라고 하였습니다. 그들이 모은 재산은 "**가난한 사람 불쌍히 여기는 자를 위하여 그 재산을 저축하는 것**"밖에 아무것도 아니라는 말입니다. 혹 이스라엘 백성 중에 부당한 이득을 취한 사람이 있으면 하나님께서 그것을 다른 사람에게 돌아가게 하실 것입니다.

여기서 율법을 지킨다는 의미를 분명히 합니다. 율법은 세세한 것까지 순종하려고 애써야 한다는 것입니다. 살인이나 간음하지 말고, 우상을 만들어 섬기지 말라는 것처럼 크고 눈에 확 띄는 죄뿐만 아니라 어려운 이웃을 도와주는 행위 같이 잘 보이지 않는 일에서도 하나님의 뜻을 살펴 지키려고 해야 한다는 말씀입니다. "**율법을 지키는 자**"(4)나 "**여호와를 찾는 자**"(5)가 다 여기에 해당됩니다. 작게 보이는 조항 하나까지 소홀히 하지 않고 다 지키려고 하는 것입니다. 만일 그런 것 없이 종교적 의식에만 열정을 보인다면 하나님께서 가증히 여기실 것입니다. "**사람이 귀를 돌이키고 율법을 듣지 아니하면 그의 기도도 가증하니라**"(9).

하나님은 말씀을 철저히 순종하려고 하지 않으면서 기도나 예배 같은 종교 행위만 열심히 하는 자를 혐오하십니다. 하나님의 말씀을 준행하지 않는 자의 기도는 결국 자신의 육신과 정욕을 위한 탐욕밖에 아무것도 아니기 때문입니다. 그건 하나님을 우상의 수준으로 끌어내리는 것입니다. 우상이나 미신을 믿는 것은 자기 삶을 마음대로 살면서 뭔가 어려운 일이 있을 때만 점쟁이나 무당 찾아가는 행위입니다. 하지만 하나님은 삶의 주인이시며 구원받은 자들이 지켜야 할 도리를 규정해 놓으시고, 그 규정대로 심판하시는 유일한 신이십니다. 따라서 말씀을 듣고 순종하는 것 없이 종교의식만 있다면 형식은 하나님을 섬기는 것처럼 보여도 실은 하나님을 우상의 수준으로 끌어내리는 것입니다. 그래서 하나님은 그런 행위를 혐오스럽다고 표현하신 것입니다. 말씀에 순종하려고 애쓰는 것 없이 종교의식에만 열심을 품는 것은 가증한 종교놀음에 지나지 않습니다. 유명해지고 성공한 인생을 산 것처럼 보여도 아무 소용이 없습니다. 땅 위에 있는 교회 안에서는 그런 가증한 일들이 일어날 수 있습니다. 마치 헤롯 같은 왕이 수십 년을 통치한 것이라든지, 예수님을 대적하고 죽이려 했던 바리새인과 서기관들이 이스라엘의 중요한 직책을 맡고 있던 것과 같습니다. 분명히 이스라엘은 하나님 나라로 불렸으면서도 그 안에는 가증한 자들, 가증한 일들이 많았습니다. 하나님은 정한 때에 그들을 반드시 심판하실 것입니다. 하나님은 그 가증한 것들과 또 정직한 자들을 유인하여 가증한 길로 가게 했던 자들 모두를 다 심판하실 것입니다. "정직한 자를 악한 길로 유인하는 자는 스스로 자기 함정에 빠져도 성실한 자는 복을 얻느니라"(10).

'스스로 자기 함정에 빠진다'는 말은 자기가 지은 죄 때문에 심판받는다는 뜻의 관용어입니다. 정직하게 자기 죄를 회개하며 율법을 듣고 성실하게 지키려는 자들에게만 구원의 복을 나눠주실 것입니다. 물론 하나님께서 그 가증한 것들을 심판하시는 때는 이 땅에서가 아닙니다. 모든 가증한 것들을 심판하시는 때는 장차 주님께서 다시 오시는 때입니다. 그때는 정직한 자를 거짓 신앙으로 인도하였던 모든 사람을 다 심판하실 것입니다. 반면에 가난해도 성실한 자의 모습을 보이는 참된 성도들은 좋은 결과를 얻을 것입니다. 그들은 악인들의 유혹과 억압을 받아도 생명의 좁은 길을 걸어갑니다. 가난해도 율법을 지키며 순종하는 일에 최선을 다합니다. 그렇게 하는 자가 진정 복 있다고 하십니다. 이 땅에서 받는 보상이 없어도 당당하게 하나님 말씀 믿고 순종하며 살만한 이유가 여기 있습니다.

하지만 사람들은 여전히 두 부류로 나뉩니다. 땅에서 부자로 살다 심판을 당할 자와 가난하여도 훗날 영생의 복을 얻을 자입니다. 11절은 그들이 서로 나뉘게 되는 이유를 이렇게 설명합니다. **"부자는 자기를 지혜롭게 여겨도 명철한 가난한 자는 그를 살펴 아느니라"**(11). 부자는 엄밀한 의미에서 율법을 따르지 않으면서 많은 것을 누리는 자들을 가리킵니다. 그들은 유혹자에게 넘어가서 부자가 된 자들입니다. 그들이 유혹에 넘어간 이유는 자기가 똑똑하다고 생각하고 자기 판단력을 과신했기 때문입니다. 그들은 부자 되게 해준다는 그 이론이 하나님의 뜻을 따르는 것이 아님에도 불구하고 자기 생각에 좋아 보여서 그것을 듣고 따라간 자들입니다.

그러나 가난한 자는 자기 판단력을 의지하지 않습니다. 그는 모든 말씀을 유심히 살핍니다. '그를 살펴 안다'는 말씀은 문자적으로 '애써서 탐색한다, 조사한다'는 뜻입니다. 이게 진리인지 아닌지, 부자 되게 해 준다면서 나중에 심판받는 그럴듯한 거짓말인지를 깊이 탐색하는 것입니다. **"명철한 가난한 자"**는 가난하지만 명철한 자라는 뜻입니다. 그들은 이 말씀을 따르면 가난하게 될 수밖에 없음을 알면서도 하나님의 뜻임을 알기 때문에 그 길을 택합니다.

그 모든 선택에 대한 공정한 심판이 있을 것입니다. **"의인이 득의하면 큰 영화가 있고 악인이 일어나면 사람이 숨느니라"**(12). 어떤 사람이 정권을 잡느냐에 따라 즐거워하는 백성들이 다르다는 의미입니다. '득의한다'는 말은 '기뻐하다, 개선가를 올리다'라는 뜻으로 의인들이 권세를 잡은 나라의 영광이 크다는 말입니다. 병행법으로 대조되고 있는 후반부와 비교하면 더욱 분명합니다. 악인이 득세하면 그들의 변덕과 부정한 폭정으로 인해 인재가 발붙일 곳을 잃고 숨어버리고 덩달아 백성들은 어둠의 시간을 보내야 합니다. 그 현상을 비유로 하여 하나님께서 세상을 심판하시고 그 권세를 드러내실 날을 말하고 있습니다(28절에서도 같은 의미로 사용되었습니다). 누가 정권을 잡느냐에 따라 간신이 등용되기도 하고 반대로 진정 나라를 위하는 충신이 등용되기도 하는 것처럼 하나님께서 그 크신 권세로 심판을 행하시는 날에는 의인들이 완전한 영광을 누리게 되리라는 것입니다. 장차 심판과 함께 이루어질 하나님 나라에는 악인이 발붙일 곳이 없습니다. 하나님께서 악인을 명확히 알아보시고 심판하사 쫓아내시고 의인들만 그 나라에 살게 하시고 그들에게만 권세를 허락하실 것이기 때문입니다. 의인들만 하나님이 다스리시는 완전한 천국의 영광을 누릴 것입니다.

물론 의인은 항상 잘하는 사람만 가리키지 않습니다. **"자기의 죄를 숨기는 자는 형통치 못하나 죄를 자복하고 버리는 자는 불쌍히 여김을 받으리라"**(13). 정직한 자가 의인으로 불려 심판의 날에 크게 즐거워하리라는 뜻입니다. 가난해도 율법을 순종하는 것이 복을 얻는 길인 줄 알았지만 그렇게 하지 못한 것을 깨닫고 죄를 고백하고 버리려고 하는 자는 불쌍히 여김을 받아 의인으로 인정받을 것입니다. 하지만 그 죄를 숨기고 고백하지 않은 자는 악한 부자와 같이 하나님의 백성 되는 형통함을 얻지 못합니다.

그때 한 가지 주의할 점이 있습니다. 하나님은 거짓 회개를 다 알고 계신다는 사실입니다. **"항상 경외하는 자는 복되거니와 마음을 강퍅하게 하는 자는 재앙에 빠지리라"**(14). **"죄를 자복하고 버리는 자"**(13)의 마음 자세를 말하고 있습니다. 경외심이 있는 정직이어야 한다는 뜻입니다. 하나님을 두려워하는 마음으로 죄를 자복하는 자들이 의인 대접을 받을 것입니다. 하지만 처벌만 면하려고 거짓으로 죄를 인정하는 파렴치범처럼 회개도 그렇게 하는 자들이 있습니다. 입으로 잘못했다고 말하기만 하면 그 뒤로 율법을 지키기 위해 진심으로 애쓰고 노력하는 것 없어도 만사형통이라고 생각하는 사람들이 많습니다. 죄를 가볍게 여기며 율법의 참된 뜻을 알려고 애쓰지도 않으며, 지키는 데는 더욱 관심도 없으면서 잘못했다고 입으로만 말하는 것입니다. 하나님을 경외함이 없는 그들이 "**마음을 강퍅하게 하는 자**"입니다. 그들은 악인들과 같은 취급을 받아 하나님께서 권세자로 나타나시는 날에 재앙을 피할 수 없습니다. 심판을 피할 수 없는 것입니다. "**가난한 백성을 압제하는 악한 관원은 부르짖는 사자와 주린 곰 같으니라 무지한 치리자는 포학을 크게 행하거니와 탐욕을 미워하는 자는 장수하리라 사람의 피를 흘린 자는 함정으로 달려갈 것이니 그를 막지 말찌니라**"(15-17).

가난한 백성을 압제하는 악한 관원이 울부짖는 사자와 굶주린 곰 같다고 합니다. 이는 땅에서 부자로 사는 것을 최고로 여기고 율법을 지키려는 열망 없이 가증한 종교 행위를 반복하면서도 회개하지 않는 자를 가리킵니다. 그들은 원하는 것을 잔인하게 강탈하는 짐승과 같고 또 뒤를 생각지 않고 가난한 백성을 압제하며 강탈을 일삼는 무지한 통치자와 같습니다. 때가 되면 그들은 권세를 잃고 처벌을 받을 것입니다. 정치인이나 관료들을 지칭하는 말씀이 아닙니다. 율법을 순종하지 않아도 된다는 거짓 교훈을 전하거나 그것을 따르는 자들이 그렇다는 것입니다. 마치 정권 잡은 자들이 나중에 잘못한 것이 드러나면 감옥에 가기도 하고 어떤 나라는 사형당하기도 하는 것처럼 거짓 교훈으로 사람의 영혼을 유인한 자들이나 그것을 따르는 자들은 모두 자기들이 파 놓은 구덩이로 달려갈 것이라, 곧 멸망당할 것이라는 말입니다. 한때 권세 잡았을 때는 많은 것을 누리다가도 훗날 처벌받는 관료들과 같습니다. 하지만 "**탐욕을 미워하는 자는 장수하리라**"고 합니다. 장수한다는 말은 영생을 암시하는 말로서 포학을 행하는 무지한 치리자가 심판받는다는 사실과 대조하고 있습니다. 땅에서 부자되는 것을 율법 순종보다 더 중히 여기는 자들은 심판을 피할 수 없는 것과 반대로 가난해도 율법을 지키는 자들이 훗날 영생을 누리게 될 것입니다.

그러니 가난하여도 율법 앞에 성실히 사는 자가 율법에 불성실하면서 부자된 자보다 낫습니다. 단순히 비교우위에 있다는 뜻이 아닙니다. 그 점을 확정하기 위해 6절과 같은 내용을 다시 반복합니다. **"성실히 행하는 자는 구원을 얻을 것이나 사곡히 행하는 자는 곧 넘어지리라"**(18). 율법을 듣고 순종하는 일에 최선을 다하는 자는 구원을 얻을 것이고 말씀의 본질을 훼손시키면서 부자 된다는 교훈을 좋아해서 그걸 따른 자들은 멸망 받게 되리라고 합니다. 구원을 받느냐 못 받느냐의 문제라는 것입니다. 그때에는 속이는 자뿐만 아니라 속아 넘어가는 자도 함께 심판받게 되어 있습니다. 거짓 선생들만 심판받는 것이 아닙니다. 그들의 가르침을 따라 부자 되게 해준다는 거짓 가르침에 자기 인생과 영혼을 맡긴 사람들도 같이 심판받습니다. 탐심을 충족시켜주는 교리를 진리보다 더 좋아했다는 죄목입니다. 부자 되느냐, 가난하게 남느냐가 중요한 것이 아닙니다. 명철한 자는 진리냐 아니냐를 살피고 거기에 최고의 가치를 두는 사람입니다. 하나님께서는 율법에 대한 자세가 어떠한가, 하나님을 경외하는 마음으로 그 앞에서 정직한가 오만한가, 성실한가 불성실한가로 영원한 천국의 영광을 주실 자를 구분할 것입니다. 그렇기에 가난해도 율법을 성실하게 대하는 자가 복되다고 하십니다. 그들이 영원한 하나님 나라에 구원받은 자로 살 것이기 때문에 지혜롭다는 말씀입니다.

이와 같은 말씀으로 신자들이 이 세상에서 부요함을 얻지 못하는 이유를 설명하며 격려하고 있습니다. 비단 돈뿐만 아니라 다른 여러 형편에서 부유하지 못했더라도 아무 상관 없습니다. 진리에 대한 자세가 올바른가 하는 것이 중요합니다. 그것이 구원과 심판을 나누는 기준이 되며, 하나님은 모든 사람을 그 기준으로 심판하여 천국의 영광과 지옥의 재앙으로 각각 보내실 것이기 때문입니다. 행위로 구원받는 것처럼 느껴지는 말이지만 그렇지 않습니다. 믿음으로 구원받은 사람은 그 영혼이 살아 있다는 증거를 이와 같은 율법에 대한 성실함으로 나타내 보인다는 뜻입니다. 신앙의 연륜이 깊어질수록 이와 같은 가르침을 따라 자기 삶을 이끌어가는 자가 지혜로운 신자입니다.

3. 토지를 경작하듯
(잠 28:19-28)

19 자기의 토지를 경작하는 자는 먹을 것이 많으려니와 방탕을 좇는자는 궁핍함이 많으리라
20 충성된 자는 복이 많아도 속히 부하고자 하는 자는 형벌을 면치 못하리라
21 사람의 낯을 보아주는 것이 좋지 못하고 한 조각 떡을 인하여 범법하는 것도 그러하니라
22 악한 눈이 있는 자는 재물을 얻기에만 급하고 빈궁이 자기에게로 임할 줄은 알지 못하느니라
23 사람을 경책하는 자는 혀로 아첨하는 자보다 나중에 더욱 사랑을 받느니라
24 부모의 물건을 도적질하고 죄가 아니라 하는 자는 멸망케 하는 자의 동류니라
25 마음이 탐하는 자는 다툼을 일으키나 여호와를 의지하는 자는 풍족하게 되느니라
26 자기의 마음을 믿는 자는 미련한 자요 지혜롭게 행하는 자는 구원을 얻을 자니라
27 가난한 자를 구제하는 자는 궁핍하지 아니 하려니와 못본체 하는자에게는 저주가 많으리라
28 악인이 일어나면 사람이 숨고 그가 멸망하면 의인이 많아지느니라

지금 우리는 신앙의 연륜이 깊어가는 자리에서 참되고 지혜로운 신앙생활을 위해 유의해야 하는 점에 관한 말씀을 살피고 있습니다. 28장에 들어와서는 우선, 땅에서 많은 것을 누리는 부자면서 율법을 무시하는 사람보다 비록 힘들고 가난해도 율법을 지키려고 최선을 다해 애쓰는 사람이 무한히 더 나은 복락을 받은 사람임을 그 이유와 함께 알려주었습니다(잠 28:1-6). 이 세상에서 뚜렷한 보상과 영광이 주어지지 않아도 당당하게 살아간다는 의미였습니다.

그리고 그렇게 해야 할 구체적인 이유를 밝혔습니다(잠 28:7-18). 하나님의 심판은 다른 무엇으로가 아니라 율법에 대한 자세가 어떠했느냐로 이루어질 것이기 때문이라 하였습니다. 참된 믿음은 율법을 순종하려는 열망으로 나타나며 오직 그들만이 영원한 천국의 영광을 받을 것이므로 가난해도 주님의 뜻을 성실하게 따르는 자가 복되다는 말씀이었습니다. 그와 같은 사실을 기억하여 가난하고 힘들어도 주님의 말씀을 듣고 순종하는 일에 최선을 다하는 것이 지혜 있는 자의 모습입니다.

이어지는 본문도 참된 신앙을 경주하도록 돕는 말씀입니다. 먼저, "**자기의 토지를 경작하는 자는 먹을 것이 많으려니와 방탕을 좇는 자는 궁핍함이 많으리라**"(19)고 하십니다. "**방탕을 좇는 자**"는 헛된 일을 추구하는 자라는 뜻입니다. 성실하게 일하지 않으면서 일확천금을 노리는 자, 또는 하나님께서 금하시는 일을 통해 이윤을 추구하는 자를 가리킵니다. 8절에서 알 수 있었던 것처럼 동족 중 가난한 자에게 꾸어주고 이자를 받는 자와 같습니다. 이윤에 눈이 어두워 율법을 무시하는 사람의 방식입니다. 그처럼 헛된 욕심을 부리며 사는 자들과 성실한 이익을 거두려는 자를 대조하고 있습니다.

성실하게 일한 사람은 먹을 것이 많으나 헛된 욕심을 부리는 사람은 궁핍하게 된다고 합니다. 언뜻 보면 수단 방법을 가리지 않고 욕심을 내는 사람이 부요할 것 같은데 최종 결과는 반대입니다. 그런 사람이 끝까지 잘 살 수가 없다는 것입니다. 물론 이 세상에서 한때는 불법을 통해 부자로 사는 사람이 있을 수 있습니다. 하지만 그런 사람은 반드시 나중에 궁핍하게 될 것입니다. 그 이유는 20절에서 확인됩니다. **"충성된 자는 복이 많아도 속히 부하고자 하는 자는 형벌을 면치 못하리라"**(20).

복을 주거나 형벌을 내리는 주체에 대해서는 언급하지 않았습니다. 굳이 말 안 해도 알 수 있을 때는 그렇게 합니다. 하나님께서 처리하신다는 것입니다. 성실하게 일한 의인은 하나님께서 복으로 갚으시고, 속히 부자 되려고 했던 자, 곧 하나님의 율법을 무시하면서 세상에서 많이 가지려고 했던 자에게는 벌을 내리십니다. 절대 그들을 죄 없다 아니 하십니다. 부를 원하는 자체를 벌하시는 것이 아닙니다. 율법을 무시한 채 탐욕에 사로잡혀 불법적인 부를 추구하는 행위를 벌하시는 것입니다. 세상에서도 불법으로 부자 되었다는 사실이 밝혀지면 처벌받습니다. 하나님은 더욱 그렇습니다. 사람들은 결과만 볼 수 있지만 하나님은 과정까지 다 보고 계십니다. 속히 부자되기 위해 율법을 무시한 사람은 하나님께서 반드시 심판하실 것입니다. 오직 가난해도 주님의 말씀에 성실한 사람을 복 주십니다. 하나님의 성품이 그러하시기 때문입니다. **"사람의 낯을 보아주는 것이 좋지 못하고 한 조각 떡을 인하여 범법하는 것도 그러하니라"**(21).

얼핏 보면 이 구절은 단순히 뇌물 받고 불법을 저지르는 것이 옳지 못하다는 뜻인 것 같습니다. 하지만 그건 비유를 문자적으로 취급하는 것이며 문맥도 연결이 안 됩니다. 이 말씀은 하나님께서 공평하시다는 사실을 나타냅니다. 하나님은 뇌물 받고 불법을 저지르는 것을 혐오하십니다. 하나님의 그와 같은 성품을 여기서 이야기하는 것은 사람들이 율법 순종을 간과하고 대신 종교의식이나 공적을 앞세우는 것을 하나님께서 뇌물처럼 여기시기 때문입니다. 하나님의 말씀을 제쳐놓고 욕심을 채우기 위해 종교적인 일에만 열중하는 것을 하나님은 위선이라고 하십니다. 위선은 뇌물 주고 공의를 일그러뜨리는 것과 같습니다. 하나님은 그런 성품이시어서 가난해도 주님의 말씀에 성실한 사람에게 복 주시되 땅에서 속히 부자 되기 위해 율법을 무시하는 자들을 혐오하십니다.

그런데도 신앙생활을 뇌물 주는 사람처럼 하는 자가 있습니다. 그들의 어리석음에 관해 이렇게 말씀합니다. "**악한 눈이 있는 자는 재물을 얻기에만 급하고 빈궁이 자기에게로 임할 줄은 알지 못하느니라**"(22). "**악한 눈**"은 현재의 이득만 보고 뒤따라올 심판의 빈궁은 보지 못하는 눈을 가리킵니다. 뒷일은 생각하지 않고 당장 눈앞의 부요함만 가지면 된다는 생각에서 어리석은 짓을 행한다는 말씀입니다. 마치 원래 안 되는 일을 뇌물 주고 성사시켰다고 좋아했지만 얼마 후에 발각되어 처벌받는 것과 같습니다. 세상에서 누리는 복을 얻기 위해 하나님의 뜻을 순종하는 믿음의 본질은 무시하고 그저 종교 행위만 일삼는 사람들이 바로 그들입니다. 그들에 대한 성경의 평가가 이렇습니다. 그들은 눈앞의 이익에만 혈안이 되어 불법을 일삼음으로 한동안 많은 부요를 누리긴 하겠으나 하나님께서 심판하실 때 모든 것을 다 잃어버릴 신세입니다. 가난해도 주님의 말씀에 성실하게 살면서 하늘에 있는 영원한 영광을 받을 자와 달리 이 땅에서 잠시 부요를 누리다 영원한 멸망을 당하는 어리석은 자라는 말입니다.

지혜로운 사람은 현재의 불법적인 이익보다 나중에 참되고 영원한 이익을 알아보는 사람입니다. "**사람을 경책하는 자는 혀로 아첨하는 자보다 나중에 더욱 사랑을 받느니라**"(23). '경책한다'는 말은 정신 차리도록 꾸짖는다는 뜻입니다. 그 사람을 진심으로 위하는 차원에서 행하는 책망이나 징계를 가리킵니다. 그런 책망을 들으면 처음에는 서운하고 원망스럽더라도 나중에는 오히려 고마운 마음을 갖기 마련입니다. 아첨으로 허영심과 자만심을 부추겼다가 나중에 범법이 드러나 처벌받게 되면 서로 원수가 되는 것과 상반됩니다. 이 구절은 누군가에게 항상 바른 소리만 해야 한다는 이야기가 아닙니다. 하나님께서 사람을 그렇게 대하신다는 사실을 기억해야 한다는 뜻입니다. 하나님은 좋은 인상을 위해 사람들이 원하는 대로 해 주시는 분이 아닙니다. 불법적인 일을 들어주셔서 사람들이 하나님을 좋아하게 하려는 그런 분이 아니시라는 것입니다. 당장은 책망하며 힘들게 하셔도 나중에 끝까지 찬양 받으시는 방식으로 일하시는 분입니다. 하나님께서 그런 분이라는 사실을 기억하고 있을 때 가난해도 율법에 성실하게 최선을 다하는 사람이 복된 사람인 줄 알고 당당하게 참된 신앙생활 해 나갈 수 있습니다.

그런 점에서 더 알아야 할 사실은 이 세상에서 부요해야 한다는 생각이 얼마나 패륜적인가 하는 것입니다. **"부모의 물건을 도적질하고 죄가 아니라 하는 자는 멸망케 하는 자의 동류니라"**(24). 부모의 재산을 자기 것처럼 생각하는 자녀들이 있습니다. 부모는 자녀에게 모든 걸 다 주려고 할지라도 엄밀히 따지면 부모의 재산은 자녀 것이 아닙니다. 그런데도 나중에 부모님 돌아가시면 어차피 다 상속받을 거 아니냐며 권리를 주장하는 자녀들이 있는데 성경은 그런 자를 멸망케 하는 자의 동류라, 곧 반드시 멸망 당할 자들과 한통속으로 취급합니다. 부모의 것인데 탐욕에 사로잡혀 자기 마음대로 가지려는 자를 그렇게 표현하고 있습니다. 탕자의 비유가 그런 경우입니다(눅 15장). 부모님이 엄연히 살아계심에도 불구하고 자기 상속분을 미리 달라고 해서 해외로 나가 흥청망청 다 써버린 아들이었습니다. 부모에게는 그처럼 가슴 아픈 일이 없을 것입니다. 예수님은 세상 모든 사람이 하나님 앞에 그런 패역한 자녀와 같은 죄인이며 거기서 회개하고 돌아온 자들이 구원받는다는 사실을 알리기 위해 이 비유를 말씀하셨습니다. 그러나 여기서는 약간 다른 목적으로 그와 유사한 비유가 사용되었습니다. 이 구절 속에 담긴 영적 원리는 하나님 나라의 영광을 불법적으로 미리 상속받으려고 하는 것은 그런 패륜아와 같다는 뜻입니다. 이 땅에서 하나님 믿는 자들에게 주어질 모든 상속분을 다 받으려고 기대하며 원하는 것은 부모의 물건을 때가 되기 전에 가지려고 욕심을 부린 탕자와 같습니다. 패역한 부류라는 것입니다. 하나님께 받을 상속분은 하나님의 영광이기 때문에 하나님께서 주실 때까지 기다려야 합니다. 나에게는 하늘나라의 영광을 받을 권한이 없습니다. 하나님께서 주시겠다고 약속한 것이라서 분명히 받을 것이지만, 상속받을 시기를 내가 정할 수 없습니다. 땅에 사는 동안 하늘나라 상속분인 부요와 영광을 미리 달라고 하는 것은 패륜아입니다.

그런 사람은 아무것도 얻지 못하게 될 것입니다. **"마음이 탐하는 자는 다툼을 일으키나 여호와를 의지하는 자는 풍족하게 되느니라"**(25). **"마음이 탐하는 자"** 는 문자적으로 '혼이 넓은 자'로 번역될 수 있습니다. 마음이 넓어 이해를 잘하는 자를 나타내는 말이 아니라 만족을 모르고 탐욕을 부리는 자라는 의미입니다. 앞에서 말한 부모의 물건을 도적질하고도 죄가 아니라 하는 사람을 가리킵니다. 하늘에서 받을 영광을 기다리며 가난해도 주님의 말씀에 성실하게 살기보다 율법을 무시하고서라도 이 땅에서 부요함을 누리려는 욕심으로 신앙생활 하는 자들을 말합니다. 두 마음을 품은 자와 같습니다(약 1:6). 그런 사람들은 다툼을 일으킨다고 합니다. 자기 힘으로 욕심을 채우려 하나 여의치 않을 때 다툼과 분쟁만 일으키는 것입니다. **"너희 중에 싸움이 어디로, 다툼이 어디로 좇아 나느뇨 너희 지체 중에서 싸우는 정욕으로 좇아 난 것이 아니냐 너희가 욕심을 내어도 얻지 못하고 살인하며 시기하여도 능히 취하지 못하나니 너희가 다투고 싸우는도다"**(약 4:1,2)는 말씀과 같습니다. 마땅히 품을 마음 이상의 것을 원하는 정욕이 다툼의 근원이라는 뜻입니다. 그들은 싸워서라도 탐욕을 채우려 하나 아무것도 얻을 수 없습니다.

그 점은 후반부에서 더 확실해집니다. **"여호와를 의지하는 자는 풍족하게**

되느니라". 탐욕을 부리는 자와 대조하여 "여호와를 의지하는 자"라 합니다. 하나님께서 주시는 것으로 만족하고, 또 필요한 것이 있을 땐 하나님을 의지하여 구하는 자라는 뜻입니다. "마음이 탐하는 자"는 탐욕을 채우기 위해 스스로 나서 싸움도 마다하지 않지만 "여호와를 의지하는 자"는 하나님께서 그 영광을 직접 주실 때까지 묵묵히 자기 일을 성실하게 하는 사람입니다. 땅에서는 비록 외롭고 고통스러운 믿음의 좁은 길을 힘겹게 걸어가더라도 하나님께서 주시는 것으로 만족하며 말씀이 가리키는 길로만 가려고 애쓰는 사람입니다. 여호와를 의지하는 자는 여호와께 모든 걸 맡기는 사람입니다. 그런 사람에게 하나님께서 영광의 부요함으로 풍족하게 채워주실 것입니다. 결과를 하나님께 맡기는 사람이 지혜로운 사람입니다. 여호와의 처분을 기다리며 영광을 주시는 그날까지 자기 일을 묵묵히 수행하며 기다리는 자는 풍족한 상속을 얻을 것입니다.

26, 27절은 그 두 부류의 차이에 관해 이렇게 이야기합니다. 첫 번째는 신뢰의 대상에 차이가 있습니다. "**자기의 마음을 믿는 자는 미련한 자요 지혜롭게 행하는 자는 구원을 얻을 자니라**"(26). 훗날 멸망 당하여 아무것도 얻지 못할 자는 자기 마음을 믿는 어리석은 자요, 반대로 구원받아 하늘에서 풍족한 상속을 받을 자는 자기 마음을 믿지 않고 지혜롭게 행하는 자라고 합니다. 지혜롭게 행하는 자는 자기 마음을 믿지 않고 하나님을 믿는 자입니다. 어리석은 자는 자기 마음의 욕구에만 귀를 기울이나 구원 얻을 지혜로운 자는 하나님을 의지합니다. 어리석은 자는 땅에서 부자 되어야겠다는 자기 마음의 욕구를 따라 불법도 불사하나 지혜로운 자는 이 땅에서 아무것도 받은 것이 없어 보여도 하나님께서 약속하신 대로 그날에 모든 영광을 상속해주실 것을 믿고 묵묵히 좁은 길 가는 사람입니다. 그처럼 지혜로운 인생은 없습니다. 누구의 말을 신뢰하고 따르느냐에 따라 그와 같은 차이가 나타납니다.

두 번째는 그날까지 보이는 행실에서도 차이가 난다고 합니다. "가난한 자를 구제하는 자는 궁핍하지 아니하려니와 못 본 체하는 자에게는 저주가 많으리라"(27). 하나님을 신뢰하고 그 약속을 기다리는 자는 아무것도 안 하면서 기다리기만 하지 않습니다. 자기가 할 수 있는 선에서 가난한 자를 구제하며 살면서 '하나님을 기다리는 자의 특징'을 보입니다. 묵묵히 신앙의 좁은 길을 가는 것은 자기보다 더 어려운 사람을 도우려고 일하는 사람이라는 뜻입니다. 그리스도인은 자기가 잘 먹고 잘살려고 일하는 것이 아니고 다른 사람 도우려고 열심히 일하는 사람입니다. "도적질하는 자는 다시 도적질하지 말고 돌이켜 빈궁한 자에게 구제할 것이 있기 위하여 제 손으로 수고하여 선한 일을 하라"(엡 4:28). 일하는 목적과 방식이 세상과 전혀 다릅니다. 누가 뭐래도 하나님을 신뢰하고 묵묵히 말씀을 따라 사는 것이 하나님을 기다리는 자의 모습입니다. 그러면 그날에 하나님께서 궁핍하지 않게 해 주실 것입니다. 반어법입니다. 더 이상 풍족할 수 없는 부요함으로 채워주신다는 뜻입니다. 하나님을 신뢰하며 그날을 기다리는 자에게는 반드시 그렇게 하실 것입니다. 반면에 자기 마음을 믿는 어리석은 자, 자기 배만 채우려고 가난한 사람을 보고도 못 본 체하는 자에게는 그가 아무리 교회 안에서 잔뼈가 굵고 화려한 규모와 직분을 자랑하고 이 세상에서 많은 것을 누린 부자라고 해도 저주만 주어질 것입니다. 그들이 받을 상은 이 세상에서 다 받았기 때문입니다. 하늘에서 그들이 받을 상은 없습니다.

그 일은 주님의 나라가 세워질 그날에 반드시 일어날 것입니다. "악인이 일어나면 사람이 숨고 그가 멸망하면 의인이 많아지느니라"(28). 이 구절과 유사한 12절에서 확인했던 것처럼 이 말씀은 이 세상 정권이 파멸 당하고 예수님이 왕이 되시는 나라, 곧 새 하늘과 새 땅이 도래하는 그 왕국을 가리키는 비유입니다. 예수님이 재림하셔서 온 세상의 통치자로 인정되고 권좌에 오르시는 그날 이 모든 것이 분명히 이루어지리라는 선포입니다. 그것의 확실함을 지상에서 정권이 바뀔 때마다 각각의 이념에 맞는 인재들이 등용되는 것을 비유로 하여 밝히고 있습니다. 세상 국가의 정권이 바뀌는 것처럼 그날에는 모든 세상의 권세들이 예수님의 권세 앞에 굴복하고 영원한 왕이신 그분 앞에 경배하며, 그때 그 나라는 의인만 거주하는 완전한 영광의 나라가 되리라는 뜻입니다.

이와 같은 말씀을 통하여 하나님은 믿음의 좁은 길 가는 자녀들을 격려하여 주십니다. 힘들고 고통스러워도 이 신앙의 길을 당당하게 갈 만한 이유가 충분하다는 뜻입니다. 하나님께서 어떤 원리로 세상을 심판하고 구원하시는지, 이 세상에서 영광을 구하는 것이 어떤 패륜과 같은지, 묵묵히 내 길을 간다는 것이 어떤 것인지, 하나님을 신뢰하며 모든 것을 하나님의 뜻에 맡기는 것이 얼마나 복되고 지혜로운지를 묵상할 때, 우리에게 주신 믿음의 길을 넉넉히 걸어갈 힘이 생기리라는 것입니다. 지혜의 길이 여기에 있음을 가르쳐주고 계십니다.

Proverbs

문맥으로 보는
잠언 강해 Ⅲ

29장

1. 반드시 임할 나라
(잠 29:1-7)

1 자주 책망을 받으면서도 목이 곧은 사람은 갑자기 패망을 당하고 피하지 못하리라
2 의인이 많아지면 백성이 즐거워하고 악인이 권세를 잡으면 백성이 탄식하느니라
3 지혜를 사모하는 자는 아비를 즐겁게 하여도 창기를 사귀는 자는 재물을 없이하느니라
4 왕은 공의로 나라를 견고케 하나 뇌물을 억지로 내게 하는 자는 나라를 멸망시키느니라
5 이웃에게 아첨하는 것은 그의 발 앞에 그물을 치는 것이니라
6 악인의 범죄하는 것은 스스로 올무가 되게 하는 것이나 의인은 노래하고 기뻐하느니라
7 의인은 가난한 자의 사정을 알아 주나 악인은 알아 줄 지식이 없느니라

28장에서 신앙생활 잘한다고 해도 이 세상에서 뚜렷한 보상과 영광이 주어지지 않는 문제를 어떻게 생각해야 올바르고 지혜로운지를 알려주었습니다. 율법을 무시하는 부자보다 비록 힘들고 가난해도 율법을 전심으

로 지키려고 애쓰는 사람이 왜 무한히 더 나은 복락을 받은 자인지를 설명해 주는 말씀이었습니다. 그 이유는 세상 정권이 완전히 무너지고 메시아의 정권이 들어설 것이며 그 정권은 율법으로 의롭고 공평한 심판을 행하고 영원히 바뀌지 않을 것이기 때문입니다. 더구나 세상에서 영광을 다 받으려 하는 것은 부모가 엄연히 살아있음에도 상속을 미리 불법적으로 받아 챙기려는 것같이 불의한 일입니다. 하나님께서 예비하신 영광을 받을 시기나 분량을 자기가 정할 권한은 누구에게도 없습니다. 불의한 자들은 메시아 왕국에 발도 들여놓을 수가 없습니다. 세상은 단지 정권만 바뀔 뿐 부정과 부조리가 완전하게 정리되지 않으나 메시아의 권세는 다르기 때문입니다. 완전하게 공평한 율법에 따라 의와 불의를 나누고 엄격하게 심판하신 후 영원히 의의 나라를 이루실 것입니다. 그러므로 불의한 이 세상에서 모든 부요를 다 가지려 하지 않고 예수님께서 세상을 심판하신 후 그 통치권을 완전하게 세우실 그날에 받을 영광만 기대하며 가난해도 토지를 경작하듯 묵묵히 율법을 따르려 하는 자가 참으로 지혜로운 자라는 의미였습니다.

이어지는 본문은 메시아의 왕권이 도래하리라는 점에 관해 명확히 합니다. 2절과 16절, 그리고 27절에서도 정권이 바뀌는 것을 의미하는 비유가 주어진다는 점에서 알 수 있습니다. 그리스도의 정권이 들어설 때를 암시하는 말씀으로 그 사실을 기억하고 대비하는 자들이 지혜롭다는 의미입니다. **"자주 책망을 받으면서도 목이 곧은 사람은 갑자기 패망을 당하고 피하지 못하리라 의인이 많아지면 백성이 즐거워하고 악인이 권세를 잡으면 백성이 탄식하느니라"(1,2).**

책망을 들으면서도 악한 짓을 계속하는 사람이 있습니다. 권력의 비호를 받는다거나 당대의 시류가 불의를 걸러내지 못할 때 그러한 일이 일어납니다. 그러나 불의를 처벌할 권력이 등장하면 졸지에 멸망 당합니다. 권력을 등에 업고 숱한 경고에도 불의를 일삼다가 정권이 바뀌면 패가망신하는 자들이 많습니다. 자기 시대가 계속될 줄로 착각하고 있었던 것입니다. 그러나 뒤에 어떤 정권이 들어설 것이냐에 따라 희비가 엇갈리게 되어 있습니다. 그와 같은 현실을 비유로 메시아 왕국의 도래를 이야기합니다. 정권이 바뀔 것을 알고 대비하는 사람, 곧 세상을 율법으로 심판하실 하나님의 왕국이 반드시 올 줄 알고 대비하는 자가 지혜롭다는 것입니다. 그는 다른 삶을 살 것입니다.

한 자료에 의하면 일제 강점기 시절 일본에 편드는 한국인이 급격히 늘어난 때가 병합된 지 30년이 지난 시점이었다고 합니다. 처음에는 변절하지 않으려 했다가도 30여 년이 지나면서 독립에 대한 희망이 사라졌기 때문이었습니다. 만일 1945년에 이 지긋지긋한 식민지 생활이 끝날 것을 알았다면 동족을 팔아먹고 호의호식하는 사람들이 그렇게 많지는 않았을 것입니다. 그래도 독립을 기다리며 희생한 사람들도 많이 있었고 대한민국 국민은 그들의 희생에 빚진 자들입니다. 정부는 그들에게 훈장을 수여하며 그들의 공적을 치하합니다. 당시에는 헛된 꿈을 꾸며 목숨과 가정, 전 재산을 탕진하는 어리석은 자로 여겨지기도 했으나 해방을 맞이하고 정권이 바뀐 뒤에는 그들의 지조와 헌신, 희망과 희생이 얼마나 고귀하고 놀라운 것인지를 인정받게 된 것입니다. 애국지사들의 행적이 놀라운 것은 그들도 언제 해방이 될지 전혀 알지 못했다는 점입니다. 그러면서도 그들은 당시의 부당한 정권에 아첨하지 않고 독립을 위해 모든 것을 바쳤습니다. 눈앞의 어려움만 넘기고 보자는 생각이 아니라 장차 독립하게 될 나라를 염원하며 실권을 잡은 일제에 순응하지 않았던 것입니다. 확실하지도 않은 나라의 독립을 위해서도 그렇게 했다는 사실은 후대의 백성들이 보기에 너무도 놀랍고 고귀한 삶이 아닐 수 없습니다.

그와 같은 특징이 신자들에게도 나타나야 마땅합니다. 왜냐하면 신자들은 이 세상의 불의한 정권이 종말을 고하고 반드시 완전한 의와 공평으로 통치하시는 메시아의 왕국이 도래할 것을 알기 때문입니다. 하나님은 신자들이 이 세상에서도 훗날 메시아의 왕국이 도래할 때 기뻐할 자가 누구인지를 알려주셨습니다. 그는 이 땅에서 가난해도 하나님의 말씀을 듣고 순종하려고 힘쓴 자입니다. 그에게는 메시아의 왕권이 임하는 날 영광의 면류관이 주어질 것입니다. 하지만 그 말씀에 아무런 반응과 순종이 없는 사람은 그 정권이 갑자기 들어서는 날 파멸을 피할 수 없습니다. 1, 2절은 그 이야기입니다. 세상 정권이 심판받는 날은 언제일지는 몰라도 반드시 있을 것이니 그날까지 새롭게 임할 하늘 정권이 요구하는 의와 거룩의 삶을 추구하라는 하나님 말씀에 순종하는 자가 지혜롭다는 것입니다.

신자들은 일제 강점기에 해방을 기다리던 조상들보다 형편이 훨씬 더 낫습니다. 그들은 36년의 세월이 지나는 동안 해방이 될 거라는 아무런 희망도 없었고, 어떤 증거도 없었습니다. 오로지 간절한 소원만 있었습니다. 하지만 신자들은 다릅니다. 하나님은 약속하신 것을 그대로 이루시는 분이심을 성경 역사 안에서 보여주셨고, 이제는 그 모든 역사적 증거를 바탕으로 마지막 하나의 약속만 남은 상태입니다. 곧 재림하셔서 완전한 의만 넘치는 메시아의 정권을 세우리라는 그 약속입니다. 세상 정권이 무너지고 그리스도의 정권이 들어서게 될 것이라는 약속과 그 약속을 믿을 수밖에 없는 증거들이 너무도 많이 주어져 있습니다. 신자들은 막연한 기대나 간절한 소원만 가지는 안타까운 처지가 아닙니다. 증거와 확신과 소망으로 예수님의 정권이 도래할 날을 기다리는 자들입니다. 신자들은 그 정권이 들어서는 날 웃기 위해서 오늘을 인내하는 사람들이며 또 그렇게 해야 하는 자들입니다.

"지혜를 사모하는 자는 아비를 즐겁게 하여도 창기를 사귀는 자는 재물을 없이 하느니라"(3). 앞으로 반드시 임할 그리스도의 나라에서 칭찬받을 자는 지혜를 사모하는 자, 곧 하나님의 말씀을 세상의 이익보다 더 사랑하는 자라는 것입니다. "창기를 사귀는 자"란 세상을 사랑하는 자라는 뜻입니다. 조선 백성이면서 일제에 아부하는 앞잡이 같다는 것입니다. 그런 자들에게 '재물이 없다'는 것은 하나님 나라에서 받을 상속분이 없다는 말입니다. 해방 이후 바뀐 정권에서 매국노로 인정되어 처벌받는 것과 같습니다. 세상의 부요함만 추구하느라 하나님 말씀을 경시하는 자들이 그리스도의 나라에서 받을 상은 없습니다. 하나님 나라에서 받을 영광이 아무것도 없다는 것입니다. 왜냐하면 바뀔 정권의 왕은 의로우신 통치자이시기 때문입니다. 4절이 그 이야기입니다. "왕은 공의로 나라를 견고케 하나 뇌물을 억지로 내게 하는 자는 나라를 멸망시키느니라"(4).

공의로우신 하나님은 율법에 기록된 대로 심판하실 것입니다. 회개하지 않은 자들에게는 그 율법이 곧 심판을 위한 법전이 될 것이고, 정직하여 회개한 자들에게는 그리스도의 은혜로 죄를 사하여 주시며, 그저 조금이라도 애쓴 것을 보고도 잘했다고 하실 것입니다. 바뀔 정권에서는 그 율법으로 모든 사람을 판단하시고 심판하실 것입니다. 뇌물로 유지하던 정권은 반드시 망할 것이나 메시아 왕권은 뇌물이 통하지 않습니다. 하나님께 드리는 뇌물이란 율법을 삶에서 순종하려는 의지는 없이 종교적인 의식으로만 의무를 다했다고 생각하는 행태를 말합니다. 바리새인과 서기관들이 보였던 행태가 그것이었습니다. 십일조하고, 금식하고, 기도 열심히 하는 것을 자랑만 하였지 겸손하게 자기 죄를 인정하고 은혜를 구하지 않았던 그런 모습입니다. 하나님 나라에서는 종교적 의식에 열심을 내면서도 정작 삶을 그 뜻대로 살려고 애쓰는 데에는 전혀 관심이 없는 사람을 뇌물 공여자로 비유하십니다. 공의로우신 하나님께서 다스리시는 정권이 들어설 것을 염두에 두고 사는 자가 지혜롭다는 뜻입니다.

그리고 그처럼 뇌물을 주는 사람에 대하여 이렇게 다시 설명하십니다. "이웃에게 아첨하는 것은 그의 발 앞에 그물을 치는 것이니라"(5). '이웃에게 아첨한다'는 말은 부당한 목적을 가지고 칭찬하며 잘해 준다는 뜻입니다. 뭔가 잘 보여서 부당한 이득을 얻어낼 목적이 있을 때 아첨하게 되어 있습니다. 뇌물을 주는 것도 아첨 중 하나입니다. '어려울 때 마음 놓고 쓰세요'라고 선심 쓰는 척하면서 큰돈을 쥐어 주지만 나중에 가서 '이거 해 달라, 저거 해 달라, 안 해 주면 뇌물 받은 거 다 밝혀버리겠다'는 식으로 발목을 잡습니다. 그게 아첨의 본질이자 뇌물입니다. 의도가 불순한 친절입니다. 그처럼 하나님께도 아첨하는 사람, 뇌물을 주듯 신앙생활 하는 자가 있습니다. 하나님의 뜻대로 살려는 데에는 전혀 관심이 없으면서 종교적 의식에는 열심인 것이 하나님을 향한 뇌물이고 아첨입니다. 하나님은 아첨꾼을 잘 파악하고 계십니다. 하나님께 뇌물 주듯 신앙생활 하지 말아야 합니다. 종교적 아첨을 중단해야 합니다. 오직 하나님 말씀을 따르면서 메시아의 왕국을 위해 수고하고 싸우는 참된 신자로 확인되어야 합니다. 반드시 임할 그리스도의 정권에서 그런 자들을 공평하게 처리하실 것이기 때문입니다. "악인의 범죄하는 것은 스스로 올무가 되게 하는 것이나 의인은 노래하고 기뻐하느니라"(6).

"**악인의 범죄**"는 아첨하는 것을 비롯하여 하나님의 법에 불순종한 모든 행위를 다 가리킵니다. 죄를 짓는다는 것은 자기 스스로 포승줄로 옭아매는 것과 같습니다. 심판을 자초한다는 것입니다. 세상에서는 죄를 지어도 붙잡히지 않을 수 있지만 하나님께는 그럴 수 없으므로 죄인은 죄를 짓는 그 순간부터 이미 심판이 정해진 것입니다. 회개하지 않으면 절대 심판을 피할 수 없습니다. 그런 점을 일컬어 "**스스로 올무가 되게 하는 것**"이라고 합니다. 하나님 나라는 공평하게 구원과 심판을 베푸십니다. 제대로 된 정권이라면 적국을 이롭게 했던 변절자들을 붙잡아 처벌하는 것이 당연합니다. 세상의 국가들은 그 일을 완벽하게 할 수 없지만 하나님 나라는 다릅니다. 장차 임할 그 나라는 이전 정권인 이 세상에서 어떻게 했느냐 하는 것으로 상을 주거나 형벌을 내릴 것입니다. 그때 땅에서 불이익을 당해도 하나님 나라의 법을 따른 사람들에게는 칭찬과 영광을 선물로 주실 것입니다. 그런 사람들을 의인이라고 부르십니다. 의인이란 정직하게 회개하여 잘못한 모든 것을 용서받고, 그 후엔 순종하려고 애쓰는 사람들을 말합니다.

7절은 그들이 애쓰는 것에 관해 이야기합니다. **"의인은 가난한 자의 사정을 알아주나 악인은 알아줄 지식이 없느니라"**(7). 의인은 아첨하지 않고 가난한 자의 형편을 아는 자입니다. **"가난한 자"**는 내가 무엇을 주어도 돌려받을 수 없는 사람을 가리킵니다. 그런 자에게 작은 것이라도 나누어주는 사람이 의인으로 불립니다. 대단한 일을 해야 한다는 것이 아닙니다. 종교적인 뇌물을 위해서가 아니라, 일상의 삶이 그저 하나님 말씀에 순종하는 것을 최선의 충성으로 생각하고 살라는 것입니다. 자기가 심령이 가난한 상태에서 하나님의 무한하신 은혜로 구원받았음을 아는 사람은 다른 사람에게도 자기가 받은 것과 같은 은혜와 자비를 베풀며 살 수밖에 없습니다. 의인은 그 원리로 사는 사람입니다.

악인은 그와 같은 지식이 없습니다. 현세에서 부자되려고 힘 있는 사람에게 아첨하는 것일 뿐입니다. 지극히 작은 자에게 행하는 것이 예수님께 행하는 것이라는 말씀이 귀에 들어오지 않습니다. 그저 이렇게 하면 복 많이 받는다는 말만 즐거워하여 뇌물 주는 방식을 신앙생활로 착각하고 살 뿐입니다. 정권이 바뀔 것이라는 사실과 장차 임할 하나님 나라는 무엇을 칭찬하고 무엇을 처벌하는지에 관해 관심이 없는 것입니다.

본문에서 그와 같은 사실을 알려주셨습니다. 정권이 바뀔 것과 그 정권에서 칭찬하는 인생이 어떠하며, 처벌할 인생은 어떠한지를 자세히 말씀해 주셨습니다. 이와 같은 사실을 기억하고 다음 정권에서 칭찬받을 자로 사는 것이 지혜롭습니다. 수년, 혹은 수십 년 만에 한 번씩 바뀌는 세상 정권에서도 미래를 대비하는 자를 현명하다 할진대 이 세상이 끝난 후 영원히 계속될 하나님 나라를 대비하는 자에 대해서는 더 말할 필요가 없습니다. 그 신령한 나라와 그 나라의 의로운 법령을 최고의 목적으로 알고 사는 것이 가장 지혜로운 모습입니다. 그런 점에서 신자들은 독립을 기대하며 험악한 세월을 견디며 살았던 애국지사들보다 더 유리한 입장입니다. 애국지사들에게는 나라가 반드시 독립된다는 보장이 없었기 때문입니다. 그들이 확실하지도 않은 나라의 독립을 간절히 바라는 마음만으로도 그렇게 싸웠다면 메시아 왕국이 반드시 오게 될 것을 아는 신자들은 얼마나 더 담대해져야 하겠습니까? 왜 일제 강점기 때 일본에 아첨하는 자들처럼 세상에 아부하며 이득을 보려고 하겠습니까? 예수님 정권이 들어서거나, 아니면 내가 먼저 죽어 주님의 나라에 들어가게 되면 무슨 말을 할 수 있겠습니까? 우리가 너무도 잘 알듯이 세상은 반드시 마감될 것입니다. 나는 반드시 죽을 것입니다. 이 세상이 전부가 아니며 나는 영원히 이 땅에서 살 수 없습니다. 설령 수백 년을 장수한다고 가정해도 세상에 충성하여 부요하게 된 사람들이 지혜롭다고 말할 수는 없습니다. 세상이 아무리 길다고 해도 반드시 임할 하나님 나라에 의해 무너질 것이기 때문입니다. 신자들은 이 세상에 속한 자들이 아닙니다. 하늘에서 영원히 살 자들입니다. 하늘에서 칭송받을 길이 무엇인가를 살피며 그대로 살려고 하는 사람입니다. 반드시 임할 하나님 나라를 염두에 두고 오늘을 사는 자를 지혜롭다고 하십니다.

2. 영원히 있을 나라
(잠 29:8-14)

8 　모만한 자는 성읍을 요란케 하여도 슬기로운 자는 노를 그치게 하느니라
9 　지혜로운 자와 미련한 자가 다투면 지혜로운 자가 노하든지 웃든지 그 다툼이 그침이 없느니라
10 　피 흘리기를 좋아하는 자는 온전한 자를 미워하고 정직한 자의 생명을 찾느니라
11 　어리석은 자는 그 노를 다 드러내어도 지혜로운 자는 그 노를 억제하느니라
12 　관원이 거짓말을 신청하면 그 하인은 다 악하니라
13 　가난한 자와 포학한 자가 섞여 살거니와 여호와께서는 그들의 눈에 빛을 주시느니라
14 　왕이 가난한 자를 성실히 신원하면 그 위가 영원히 견고하리라

　　지난 본문은(잠 29:1-7) 세상이 멸망 당하고 메시아 왕국이 임할 것에 대한 말씀이었습니다. 이 땅에서 율법을 무시하며 부자로 사는 것보다 가난해도 율법을 사랑하며 순종하는 자로 사는 것이 왜 참으로 복된지를 확실히 알게 하는 말씀이었습니다. 율법을 토대로 온 세상 정권을 공평하게 심

판하사 무너뜨리고 메시아께서 왕이 되는 나라가 반드시 임한다는 사실만큼, 가난해도 주님의 말씀에 순종하려 애쓰는 참된 신앙을 붙들어야 할 큰 이유가 없기 때문입니다. 거기에 맞추어 이 세상을 나그네로 사는 자들이 지혜로운 신자입니다. 곧 의와 공평으로 통치하는 메시아께서는 종교적 뇌물을 받지 아니하시며 오직 율법에 성실한 의인들에게만 그 나라를 상속받게 하실 것을 알고 자기가 받은 은혜에 어울리는 모습, 곧 가난한 자의 형편을 외면하지 않고 가진 것을 나누어 주려고 애쓰는 것입니다.

이어지는 본문은 흥망성쇠를 반복하다 결국은 소멸하게 될 땅의 왕국이 가진 특성을 보여줌으로 그 이후에 올 영원한 왕국이 어떠한지를 알게 합니다. 이 본문을 통해 여전히 가난해도 율법을 순종하는 것에 최고의 가치와 목적을 두고 사는 것, 곧 잠언서 처음부터 지금까지 언급한 지혜의 가르침을 모두 받고 따르려는 자가 복됨을 암시하고 있습니다.

먼저 장차 땅의 왕국이 소멸하고 메시아의 왕국이 영원히 서게 되리라는 사실 앞에서 세상 사람들이 사는 방식은 둘로 나뉜다는 말로 시작합니다. "**모만한 자는 성읍을 요란케 하여도 슬기로운 자는 노를 그치게 하느니라**"(8). "**모만(侮慢)한 자**"란 '경멸하고 조롱하는 사람들'이라는 뜻이고, "**성읍을 요란케 하여도**"는 성읍 전체를 혼란에 빠뜨리게 한다는 의미입니다. 강력한 대적이 쳐들어오는 경우를 배경으로 하는 말입니다. 이기지도 못할 상대를 허영심에서 조롱하고 경멸하다가 온 성을 위기에 빠뜨리는 자를 가리킵니다. 그들이 '슬기로운 사람들'과 대조되고 있습니다. 경멸하는 사람들이 미련하다는 의미입니다. 심판에 대한 경고를 무시하는 자들이 그처럼 어리석음을 이야기하고 있습니다. 반면에 일어났던 분노도 그치게 하는 슬기로운 자도 있습니다. 이들은 온 도시가 멸망의 위기에 처했을 때라도 신중한 태도를 보여서 생명을 구할 만큼 지혜로운 사람들입니다. 슬기로운 자는 자신이 이길 수 없는 상대임을 알았을 때 적절히 조처해서 상대의 노를 가라앉히고 진멸을 면하는 사람입니다. 이는 지금까지 밝힌 지혜의 말씀을 대하는 태도와 연관 있습니다. 하나님께서 전해 주시는 지혜의 말씀에 어떤 반응을 보이느냐에 따라 심판하러 오시는 메시아 왕국의 호의를 받을지 진노를 받을지가 결정됩니다. 사람들이 말씀에 대해 보이는 자세는 그가 심판주를 경멸하고 조롱하는 미련한 자인지 심판주의 노를 그치게 하는 슬기로운 자인지를 나타내는 표식입니다. 의롭고 거룩한 법전으로 이 세상 모든 권세를 심판하실 메시아 왕국이 조만간 반드시 도래할 것이기 때문입니다.

하지만 어떤 사람들은 그 사실들을 무시하고 완고하게 고집만 부립니다. "**지혜로운 자와 미련한 자가 다투면 지혜로운 자가 노하든지 웃든지 그 다툼이 그침이 없느니라**"(9). "**다투면**"이라는 말은 '분쟁하다, 재판을 받다'는 정도의 뜻으로 두 사람이 재판을 벌이는 상황을 묘사하고 있습니다. 그런데 "**지혜로운 자가 노하든지 웃든지 그 다툼이 그침이 없느니라**"는 말씀은 원문 성경에서는 '그가 노하거나 웃으며 평안이 없다'고 되어 있습니다. 지혜로운 자가 노하거나 웃는다는 뜻이라기보다 미련한 자가 그렇게 한다는 의미에 가깝습니다. 지혜로운 자가 합리적이고 이성적으로 문제를 취급하는 반면 미련한 자들은 화를 내거나 비웃는 행위로 감정적이고 즉흥적으로 처리함으로써 편안하게 끝나는 적이 없다는 뜻입니다. 비유입니다. 세상 권세가 망하고 메시아의 정권이 들어서서 율법을 기준으로 이전 정권인 세상을 모조리 심판하신다는 교훈에 대해서 그리하는 자들이 많다는 뜻입니다. 누가 봐도 틀린 것을 자기만 옳다고 주장하는 자들이 간혹 있습니다. 말이 안 통하고, 자기 생각이 틀릴 수도 있다는 점을 절대 인정하지 않습니다. 그런 사람을 비유로 들어 영적으로 미련한 사람을 설명하고 있습니다. 곧 장차 모든 인류를 위한 심판이 있을 것과 어떤 근거를 가지고 그 심판이 이루어진다고 알려줘도 전혀 들으려 하지 않는 사람은 정확한 증거 없이 원고의 주장을 무시하며 비웃고 화내는 것으로 재판정을 어지럽게 하는 미련한 피고와 같다는 것입니다.

그들이 그렇게 하는 이유가 있습니다. 좋아하는 것이 다르기 때문입니다. **"피 흘리기를 좋아하는 자는 온전한 자를 미워하고 정직한 자의 생명을 찾느니라"**(10). 무엇을 원하느냐에 따라 좋아하는 대상이 달라지는 것은 당연합니다. 도둑은 경찰을 싫어하고, 회개하고 싶지 않은 죄인은 예수님을 싫어하게 되어 있습니다. 피 흘리기를 좋아하는 자는 온전한 자를 미워하는 법입니다. '온전하다'는 말은 하나님께서 욥을 정의하신 말 중 하나로 하나님 앞에 늘 성실하고 하나님의 눈 밖에 벗어나는 것을 가장 무서워하며 사는 사람을 말합니다. **"피 흘리기를 좋아하는 자"**, 곧 땅에서 누릴 영광을 위해 다른 사람의 생명이나 소유를 갈취하는 것을 즐기는 악인들은 온전한 사람을 미워할 수밖에 없습니다. 악한 것을 좋아하고 선한 것을 싫어하는 특징을 가졌기 때문입니다. 반면에 정직한 자는 다릅니다. 10절 후반부는 문자적으로 조금 다르게 번역됩니다. '정직한 자는 그의 생명을 찾느니라', 이렇게 말할 수 있습니다. 병행되는 전반부와 대조해서 그 뜻을 찾자면 정직한 자는 온전한 자를 좋아해서 그 생명을 구한다는 것입니다. 피 흘리는 자와 정직한 자가 대조되어 있습니다. 죄인과 대조되는 말을 의인 대신 왜 정직한 자로 하는지 이제 잘 알 수 있습니다. 사람 자체가 완전하지는 않다는 뜻이 내포되어 있습니다. 하나님께 정직하게 죄를 인정하고 고백할 줄 아는 사람이 의인의 자리에 서게 된 것입니다. 그 정직한 사람은 온전한 자, 의와 거룩을 사랑하고 좋아하는 사람입니다.

서로 다른 정서는 나타내는 반응도 다릅니다. **"어리석은 자는 그 노를 다 드러내어도 지혜로운 자는 그 노를 억제하느니라"**(11). **"노"**라는 말의 히브리어는 분노를 뜻하는 단어가 아니라 '마음' 혹은 '영혼'이라는 의미를 가진 단어입니다. 어리석은 자는 그 마음을 다 쏟아놓지만 지혜로운 자는 자기 속에

담아 둔다는 뜻입니다(70인역). 마음을 쏟는 대상은 문맥에 따르면 세상에 속한 욕망입니다. 어리석은 사람, 곧 심판에 대한 경고를 무시하는 죄인은 세상 욕망에 대해 절제하려는 의지가 없으며, 대신 선하고 온전한 것을 미워하는 데 온 마음을 다 쏟는다는 말입니다. 그의 욕망은 땅에서만 누리고 끝날 것을 향하여 있습니다. 하나님의 말씀을 따르기보다는 모든 일을 자기 뜻대로 하는 것에 가장 큰 의미를 두고 사는 사람입니다. 하지만 지혜로운 사람은 아무리 화려하고 즐겁게 보이며 뭔가 큰 성공을 이루는 것처럼 보여도 율법에 따른 심판이 있을 것 같은 일에 대해서는 마음을 쏟아붓지 않습니다. 어리석은 자와 지혜로운 자를 구별시켜 주는 증거 중 하나가 그와 같은 절제입니다. 지혜로운 사람은 세상 욕망을 절제하는 대신 선하고 온전한 것을 사랑하는 데 온 마음을 기울입니다.

물론 이 세상 왕국은 그러한 욕망을 품고 살아도 처벌받지 않습니다. 각자 원하는 대로 행하며 살아도 아무 일도 일어나지 않습니다. 이 세상 왕국은 근본적으로 부패하고 부조리하기 때문입니다. **"관원이 거짓말을 신청하면 그 하인은 다 악하니라"**(12). **"신청하면"**이라는 말은 요즘은 잘 사용하지 않는 한자어로 '신중하게 듣는다, 귀를 기울인다'는 뜻입니다. 통치자가 거짓말에 귀를 기울이면 그 밑의 관리들은 다 악해지는 게 정권의 특성입니다. 폭군이 다스리는 나라에선 군인이나 관료들이 국민을 괴롭히거나 죽이는 일에 동원되는 경우가 이에 해당됩니다. 통치자가 어떤 말을 듣느냐에 따라 그 나라의 속성이 달라지는 것입니다. 이는 이 세상에 존재하는 모든 나라는 근본적으로 불의하고 불완전할 수밖에 없다는 뜻입니다. 통치자부터 하나님의 심판을 무시하며 조롱하기 때문입니다. 그러면 사람들은 불의한 세상에서 통용되는 가치판단을 전부라고 생각하게 됩니다. 불의한 사람들끼리 합의한 법률, 이 세상 가치로 만족합니다. 따라서 이전 시대에는 죄라 하던 것들도 현재는 죄가 아니라 하면서 이 땅의 일에 온 마음을 쏟아붓고도 안심하고 살아가게 됩니다. 다가올 하늘 정권에 대비하지 않고 불의하고 불완전한 이 세상 정권을 전부로 알기 때문입니다.

하지만 세상이 그렇게 되도록 하나님께서 한시적으로 허용하신 것을 알아야 합니다. **"가난한 자와 포학한 자가 섞여 살거니와 여호와께서는 그들의 눈에 빛을 주시느니라"**(13). 통치자부터 하나님의 심판을 무시하며 조롱한 결과 가난한 자가 부당하게 압제를 받고 포학한 자가 부자로 사는 일이 보편적인 현실이 되었습니다. 마치 세상이 공의와 적절한 보응 없이 아무 간섭도 받지 않고 무심히 흘러가는 것처럼 보입니다. 하지만 여호와께서 그들의 눈에 빛을 주신다고 합니다. '눈에 빛을 주신다'는 것은 생명을 부여한다는 뜻입니다. 창조주이신 하나님께서 두 계층 모두에게 생명을 부여하시고 또 그들 모두에게 은혜를 베풀어 살게 하신다는 말입니다. 악인들도 하나님께서 해와 비의 혜택을 골고루 받게 하십니다. 하나님께서 불의한 세상에 대한 심판을 잠시 미루시고 이 세상에 죄악 세력이 활동하도록 허용하셨습니다. 때가 찰 때까지 이 세상에 죄가 공존하도록 허용하신 것입니다. 그렇지 않으면 모두 다 멸망시켜야 하므로 택한 자에게 구원받을 기회를 주시기 위해서 불의한 나라, 부조리한 일들이 병존하는 세상을 일시적으로 허용하셨습니다.

그러나 잠시 뒤에는 반드시 심판하실 것입니다. **"왕이 가난한 자를 성실히 신원하면 그 위가 영원히 견고하리라"**(14). '신원한다'는 말은 '재판하다, 통치하다'는 뜻이고, **"성실히"**라는 말은 '진리로'라는 뜻입니다. 왕이 진리로 올바르게 재판하며 통치하는 그 나라만이 영원히 무너지지 않고 서 있을 것이라는 말입니다. 하나님은 오직 의로운 통치를 베푸는 왕을 영원히 보존하시기 때문입니다. 이 나라는 장차 올 예수 그리스도의 나라를 가리킵니다. 죄에 오염되어 있는 불완전한 이 세상 정권들을 모두 심판하신 후에 예수님께서 오직 거룩한 진리만을 법령으로 통치하시는 의로운 나라를 세우실 것이며, 하나님은 그 나라를 영원히 보존하실 것입니다.

본문은 이처럼 세상 욕망을 위한 열정을 불태우며 불의와 부조리가 팽배한 이 세상 정권은 곧 망하게 될 것이며 조만간 의로운 메시아 왕국이 세워져 영원히 서 있을 것을 밝히고 있습니다. 그렇다면 어디에 충성해야 지혜롭다고 하겠습니까? 온 세상 사람들이 속한 정권은 사라지고 장차 들어설 메시아 왕국은 의로워서 영원히 견고하게 서 있을 것이 분명한데, 삶의 의미와 가치를 바라보는 눈을 어디에 두어야 하겠습니까? 불의한 이 세상 정권에서는 혹 불이익을 받을지 몰라도 영원히 서 있을 그 나라에서 보상받을 것을 기대하고 하나님의 말씀을 등불과 인도자 삼아 살아가는 인생이 가장 지혜롭습니다.

온 세상은 이와 같은 경고를 무시하고 멸망을 향해서 달려가고 있습니다. 사람들이 즐겨 행하는 일이나 추구하는 가치가 죄악일 뿐인 현실이 점점 더 늘어나고 있습니다. 거의 한계치에 도달하지 않았나 싶습니다. 우리는 그걸 볼 줄 알아야 합니다. 사람들이 죄를 즐기고 죄에 온 마음을 쏟으면서도 '봐라, 아무 일도 일어나지 않는다. 그리스도인들 너희가 미련하고 어리석어서 거짓말에 속고 있다'라고 자신 있게 말하는 어느 순간에 갑자기 하나님께서 임하실 것입니다. 아무도 예기치 못한 날에 세상 죄악에서 해방되는 심판이 있을 것입니다. 성경은 그 이야기를 누누이 하고 있습니다. 잠언 후반부인 현재의 맥락이 주장하고 있는 바가 바로 그것입니다. 우리에게 장차 메시아 정권이 반드시 임하실 것이며 그 나라는 영원하리라는 약속을 분명히 제안하고 있습니다. 이 교훈을 따라 장차 임할 나라, 영원히 서 있을 나라를 기억하고, 그 심판날에 주님 앞에 섰을 때 부끄럽지 않다고 생각되는 일에 온 마음을 쏟는 자가 지혜로운 자입니다. 이 세상에서 많은 불이익과 손해가 있어도, 즐거울 일을 즐기지 못하더라도 장차 영원히 서 있을 나라를 기다리는 마음으로 행한 것이면 그것이 절대 아깝지 않습니다. 장차 그 나라에서 받을 영광이 무한한 값어치가 있는 것이기 때문입니다. 세상 사람들은 아무것도 아닌 것으로 여기는 예배부터 시작하여 여러 가지 다른 즐거움과 돈벌이보다 하나님의 뜻을 살펴 그대로 살려고 애쓰는 작은 수고가 그렇습니다. 그것이 절대 작은 일이 아닙니다. 내가 좋아하는 일, 내가 이 세상에서 마음을 쏟는 일이 과연 어느 나라, 어느 통치자의 마음을 흡족하게 하는 것인지를 확인시켜 주는 증거입니다. 우리는 소속을 분명히 해야 합니다. 세상이라는 나라인지 하늘 나라인지, 어느 날 끝날 나라에만 충성하는 자인지 한 번 일어서면 영원히 쇠하지 않을 나라를 위한 충성인지, 그 소속을 분명히 해야 합니다. 신앙생활은 그것을 밝히는 삶이기도 합니다.

3. 손익계산서
(잠 29:15-20)

15 채찍과 꾸지람이 지혜를 주거늘 임의로 하게 버려두면 그 자식은 어미를 욕되게 하느니라
16 악인이 많아지면 죄도 많아지나니 의인은 그들의 망함을 보리라
17 네 자식을 징계하라 그리하면 그가 너를 평안하게 하겠고 또 네 마음에 기쁨을 주리라
18 묵시가 없으면 백성이 방자히 행하거니와 율법을 지키는 자는 복이 있느니라
19 종은 말로만 하면 고치지 아니하나니 이는 그가 알고도 청종치 아니함이니라
20 네가 언어에 조급한 사람을 보느냐 그보다 미련한 자에게 오히려 바랄 것이 있느니라

28장 이후의 말씀은 주로 심판과 관련되어 나타나는 지혜에 관한 내용입니다. 이 세상 모든 나라들의 권세가 무너지고 예수 그리스도의 권세가 통치하는 하늘나라가 반드시 세워질 것과 또 그 나라는 한 번 세워지면 영원히 무너지지 않을 나라라는 사실에 비추어 볼 때, 어떻게 사는 것이 지

혜롭겠느냐는 의미를 여러 비유로 알게 하였습니다. 장차 한 번 세워지면 절대 무너지지 않고 영원히 서 있을 그리스도의 나라를 기대하며 그 나라에 어울리는 의와 거룩을 힘쓰며 오늘을 사는 것이 지혜라는 말입니다.

본문은 이 지혜를 추구하는 데 있어서 더욱 엄중해야 함을 말합니다. **"채찍과 꾸지람이 지혜를 주거늘 임의로 하게 버려두면 그 자식은 어미를 욕되게 하느니라"**(15). 일반적으로 부모의 꾸중을 들으며 회초리를 맞고 자란 아이가 나중에 더 지혜롭게 되는 상황을 비유로 말하고 있습니다. 아이들이 잘못하는데도 아무 제재도 하지 않고 오히려 마음대로 하라고 놔두기만 하면 이기적인 아이가 되기 쉽습니다. 가치관이 혼돈되어 사회성 있게 살지 못하기 때문입니다. 조금이라도 자기 뜻대로 안 되면 성질부리고 주변 사람을 못살게 구는 것을 당연하게 생각하는 아이들이 그런 부류입니다. 모두에게 피해를 주므로 누구에게도 환영받지 못합니다. 뿐만 아니라 **"그 자식은 어미를 욕되게 하느니라"**고 합니다. 부모까지 욕먹게 한다는 것입니다. 자녀를 훈계하고 교육해야 할 책임이 부모에게 있기 때문입니다.

그러나 '자식 교육 잘 시키자'가 이 구절의 최종적인 의미는 아닙니다. 물론 일반적인 차원에서라도 믿는 부모들은 주님의 뜻을 따라 자녀교육을 올바로 하는 일에 힘을 쏟아야 합니다. 참된 지혜는 인간의 타락한 본성에서 나올 수 없으며 부모의 적극적인 노력과 말씀을 따른 가르침과 모범으로 얻어지기 때문입니다. 하지만 이 말씀이 비유임을 고려하면 자식 교육 잘 못 시킨 부모들이나 잘못 자란 자녀들만 문제라고 생각하면 안 됩니다. 그것을 비유로 하여 지금 심판에 대한 주제와 관련해서 이야기하는 중이기 때문입니다. 신령한 차원에서 그 원리를 적용해야 합니다.

앞에서도 말씀드렸듯이 현재 맥락은 이 세상 모든 정권이 완전히 무너지고 그리스도의 정권이 들어서는 심판이 있을 것이며, 그리스도의 나라는 한 번 세워지면 영원히 무너지지 않을 영광의 나라이므로 그 심판의 날을 대비하며 사는 것이 지혜임을 말씀하고 있습니다. 그렇게 볼 때 이 말씀은 심판을 올바르게 기다린다는 것은 아이가 부모의 책망과 꾸지람을 듣고 자라는 것과 유사하다는 뜻입니다. 모든 성도는 심판에 관한 하나님의 가르침을 엄중한 자세로 들어야 마땅합니다. 누구든지 하나님 말씀을 따라 심판을 대비하지 않으면 꾸지람을 듣지 않아서 패륜아로 자란 아이와 같을 뿐입니다. '사람들에게 잘 보이려고' 구제 잘하고, 기도 열심히 하고, 금식도 자주 하는 사람들을 가리켜 예수님께서 그들이 받을 상을 이미 다 받았다고 말씀하셨습니다(마 6:2,5,16). 지극히 종교적인 일을 했지만 실제로는 심판을 면할 참된 신앙과 전혀 관계가 없었다는 뜻입니다. 심판은 진리를 따라 엄중하게 대비해야 합니다. 자녀가 하고 싶은 대로 하도록 버려두는 것이 올바른 교육이 아니듯 자기 생각을 따라 대충 종교적인 일로 채우는 것은 심판을 올바로 대비하는 것이 아닙니다. 오직 진리를 따라 심판을 올바로 대비하는 자가 지혜롭습니다. 이 세상은 의를 인하여 영원히 다스릴 정권으로 반드시 바뀔 것이기 때문입니다.

"**악인이 많아지면 죄도 많아지나니 의인은 그들의 망함을 보리라**"(16). 이 구절은 정권이 바뀔 때를 가리킨다고 했습니다(잠 29:2 참고). 악인이 많아진다는 것은 심판이 있으리라고 수없이 외쳐도 사회 전체가 그 소리를 무시하여 타락한다는 뜻입니다. 그런 사회에서는 악인이 득세하고 번성하여 의인들이 설 자리가 없어지게 되어 있습니다. 하지만 악인의 득세로 인한 사회의 타락은 의인의 멸망으로 귀결되지 않고 오히려 악인들의 파멸을 부르는 결과가 될 것입니다. 악인의 번성은 지속되지 못합니다. 지금 당장은 의인이 설 자리가 없는 것처럼 보이지만 마지막에는 반드시 의인은 건재하되 악인이 완전히 파멸하는 그런 나라가 세워질 것이기 때문입니다.

그러므로 후손들에게 반드시 세워질 그리스도의 정권을 기뻐하는 인생을 살라고 엄히 가르칠 필요가 있습니다. "**네 자식을 징계하라 그리하면 그**

가 너를 평안하게 하겠고 또 네 마음에 기쁨을 주리라"(17). 이 구절도 단지 자녀를 둔 부모에게만 해당하는 말씀으로 여겨선 안 됩니다. 모든 성도에게 주시는 말씀이기 때문입니다. 단순히 자식 교육을 잘해야 부모 마음이 평안하고 기쁨이 되리라는 뜻이 아니라 그 상황을 비유로 하여 영원한 운명을 결정하는 심판을 준비하는 인생이 가장 지혜로움을 알려주는 말씀입니다. 자식을 징계한다는 것은 앞으로 계속해서 살아야 할 규칙을 권한다는 원리를 나타냅니다. 부모 세대에서 끝날 일을 자식에게 구태여 하라고 하지 않습니다. 자식들이 커서도 써먹을 데가 있는 것을 가르치는 법입니다. 3~40년 전만 하더라도 많은 학생이 주산을 배웠습니다만 요즘에는 거의 없어졌습니다. 컴퓨터가 주산을 대신해서 부모들이 아이들을 주산학원에 보내지 않기 때문입니다. 앞으로도 계속 쓸모 있겠다고 생각되는 것을 아이들에게 권하기 마련입니다. 이 비유를 통해 잠언은 심판을 대비하는 이 문제는 모든 후손에게 예외 없이 공통적이어야 함을 밝히고 있습니다. '심판을 대비하는 삶'은 모든 시대, 모든 사람에게 해당되는 가장 중요한 준비입니다. 시험이나 결혼, 취업이나 사업에 뭔가를 예측하고 준비하는 것을 지혜롭다고 말합니다. 그러나 참된 지혜는 그런 것들을 소홀히 하지 않으면서도 심판이 기다리고 있다는 이 사실만큼은 어떤 경우에도 망각하지 않습니다. 오늘 하는 이 일이 그리스도의 정권이 들어서는 날 주님을 뵀을 때 칭찬받을 일인가 아니면 심판받을 일인가 하는 생각을 늘 하면서 사는 것입니다. 심판날에 대한 의식이 영혼의 호흡처럼 항상 있는 인생이 가장 지혜로운 인생입니다.

물론 그 일은 내가 생각하며 살아야겠다고 다짐한다고 해서 그대로 되지 않습니다. 우리 생각을 가만 놔두면 늘 타락한 본성을 따라 악하고 미련한 곳으로 흘러가기 때문입니다. 영원한 운명을 결정하는 심판을 대비하는 일은 인간이 자기 힘으로 하는 명상이나 어떤 수고로 이루어지지 않습니다. 오직 하나님 말씀의 인도를 통해서만 가능합니다.

"묵시가 없으면 백성이 방자히 행하거니와 율법을 지키는 자는 복이 있느니라"(18). "묵시"는 '환상'이나 '이상'이라는 뜻으로 하나님께서 선지자들에게 자신의 뜻을 알리시던 방편 중 하나입니다. 후반부에 있는 "**율법**"과 같은 의미입니다. 그러니까 초월적인 능력으로 하나님께서 전해 주신 율법을 지키는 것이 자기를 영원한 하나님 나라에서 살아있게 만드는 길이라는 뜻입니다. "**묵시가 없으면 백성이 방자히 행하거니와**", 곧 아무리 능력 있는 사람도 하나님의 뜻을 살피지 않으면 그 생각은 헛된 길로 갈 뿐이라는 뜻입니다. 영생이라는 복을 얻는 길은 하나님의 말씀을 살피고 지키는 데서 나옵니다. "**율법을 지키는 자는 복이 있느니라**", 여기 '복이 있다'는 말씀은 시편 1편 1절에서 "**복 있는 사람은**"이라고 할 때의 "**복**"과 같은 단어로서 '천국 백성이 되는 자격', 그리고 '의인의 회중에 들어가는 것'을 뜻합니다. 모든 성경 말씀을 유의하여 지키려고 하는 자는 그리스도의 정권이 들어서는 날 그 나라 백성으로 확인되는 복을 얻을 것이라는 말입니다. 하나님의 말씀을 따르는 것이 심판을 올바르게 대비하는 방식이요, 또 영혼의 호흡을 할 수 있는 길입니다. 완전하게 지켜서가 아닙니다. 잠언 처음부터 확인했던 바입니다. 완전하게 지키지 못하지만 정직하게 잘못을 아뢰고 더 나은 믿음과 순종을 위해 진실로 애쓴다는 의미입니다. 성도들에게는 율법이 그처럼 이중적으로 작용합니다. 사람을 정죄하지만 죄사함 받은 후엔 더 나은 순종의 인도자가 됩니다. 그런 점에서 율법을 지키는 자가 복이 있다고 하는 것입니다.

19절은 그렇게 하지 않았을 때의 불이익이나 손해를 계산해보고서라도 그 일을 엄중하게 시행해야 한다는 말씀입니다. "**종은 말로만 하면 고치지 아니하나니 이는 그가 알고도 청종치 아니함이니라**"(19). 이 구절은 말 안 듣는 종은 두들겨 패서라도 듣게 해야 한다는 뜻이 아닙니다. 사람의 본성을 들여다보고 하는 말입니다. '좋은 말로만 하면 고치지 않는다'는 말에서 '고치지 않는다'는 말의 원문은 '고쳐지지 않는다'는 뜻입니다. 사람은 좋은 일을 자원하여 할 만큼 선한 본성을 갖고 있지 않다는 것입니다. 어떻게 해야 하는지 알면서도 청종하지 않으려는 본성을 갖고 있습니다. 우리들의 본성이 하나님의 말씀을 대할 때 그렇습니다. 알고도 순종하지 않는 우리 아닙니까? 하지만 그렇게 하지 않았을 때 돌아올 불이익이 얼마나 심각한 것인지를 생각해야 한다는 것입니다. 하나님 나라의 백성이 되는 복을 잃는 것은 세상에서 받는 어떤 불이익이나 손해와 비교할 수 없이 큰 손해를 입는 것입니다. 화재로 전 재산을 잃어버린 것이나 심지어 억울한 죽음을 당하는 것도 이 복을 잃어버리는 손해에 비교할 수 없습니다.

순교자들은 그 가치를 알았던 사람들이었습니다. 스데반이 복음을 전한 것 때문에 하나님의 백성들로 자부하던 동족들에게 돌에 맞아 죽어갈 때 마치 예수님처럼 "주여 이 죄를 저들에게 돌리지 마옵소서"(행 7:60)라고 기도할 수 있었던 것은 그 순간 하나님께서 하늘 영광을 볼 기회를 주셨기 때문입니다. 그 자리에서 아무 죄 없이 목숨을 잃는 억울한 일을 당한다고 해도 결코 손해가 아니라는 것을 하늘 영광을 보고 알았기 때문입니다. 오히려 목숨을 구하더라도 하늘 영광을 잃어버리면 그게 더 큰 손해임을 알았습니다. 따라서 지혜는 자기 본성을 거스르는 일을 행해야 한다는 사실을 알고 그 일을 위해 기도합니다. 장래에 있을 상벌의 가치를 비교해보고, 본성상 할 수도 없으며 하기도 싫은 일을 행하기 위해 그렇게 애쓰는 것입니다. 마음이 시키는 대로 하는 것이 아니라 부패한 본성이 하고 싶은 일과 반대로 살기 위해 기도하며 수고하는 것입니다.

지혜는 그러한 속성을 가졌습니다. 무엇이 더 큰 손해인지를 판단하고 더 큰 유익을 얻는 길을 택하는 것입니다. 본성적으로 싫어하는 일이라도 하나님의 뜻이라면 기도로 도움을 구하며 행하는 모습을 보입니다. 해도 되고 안 해도 되는 그런 일로 생각하지 않습니다. 본성을 거스르는 일이어도 지키려 합니다. 세상 어떤 일보다 중요한 일이 바로 심판날을 대비하여 하나님 말씀을 지키는 일이기 때문입니다.

그러므로 그 일을 참으로 신중하게 해야 합니다. **"네가 언어에 조급한 사람을 보느냐 그보다 미련한 자에게 오히려 바랄 것이 있느니라"**(20). '조급하다'는 말은 경솔하고 성급한 행동이나 말을 나타냅니다. **"언어"**라는 단어는 '말'이란 의미와 함께 '행실'이나 '일'이라는 뜻도 있습니다. 그러니까 말뿐만 아니라 모든 면에서 신중하지 못하고 경솔한 모습을 가리킵니다. 잠시 뒤를 생각하지 않고 즉흥적으로 일을 저지른 후에 금방 후회하는 부류를 비유로 하여, 하나님의 말씀에 따라 장래를 대비하는 말과 행동을 하지 않고 자기 생각에 좋은 대로 하는 사람을 나타내고 있습니다. 즉 영원한 하나님 나라가 속히 오리라는 말씀을 전혀 귀담아듣지 않은 채 살아가는 사람을 가리킵니다. **"그보다 미련한 자에게 오히려 바랄 것이 있느니라"**고 말합니다. 경솔함의 심각성을 부각하는 표현입니다. 심판을 대비한 하나님의 말씀 듣기를 경솔히 하고 자기 생각대로 사는 자보다 더 미련한 자가 없다는 뜻을 전하고 있습니다. 하나님 말씀을 듣지 않아 목숨보다 귀한 영생의 복을 발로 차버리는 행위이기 때문입니다. 이는 마치 거대한 쓰나미가 몰려온다는 다급한 경고 방송을 듣고 피하는 대신 오히려 경고 방송을 비웃으며 지켜 보고 있는 것과 같습니다. 실제로는 그런 사람이 드물겠지만 이 세상이 주님의 경고에 대해 보이는 반응은 그와 같습니다. 심판이 있다는 말을 귀담아듣지 않고 그에 대비하지 않는 사람들이 대부분입니다. 안타깝게도 온 세상이 지금 그렇습니다. 세상은 끝날 날이 있으며 조만간 자기가 죽어 심판대 앞에 설 날이 있다는 외침에 대해 반응을 보이지 않은 채 탐욕을 위해 인생을 소비하는 일에 열심을 냅니다. 수 천 년 동안 하나님께서 그 사실을 알려왔음에도 불구하고 세상은 그 소리를 비웃고 조롱하며 자기 욕심을 채우는 일에 열중해 왔습니다. 그런 사람이 말과 행실에 조급한 사람이라고, 곧 땅에서 얻을 영광을 위해 심판을 대비하라는 하나님의 말씀을 조롱하며 자기 생각대로 고집부리며 살다가 영원한 복을 잃어버리는 어리석은 사람이라고 말하고 있습니다.

잠언은 우리에게 장차 임할 영원한 나라까지 염두에 둔 손익계산서를 철저히 따져볼 것을 요구합니다. 잠시 후면 사라질 땅의 영광을 전부로 삼지 말고 영원한 하늘에서 받을 것까지 다 합쳐 계산해야 한다는 것입니다. 이 땅에서 모든 것을 잃어도 절대 손해 보는 일이 아닙니다. 그걸 아는 자는 장차 반드시 임할 영원한 나라에 대비하여 오늘을 살게 되어 있습니다. 심판이 있으리라고 소리치는 하나님의 말씀을 귀담아들으며 살아가려고 애쓰되 본성을 거스르는 일이기에 기도로 그 삶을 구하게 되어 있습니다. 그가 지혜 있는 자입니다.

4. 당연한 결과

(잠 29:21-27)

21 종을 어렸을 때부터 곱게 양육하면 그가 나중에는 자식인체하리라
22 노하는 자는 다툼을 일으키고 분하여 하는 자는 범죄함이 많으니라
23 사람이 교만하면 낮아지게 되겠고 마음이 겸손하면 영예를 얻으리라
24 도적과 짝하는 자는 자기의 영혼을 미워하는 자라 그는 맹세함을 들어도 직고하지 아니하느니라
25 사람을 두려워하면 올무에 걸리게 되거니와 여호와를 의지하는 자는 안전하리라
26 주권자에게 은혜를 구하는 자가 많으나 사람의 일의 작정은 여호와께로 말미암느니라
27 불의한 자는 의인에게 미움을 받고 정직한 자는 악인에게 미움을 받느니라

29장에서 살펴본 말씀은 불의한 세상 정권이 끝나고 의로 인해 영원히 서 있을 메시아 왕국이 세워질 것과 그 왕국과 관계해서 어떤 사람이 지혜로운지를 알려주시는 비유였습니다. 종말에 심판이 있으리라는 경고를 조롱하며 자기 욕심을 위해 일하는 세상은 마치 쓰나미가 몰려온다는 경고

방송을 들었음에도 피신하지 않고 구경만 하는 사람처럼 어리석으나, 그 경고를 마음에 새기고 심판을 피할 길에 대한 하나님 말씀에 믿음과 순종을 보이는 자가 지혜롭다고 했습니다. 곧 장차 거할 영원한 하늘나라에서 받을 영광은 잠시 거할 이 세상에서 받는 불이익이나 고난에 비교할 수 없이 큼을 알고 험악한 세월 중에도 하나님의 말씀에 믿음과 순종을 보이려 애쓰며, 그렇게 하는 것이 본성을 거스르기에 기도로 하나님께 구하는 자가 지혜롭다는 것입니다.

이어지는 본문은 어떤 일이든 자연스럽게 따라오는 결말이 있다는 사실을 밝힘으로써 지혜를 택하도록 돕는 말씀입니다. 먼저, **"종을 어렸을 때부터 곱게 양육하면 그가 나중에는 자식인체하리라"**(21)고 합니다. 얼핏 보면 이 구절은 집안의 종을 곱게 대우하지 말라는 뜻처럼 들립니다. 하지만 주님의 말씀은 그렇게 저급하지 않습니다. 일반적으로 현실 속에서 있었던 일을 비유 삼아 영적 원리를 전하는 것일 뿐입니다. 자기 자식뿐 아니라 종도 인격적으로 대해야 합니다. 누구도 다른 인격을 부당하게 대우해서는 안 됩니다. '곱게 양육하면 나중에 자식인체 하리라'는 말씀을 직역하면 '제멋대로 하게 두면 배은망덕하게 되리라'입니다. 자기 자식도 제멋대로 내버려 두면 나중에 커서 건강한 사회인이 되지 못하는 예가 다반사입니다. 어릴 때 무엇이 옳은지, 해서는 안 되는 일이 무엇인지를 알려줘야 그 아이가 건강한 인격으로 자라는 법입니다. 마찬가지로 종을 정당하고 올바르게 훈육하거나 제어하지 않고 방임하면 주인에게 해를 초래하게 되어 있습니다. '그러니까 아랫사람은 잘해 주면 안 된다'는 뜻이 아닙니다. 어떤 일이든 자연스럽게 따라오게 되는 결과가 있다는 것입니다. 규율을 정해 놓고 그 안에서 적절하게 훈육하면 정신적으로 건강한 아이로 커 갈 것이나 제멋대로 하게 버려두면 배은망덕한 아이가 될 것입니다.

상습적으로 분노를 표출하는 사람도 마찬가지입니다. **"노하는 자는 다툼**

을 일으키고 분하여 하는 자는 범죄함이 많으니라"(22). "노하는 자"란 문자적으로 '분노의 사람'으로 직역되며 상습적으로 분노를 표출하는 사람을 가리킵니다. 그처럼 성질 잘 내는 사람에게 자연스럽게 나타나는 특징이 무엇이겠습니까? 주변 사람과 다툼이 잦다는 것입니다. 다툼이 잦고 격노하는 사람에게는 범죄가 많은 법입니다. 일반적으로 어떤 일에는 그 뒤에 자연스럽게 뒤따르는 결과가 있습니다. 먹으면 배부르고 안 먹으면 고픈 것과 같습니다.

그와 같이 어떤 일에는 자연스럽게 결과가 뒤따른다는 사실을 연달아 밝힌 목적이 있습니다. "사람이 교만하면 낮아지게 되겠고 마음이 겸손하면 영예를 얻으리라" (23). '사람의 교만은 그를 낮아지게 할 것이고, 마음의 겸손은 영광을 얻을 것이다'라는 뜻입니다. 심판이 있으리라는 경고에 대한 반응이 무엇이냐에 따라 자연스럽게 찾아오는 결과가 각각 다르다는 것입니다. 그 점을 교만과 겸손으로 묘사하고 있습니다. 이 맥락에서 교만은 심판에 대한 성경의 경고를 무시하면서 심판을 피하기 위해 어떤 시도도 하지 않는 자를 가리킵니다. 그 교만이 그를 낮아지게 할 것이라, 곧 심판 때에 구원받지 못하게 할 것이 매우 자연스러운 결말이라는 말입니다. 반대로 마음이 겸손한 자는 심판에 대한 경고를 진지하게 받고 멸망의 쓰나미를 피하여 도망가는 자를 가리킵니다. 하나님 말씀을 듣고 순종하기 위해 힘쓰는 사람입니다. 그는 영광을 붙잡을 것입니다. 장차 하늘 영광에 영원히 속할 자격을 얻게 된다는 말입니다. 하나님의 말씀을 받는 겸손함이 그 영광을 붙잡을 수 있게 하여 줍니다.

그와 관련하여 교만한 사람에 대해 좀 더 자세히 밝히고 있습니다. "도적과 짝하는 자는 자기의 영혼을 미워하는 자라 그는 맹세함을 들어도 직고하지 아니하느니라"(24). "짝한다"는 말은 '함께 걷는 자'라는 의미입니다. 도적이 가는 길과 같은 길을 가는 사람이라, 곧 그와 같은 생각, 같은 가치관을 갖고 사는 사람이라는 의미입니다. 교만하다는 것은 도적의 가치관에 동조하는 사람입니다. 도적이 가진 생각의 기본적인 특징은 부당한 이익을 얻으려 고만 하지 뒷일을 생각하지 않는다는 점입니다. 몰래 훔친 후 도망가는 데만 집중하고 잡힌다는 것까지는 생각하지 않습니다. '맹세를 들을 것이나 인정하지 않을 것이다'라고 해석되는 말씀이 그 뜻입니다. "맹세"는 '저주의 선언, 저주의 맹세'라는 뜻입니다. 도적을 예로 들면 '도둑질하면 언젠가는 반드시 경찰한테 잡혀 처벌받을 것이다'라는 말과 같은 의미입니다. 그런데 그런 말을 해줘도 귀담아듣지 않는다는 것입니다. 도적의 실상이 그렇습니다. 뒤에 올 결과가 무엇인지에 대해 크게 신경 쓰지 않습니다. 부정이든 불법이든 당장의 이익에 눈이 어두워 장차 붙잡혀 처벌받는다고 경고해도 듣지 않습니다. 도둑질하는 자는 반드시 잡혀 그에 상응하는 벌을 받는다는 사실을 안다면 누가 도둑질하겠습니까? 잘만 하면 안 잡힐 것이라고 믿기 때문에, 그래서 훔친 돈 가지고 평생 편안하게 살 수 있을 것이라는 생각으로 도적질하는 것입니다.

도적과 함께 걷는 자라는 말은 자기 인생을 그런 특징을 가진 도적과 똑같은 사고방식으로 사는 사람이라는 뜻입니다. 내 인생이 어디를 향해 가는지, 지금 달리고 있는 길의 종착지가 어디인지 신경도 쓰지 않고 그냥 지금 달리고 있다는 자체가 좋아서 가고 있다면, 지금 즐기는 자체가 전부라고 이야기하는 자들과 함께 가고 있다면 그건 도적과 같은 길을 가는 것입니다. 이것은 또한 교만한 것이고, 자기 영혼을 미워하는 것입니다. 자기를 학대하고 괴롭히는 것만 자기를 미워하는 것이 아닙니다. 뒷일 생각하지 않고 도적들과 똑같은 가치관으로 사는 것, 즉 지금 하는 일이 장차 임할 영원한 나라에서 영광을 얻을 일인가 아닌가에 대한 고민 없이 다만 오늘을 즐기며 누리자는 생각으로 사는 것이 교만입니다. 하나님의 권고를 무시하고 도적의 사고방식과 그 제안에 보조를 맞춰 걷기 때문입니다.

하나님은 그처럼 도적과 함께 걷는 자들을 반드시, 그리고 철저히 처벌하시는 재판장이십니다.

물론 세상에는 도적질하고도 한동안 편하게 산다든지, 평생 잡히지 않는 자들도 있습니다. 하지만 하나님 앞에서는 어림도 없습니다. 하나님은 사람의 교만을 철저히 낮추시고, 겸손을 반드시 영광스럽게 하실 것입니다. 마음의 교만도 처벌하실 것입니다. 심판날에 그 일을 정확하게 이루실 것입니다. 모든 것을 감찰하시는 하나님께서 인간의 모든 행위를 심판하실 것입니다. 그래서 도적과 같은 생각으로 사는 자들을 가장 어리석은 자라고 하는 것입니다.

25절은 도적과 짝하는 사람들이 그렇게 하는 주된 이유가 한낱 핑계일 뿐이라는 사실을 밝힙니다. **"사람을 두려워하면 올무에 걸리게 되거니와 여호와를 의지하는 자는 안전하리라"**(25). 세상을 사랑하며 그들과 보폭을 맞추어 사느라 심판에 대한 준비를 게을리하는 가장 근본적인 이유는 사람을 두려워하는 것이라고 합니다. 그렇게 하지 않으면 이 세상에서 설 자리를 잃어버릴 것 같은 두려움, 곧 사람에 대한 두려움 때문이라는 것입니다. 하나님의 말씀과 보폭을 맞추지 않고 도적과 같은 사람들의 가치관에 발맞추어 사는 사람들의 말이 늘 그렇습니다. '이렇게 하지 않으면 살 수가 없습니다. 요즘이 어떤 세상인데 하나님의 말씀을 가장 중요하게 생각하고 거기에 맞춰 살 수 있겠습니까? 그러면 못 삽니다. 그렇게 살다가는 조롱거리가 될 뿐입니다.' 이런 생각으로 저들과 보폭을 맞추어 산다는 것입니다.

하지만 성경은 말합니다. 사람이 무서워서 그들과 같은 생각으로 발맞추어 살면, 곧 심판을 대비하라는 경고에도 상관하지 않고 오직 세상을 즐기기 위해서만 살면 처벌받게 될 뿐이나, 어려움 중에서도 여호와를 신뢰하고 의지하는 자는 하나님께서 끝까지 책임지실 것이므로 안전하리라고 합니다. "안전하리라"는 말은 '도달할 수 없을 정도로 높은 곳에 놓여지다'라는 뜻입니다. 즉 여호와 하나님께서 아무도 접근하여 해악을 끼칠 수 없도록 완전하게 보호하여 주심을 나타내고 있습니다.

여기서 보면 교만은 결국 누구를 무서워하고, 누구를 의지하느냐 하는 문제로 귀결됩니다. 사람들을 두려워하여 그들과 보폭을 맞추는 데에만 마음을 쓰는 사람을 교만한 사람이라 하고, 하나님을 믿고 두려워하며 의지하는 자들을 겸손한 사람이라고 합니다. 하나님은 그런 사람들을 책임지실 것이고 정권이 바뀌는 그때 사람들이 결코 도달할 수 없는 높은 곳의 영광을 붙잡게 하실 것입니다. 자연스럽게 그와 같은 결말이 날 것입니다. 종을 어렸을 때부터 제멋대로 하게 버려두면 배은망덕한 자가 되기 쉬운 것처럼, 성질 잘 내는 사람은 다툼이 잦고 격노하는 사람은 범죄가 많은 것처럼, 하나님 말씀을 무시하고 사람을 두려워하여 보조를 맞추어 걷는 교만은 심판을 받게 될 것이나, 하나님을 의지하여 세상에 대한 두려움을 이기고 그 말씀을 듣기로 하는 겸손은 영광을 얻게 될 것입니다.

하나님께는 그 일이 아무것도 아닐 만큼 큰 권력이 있습니다. **"주권자에게 은혜를 구하는 자가 많으나 사람의 일의 작정은 여호와께로 말미암느니라"**(26). **"일의 작정"**은 '판결, 재판, 심판'이라는 뜻을 가진 단어입니다. 여호와 하나님께서 가장 큰 권력을 갖고 심판하시는 분이라는 의미입니다. 이 말씀은 사람들이 흔히 세상에서 힘 있는 권세자에게 청탁을 하고 은혜를 구하나 가장 큰 권세로 참된 판결을 하는 이는 여호와 하나님이시라는 뜻입니다. 그러므로 이 구절은 사람을 무서워하는 것이 이해 못 할 일은 아니나 턱없이 어리석다는 뜻입니다. 그것은 판결권을 가진 재판장이나 왕에게 가서 은혜를 구해야 할 텐데 전혀 힘도 못 쓰는 법원 경비에게 가서 재판 도와달라고 청탁하는 것과 같다는 것입니다. 여호와 하나님보다 세상을 두려워하는 것이 그와 같습니다. 하나님만이 온 세상 모든 주권자를 자기 손아

귀에 놓고 그 뜻대로 심판하는 권력을 갖고 있는 유일한 신이시기 때문입니다.

하나님은 그 크신 권세로 교만한 자와 겸손한 자를 각각 다른 결말로 인도하실 것입니다. "**불의한 자는 의인에게 미움을 받고 정직한 자는 악인에게 미움을 받느니라**"(27). 이 구절도 2절, 16절처럼 정권이 바뀔 때를 암시합니다. 그때 일어날 일을 묘사하고 있습니다. 의인들은 불의한 자를 가증스럽게 여기고 악인들은 정직한 자를 가증스럽게 여긴다고 합니다. 그들은 서로 한 나라에서 같이 살 수 없는 존재들입니다. 하나님께서 그들을 서로 나누시므로 조만간 두 나라로 나눠지게 될 것입니다. 중요한 문제는 장차 영원한 영광으로 임할 하나님 나라에는 어떤 사람이 받아들여질 것이냐입니다. 하나님 나라에는 불의한 자, 곧 도적과 보폭을 맞추어 살아가며 심판을 대비하지 않은 자는 받아들여지지 않습니다. 대신에 '길이 정직한 자'가 받아들여질 것입니다. 우리말 성경은 '길이'라는 말이 생략되었습니다. 도적과 같은 길을 가는 불의한 자의 반대가 '길이 정직한 자', 즉 '정직한 길을 가는 자'라고 합니다. 원래 도적과 짝하는 불의한 자와 반대되는 사람은 '겸손하고 사람을 미워하지 않고 여호와를 의지하는' 것에서 완전한 자여야 됩니다. 하지만 여기서 완전한 자라는 말을 사용하지 않고 "**정직한 자**"라고 합니다. 길이 올바르기도 하지만 무엇보다 하나님 앞에 자신의 부족함을 진실하게 고할 줄 아는 자라는 말입니다. 그의 인생 역시 의심도 많고 두려움도 많고 실패도 많으나 늘 하나님 앞에 정직하게 고하며 죄를 씻김받고 점점 더 완전한 자를 향하여 자라갑니다. 그들은 악인에게는 미움을 받지만 하나님께는 영광을 받을 것입니다. 지극히 높은 곳에 안전하게 거하게 될 것입니다. 자기 스스로 완전하게 심판을 대비하지 못했다 하더라도 하나님 앞에 늘 정직한 자로 사는 자들을 하나님께서 끝까지 책임지시기 때문입니다. 이와 같은 일이 자연스럽게, 당연히 일어날 것입니다.

본문은 이와 같은 말씀으로 심판을 대비하며 정직하게 사는 것이 얼마나 지혜로운 것인지를 알려주고 있습니다. 주위를 돌아보면 아무도 심판이 있다는 하나님의 경고에 전혀 귀 기울이지 아니하며, 모두가 사람을 무서워하여 세상과 짝하여 살고 있지만 그들의 결말은 자연스럽게, 그리고 반드시 심판의 멸망에 처할 것입니다. 반대로 그런 세상 한 가운데서 여호와의 권세를 믿고 그 이름을 의지하여 말씀을 따라 심판을 대비하며 사는 자는 자연스럽게 하늘 영광으로 인도함 받을 것입니다. 그 사실을 알고 겸손하게 하나님 말씀을 따라 믿고 순종함으로 심판을 대비하는 자들이 참으로 지혜로운 자들입니다.

Proverbs

문맥으로 보는
잠언 강해 Ⅲ

30장

1. 필요한 양식으로
(잠 30:1-9)

1 이 말씀은 야게의 아들 아굴의 잠언이니 그가 이디엘과 우갈에게 이른 것이니라
2 나는 다른 사람에게 비하면 짐승이라 내게는 사람의 총명이 있지아니하니라
3 나는 지혜를 배우지 못하였고 또 거룩하신 자를 아는 지식이 없거니와
4 하늘에 올라갔다가 내려온 자가 누구인지, 바람을 그 장중에 모은자가 누구인지, 물을 옷에 싼자가 누구인지, 땅의 모든 끝을 정한 자가 누구인지, 그 이름이 무엇인지, 그 아들의 이름이 무엇인지 너는 아느냐
5 하나님의 말씀은 다 순전하며 하나님은 그를 의지하는 자의 방패시니라
6 너는 그 말씀에 더하지 말라 그가 너를 책망하시겠고 너는 거짓말 하는 자가 될까 두려우니라
7 내가 두 가지 일을 주께 구하였사오니 나의 죽기 전에 주시옵소서
8 곧 허탄과 거짓말을 내게서 멀리 하옵시며 나로 가난하게도 마옵시고 부하게도 마옵시고 오직 필요한 양식으로 내게 먹이시옵소서
9 혹 내가 배불러서 하나님을 모른다 여호와가 누구냐 할까 하오며 혹 내가 가난하여 도적질하고 내 하나님의 이름을 욕되게 할까 두려워함이니이다

잠언 결론부에 해당하는 30장과 31장에는 그동안 지혜와 명철에 관해 살펴본 내용을 바탕으로 성도들에게 주는 권면의 말씀이 담겨 있습니다. 29장까지는 대략 세 부분으로 나눌 수 있습니다. 첫 번째는 서론적인 언급에 이어 하나님의 말씀을 믿고 순종하는 길을 택하는 신앙이 왜 지혜인지에 대해 말씀하시고(1-9장), 두 번째는 그렇게 해서 신자가 된 사람이 계속해서 자라가기 위하여 가져야 하는 지혜의 요소가 무엇인지에 대해(10-18장), 세 번째는 그렇게 하는 가운데 주의해야 할 여러 가지 요소에 관해 말씀하셨습니다(19-29장). 특히 세 번째 부분에서는 그럴듯하게 속이는 거짓 증인들에 관한 비유부터 장차 반드시 임할 영원한 왕국에 관한 비유까지 언급함으로 믿음을 버리게 하려는 온갖 거짓 교훈 가운데서도 지혜로운 자로 영원히 인정받을 수 있는 길이 무엇인지를 알게 하였습니다. 심판날을 앞두고 사는 인생임을 알아 땅에서 누릴 짧은 부요보다 하늘나라에서 영원히 누릴 영광에 가치와 무게를 두고 살아가는 것이 지혜인 줄 알고 그것을 택하게 하려는 의도입니다.

　이 말씀을 반복하여 묵상하며 그 의미를 마음에 받아들여 사는 인생은 요셉과 다니엘이 받았던 하늘의 초월적인 지혜와 명철을 가진 것과 같습니다. 잠언은 그들이 경험했던 것과 같은 초월적인 현상이 전혀 나타나지 않음에도 그들이 가졌던 것과 같은 지혜와 명철을 이야기하는 책이기 때문입니다. 이 비유의 말씀은 요셉과 다니엘이 받았던 그 초월적인 지식과 전혀 다르지 않은 무게의 진리라는 뜻이었습니다.[1] 이 점을 기억하고 말씀을 계속하여 묵상하는 것이 당연합니다. 참되고 영원한 지혜와 명철을 우리에게 주고자 하신 하나님의 선물이기 때문입니다.

　30장과 31장은 그런 차원에서 마지막으로 권면하는 비유의 말씀들로

---

1) 신혁, 잠언강해 1권 20-28p 참고.

이루어져 있습니다. 그것을 아굴이 아들들에게 말한 형식으로 이야기하고 있습니다. "이 말씀은 야게의 아들 아굴의 잠언이니 그가 이디엘과 우갈에게 이른 것이니라"(1). 여기 나오는 야게나 아굴, 또 이디엘과 우갈이 누구인지는 구체적으로 알 수 없습니다. 이에 대해 다양한 해석이 있습니다. 하지만 그 점은 각자가 주석들을 참고한다든가 해서 더 자세히 알아보기로 하고 우리는 25장 1절에서 밝힌 것처럼 솔로몬의 잠언을 편집한 히스기야의 신하들이 역시 하나님의 영감을 받아 이 자리에 들어갈 교훈에 합당한 말씀을 택하여 함께 기록한 말씀임을 기억하고 넘어가기로 하겠습니다.

이어지는 본문을 보면 이전과 다른 입장에서 말하는 사실을 알 수 있습니다. 왕과 지혜자의 입장에서 성도들에게 권면했던 지금까지와는 다르게 본문은 자신의 어리석음을 인정하는 내용으로 시작합니다. **"나는 다른 사람에게 비하면 짐승이라 내게는 사람의 총명이 있지 아니하니라"**(2). 원문에는 **"다른 사람에게 비하면"** 이라는 말이 없습니다. 문자적으로 보면 '나는 사람보다 짐승이다'입니다. 다른 사람보다 특별히 미련하다는 한탄이 아니라 인간의 근본적인 무지와 무능력을 드러내는 표현이라고 하겠습니다. 지금까지 전해진 지혜와 명철의 말씀과 관련하여 인간이 원래 그것을 가질 수 있었으며 또 반드시 가져야 하는 참된 지식이었으나 그것의 부재를 고백하는 말입니다.

그렇게 말할 수밖에 없는 이유는 이것입니다. **"나는 지혜를 배우지 못하였고 또 거룩하신 자를 아는 지식이 없거니와"**(3). 참된 지혜를 배우지 못해 거룩하신 분을 아는 지식이 없기 때문이라고 합니다. 지금까지 전해준 지혜의 말씀, 곧 영원히 지혜로운 자로 인정받을 수 있는 생명의 길과 그 길을 계시하신 하늘 아버지에 대한 신령한 지식에 대해 스스로 알 수 있는 능력이 없어 들어도 알지 못한다는 뜻입니다. 단순히 아굴 혼자만의 이야기가 아닙니다. 모든 인간이 처한 상황을 아굴의 입을 빌려 대변하고 있습니다.

모든 인간이 죄로 말미암아 이성의 능력까지 타락하여 하나님에 대한 신령한 지식을 가질 수 없는 형편을 밝히는 것입니다.

4절이 그 점을 분명히 말합니다. "**하늘에 올라갔다가 내려온 자가 누구인지, 바람을 그 장중에 모은 자가 누구인지, 물을 옷에 싼 자가 누구인지, 땅의 모든 끝을 정한 자가 누구인지, 그 이름이 무엇인지, 그 아들의 이름이 무엇인지 너는 아느냐**"(4). '하늘에 올라갔다가 내려온 자가 누구냐'는 말씀은 어떤 인간도 하나님의 존재와 그 영광의 본질에 관해 이야기할 수 없다는 뜻입니다. 접근하여 파악하기는커녕 볼 수도 없는 대상에 대해 무엇을 안다고 말할 수 없습니다. '바람을 그 장중에 모은다'는 것은 자연을 다스리며 제어하시는 능력을 말합니다. 사람이 바람의 길과 세기는 물론 또 그 바람이 부는 때를 정하지 않았습니다. 이미 나타난 현상을 관찰하는 것뿐입니다. '물을 옷에 싼 자가 누구냐'는 말씀은 구름 속에 비가 머물러 있는 현상의 시적인 표현입니다. 누가 구름을 만들어 비를 머금고 있게 하여 이리저리 옮겨 다니며 땅을 적시게 하였는지, 온 땅을 창조하시고 모든 만물이 거할 터전을 마련하신 분이 누구신지, 그 이름이 무엇인지, 그 아들의 이름이 무엇인지를 묻습니다. "**그 아들**"은 궁극적으로 성자 예수 그리스도까지 의미가 확장될 수 있겠지만 문맥상 '하나님의 지혜'로 이해할 수 있습니다(요 1:1 참조). '이름을 안다'는 말은 단순히 호칭을 아는 것에 그치지 않고 그 본질과 속성을 속속들이 알고 누리며 깊이 교제한다는 뜻입니다. 이같은 지식은 하나님께서 가르쳐주시기 전에는 절대 알 수 없습니다. 사실 "**너는 아느냐**"로 번역된 마지막 문장은 문자적으로는 '분명히 너는 알리라'고 말할 수 있습니다. 긍정적인 의미가 아니라 부정적인 의미로서, 계시를 깨닫게 하시는 은혜가 아니면 절대 알 수 없다는 사실을 강조하는 수사학적 문구입니다. 하나님께서 자신을 계시하시면서 '내가 이런 존재다, 이런 일을 행하였다'고 가르쳐주지 않으시면 아무도 그 사실조차 알 수 없습니다. 초월적 영역에 계신 하나님의 존재와 그 섭리에 대해 인간은 철저하게 무지하고 무능력하기 때문입니다.

이런 이야기를 하는 이유는 분명합니다. 하나님과 인간 사이에는 넘어설 수 없는 절대적 간격이 존재하며, 따라서 인간은 자신의 연약함과 미련함을 깨달아 창조주이시며 인간의 모든 삶을 주관하시는 하나님을 의존해야 비로소 신령한 지혜를 얻을 수 있다는 뜻입니다. 다시 말해 사람은 장차 반드시 올 영원한 나라의 복된 삶을 자기 힘으로는 제대로 준비할 수 없고, 오직 지금까지 전해주신 지혜와 명철의 말씀을 하나님의 은혜 안에서 받아야만 가능하다는 것입니다.

그런 의미에서 5절이 이어지고 있습니다. **"하나님의 말씀은 다 순전하며 하나님은 그를 의지하는 자의 방패시니라"**(5). '순전하다'는 말은 '정련하다', '제하다'라는 뜻으로 금속을 정련시켜 찌끼를 제거하는 것을 의미합니다. 하나님의 말씀에는 잘못된 것이나 오염된 사상이 섞여 있지 않고 절대적으로 오류가 없음을 나타냅니다. '모든' 말씀이 다 그렇다고 선언하고 있습니다. 영원한 구원을 이루는 지혜와 명철을 제공하는 일에 부족함이 전혀 없다는 것입니다. 이런 하나님의 말씀을 듣고 배워 그 말씀이 인도하는 대로 따라가 영생을 얻는 은혜는 오직 하나님을 의지하는 자에게만 허락됩니다. 인간이 자신의 아집과 교만을 버리고 오직 하나님을 의지하는 가운데 그분의 말씀에 겸손하게 귀를 기울일 때 영생을 위한 지혜를 얻는 것입니다. 인간은 하늘에 속한 지혜는 고사하고 땅에 속한 일조차 제대로 알지도 못하는 연약한 존재입니다. 아무리 뛰어난 인간이라도 자기 생각이나 지혜를 전부로 생각하고 사는 것은 어린아이가 새를 보고 자기도 날아보겠다고 옥상에서 뛰어내리는 것만큼이나 어리석은 생각입니다.

아굴의 고백은 사람이 참된 지혜와 명철을 얻기 위해서는 오직 하나님의 말씀을 전적으로 받되 효력 있게 받기 위해 하나님의 도우심을 구해야 함을 알려줍니다. 하나님은 사람들이 자기의 무지와 연약함, 무능력을 인정하고 하나님만 의지하여 따르려 할 때 그들을 끝까지 책임지십니다. 그런 자들을 지혜와 명철이 있다고 하시며 그들의 방패가 되어 주십니다. 영원한 나라에 이르기까지 완전하게 보호해 주십니다.

그 사실을 알고 하나님 말씀을 따르려 할 때도 한 가지 주의해야 할 일이 있습니다. "너는 그 말씀에 더하지 말라 그가 너를 책망하시겠고 너는 거짓말하는 자가 될까 두려우니라"(6). 하나님 말씀을 따른다고 하면서도 범하는 잘못이 있습니다. 인간이 자의적으로 하나님 말씀에 무엇을 덧붙이거나 빼려 한다는 점입니다. 그것은 하나님의 말씀이 순전함을 인정하지 않는 표시이자 자기를 하나님 말씀을 판단하는 자리에 올려놓는 것입니다. 이해 안 되는 말씀이 있다면 내가 미련하여 그 깊이를 모르기 때문입니다. 따라서 쉽게 이해되지 않는 말씀이 있으면 깨달음을 주실 때까지 계속 겸손한 자세로 이해를 구해야 합니다. 하지만 교만한 자는 그 은혜를 기다리지 않고 선뜻 말씀에 무엇을 더하거나 빼려 합니다. 그와 같은 자는 위험합니다. "책망하시겠고"라는 말씀은 단순한 질책이 아닙니다. 영원한 정죄와 심판이 있을 것이라는 뜻입니다. 하나님 말씀에 대한 자세는 단순히 사람들에게 받는 칭찬이나 꾸중으로 끝나지 않습니다. 영원히 죽고 사는 문제요 구원과 심판에 관한 문제입니다. "거짓말하는 자"란 순전한 하나님의 말씀을 혼잡게 하여 자기뿐만 아니라 다른 사람까지 영생 얻는 길을 가지 못하게 하는 패역한 범죄자를 가리킵니다. 하나님의 말씀에 무언가를 더하는 것은 심판을 부르는 거짓말입니다.

아굴은 미련한 사람이 하나님의 순전한 말씀을 받는 일과 관련하여 그와 같이 엄중한 의미가 있다는 사실을 알고 이같이 기도합니다. 지혜와 명철의 말씀을 대하는 모든 사람이 함께 해야 할 기도입니다. "내가 두 가지 일을 주께 구하였사오니 나의 죽기 전에 주시옵소서 곧 허탄과 거짓말을 내게서 멀리 하옵시며 나로 가난하게도 마옵시고 부하게도 마옵시고 오직 필요한 양식으로 내게 먹이시옵소서 혹 내가 배불러서 하나님을 모른다 여호와가 누구냐 할까 하오며 혹 내가 가난하여 도적질하고 내 하나님의 이름을 욕되게 할까 두려워함이니이다"(7-9). 신자가 죽을 때까지 지속해야 할 두 가지 모습을 구합니다. 하나는 마음에 관한 일이고 하나는 소유에 관한 일입니다. 자신의 마음과 소유에 관한 일 모두를 하나님의 손에 의탁합니다.

첫째로 "허탄과 거짓말을 내게서 멀리 하옵시며"라고 구합니다. "허탄"은 마지막에 공허함으로 끝나는 일을 말하고, "거짓말"은 6절에서 하나님 말씀에 다른 것을 더하는 자들을 정죄했던 표현입니다. 단순한 거짓말이 아니라 하나님의 순전한 말씀을 교묘하게 뒤틂으로써 자기와 다른 사람을 정죄와 심판에 놓이게 하는 악한 일을 말합니다. 거짓을 사랑하여 그런 죄에 빠지지 않게 해 주시기를 구합니다. 자기 마음에 속한 이 일조차 하나님을 의존하지 않으면 하나님의 순전한 말씀에 대한 참된 믿음을 소유할 수 없기 때문입니다. 지혜와 명철의 말씀을 받는 모든 신자가 가져야 할 기도를 아굴의 고백을 통해 전해주고 있습니다.

둘째로 "나로 가난하게도 마옵시고 부하게도 마옵시고 오직 필요한 양식으로 내게 먹이시옵소서"라고 구합니다. 너도나도 부자 되는 것이 좋은 일이라고 생각하는 시대에 이 정도의 균형을 가지고 진심으로 기도하는 성도가 있다면 더할 나위 없이 지혜로운 성도라 할 수 있을 것입니다. '가난하게 마옵시고'라고 기도하면서 '부하게도 마옵소서'라고 기도하지 않는 신자는 병든 신자입니다. 고쳐야 합니다. 이러한 기도의 참된 목적이 무엇인지 생각하면 그 점은 분명합니다. 아굴은 자기가 가진 것에 의해 하나님의 이름을 욕되게 하거나 혹은 오만해져서 하나님의 존재조차 무시하고 불신앙 할 부패한 본성을 가졌음을 알고 도움을 청하고 있습니다. 재물의 소유 정도에 따라 구원과 심판의 주체 되시는 여호와 하나님에 대한 올바른 믿음이 훼손될 수 있음을 알았기 때문입니다.

하지만 사람을 멸망케 하는 가난과 부는 단순히 재물과 양식에만 국한되지 않습니다. 영적 양식인 말씀에도 해당합니다. 이 기도는 '하나님 말씀을 몰라 가난하게도 마옵시고 말씀을 많이 안다고 교만하게도 마옵시고'라는 기도이기도 합니다. 말씀과 관련하여 멸망을 부르는 요소는 두 가지입니다. 말씀을 먹지 않아 무지하게 되는 것과 말씀을 남들보다 많이 먹는 것 같기는 한데 교만해져서 내 힘, 내 지식으로 살 수 있다고 떠벌리게 되는 것입니다. 재물의 소유와 비슷합니다. 가난하면 가난한 대로 먹고살려고 나쁜 짓 할 가능성이 많아지고, 부하면 오만해져서 제 잘난 맛으로 살 가능성이 많아집니다. 둘 다 하나님 앞에서 심판받는 죄입니다. 영의 양식도 마찬가지입니다. 말씀에 대해 무지하면 분별력이 없어 거짓 선생들에게 이리저리 끌려다니다가 파멸에 이르기 쉽고, 좀 많이 안다고 오만해지면 하나님 섬길 줄 모른 채 자기가 대접받으려 하다가 심판에 이르기 쉽습니다. 망하는 건 마찬가지입니다.

그래서 지혜로운 자는 하나님의 이름을 욕되게 할 만큼 하나님 말씀에 무지하지 않게 해 주시고, 하나님보다 자기를 더 높일 만큼 오만한 자가 되지 않게 해 주시기를 구하며 "오직 필요한 양식으로 내게 먹이시옵소서"라고 기도하는 것입니다. 그 양극단을 피하고 참 생명을 얻을 만큼 영의 양식을 늘 제공해 주시라는 뜻입니다. 부족하지도 않고 과하지도 않아 심판을 면하고 영생 얻기에 충분한 정도로 영의 양식을 취하는 일은 반드시 하나님의 은혜 안에서만 허락되는 일이기 때문입니다. 그 일을 위해 모든 성도는 자기 마음뿐만 아니라 자기 소유에 관해서도 절대적으로 하나님을 의지해야 합니다. 늘 부질없는 것을 즐겨 찾는 자기의 허탄한 마음을 하나님께서 지혜와 명철의 말씀을 즐거워하는 마음으로 인도해 주시며, 재물의 소유와 영적 소유에서 오직 필요한 양식으로 채워주시어 무지와 오만이라는 양극단을 떠나 영생 얻는 길을 갈 수 있도록 도움을 구해야 한다는 것입니다. 순전한 하나님 말씀 앞에 철저히 어리석고 연약한 자기 마음을 아는 자들은 이러한 특징을 가질 수밖에 없습니다. 그러한 사람만이 이 놀라운 지혜와 명철의 말씀을 효력 있게 받을 수 있기 때문입니다. 아굴처럼 하나님을 의지하여 도우심을 구하는 자가 지혜로운 자입니다. 그의 기도는 우리의 기도여야 합니다.

2. 무리가 있느니라

(잠 30:10-20)

10 너는 종을 그 상전에게 훼방하지 말라 그가 너를 저주하겠고 너는 죄책을 당할까 두려우니라
11 아비를 저주하며 어미를 축복하지 아니하는 무리가 있느니라
12 스스로 깨끗한 자로 여기면서 오히려 그 더러운 것을 씻지 아니하는 무리가 있느니라
13 눈이 심히 높으며 그 눈꺼풀이 높이 들린 무리가 있느니라
14 앞니는 장검 같고 어금니는 군도 같아서 가난한 자를 땅에서 삼키며 궁핍한 자를 사람 중에서 삼키는 무리가 있느니라
15 거머리에게는 두 딸이 있어 다고 다고 하느니라 족한 줄을 알지 못하여 족하다 하지 아니하는 것 서넛이 있나니
16 곧 음부와 아이 배지 못하는 태와 물로 채울 수 없는 땅과 족하다 하지 아니하는 불이니라
17 아비를 조롱하며 어미 순종하기를 싫어하는 자의 눈은 골짜기의 까마귀에게 쪼이고 독수리 새끼에게 먹히리라
18 내가 심히 기이히 여기고도 깨닫지 못하는 것 서넛이 있나니
19 곧 공중에 날아 다니는 독수리의 자취와 반석 위로 기어다니는 뱀의 자취와 바다로 지나다니는 배의 자취와 남자가 여자와 함께 한 자취며
20 음녀의 자취도 그러하니라 그가 먹고 그 입을 씻음 같이 말하기를 내가 악을 행치 아니하였다 하느니라

잠언 30장부터는 그동안 전해주셨던 지혜와 명철의 말씀을 바탕으로 결론에 해당하는 단락을 시작하는 부분입니다. 9절까지의 말씀에서는 신령한 일에 관하여 철저히 무지하고 무능력한 인간이 심판을 면하고 영생하는 구원을 얻게 하는 하나님의 순전하신 말씀을 받기 위해 해야 하는 일이 무엇인지를 알려주었습니다. 지혜로운 사람은 자기 마음의 문제와 소유에 관한 문제를 하나님께 의탁하는 자입니다. 따라서 거짓을 사랑하지 않게 하여주시며 또 가난해도 부요해도 죄를 범할 수 있으므로 재물로나 영적 측면에서 가난하지도 않고 부유하지도 않게 해 주시라고 기도해야 하는 것입니다. 그처럼 무지하고 연약한 인간이 순전하신 하나님 말씀을 효력 있게 받을 수 있는 길을 알려주신 후 본문이 이어집니다.

먼저 행위에 대한 작은 계명을 말씀합니다. "**너는 종을 그 상전에게 훼방하지 말라 그가 너를 저주하겠고 너는 죄책을 당할까 두려우니라**"(10). 고대 세계에서 노예는 주인 마음대로 처리할 수 있는 물건처럼 취급당했습니다. 인권이라는 개념이 없었습니다. 그처럼 지극히 낮은 처지에 있는 종이라도 너는 그의 상전에게 거짓으로 비방하지 말라고 합니다. 그가 저주하면 네가 심판받을 것이므로 가장 약하고 낮은 자리에 있는 사람도 함부로 대하지 않아야 한다는 것입니다. "**죄책을 당할까 두려우니라**"라는 말씀이 그 뜻입니다. 종이 저주하는 말에 힘이 있어서 심판받는 것이 아닙니다. 종이 호소할 수 있는 곳은 하나님뿐입니다. 그런데 그 호소가 정당하다고 생각하시면 하나님께서 그 호소를 들으시고 가해자를 심판하십니다. 공의로우신 하나님께서 아무런 힘도 없는 종들의 부르짖음을 적극적으로 들으시고 그들을 억울하게 한 자들을 심판하실 것입니다. "**너는 과부나 고아를 해롭게 하지 말라 네가 만일 그들을 해롭게 하므로 그들이 내게 부르짖으면 내가 반드시 그 부르짖음을 들을찌라**"(출 22:22,23)와 같습니다. 연약한 자를 비방한 것만으로도 심판받게 되어 있습니다. 자기가 값없는 은혜로 구원을 얻어 가나안 땅에 들어간 사실을 망각한 배은망덕한 행위이기 때문입니다.

지혜와 명철의 말씀을 효력 있게 받기 위해 자기 마음과 소유를 하나님께 맡기고 인도하심을 구하는 기도를 해야 한다는 말씀에 이어 이처럼 작고 연약한 자라도 비방하지 말라고 권면합니다. 여기엔 두 가지 의미가 있습니다. 첫째는 기도하는 궁극적인 목표는 의로운 삶에 있다는 뜻입니다. 참된 지혜는 지식으로 끝나지 않으며 필연적으로 행위와 연결되어야 한다는 것입니다. 따라서 세상이 작은 일로 여겨 대수롭지 않게 범하는 죄라도 신자는 하나님께 심판받을 일임을 알고 피하는 것이 당연합니다. 지혜와 명철을 얻기 위한 간절한 기도는 그와 같이 작은 죄도 짓지 않으려 하는 삶의 열매를 맺기 위해 힘쓰게 되어 있습니다. 둘째는 우리가 그와 같은 열매를 맺기 위해 늘 기도로 구해야 할 구체적인 이유를 알려주려는 것입니다. 사람은 작은 계명도 지키지 못하여 심판을 면하지 못할 죄인임이 분명하므로 자기 마음과 소유를 하나님께 맡기고 인도하심을 얻기 위해 기도해야 한다는 것입니다.

그 사실을 밝히기 위해 아굴은 사람들이 심판을 자초하는 악을 스스럼없이 행한다는 사실을 밝힙니다. 11절부터 14절까지가 그 이야기입니다. **"아비를 저주하며 어미를 축복하지 아니하는 무리가 있느니라"**(11). 부모공경은 십계명 중에서 인간에 관한 계명으로는 첫 번째 명령입니다. 모든 인간관계의 출발점이 부모공경으로 시작한다는 뜻입니다. 더욱이 이스라엘에서 부모는 하나님 말씀의 전승자이자 교사요 모본의 역할을 감당해야 했습니다. 이같은 사실을 감안하면 부모공경은 사실상 하나님에 대한 경외로 여겨질 수 있을 만큼 중요합니다. 앞 절에서 사람은 연약한 종을 비방해도 심판을 피할 수 없는 처지임을 밝혔다면 부모를 저주하며 감사하지 않는 죄는 얼마나 더 심판을 자초하는 행위이겠습니까? 그런데도 아굴은 세상에는 그처럼 크고 중요한 계명도 지키지 않는 사람들이 있다는 사실을 발견했습니다.

심판을 자초하는 다른 무리도 있습니다. "스스로 깨끗한 자로 여기면서 오히려 그 더러운 것을 씻지 아니하는 무리가 있느니라"(12). 이들은 노골적으로 부모를 저주하고 멸시하는 자처럼 눈에 띄는 죄인은 아닙니다. 오히려 남들보다 나은 행실로 자기를 스스로 깨끗하다고 생각합니다. 그러기에 더러운 것을 씻을 필요를 느끼지 못하는 자들입니다. 사실 하나님 말씀이 그 영혼의 실상을 비추지 않으면 사람은 자기 잘못이 뭔지, 자기 죄가 뭔지를 깨닫지 못합니다. 굴뚝에 들어갔던 사람이 거울을 보지 않으면 자기 얼굴에 얼마나 그을음이 많이 묻었는가를 알지 못하는 것과 같습니다. 마찬가지로 아굴은 자기가 의롭다고 생각하여 회개할 필요를 느끼지 못하는 무리가 있음을 보았습니다. 그처럼 자기를 괜찮은 사람이라고 생각하고 더러운 것을 씻어내려 하지 않는 사람, 곧 자기를 의롭다고 생각하고 회개하기를 거부하는 자들도 심판을 피할 수 없습니다.

아굴의 관찰은 계속 이어집니다. "눈이 심히 높으며 그 눈꺼풀이 높이 들린 무리가 있느니라"(13). 심히 교만한 사람들을 가리킵니다. 사람 앞에서뿐 아니라 하나님 앞에서조차 자신을 의롭다고 여겨 당당하게 나아갈 수 있다며 한껏 교만해진 자들입니다. 완전한 의와 거룩을 요구하시는 순전한 하나님의 말씀 앞에 모든 인간은 허탄하고 거짓된 죄인일 뿐이나 그 점을 무시하고 그저 자기 기준에 남보다 더 많이 가진 것, 다른 사람들보다 조금 나은 의와 열정, 더 좋은 재주와 능력이 있다는 것으로 하나님의 영광조차 무시하는 무리가 있습니다. 그런 사람도 연약한 종을 까닭 없이 비방한 자와 같이 심판을 면치 못합니다.

더 나아가 아굴은 압제와 강탈을 일삼는 무리도 있음을 보았습니다. "앞니는 장검 같고 어금니는 군도 같아서 가난한 자를 땅에서 삼키며 궁핍한 자를 사람 중에서 삼키는 무리가 있느니라"(14). 장검이나 군도는 살상용 무기를 가리킵니다. 가난하고 궁핍한 자들을 억압하며 탈취하는 것이 그처럼 가혹하다는 뜻입니다. 아굴은 많은 사람이 그렇게 살면서도 눈 하나 꿈쩍하지 않는다는 사실을 목격했습니다. 세상에 그와 같은 압제와 학대가 계속 행해지고 있다는 사실은 우리 주변에서 어렵지 않게 볼 수 있습니다. 그렇게 해도 당장은 아무런 처벌이나 제지가 없으니까 권력을 마구 휘둘러 자기 배를 채웁니다. 다른 사람들이 얼마나 억울하든 굶주리든 상관하지 않고 제 배만 불리려 하며 오히려 그런 자들이 부러움의 대상이 되기도 합니다. 들키지만 않으면, 걸리지만 않으면 잘한 일이라는 생각에서 하나님 앞에서조차 당당히 고개를 쳐드는 교만으로 궁핍한 자를 삼키는 악행을 저지르는 무리입니다.

그러나 사람들의 죄성은 행위에서 그치지 않습니다. 겉으로 드러나는 온갖 악행을 확인한 아굴은 사람이 마음의 근원부터 부패하였음을 밝힙니다. "거머리에게는 두 딸이 있어 다고 다고 하느니라 족한 줄을 알지 못하여 족하다 하지 아니하는 것 서넛이 있나니 곧 음부와 아이 배지 못하는 태와 물로 채울 수 없는 땅과 족하다 하지 아니하는 불이니라"(15,16). 거머리에게 두 딸이 있다는 말은 거머리 몸체의 양쪽 끝에 있는 빨판을 가리킵니다. 거머리는 그 두 빨판으로 계속해서 피를 빨아냅니다. 온몸이 부풀어 오를지라도 만족하지 않고 계속해서 피를 빨아먹는 거머리의 특성을 통해 절대 만족하지 않는 인간의 끝없는 탐욕을 나타내고 있습니다. 그러면서 탐욕의 특성을 네 가지로 말합니다.

먼저, 탐욕은 음부와 같다고 합니다. 음부는 성경에서 무덤이나 지옥으로 번역되지만 일반적으로는 죽음의 영역을 가리키는 말입니다. 탐욕이 음부와 같다는 것은 죽음이 나이나 지위 성별, 또 개인적으로 죽는 경우나 한꺼번에 많은 사람이 죽는 경우를 따지지 않고 모두에게 다 해당하는 것처럼 내가 갖고 싶은 건 종류를 가리지 않고 다 가지려고 하는 성향을 말합니다.

그 다음 "아이 배지 못하는 태"로 비유합니다. 고대사회에서는 결혼한 여인이 아이를 낳는 것을 아주 중요한 일로 여겼습니다. 부족을 존속시키는 일에 있어서 결정적인 역할을 하기 때문이었습니다. 현 시대에 자녀를 가지려고 애쓰는 것과는 비할 수 없이 중대한 일이었습니다. 그래서 결혼한 여인은 자기 목숨보다 아이를 더 원하게 되어 있습니다. 이 말씀이 가리키는 바는 탐욕스러운 사람은 자기가 뭔가를 가져야겠다는 열망이 그 여인이 아이를 가지려고 하는 만큼이나 강하다는 것입니다. 뭔가 갖고 싶은 것이 있으면 어떻게 해서라도 가지려고 하는 인간 본성을 비유합니다.

또 탐욕은 "물로 채울 수 없는 땅"으로 비유되고 있습니다. 이 말씀은 문자적으로 '물로 만족하지 않는 땅'이라 할 수 있습니다. 메마른 중동 지역의 풍토에서 비가 세차게 내려도 흔적 없이 대지에 흡수되어 버리는 현상을 비유로 들고 있습니다. 그 지역에는 대부분 강이 형성되어 있지 않고 비가 올 때만 물이 흘렀다가 금방 다시 말라버리는 특성이 있습니다. 탐욕이 그런 성격을 가졌습니다. 하나님께서 허락하시지 않은 것이라도 자기가 원하는 대로 온갖 불법과 부정을 통해서 가져놓고는 그걸로 만족하지 않는 것입니다. 더 많이 갖는 것 자체가 목적일 뿐 무얼 가져도 만족하는 법이 없습니다.

그리고 탐욕은 "족하다 하지 아니하는 불"이기도 합니다. 불은 대상을 가리지 않고 태웁니다. 나무든 집이든 자동차든 사람이든 태울 수 있는 건 다 태워버립니다. 큰 불일수록 더욱 많은 것을 태우고 삼키는 특징을 갖고 있습니다. 탐욕이 그렇습니다. 다른 사람의 희생이 눈에 보이지 않습니다. 다른 사람의 고통이나 눈물이 문제 되지 않습니다. 오직 자기가 갖고 싶은 것을 가질 수 있느냐 없느냐 거기에만 마음을 기울입니다. 이런 것들이 탐욕의 특징이라고 합니다.

이것이 인간 본성의 본질입니다. 악행은 모두 이 탐욕에서 나옵니다. 아굴은 이와 같은 탐욕이 근본적으로 사람의 마음에 뿌려져 있으며 그것이 자라 열매를 맺을 때 부모를 저주하고, 자기는 깨끗하다고 생각하여 더러운 것을 씻을 줄 모르며, 하나님 앞에서조차 겸손할 줄 모르는 교만과, 압제와 강탈을 일삼는 모습으로 나타난다는 사실을 알았습니다. 인간이 마음에서 행실에 이르기까지 전부가 부패하고 타락한 것입니다.

이러한 특성을 가진 자들이 심판의 대상입니다. 연약한 종을 비방하는 것같이 사람들이 별일 아니라고 여기는 죄도 심판을 피할 수 없는데 하물며 다른 죄들은 얼마나 더 당연하겠습니까? 그래서 심판의 처절함을 강조하며 이렇게 말합니다. "아비를 조롱하며 어미 순종하기를 싫어하는 자의 눈은 골짜기의 까마귀에게 쪼이고 독수리 새끼에게 먹히리라"(17). 심판의 비참함에 초점이 있는 말씀입니다. 10절에서 '죄책을 당한다'라며 심판에 대해 언급한 내용과 11절에서 말한 부모를 향한 죄를 반복하여 묘사하고 있습니다. 하나님의 계명에 대한 불순종이 얼마나 무서운 심판의 대상인가를 밝히는 것입니다. 까마귀 떼나 독수리 떼가 죽은 동물의 눈을 파먹는 모습은 상상만 해도 끔찍한 일입니다. 심판이 그런 무서운 고통에 견줄 수 있다는 것이고, 사람은 그런 심판에서 절대 자유롭지 않다는 의미입니다. 사람은 누구도 심판의 칼날을 피할 수 없습니다. 하나님께서 다 듣고 보고 계시며 때가 되면 심판하실 것입니다.

그런데 아굴은 또 다른 기이한 모습을 발견했습니다. 자기가 죄를 지었다고 인정하는 사람들이 없더라는 말입니다. "내가 심히 기이히 여기고도 깨닫지 못하는 것 서넛이 있나니 곧 공중에 날아 다니는 독수리의 자취와 반석 위로 기어 다니는 뱀의 자취와 바다로 지나다니는 배의 자취와 남자가 여자와 함께 한 자취며 음녀의 자취도 그러하니라 그가 먹고 그 입을 씻음 같이 말하기를 내가 악을 행치 아니하였다 하느니라"(18-20). 어떤 일들은 자취를 쉽게 찾을 수 없습니다. 독수리가 날아간 뒤에 그 자국이 남지 않고 배가 지나간 뒤에는 곧 흔적이 사라집니다. 남녀가 간음을 저질러도 쉽게 드러나지 않습니다. 음행한 여인의 행적도 마찬가지입니다. 이 비유들은 흔적을 찾기 쉽지 않다는 점을 악용하여 죄를 짓고도 짓지 않은 것처럼 쉽게 우기는 인간의 행태를 고발하고 있습니다. 대표적으로 음행한 여인이 자기는 악을 행치 아니하였다고 말하는 것을 예로 듭니다. 우기면 되는 줄로 여기는 게 신기하다는 뜻입니다. 하나님께서 우리처럼 못 보고 못 듣는 분이라고 생각하는 사람들이 있다는 게 참 신기하다는 것입니다.

하나님은 겉으로 드러난 죄뿐만 아니라 사람들이 흔적을 찾을 수 없는 마음 깊은 곳에서 벌어지는 모든 은밀한 죄까지 다 살펴볼 수 있으시며, 회개하지 않는 모든 죄인을 무서운 심판에 처할 능력 또한 있는 분이십니다. 그러나 동시에 아무리 큰 죄를 지었더라도, 곧 위에서 열거한 그 무서운 죄를 지었다 해도 정직하게 회개하기만 하면 다 용서해주시고 없는 것처럼 잊어버리시는 분이십니다. 아굴은 말씀을 통해서 그 사실을 알게 되었습니다. 그런데 어떤 사람들은 하나님을 마치 아무것도 모르는 분인 것처럼 생각하며, 회개하면 아무리 큰 죄도 용서해주시는 한없이 자비로운 분이신 줄도 알지 못하고 심판을 부르는 죄를 저질렀으면서도 그저 '난 죄 안 지었다'고 우기고만 있다는 말입니다. 말씀을 통해 하나님을 제대로 알지 못해서 그런 미련한 모습을 보이는 무리가 있습니다.

세상은 이와 같은 무리로 채워져 있습니다. 인간이 이같이 어리석습니다. 탐욕으로 인해 마음과 행실이 악하여 심판받을 수밖에 없는데도 죄를 인정하고 회개할 줄 모릅니다. 회개하면 살 길이 있는데도 죄의 즐거움에 중독되어 하나님 앞에 겸손히 용서를 빌지도 않으면서 죄악 생활을 계속 하다가 심판에 빠지게 됩니다. 하나님은 아굴의 입을 빌려 이와 같은 상황에 처한 인간이 심판을 면하고 영생 얻을 길을 가르쳐주십니다. 인간의 실태가 이러하므로 지혜롭고 명철 있는 인생을 위해서 기도하지 않을 수 없다는 의미입니다. 나를 포함한 모든 인류가 이와 같은 상황이므로 심판을 면할 길을 찾아 행하는 자들, 하나님께서 주신 말씀에 대해 단지 지식에 그치지 않고 회개와 거룩한 행위까지 이어지는 순종의 삶을 위해 진실로 기도하여 그 열매를 은혜로 얻는 자들이 지혜롭다는 것입니다.

3. 부조리한 세상에서
(잠 30:21-33)

21 세상을 진동시키며 세상으로 견딜 수 없게 하는 것 서넛이 있나니
22 곧 종이 임금된 것과 미련한 자가 배부른 것과
23 꺼림을 받는 계집이 시집간 것과 계집 종이 주모를 이은 것이니라
24 땅에 작고도 가장 지혜로운 것 넷이 있나니
25 곧 힘이 없는 종류로되 먹을 것을 여름에 예비하는 개미와
26 약한 종류로되 집을 바위 사이에 짓는 사반과
27 임군이 없으되 다 떼를 지어 나아가는 메뚜기와
28 손에 잡힐만하여도 왕궁에 있는 도마뱀이니라
29 잘 걸으며 위풍 있게 다니는 것 서넛이 있나니
30 곧 짐승 중에 가장 강하여 아무 짐승 앞에서도 물러가지 아니하는 사자와
31 사냥개와 수염소와 및 당할 수 없는 왕이니라
32 만일 네가 미련하여 스스로 높은체 하였거나 혹 악한 일을 도모하였거든 네 손으로 입을 막으라
33 대저 젖을 저으면 뻐터가 되고 코를 비틀면 피가 나는 것 같이 노를 격동하면 다툼이 남이니라

지난 본문에서 살펴본 말씀은, 인간은 심판을 피할 수 없는 연약한 자임을 알고, 영생 얻는 삶을 위해 하나님을 의존해야 하며, 지혜와 명철의 삶을 위해 기도하라는 권면과, 마땅히 그래야 할 이유에 관한 내용이었습니다. 사람은 행실뿐만 아니라 마음까지 부패하여 탐욕에서 비롯된 온갖 무서운 죄를 행함으로 심판의 대상임에도, 자기 눈에 죄지은 증거가 보이지 않는다고 '난 죄짓지 않았다'며 회개하지도 않는 어리석은 본성을 가졌기 때문이라 하였습니다. 인간이 그와 같으므로 신자들은 지혜와 명철의 말씀을 지식으로 알뿐만 아니라 믿고 순종할 수 있도록 하나님께 기도해야 한다는 권면이었습니다.

본문은 신자들이 그와 같이 살아가야 할 세상의 한가지 특징에 관해 이야기하는 것으로 시작합니다. **"세상을 진동시키며 세상으로 견딜 수 없게 하는 것 서넛이 있나니"**(21). 세상에 부정과 부조리가 만연하다는 뜻입니다. 곧바로 그 증거를 제시합니다. **"곧 종이 임금된 것과 미련한 자가 배부른 것과 꺼림을 받는 계집이 시집간 것과 계집 종이 주모를 이은 것이니라"**(22,23). 도저히 임금이 돼선 안 될 사람이 임금 자리에 앉아 있고, 미련하고 게으른 사람이 떵떵거리며 살면서 똑똑하고 성실한 사람을 괴롭히고, 가증스러운 행실로 결혼해서는 안 된다고 모든 사람이 알고 있던 여자가 오히려 시집가서 잘 살고, 여종이 주모의 자리를 강탈해서 대신 그 자리에 앉아 있는 모습을 예로 들고 있습니다. 세상이 참 부정하고 부조리하다는 사실을 대표적으로 언급한 것입니다.

앞에서 생명의 삶을 위한 지식과 행위를 가지려고 하되 기도로 그 은혜를 구해야 지혜롭다고 분명히 말씀하신 후에, 이처럼 세상의 부정과 부조리에 대해 언급하는 이유를 어렵지 않게 생각해 볼 수 있습니다. 세상은 하나님의 도움을 얻어 지혜와 명철의 길을 따라 살려는 자들을 절대 호의적으로 대하지 않는다는 의미입니다. 부정하고 악한 사람이 형벌은커녕 제어 받지 않고 많은 부요를 누리는 것이 일반화되면 정당하게 규칙을 지키며 사는 사람들이 힘들어집니다. 운동 경기할 때 반칙을 관리하는 심판이 없다면 실력이 있어도 아무 소용이 없는 것과 마찬가지입니다. 세상이 그와 유사하다는 사실을 기억하라는 것입니다. 세상은 오히려 하나님께서 말씀하신 지식과 행위를 따라 살려고 하는 자들을 조롱하고 박해하기를 즐깁니다. 교회 밖 세상만 그런 것이 아닙니다. 기독교라는 제도권 안에 있으면서도 참된 지식과 의로운 삶을 지지하지 않는 사람도 많습니다. 하나님의 말씀을 왜곡하여 전하는 사람들이 오히려 교회의 다스리는 자리에 있고, 불순종하는 자들이 풍요로운 생활을 누리며 악한 술수를 써서 직분을 차지해도 아무 문제 없이 잘 돌아가기도 합니다. 교회 안에서도 부정과 부조리는 사라지지 않습니다(유 1:4; 마 13:29 참조). 이와 같은 일들이 비일비재하게 일어나는 세상임을 알려주고 있습니다.

그런 가운데 있으면 말씀대로 살려고 하는 힘을 잃어버리기 쉽습니다. 조롱이나 핍박, 부정과 부조리가 활개 치는 세상에선 누구라도 지혜와 명철의 말씀보다는 안정과 부요를 약속하는, 소위 사람들이 성공이라 부르는 길을 따라가려고 합니다. 주님의 말씀에 의하면 넓은 길로 가는 것입니다.

그러나 지혜 있는 자들은 그와 같은 상황에서 다른 선택을 합니다. "땅에 작고도 가장 지혜로운 것 넷이 있나니 곧 힘이 없는 종류로되 먹을 것을 여름에 예비하는 개미와 약한 종류로되 집을 바위 사이에 짓는 사반과 임군이 없으되 다 떼를 지어 나아가는 메뚜기와 손에 잡힐만하여도 왕궁에 있는 도마뱀이니라"(24-28). 부정하고 부조리한 세상에서 지혜롭게 살아야 한다는 사실을 작은 동물과 곤충을 통해서도 배울 수 있음을 이야기합니다. '땅에 있는 작고도 가장 지혜로운 것 네 가지'를 예로 들고 있습니다. '땅에서 작다'는 말은 하늘에 비하여 낮은 차원의 지상에서도 하찮게 취급받는 것들을 가리킵니다. 사람들이 대수롭지 않게 생각하는 존재들이라는 뜻입니다. 그런데 그런 것들 틈에서도 배울 점이 있다고 합니다. 아이들이 손가락으로 눌러 죽일 수 있을 만큼 작고 힘없는 곤충이지만 겨울을 대비하여 여름에 먹을 것을 예비하는 "**개미**"를 첫 예로 들고 있습니다. 지혜와 명철이 있는 인간은 죽음 너머까지 내다보며 대비해야 마땅하다는 의미입니다.

또 자기는 약하지만 높은 바위 사이에 집을 짓는 "**사반**"을 예로 들고 있습니다. "**사반**"은 '바위너구리'라 하는데, 절벽 같은 곳을 평지처럼 다니면서 천적의 공격을 피하는 산양과 유사합니다. "**높은 산들은 산양을 위함이여 바위는 너구리의 피난처로다**"(시편 104:18)라고 하신 말씀과 같습니다. 이들은 곰이나 늑대로부터 자신의 생명을 지킬 수 있는 공격수단이나 방어 능력이 없어도 지형지물을 활용해서 자기 생명을 지키는 지혜로운 동물이라는 차원에서 예로 들고 있습니다.

"**메뚜기**"는 왕이 없습니다. 지도자가 없다는 것은 혼란과 무질서를 떠올리게 하지만 이들 메뚜기떼는 놀라운 질서를 유지하며 한 방향으로 나아갑니다. 지도자가 있으면서도 질서가 없고 하나의 목표를 향하여 단결심을 가지고 나아가지 못하는 인간 사회나 교회에 많은 시사점을 던져주고 있습니다. 교회는 머리 되신 예수 그리스도가 왕으로 다스리고 계시지 않은가 하는 것입니다.

마지막으로 드는 예는 손으로 잡을 수 있는 "**도마뱀**"입니다. 날카로운 이빨 같은 공격 무기가 없어서 아이들도 두려움 없이 손으로 잡을 수 있는 도마뱀인데도 불구하고 왕궁에 거처를 두고 살아가는 모습을 비유로 들고 있습니다. 공격용 살상 무기를 가진 동물이나 벌레들은 살지 못하는데 오히려 그런 게 없어서 대다수 사람들이 거하지 못하는 왕궁에 거한다는 것입니다.

대수롭지 않게 여기는 동물이나 곤충들도 미래를 예비하고 자기를 안

전하게 보호해 줄 피난처를 찾으며, 조직을 갖추고 대장이 있지 않아도 떼를 지어 함께 나아가고, 가진 힘이 없어도 왕궁을 거처로 삼는 지혜를 발휘합니다. 그러나 인간은 그것들보다 지혜로운 존재입니다. 그러니 그것들보다 더 지혜로운 모습이 나타나야 마땅합니다. 지금까지 심판이 있을 것과 그것을 어떻게 대비하는지 누누이 알려주시고, 예수 그리스도께서 참된 피난처와 산성 되시며 또 모든 성도의 임금과 머리가 되사 영원한 영광의 하늘나라를 나눠주실 것에 대해서도 분명히 알려주셨습니다. 이와 같은 말씀에 따라 아무리 부정하고 부조리한 세상에 놓여 있더라도 명확한 장래를 올바로 대비하는 자가 참으로 지혜롭습니다. 본문은 그 점에서 최소한 그 동물과 곤충들보다 더 지혜로워야 하지 않겠느냐는 의미를 함축하고 있습니다.

아굴은 그런 모습에 더하여 성도들이 갖춰야 할 또 다른 속성에 관해 이야기합니다. **"잘 걸으며 위풍 있게 다니는 것 서넛이 있나니 곧 짐승 중에 가장 강하여 아무 짐승 앞에서도 물러가지 아니하는 사자와 사냥개와 수염소와 및 당할 수 없는 왕이니라"**(29-31). 여기 제시하는 사례들은 모두 당당한 위풍을 자랑하는 특징을 갖고 있습니다. 어떤 짐승과 맞서도 절대로 굴하지 아니하는 사자와 자기보다 덩치 큰 동물 앞에서도 주인이 명령하기 전까지 물러설 줄 모르는 사냥개, 그리고 자기 무리를 보호하기 위하여 머리가 깨져도 당당하게 포식자들과 맞서 싸우는 숫염소처럼 결코 물러서지 않는 굳센 기개를 가진 동물을 예로 들고 있습니다. 그리고 마지막은 대항하여 맞설 수 없는 왕을 언급하고 있습니다. 성도는 왕과 같이 당당한 삶을 살아야 하는 자들이라는 뜻입니다.

성도의 신분은 신비롭습니다. 베드로 사도는 성도의 신분에 대하여 서로 어울릴 것 같지 않은 두 가지 말로 정의하고 있습니다. **"왕 같은 제사장들"**(벧전 2:9)이라고 했다가 **"나그네와 행인"**(벧전 2:11) 같다고 하였습니다. 겉으로만 보자면 핍박과 곤란을 당해 여기저기로 피해 도망 다녀야 하는 처지요, 이 세상에서 안전하게 터를 잡고 살아갈 수 없는 나그네이자 그저 지나치는 행인처럼 이 세상을 살 수밖에 없는 신분입니다. 하지만 다른 한편으로 보면 **"왕 같은 제사장들"**입니다. 하나님께서 하늘 왕궁에서 함께 살게 부르신 왕족이요, 하나님과 세상 중간에서 사람들을 하나님께로 이끌고 하나님의 뜻을 전하는 제사장 신분이라는 말입니다. 겉으로 보면 나그네요 행인이나 영적 본질을 따라 보면 왕족이요 제사장입니다.

본문 구절이나 베드로 사도가 전해주는 말씀은 신자들은 겉으로는 이 세상에서 아무 소유권이 없는 나그네와 행인이지만 하늘나라 왕족이라는 자부심으로 사는 게 당연하다는 뜻입니다. 이와 같은 자기 정체성을 올바로 이해하고 사는 자가 지혜롭습니다. 신자들의 특권입니다. 나그네와 행인 같은 인생이라며 한탄만 하면서 사는 성도는 자기 신분을 올바로 이해하지 못하는 어리석은 자입니다. 고난 중에도 그리스도와 함께하는 왕 같은 제사장이라는 영적 신분에 대한 자부심을 가지고 당당하게 살아야 합니다.

그러나 한 가지 오해하지 말아야 하는 문제가 있습니다. 그리스도인이 왕 같은 제사장이라는 사실은 외적이고 물질적인 혜택을 누리는 이 세상 왕족의 그것과 같지 않다는 점입니다. 땅의 왕족은 권세나 재물, 땅이나 명예 등을 많이 소유한 자요. 그것에 큰 자부심을 가집니다. 그들이 이 세상의 왕족이고, 위풍당당한 사자와 같이 보입니다. 그래서 겉으로 보면 신자들은 나그네요 행인이기만 할 뿐입니다. 영화로 치면 주인공이 아니라 엑스트라입니다. 하지만 주님께서 보시기엔 신자들이 주인공입니다. 말하자면 엑스트라가 주인공입니다. 그들은 이 세상에 가진 게 없습니다. 당연한 일입니다. 여행 갈 때마다 땅 사고 집 사서 가는 사람 없습니다. 행인으로 한 번 지나갈 길을 양탄자 미리 깔아놓고 가는 사람도 없습니다. 나그네와 행인에게는 그런 혜택이 주어지지 않을뿐더러 그럴 필요도 없습니다.

안타깝게도 어떤 사람은 그리스도인이 왕 같은 제사장이라는 말을 재물과 성공이라는 세상 차원에서 권력과 부가 주어지는 것처럼 생각하기도 하나 그렇지 않습니다. 왕 같은 제사장은 신령한 차원에 속한 보이지 않는 속성이고 이 세상에서는 여행객이고 지나가는 사람으로 보입니다. 신자들의 본향, 왕족의 제복을 입고 영광 중에 거할 거처는 저 하늘에 있습니다. 예수님이 바로 그 모델이십니다. 하늘 아버지의 아들이시자 온 세상 모든 만물의 통치자이시면서도 이 땅에 계실 때는 그야말로 머리 둘 곳도 없이 사셨습니다. 왕이나 고위 관리직에 오르신 적이 없습니다. 오히려 한 줌도 안 되는 헤롯이나 빌라도의 권세 아래에서 부당한 재판을 받고, 그 졸병들에게 침 뱉음과 채찍질을 당하고, 조롱하는 수많은 사람에 둘러싸여 십자가 처형을 받았을 뿐입니다. 그것이 이 세상에서 예수님이 보이신 왕의 모습이었습니다. 하지만 부활하신 후 승천하시어 비로소 영광의 보좌 위에 앉으사 천사들의 시중을 받는 왕으로 다시 오르셨습니다. 스데반이 목격한 바가 그것이었습니다.

신자들도 마찬가지입니다. 나그네와 행인으로 살지만 왕 같은 제사장입니다. 그와 같은 오묘한 신분임을 기억하여 이 부정하고 부조리한 세상에서 아무것도 가진 것 없는 인생일지라도, 당당한 사자처럼, 자기보다 큰 동물에게 굴하지 않는 사냥개처럼, 자기 가족을 지키기 위해서라면 모든 생명을 다 걸고 맞서 싸우는 숫염소처럼, 또 아무도 대적할 수 없는 왕인 것처럼 살아갈 필요가 있습니다. 가진 것이 아무것도 없어도, 세상의 화려함이나 거짓 평안을 자랑하는 자들의 부요함에 위축되지 아니하고 신령한 차원에서 자기가 속한 신분에 걸맞은 삶을 당당하게 살아가야 합니다. 부정하고 부조리한 여건에 굴하지 않고 하나님 말씀의 지식과 행위를 올바르게 가지려고 기도하며 애써야 합니다. 그것을 제일 중요하게 여기고, 어떤 상황에서도 포기하지 않아야 합니다. 어렵고, 조롱당하고, 힘들어도 하나님 말씀을 배우고 묵상하며, 그 뜻에 순종하려고 애씀으로 장차 임할 심판을 대비하는 것이야말로 가장 신자다운 모습이자 왕 같은 제사장의 모습입니다. 이것이 신자의 영광이고, 부조리한 이 세상에서 사자처럼 당당하게 사는 길입니다.

그러나 그 당당함은 세상 사람들이 말하는 오만한 당당함이 아니라 겸손한 당당함입니다. "만일 네가 미련하여 스스로 높은체 하였거나 혹 악한 일을 도모하였거든 네 손으로 입을 막으라 대저 젖을 저으면 뻐터가 되고 코를 비틀면 피가 나는 것 같이 노를 격동하면 다툼이 남이니라"(32,33). 자기 힘과 능력으로 위풍당당하게 살 수 있다고 생각하는 것은 오만입니다. 그건 세상 사람들이 갖는 그릇된 당당함입니다. 또한 그리스도인 자신은 부정과 부조리의 주체가 되어서도 안 되기 때문에 주님의 뜻대로 살지 못했다는 것을 깨닫는 순간 **"손으로 입을 막으라"**고 합니다. 죄를 인정하고 겸손하게 주 앞에 엎드리라는 뜻입니다. 그렇지 않으면 곤란을 당하게 됩니다. 우유를 저으면 버터가 되고 코를 세게 잡아 비틀면 코피가 나는 것만큼이나 당연하게 회개하지 않는 자들은 심판을 당할 것이기 때문입니다.

신자는 세상 사람들처럼 돈이나 지위나 명성을 가져야 당당하게 사는 자들이 아닙니다. 신자들은 이 땅에서 나그네와 행인으로 살 수밖에 없습니다. 하지만 신령한 지혜와 신비한 당당함이 있습니다. 믿음으로 알게 된 하늘 시민권을 소유한 자요, 신령한 차원에서 갖게 된 왕 같은 제사장이라는 영적 당당함입니다. 겸손함으로 드러나는 당당함입니다. 곤란 중에서도 겸손과 온유를 잃지 않으며 가슴 깊은 곳에서 하늘나라 왕족이라는 믿음이 흔들리지 않고 살아가는 당당함입니다.

Proverbs

문맥으로 보는
잠언 강해 Ⅲ

31장

1. 왕의 권력
(잠 31:1-9)

1 르무엘왕의 말씀한바 곧 그 어머니가 그를 훈계한 잠언이라
2 내 아들아 내가 무엇을 말할꼬 내 태에서 난 아들아 내가 무엇을 말할꼬 서원대로 얻은 아들아 내가 무엇을 말할꼬
3 네 힘을 여자들에게 쓰지 말며 왕들을 멸망시키는 일을 행치 말지어다
4 르무엘아 포도주를 마시는 것이 왕에게 마땅치 아니하고 왕에게 마땅치 아니하며 독주를 찾는 것이 주권자에게 마땅치 않도다
5 술을 마시다가 법을 잊어버리고 모든 간곤한 백성에게 공의를 굽게 할까 두려우니라
6 독주는 죽게된 자에게, 포도주는 마음에 근심하는 자에게 줄지어다
7 그는 마시고 그 빈궁한 것을 잊어버리겠고 다시 그 고통을 기억지 아니하리라
8 너는 벙어리와 고독한 자의 송사를 위하여 입을 열지니라
9 너는 입을 열어 공의로 재판하여 간곤한 자와 궁핍한 자를 신원 할지니라

잠언 마지막 두 장은 지금까지의 말씀을 바탕으로 주시는 결론적인 권면이라 했습니다. 신자는 하나님 말씀에 관한 자신의 무지와 어리석음을

인정하고 하나님께 얻은 지혜로 살기 위해 하나님을 의지하여 기도하며 애쓰는 사람입니다. 또 여러 곤충과 동물의 비유를 통해 부정하고 부조리한 세상에서 겸손한 당당함을 특징으로 가진 왕 같은 제사장으로 사는 자들입니다. 그들이야말로 지혜롭고 복된 신자임을 알려주셨습니다. 다가올 심판날을 올바로 준비하는 자들이라는 의미입니다.

본문은 30장 마지막 문단과 깊은 연관이 있습니다. 겉으로만 보면 나그네요 행인이지만 신령한 차원에서는 왕 같은 제사장으로 겸손하고 당당하게 사는 게 구체적으로 어떤 것인지를 알려줍니다. 1, 2절은 본문을 그런 정황에서 이해해야 한다는 사실을 암시합니다. **"르무엘 왕의 말씀한바 곧 그 어머니가 그를 훈계한 잠언이라"**(1). 르무엘 왕이 누군지는 정확히 알려져 있지 않습니다만 솔로몬 왕의 별칭이라는 정도로 이해하면 됩니다. 중요한 점은 왕의 어머니가 왕에게 주는 교훈이라는 사실입니다.

왕은 2절에서 밝히는 대로 단순히 어머니의 아들만이 아니라 **"서원대로 얻은 아들"**이기도 합니다. 사무엘처럼 하나님의 선물로 받은 하나님의 사람이기도 하다는 것입니다. 왕의 자리에 있는 하나님의 사람이 들어야 할 교훈입니다. 이 교훈은 왕이나 높은 자리에 있는 사람들만 들어야 한다는 뜻이 아닙니다. 하나님의 모든 백성이 다 들어야 하는 권면을 담은 비유입니다. 그 왕 같은 사람에 대해서는 30장 후반부의 비유에서 확인했습니다. 부조리한 세상 한 가운데서도 지혜롭고 위풍당당하게, 또 겸손한 당당함으로 사는 왕 같은 제사장 된 성도들이라 했습니다. 바로 그 신분에 있는 모든 사람, 모든 신자에게 주시는 말씀입니다. 얼핏 보면 선한 왕이 가져야 할 통치방식에 관한 이야기이지만 그걸 비유로 해서 성도들이 신령한 왕족 신분으로 왕족답게 행하는 것이 무엇인지를 알려주는 것으로 이해해야 합니다. 성도들 모두를 향해 왕이라 칭하면서 왕이 가져야 할 올바른 행실을 이야기하는 것입니다. 하나님의 사람인 왕은 어떻게 자기의 왕권을 발휘하는가에 대해 세상의 왕과는 다른 모습을 가져야 하기 때문입니다.

먼저, "네 힘을 여자들에게 쓰지 말며 왕들을 멸망시키는 일을 행치 말찌어다"(3) 라고 합니다. 이 구절은 힘을 여자들에게 쓰지 말라는 것과 주변 왕들을 멸망시키는 일을 하지 말라는 것, 이렇게 두 개의 명령인지, 아니면 세상의 왕들이 권력 있을 때 쾌락을 얻는 데 주력하다가 자멸하는 그런 일을 통틀어 하나로 말하는지 의견이 나뉘지만 주로 두 번째 뜻으로 봅니다. 쾌락을 추구하다가 멸망 당한 왕들처럼 그렇게 권력을 낭비하지 말라는 말입니다. 세상의 많은 왕이 권력을 그렇게 사용했습니다. 제국의 황제들이 보인 공통적인 특징 중의 하나가 바로 후궁을 많이 둔다는 점입니다. 솔로몬만 하더라도 바로의 딸을 비롯해 많은 여인을 왕비로 두고, 후궁만 해도 천 명을 두었습니다(왕상 11장). 후궁들은 솔로몬이 늙었을 때 다른 신을 따르게 하여 하나님의 진노를 사는 원흉이 되었습니다. 그 지혜로웠던 솔로몬이 늙어서 인생의 오점을 크게 남긴 것입니다.

그렇다면 이 말씀은 성도들에게 어떤 의미를 주는 것입니까? 내용 그대로 단순히 여자를 만나는 데 힘쓰지 말라는 이야기에 그치지 않습니다. 그 정도는 불신 남자라도 많이 지킵니다. 동시에 이 비유는 여성도들도 함께 들어야 할 교훈입니다. 남자 성도가 '나는 많은 여자를 만나고 다니지 않으니 이 교훈과 상관없다'라고 한다거나 여자 성도가 '나는 여자니까 관계없어'라고 생각할 수 있습니다. 그러나 아닙니다. 모든 성도에게 해당되는 원리가 있습니다. 그것을 교훈으로 삼아야 합니다.

이 말씀은 왕 같은 제사장 된 성도는 자기가 가진 힘을 자기 마음대로 행하는 데 쓰지 않는 자라는 뜻입니다. 세상에서 힘 좀 있다는 사람들은 대부분 자기가 하고 싶은 대로 하는 것을 자랑으로 삼습니다. 그것이 죄라고 해도 그 모든 것을 무시하면서 자기가 하고 싶은 것을 하려고 합니다.

그걸 힘이요 권력이라고 생각합니다. 그러나 하나님의 사람으로 태어난 왕들은 자기가 가진 힘을 그렇게 자기 쾌락을 위해서, 즉 자기를 위해서 사용하지 않는 사람이라는 것입니다. 세상의 왕들은 자기가 원하는 걸 하고 싶어서 그렇게 권력을 잡으려고들 하는데, 하나님 나라에서 왕 같은 제사장으로 불리는 사람들은 그렇지 않습니다. 신령한 왕은 하나님의 뜻을 어기는 것, 하나님께서 죄라고 하시는 것, 심판날이 되면 분명히 심판받을 수밖에 없는 것, 이런 것들을 행하지 않으려고 힘을 쓰는 자들입니다. 자기가 가진 힘과 능력과 권력을 그렇게 사용하려는 모습이 신령한 왕권이 가진 권세입니다.

죄를 이기는 것이 가장 큰 권력이고, 가장 복된 힘입니다. 세상 차원의 권력 개념과 전혀 다릅니다. 세상은 많이 가지고, 많이 누리고, 자기 하고 싶은 대로 다 하며 살고 많은 사람을 부리는 것을 왕권의 특징이라고 하지만 하나님 나라에서는 그렇지 않습니다. 하나님의 뜻에 반대되어 멸망의 죽음을 부르는 일에 힘을 쓰지 않는 것이 신령한 차원의 권세입니다. 하나님께서 인정하시는 왕권의 본질은 어떤 인내와 수고를 감수해야 하더라도 죄를 가까이 두지 않는 것입니다. 하나님께서는 그런 사람을 진정한 왕이요, 왕의 권력을 제대로 사용한 사람이라 하십니다. 힘과 능력과 재주를 사용해서 이루려고 하는 것이 무엇이고, 지키려고 하는 것이 무엇인지 돌아보라는 뜻입니다. 그것이 진리와 의와 거룩이 아니라면 타락한 왕입니다.

그처럼 죄악 되고 죽음을 자초하는 일을 할 수 있는 힘이 있어도 하지 않는 것이 왕 같은 제사장들이 해야 할 첫 번째 교훈이라면, 두 번째 교훈은 꼭 죄가 아니더라도 자기를 즐겁게 하려는 목적으로 자기 가진 힘을 쓰는 것도 아니라고 합니다. "르무엘아 포도주를 마시는 것이 왕에게 마땅치 아니하고 왕에게 마땅치 아니하며 독주를 찾는 것이 주권자에게 마땅치 않도다"(4). 왕이 포도주나 독주 같은 술로 잔치를 벌이는 것이 무슨 큰 죄가 되겠습니까? 신하의 공적을 치하하기 위해서, 아니면 자기 심경에 즐거운 일이 있으면 잔치를 벌이는 것쯤이야 아무 일도 아닐 것입니다. 꼭 잔치가 아니더라도 포도주나 독주 같은 술은 기분을 좋게 하고 복잡한 문제를 잠시나마 잊게 해 주는 특효약이 될 수도 있습니다. 왕이라면 얼마든지 그런 잔치를 누릴 수 있을 것입니다. 그걸 나쁘다고 할 사람도 없습니다. 실제로 왕이 평상시에 술을 마신다고 해서 뭐라 할 사람은 아무도 없습니다. 하지만 르무엘의 어머니를 통해 하나님은 신령한 왕은 어떤 경우를 대비해 술 마시는 것도 절제해야 한다고 말씀합니다.

그 이유를 이렇게 설명합니다. **"술을 마시다가 법을 잊어버리고 모든 간곤한 백성에게 공의를 굽게 할까 두려우니라"**(5). 술은 사람의 이성을 마비시키는 성질이 있습니다. 과하면 자기가 할 일을 정상적으로 판단하지 못합니다. 술 먹고 내는 용기는 용기가 아니고 판단력 없이 나오는 만용에 불과합니다. 그래서 르무엘의 어머니는 아들에게 왕이 해야 할 일이 무엇인지를 잊어버리게 하거나 혹은 잘못 판단하게 할 위험이 있는 그런 술을 의존하지 말라고 권합니다.

이 비유가 가리키는 요지는 성도들에게 또 다른 교훈을 줍니다. 왕 같은 제사장 된 성도의 책무를 다하지 못하게 하는 것이라면 죄라고 할 수 없는 일이나 자기를 즐겁게 하고 만족하게 하는 것들도 절제하라는 것입니다. 사람들은 대부분 자기를 만족하게 해 주는 것을 좋아하고 택합니다. 성도로서 마땅히 해야 할 일에 최선을 다하지 못하게 하는 것이라도 육신의 삶이 즐겁고 만족스러우면 그것을 우선순위에 둡니다. 인간 본성의 너무도 자연스러운 현상입니다. 어떤 사람은 음주가 될 것이요, 어떤 사람은 운동, 어떤 사람은 게임이 될 것입니다. 그 외에도 각자 해당되는 무엇이 있습니다. 하나님의 뜻보다 자기를 즐겁게 하는 것에 더 무게를 두고 살면서 그렇게 하는 것이 자기 주권이고 자기가 가진 권리라고 생각합니다. 일종의 권력입니다. 하나님의 뜻대로 살기 위해 자기만족을 포기하는 대신에 하나님의 뜻을 포기하고서라도 자기를 만족시키는 일을 찾아 누리는 그것을 자기 권리라고 생각하고 누구에게도 빼앗길 수 없는 고유권한이라고 합니다. 하지만 그런 사람은 현명한 왕이 아니라고 합니다. 왕의 신분에 어울리게 사는 모습이 아니라는 말입니다.

신령하고도 현명한 왕인 성도들은 권력을 자기를 만족시키려는 것에 사용하지 않습니다. 자기를 즐겁게 하는 일에 자기 가진 힘을 다 쓰는 사람이 아닙니다. "**독주는 죽게 된 자에게, 포도주는 마음에 근심하는 자에게 줄 찌어다 그는 마시고 그 빈궁한 것을 잊어버리겠고 다시 그 고통을 기억지 아니하리라**"(6,7). 자기보다는 빈궁하고 고통스러워 죽게 된 사람, 마음에 근심하는 사람을 즐겁게 하고, 만족하게 해 주는 일에 힘을 쓰는 자들이라는 것입니다. 삶의 의미와 방향이 세상의 왕들과 전혀 다릅니다. 세상의 왕들은 모두 자기가 중심이 되어서 자기를 만족시키는 일에 최선을 다하기 마련입니다. 그것을 누가 뭐라고 할 수 없습니다. 오히려 '영웅'이니 '자아 발견'이니 하면서 한껏 추켜세울 것입니다. 그런 사람이 부러워 모두가 닮으려고 따라갈 것입니다. 하지만 왕 같은 제사장인 성도들은 전혀 다릅니다. 빈궁하고 근심하는 사람을 위로하고 도움을 주는 것을 자기가 해야 할 일로 압니다. 르무엘 어머니가 아들에게 전하는 권면은 그와 같은 의미입니다. 사람이 누구를 만족시키려고 애쓰며 사는지를 보면 그가 세상에서 잘 나가는 왕인지, 아니면 하나님께서 왕 같은 제사장이라고 부르신 하늘에 속한 사람인지를 알 수 있습니다.

하나님의 뜻을 따라 어렵고 빈궁한 사람을 위로하고 도우려는 사람이 하나님 앞에서 위대한 왕으로 여겨집니다. 왕의 개념이 세상과 전혀 다릅니다. 예수님께서 먼저 친히 본을 보이며 닮으라고 하신 모습이 이와 같습니다. 예수님은 진정한 하늘 왕국의 통치자이셨으나 이 세상에서 하신 일은 가난한 심령을 부요하게 하며 제자들의 발을 씻겨 주시는 분이셨습니다. 자기를 만족시키는 데 자기 힘과 권력을 사용하지 않으시고, 오히려 낮은 자를 높이시고 빈궁한 자를 돌보시는 그 자체를 자기 왕권의 실현으로 보셨습니다. 그걸 본받으라는 말입니다.

"너는 벙어리와 고독한 자의 송사를 위하여 입을 열찌니라"(8). 힘 있고 돈 있는 사람에게 아첨하지 말고, 자기를 보호할 힘이 없는 사람, 힘들고 외로워도 어디 기댈 데도 없는 사람들 편을 들어주라는 말입니다. 물론 가난하고 어렵다고 공평하지 않은, 의롭지 않은 일을 해도 된다는 이야기는 아닙니다. "너는 입을 열어 공의로 재판하여 간곤한 자와 궁핍한 자를 신원할찌니라"(9). '간곤하다'는 말은 '비천하다, 가난하다'는 뜻입니다. 많이 가진 사람들에게 아첨하지 않고 어렵고 힘든 사람들을 도와주려고 하되 하나님의 공의를 외면하지 말고 도우라는 말입니다. 그것이 왕 같은 제사장인 하나님 백성이 권력을 휘두르는 모습입니다.

세상의 권력자들은 힘없는 사람들 위에 군림하려고 합니다. 상대방을 제압하고, 자신의 뜻대로 움직이게 하고, 상대를 누르는 것을 이기는 일로 여깁니다. 그것이 권력을 쥐고 있는 증거라고 하는 것입니다. 심지어 부부 사이에서도 상대를 자기 밑에 두는 것을 주도권을 잡았다고 합니다. 부패한 권력입니다. 세상은 그런 권력을 당연히 여기고 자연스럽다고 생각할 만큼 타락했습니다. 그러나 지혜로운 성도들은 그렇게 생각하지 않습니다. 왕 같은 성도들이 생각하는 권력은 그렇지 않습니다. 힘 있는 사람이 없는 사람을 세워주고, 가진 사람이 없는 사람을 책임지며, 자기가 아니라 빈궁한 사람을 위로하려고 애씁니다.

이것이 왕 같은 제사장인 성도들이 오만하지 않으면서 당당하게 사는 권세입니다. 죄를 피하려고 애쓰는 힘, 자기가 아니라 다른 사람을 먼저 위로하며 기쁘게 하는 수고, 약한 사람을 제압하는 것이 아니라 오히려 세워주며 도와주는 노력, 이것이 참된 권력의 특징이라고 하십니다. 왕 같은 제사장인 성도들은 비록 이 세상에서는 나그네요 행인처럼 아무 권세가 없는 연약한 모습으로 보이지만 오히려 이와 같은 행실로 자기들이 하늘에 속한 신령한 왕족임을 증거해야 한다는 것입니다. 복되고 영원하신 우리 주 예수 그리스도께 속한 자라는 사실을 그렇게 드러낼 것을 권면하십니다. 이와 같은 사실을 알고 부정하고 부조리한 세상에서 오만하지 않으면서 당당한 왕권을 가진 자답게 살라는 말씀입니다. 왕의 권력을 그렇게 이해하고 그에 어울리는 모습으로 살기 위해 기도하며 애쓰는 자를 심판 날에 하나님께서 지혜롭다고 하실 것입니다.

2. 누가 현숙한 여인을 찾아 얻겠느냐
(잠 31:10-31)

10 누가 현숙한 여인을 찾아 얻겠느냐 그 값은 진주보다 더하니라
11 그런 자의 남편의 마음은 그를 믿나니 산업이 핍절치 아니하겠으며
12 그런 자는 살아 있는 동안에 그 남편에게 선을 행하고 악을 행치아니하느니라
13 그는 양털과 삼을 구하여 부지런히 손으로 일하며
14 상고의 배와 같아서 먼 데서 양식을 가져오며
15 밤이 새기 전에 일어나서 그 집 사람에게 식물을 나눠주며 여종에게 일을 정하여 맡기며
16 밭을 간품하여 사며 그 손으로 번 것을 가지고 포도원을 심으며
17 힘으로 허리를 묶으며 그 팔을 강하게 하며
18 자기의 무역하는 것이 이로운 줄을 깨닫고 밤에 등불을 끄지 아니하고
19 손으로 솜뭉치를 들고 손가락으로 가락을 잡으며
20 그는 간곤한 자에게 손을 펴며 궁핍한 자를 위하여 손을 내밀며
21 그 집 사람들은 다 홍색 옷을 입었으므로 눈이 와도 그는 집 사람을 위하여 두려워하지 아니하며
22 그는 자기를 위하여 아름다운 방석을 지으며 세마포와 자색 옷을 입으며
23 그 남편은 그 땅의 장로로 더불어 성문에 앉으며 사람의 아는 바가 되며
24 그는 베로 옷을 지어 팔며 띠를 만들어 상고에게 맡기며

25 능력과 존귀로 옷을 삼고 후일을 웃으며
26 입을 열어 지혜를 베풀며 그 혀로 인애의 법을 말하며
27 그 집안 일을 보살피고 게을리 얻은 양식을 먹지 아니하나니
28 그 자식들은 일어나 사례하며 그 남편은 칭찬하기를
29 덕행 있는 여자가 많으나 그대는 여러 여자보다 뛰어난다 하느니라
30 고운 것도 거짓되고 아름다운 것도 헛되나 오직 여호와를 경외하는 여자는 칭찬을 받을 것이라
31 그 손의 열매가 그에게로 돌아갈 것이요 그 행한 일을 인하여 성문에서 칭찬을 받으리라

30장 이후는 29장까지 주신 모든 말씀의 결론적인 권면이었습니다. 30장에서는 자신의 무지에 대해 인정하고 기도로 깨달음과 순종을 구하되 부조리한 세상 가운데서도 오만하지 않은 당당함으로 살아야 하는 자들의 지혜와 명철을 알려주셨습니다. 여러 곤충과 동물의 비유를 통해 그 점을 분명히 알게 하였습니다. 이어서 31장 9절까지는 오만하지 않은 당당함으로 묘사되는 성도들이 가진 권력의 참모습에 대해 구체적으로 이야기하였습니다.

왕 같은 제사장인 성도들에게는 하나님 앞에서 자기를 멸망케 하는 일을 피하고자 애쓰며 죄를 이기는 것이 크고 참된 권력이며, 또한 자기 힘을 자기를 즐겁게 하는 데만 쓰지 않는 것도 참된 권력이라 했습니다. 왕이 평상시에 술을 마시며 잔치를 벌인다고 죄악시하지는 않을 것이나 자기 일을 더 철저히 하기 위해 절제하는 것이 훌륭한 왕의 덕목인 것처럼, 참된 권력은 자기를 만족시키기 위해 가진 능력을 쓰는 것이 아니고 다른 사람을 기쁘게 하고 돕기 위해 자기 가진 힘을 쓰는 것이라 했습니다. 빈

궁하여 자기를 보호할 힘이 없는 사람, 힘들고 외로워도 어디 기댈 데도 없는 약한 사람을 제압하는 것이 아니라 오히려 세워주고 도와주려 하는 모습이 왕의 권력이 기진 참된 힘이라는 것입니다. 왕 같은 제사장인 성도들은 비록 이 세상에서는 나그네요 행인처럼 아무 권세가 없는 연약한 모습으로 보이지만, 오히려 참된 권력은 이와 같은 특징을 갖고 있음을 기억하고 세상과는 정반대의 개념인 이런 힘을 발휘하며 사는 자들이어야 한다는 권면이었습니다.

이제 마지막으로 잠언 전체의 결론이 되는 권면을 주십니다. 본문은 왕이 어떤 아내를 맞이해야 하느냐 하는 비유를 통해 성도들에게 가장 필요한 일이 무엇인지를 이야기합니다. **"누가 현숙한 여인을 찾아 얻겠느냐 그 값은 진주보다 더 하니라"**(10). 왕의 권력을 올바르게 사용하고, 왕권을 계속 유지하기 위해서는 현숙한 아내가 있는 것처럼 중요한 일은 없다는 말입니다. 그 말씀 자체는 크게 반박할 내용은 없어 보입니다. 그러나 여기 나오는 현숙한 여인을 자세히 살펴보면 이야기가 달라집니다. 평범한 여인이 아니라는 점을 넘어서 세상에 존재할 수 없는 여인이기 때문입니다. 모든 면에서 탁월한 능력을 가진 완전한 아내를 묘사하고 있습니다. 하지만 여기 등장하는 현숙한 여인은 아내가 이렇게 완전해야 한다는 뜻으로 주신 말씀이 아닙니다. 문자적으로 그렇게 보면 잠언이 여성도인 아내들에게만 말하는 것으로 결론을 짓는 것이 돼버리기 때문입니다. 그러나 현숙한 여인은 남녀를 불문하고 모든 성도가 구해야 하는 내용을 비유로 하신 말씀입니다. 여기에 하나님의 깊은 뜻이 담겨 있습니다. 그 본질적인 의미가 무엇인지 알아보기 전에 우선 본문에서는 현숙한 여인이 얼마나 완벽한 여인인지를 살펴봐야 하겠습니다.

그 모습을 몇 가지로 구분할 수 있습니다. 우선 남편에 대해 완전한 아내의 모습입니다. 남편에게 신뢰받고, 집안 살림을 부족함 없이 하고, 또 남편한테 평생 좋은 성품으로 대하고, 미운 모습은 전혀 보이지 않는다고 합니다(11,12).

13-27절은 일하는 능력이나 인간적 도리가 얼마나 특출한지를 묘사하고 있습니다. 18절까지는 노동을 기쁨으로 감당하고 무역까지 손을 뻗쳐서 집안사람들을 풍요롭게 하는 모습을 그리고 있습니다. 양털과 삼베 같은 것을 구해서 다듬고 부지런히 옷을 만듭니다. '부지런히 손으로 일한다'는 말은 문자적으로 '그 손의 기쁨으로 일한다'입니다. 억지로 하는 게 아니라 그렇게 하는 것을 좋아해서 열심히 한다는 뜻입니다. '상고의 배와 같이 먼 데서 양식을 가져온다'(14)는 것은 무역업자 수준으로 양식을 공급하기도 한다는 뜻입니다. 자기가 기쁜 마음으로 일해서 식구들 먹여 살리는 것뿐만 아니라 여차하면 무역을 해서라도 집안 식구들을 챙겨준다는 것입니다. 15절은 새벽부터 일어나서 식구들 챙기고 종들에게 일을 맡기는 주인의 모습으로(15), 16-18절은 그런 뒤에 자기도 나가서 열심히 일한다고 합니다(16-18). '밭을 간품하여 산다'(16)에서 '간품한다'는 말은 신중하게 살핀다는 뜻입니다. 토지의 비옥도나 경제성 등을 신중하게 따져보는 것을 말합니다. 사업도 신중하게 잘해서 남편을 돕는다는 것입니다. '자기 손으로 번 것을 가지고 포도원을 심는다'는 것은 누구한테도 빚지지 않고 오롯이 자기 돈으로 그걸 사서 경작함으로 집안 살림을 넉넉하게 한다는 뜻입니다. 그렇게 사들인 밭을 건장한 남성이 일하는 것처럼 허리 동여매고 열심히 일해 가꾸며 밤에 잠도 안 자고 열심히 일하는 여인입니다(17,18). 요약하면 집안 살림도 완벽하고, 외부 활동도 부지런하고 지도력이 있으며, 신중함과 결단력과 추진력까지 겸비한 만점짜리 전문직 여성이라는 말입니다. 이것이 끝이 아닙니다. 현숙한 여인이 보이는 활약상은 계속 이어집니다.

19, 20절은 그러면서도 가난한 자를 위하여 구제도 기꺼이 행하는 사

람이라고 합니다. '손으로 솜뭉치를 들고 손가락으로 가락을 잡는다'(19)는 것은 자기가 직접 물레를 돌려 옷을 만든다는 뜻입니다. 밤새워서 그렇게 열심히 만든 옷을 가난한 자들에게 나눠주는 여인입니다(20). 열심히 일해서 자기 식구들 배만 불리는 일벌레가 아닙니다. 남을 돕는 일에 자기 것을 기꺼이 내어놓을 줄 아는 여인입니다.

그렇다고 바깥사람들에게만 잘해 주는 사람도 아닙니다. 자기 집 식구들도 살뜰히 챙깁니다(21-23). 겨울에도 춥지 않게 옷을 해 입히고, 자기 자신도 잘 가꿀 뿐만 아니라 남편을 잘 보필해서 성공한 사람으로 잘 알려지게 합니다. '자기를 위하여 아름다운 방석을 지으며 세마포와 자색 옷을 입었다'(22)는 말씀은 자기 관리에도 철저했다는 말입니다. 자기 식구들만 챙기는 사람은 다른 사람들에게 못하기 일쑤고, 반대로 남들에게 잘하는 사람은 자기 식구들에게는 못 하기 쉬운데, 이 현숙한 여인은 전혀 그렇지 않습니다. 밖에서나 가정에서나 모두를 복되게 하는 대단한 여인이자 자기 관리에도 뛰어난 기품있는 여인입니다.

한 사람이 어떻게 이렇게 열심히 일하고 노력하면서 집안을 돌볼 수 있을까 싶은 이야기지만 르무엘 왕의 어머니는 현숙한 여인에 대한 예찬을 그치지 않습니다. 24-27절은 그렇게 열심히 기쁨으로 일하면서 구제를 통해 자비와 긍휼까지 보여주는 이 여인이 능력과 지혜와 성실까지 뛰어난 사람임을 밝히고 있습니다. 24절은 요즘 말로 하면 그가 디자인한 옷과 허리띠 같은 장식품이 명품으로 소문나서 무역업자들이 거래할 수 있게 했다는 뜻입니다. 그러면서도 능력과 존귀가 옷처럼 그를 둘러싸고 있습니다. 모든 일에 대해 능력과 인품이 겸비된 사람이라는 뜻입니다. 능력이 많아도 성질이 못됐거나 사람은 좋아 보이는데 일하려고 하지 않는 경우와 대비되고 있습니다. 뭐 하나 부족한 면이 없습니다. 모든 면에서 완벽한 사람을 묘사하고 있습니다. "후일을 웃으며"(25)라는 말은 그 모습이 죽을 때까지 희미해질 기미조차 전혀 보이지 않는다는 뜻입니다. 장래도 탄탄하다는 것입니다.

뿐만 아니라 입으로 지혜로운 말만 하면서 인애의 율법, 곧 하나님을 기쁘시게 하는 도리를 따라 사는 여인이라고 합니다. 신앙적인 지식과 인품까지 완벽한 것입니다. 그런 능력과 인품과 믿음으로 집안일을 하면서 한편으로는 불의한 소득을 얻지 않는, 곧 정당하게 얻은 재물로만 살아가는 여인입니다. 가정적으로나 외부 일로나 신앙적인 면에서 뭐 하나 부족한 것 없이 완벽한 여인입니다.

이 여인의 훌륭함은 함께 사는 가족들이 칭찬한다는 점에서 더 돋보입니다. "**그 자식들은 일어나 사례하며 그 남편은 칭찬하기를 덕행 있는 여자가 많으나 그대는 여러 여자보다 뛰어난다 하느니라**"(28,29). 오랜 세월 가까이 살아온 사람들이 이렇게 칭찬한다는 것은 쉽게 얻을 수 없는 영광입니다. 남편하고 오래 살아보니 '평생 웬수'라는 자조 섞인 말은 단순히 우스갯소리가 아니라 다수가 공감하는 뼈 있는 말일 것입니다. 하지만 이 현숙한 여인은 가족들에게 존경과 칭찬을 받고 있습니다. 자식들이나 남편이 다 한결같이 칭찬하고 자랑스러워하는 위대한 여인입니다. 르무엘 왕의 어머니는 자기 아들인 왕이 참된 권력을 계속해서 발휘하며 온전한 왕의 통치를 해 나가기 위해서는 이와 같은 현숙한 여인을 아내로 맞아 조력을 구해야 한다는 차원에서 말하고 있습니다.

그러나 세상에 이런 여인이 어디 있겠습니까? 여기에 나온 현숙한 여인은 세상에서 가장 위대한 여성을 다 합쳐도 부족할 만큼 완전한 여성을 묘사하고 있습니다. 우리가 아는 동서양의 위대한 여인을 다 합쳐도 여기에 묘사된 여인 한 사람에 미치지 못합니다.

그러나 이 말씀은 여성에게만 완전한 기준을 들이대며 현숙한 여인이 되라는 의미가 아닙니다. 그러면 남성은 아무것도 안 해도 되기 때문입니다. 이 현숙한 여인에 대한 특징들은 여성들만 위한 말씀이 아닙니다. 비유로 해 놓은 말씀입니다. 무엇을 비유하는 말씀입니까? 지금까지 살펴온 잠언의 문맥에 따르면 지혜를 묘사한 것이라 할 수 있습니다. 지혜를 가진다는 것은 이같이 완벽한 여인을 아내로 맞아들이는 것과 같으니 왕이 그런 아내를 얻기 위해 신중에 신중을 기하는 것처럼 성도는 지혜를 얻는 일에서 그리해야 한다는 뜻입니다.

지혜가 무엇입니까? 좁은 범위로 말하자면 잠언 말씀을 처음부터 자세히 묵상하며 그 내면의 의미들을 찾아 배우고 순종하는 일에 열심을 내는 것을 말합니다. 그렇게 하는 것은 여기서 말하는 현숙한 여인을 찾아 자기 아내로 맞이한 왕과 같이 복을 받는 일입니다. 조금 범위를 넓히면 성경 전체를 그렇게 배우고 순종하는 것이요, 그 모든 것의 핵심을 말하라면 "**여호와를 경외하는**" 것입니다. 30, 31절이 그 핵심을 말하고 있습니다. "**고운 것도 거짓되고 아름다운 것도 헛되나 오직 여호와를 경외하는 여자는 칭찬을 받을 것이라 그 손의 열매가 그에게로 돌아갈 것이요 그 행한 일을 인하여 성문에서 칭찬을 받으리라**"(30,31).

여호와를 경외하는 여자와 현숙한 여인을 동격으로 놓고 있습니다. 이 여인이 행한 모든 일의 핵심은 여호와를 경외하는 것이었다는 말입니다. 잠언 1장에서 이런 사실을 미리 밝히고 시작했습니다. "**여호와를 경외하는 것이 지식의 근본이어늘 미련한 자는 지혜와 훈계를 멸시하느니라 내 아들아 네 아비의 훈계를 들으며 네 어미의 법을 떠나지 말라 이는 네 머리의 아름다운 관이요 네 목의 금사슬이니라**"(잠 1:7-9). 현숙한 여인이 여호와를 경외하는 여자였다고 칭찬받는 것은 지혜와 훈계를 받는 자였다는 것입니다. 그것이 머리에 아름다운 면류관을 쓰고 목에 존귀한 자라는 표시인 금목걸이를 하는 것과 같다고 했는데, 이 역시 "그 값은 **진주보다 더 하니라**"(잠 31:10)고 한 것과 같습니다. 지혜의 가치와 현숙한 여인의 가치를 같은 말로 비유하고 있습니다. 머리에는 비싼 장식 하고 금에 상아 입힌 목걸이 한 것이 존귀하다는 말이 아니고, 지혜를 가진 것이 참으로 존귀하다는 뜻입니다. 그 여인은 **"행한 일을 인하여 성문에서 칭찬을 받으리라"**고 하였습니다. 성문은 고대 이스라엘에서 재판이 벌어지는 장소였습니다. 이는 마지막 심판날에 하나님께 칭찬을 받는다는 뜻입니다.

이런 사실들과 함께 잠언 전체의 내용을 종합해 볼 때, 이 현숙한 여인은 지혜를 비유한 말임에 틀림없습니다. 왕 같은 제사장인 성도들이 자기의 왕권을 올바로 사용하기 위해서 이 현숙한 여인과 같은 지혜의 도움이 절대적이라는 말입니다. 지혜를 갖고 있다는 것은 이렇게 완전한 아내의 도움을 받으며 통치를 올바로 해 나가는 왕과 같다는 것입니다.

그래서 잠언은 모든 성도에게 이 지혜를 구하라고 권면합니다. 10절에서 **"누가 현숙한 여인을 찾아 얻겠느냐"**라고 질문 형식으로 던진 것은 지혜를 찾는 자가 많지 않음을 한탄하는 동시에 성도들은 반드시 이 지혜를 찾는 일에 신중하고 간절하게 임해야 한다는 뜻입니다. 질문 형식으로 말하는 것은 몰라서 물어보는 것이 아닌 강조용법입니다. 반드시 현숙한 여인을 찾아 얻어야 된다는 뜻을 강조하고 있는 것입니다.

신자가 이 지혜를 자기 인생의 가장 중요한 재산이자 보물로 여기지 않는 것은 마치 남성들이 아내를 고를 때 외모만 따지고 성품이나 신앙에 대해서는 중요하게 여기지 않는 것과 같습니다. 하지만 시간이 가고 나이 들면 고운 것 아름다운 것이 아무 의미가 없어지듯이 신앙도 이 지혜를 제외한 모든 것들은 의미를 잃고 빛이 바랠 것입니다. 아무리 큰 명예나 업적, 혹은 부요나 성공을 가졌다고 해도 그런 것들이 하나님 앞에 섰을 때 칭찬받게 하지 못합니다. 오직 이 지혜만이 영원히 유효한 가치로 남습니다.

잠언은 그와 같은 사실을 깊이 각인시키면서 대단원의 메시지를 마무리하고 있습니다. 한 나라의 왕이 현숙한 아내를 구하기 위해 신중에 신중을 기하는 것처럼 부조리한 이 세상에서 지혜롭고 겸손한 당당함으로 살아야 하는 왕 같은 제사장인 성도는 이 지혜를 구하는 일에 그리해야 한다는 것입니다.

　남자가 결혼을 꿈꾸며 이상형의 여인을 열심히 찾아도 모두가 다 성공하는 것은 아닙니다. 하지만 현숙한 여인과도 같은 지혜를 구하면 하나님께서 지혜를 구하는 자에게는 거절하지 않으시고 후히 주십니다. 그리하여 왕 같은 제사장의 신분으로 이 세상을 지혜롭고 겸손한 당당함으로 살게 하시고, 하나님 앞에서 칭찬받는 자로 만들어 가십니다. 너무도 크고 복된 은혜입니다. 이와 같은 사실을 잠언 마지막에서 말씀하셨습니다. '누가 현숙한 여인을 찾아 얻겠느냐?' 이 질문이 들릴 때 바로 여러분이 그렇게 하고 있다고 대답할 수 있기를 바랍니다. 현숙한 여인을 아내로 맞이하려고 애쓰는 왕처럼 지혜를 찾아 가지려고 애쓰는 자가 가장 현명한 사람입니다. 그렇게 하는 사람은 절대, 영원히 후회가 없을 것입니다.